T0271179

بسم الله الرحمن الرحيم

شخصيات إسلامية
عرفها التاريخ ولن ينساها

رقم الإيداع لدى المكتبة الوطنية (2007/5/1586)

956
المحتسب، أحمد
شخصيات إسلامية عرفها التاريخ ولن ينساها/أحمد نافذ المحتسب .-
عمان: دار غيداء للنشر والتوزيع، 2007
(   ) ص
ر.أ: (2007/5/1586)
الواصفات: التاريخ الإسلامي//

*تم اعداد بيانات الفهرسة والتصنيف الأولية من قبل دائرة المكتبة الوطنية

دار غيداء للنشر والتوزيع
وسط البلد - شارع الملك حسين - مجمع الفحيص التجاري- الطابق الأرضي
تلفاكس: 2043535 6 269 +- ص.ب52946عمّان 1115 الأردن
ص: ب: 520946 عمان 11152 الأردن
E-mail:darghidaa@gmail.com

شخصيات إسلامية

عرفها التاريخ ولن ينساها

- نبذة عن حياتهم وأروع بطولاتهم -

تأليف

أحمد نافذ المحتسب

تقديم

أ. سامي محمد هشام حريز

ماجستير أصول الدين

- الجامعة الأردنية -

الطبعة الأولى

2008م - 1429هـ

الإهداء

إلى والدي الكريمين..
وإلى إخوتي وأخواتي..
وإلى أستاذي العزيز "سامي"..
وإلى أصدقائي..

أهدي هذا الكتاب

أحمد المحتسب

شكر وتقدير

أتقدم بوافر الشكر والتقدير والامتنان لأستاذي الفاضل (سامي حريز)؛ الذي تشرفت بالتلمذة بين يديه، وعلمني كيفية البحث وكان لي خير مساعد. بالإضافة إلى تقديمه الرائع لهذا العمل، فجزاه الله عني خير الجزاء، ولن أنسى معروفه الذي أسداه لي..

أحمد المحتسب

المحتويات

تقديم

إن الحمد لله نحمده ونستعينه ونستهديه ونعوذ بالله من شرور أنفسنا وسيئات أعمالنا من يهده الله فلا مضل له ومن يضلل فلا هادي له ولن تجد له وليا مرشدا.

والصلاة والسلام على المبعوث رحمة للعالمين نبينا محمد الذي بلغ الرسالة وأدى الأمانة ونصح الأمة وجاهد بالله حق جهاد حتى أتاه اليقين، فصلوات ربي وسلامه عليه وعلى آله وصحبه ومن استن بسنته واهتدى بهديه واقتفى أثره إلى يوم الدين وسلم تسليما مزيدا.. أما بعد:

فتاريخنا الإسلامي حافل برجال ضربوا لنا أروع البطولات وورثوا لنا أعظم الأعمال فكانوا بحق أنجما تبرق وتلمع في سماء الدنيا، عاشوا أبطالا وماتوا أبطالا لآخر لحظة في حياتهم.

هؤلاء الرجال تميزوا إما بشجاعتهم أو بفكرهم أو بعلمهم وعملهم وهذا كله محاط بخلق رفيع وفضل أصيل، ما أجملهم بل أجمل بهم.

هؤلاء الرجال أو هذه الشخصيات حري بنا في هذا الزمان أن ندرسها ونتعرف عليها ونربط أبناءنا وشبابنا بها ليمتثلوها في حياتهم ويقتدوا بها من حيث الأفعال.

فالناظر لواقعنا الأليم المعاش يجد بأن شباب اليوم يتعلقون بشخصيات أجنبية أو عربية لا هدف ولا غاية لها في الحياة.

فيقعون بما يسمى بـ (التقليد الأعمى) وهذه معضلة يجب أن نتخطاها بإعطاء البديل عن هؤلاء وربط شبابنا بعظمائنا الذين يفخر بهم التاريخ.

وبناء على ذلك يأتي هذا الكتاب المعنون بـ (شخصيات إسلامية عرفها التاريخ ولن ينساها) لمعده الأخ (أحمد المحتسب) ليربطنا فيه مع هذه الشخصيات –الإسلامية– التي فعلا قلبا وقالبا لن ينساها التاريخ، وقد جمع (50 شخصية) تحدث بنبذة عن حياة كل شخص وأروع بطولاته وأعماله، وكانت شخصيات متنوعة، بأسلوب سهل ومشوق.

نسأل الله تعالى أن ينفع بهذا الكتاب ويكون في ميزان حسنات كل من ساهم فيه .

و الله الموفق

بقلم: سامي حريز

المقدمة

إن الحمد لله.. نحمده ونستغفره .. ونعوذ بالله تعالى من شرور أنفسنا وسيئات أعمالنا... من يهده الله فلا مضل له ومن يضلل فلا هادي له، وأشهد أن لا إله إلا الله وحده لا شريك له وأشهد أن محمدا عبده ورسوله، وصفيه من خلقه وخليله أدى الأمانة وبلغ الرسالة ونصح الأمة فكشف الله به الغمة وجاهد في الله حق جهاده حتى آتاه اليقين اللهم اجزه عنا خير ما جزيت نبيا عن أمته ورسولا عن دعوته ورساله وبارك اللهم عليه وآله وأصحابه وأحبابه وأتباعه وعلى كل من اهتدى بهديه واستن بسنته واقتفى أثره إلى يوم الدين.

أما بعد :

أخي القارئ، أختي القارئة: إن العلماء ورثة الأنبياء فهم مصدر النور وينبوع العلم ومعين الحكمة إنهم كالشموع التي تحترق لتضيء للأمة طريق نبيها صلى الله عليه وسلم.

إن العلماء أطباء القلوب المريضة والنفوس الجريحة والعقول الشاردة..

إنهم وعي الأمة المستنير وفكر الأمة الحر وقلب الأمة النابض بالحياة ولا تزال الأمة حية بحياتهم وحتما تموت الأمة بموتهم وذهابهم كما ورد في الحديث الصحيح الذي رواه البخاري ومسلم من حديث عبد الله بن عمرو بن العاص رضي الله عنهما أن النبي صلى الله عليه وسلم قال: (إن الله لا يقبض العلم انتزاعا ينتزعه من صدور الناس ولكن يقبض العلماء حتى إذا لم يبقى عالم اتخذ الناس رؤوسا جمالا فسألوا فأفتوا بغير علم فضلوا وأضلوا).

قال الله تعالى: **"يرفع الله الذين آمنوا منكم والذين أوتوا العلم درجات" صدق الله العظيم.**

ربما من قرأ عنوان الكتاب (شخصيات إسلامية عرفها التاريخ ولن ينساها) وقرأ المقدمة سيقول ما أهمية ذكر فضل ومكانة العالم بهذه الشخصيات سأقول أن هذه الشخصيات ليست شخصيات فحسب بل أنهم من كنت أقصدهم في البداية.

*** الأسباب التي دفعتني إلى إعداد هذه الشخصيات:**

1. أهمية هذه الشخصيات.
2. التعريف بتضحيات وبطولات هذه الشخصيات.
3. دور الشخصيات في وصول القرآن والسنة إلينا كما هي عليه الآن.

4. جهل 80% من مجموع الأمة الإسلامية عن هذه الشخصيات.

أود أن أذكر لكم قصة حصلت معي وتحصل مع غيري كان لها الدور الرئيسي ـ في إعداد هذا الكتاب.

ذات يوم قررت المدرسة التي كنت أدرس فيها الذهاب في رحلة إلى الأغوار والبحر الميت وكما هو معروف أن الطريق للوصول إلى هذه الأماكن يتطلب وقت من ساعة إلى ساعتين وفي الطريق اقترح أحد المعلمين أن نقوم بمسابقة حول صحابة رسول الله صلى الله عليه وسلم وعلماء الدولة الإسلامية وبدأت المسابقة فطرح سؤال:

من هو عبد الله بن عباس؟

لقد عرف به (2) من (50) شخص.

وسئل أيضا.

من هو الإمام البخاري ومسلم؟

إن عدد الأشخاص الذين يعرفونهم كان (8) أشخاص.

من هذا المنطلق وجدت من دوري القيام بإعداد هذا الكتاب.

ولكن السؤال الأهم والأكثر ضرورة لماذا نسأل عن هذه الشخصيات وغيرها ولا نعرف؟ بينما لو سئل أحد الأشخاص الذين لم يعرفوا من هم هذه الشخصيات عن مطرب أو مطربة مع أني لا أحبذ لفظ مطرب بل راقص وراقصة سيقول لك أخي سيرتهم الذاتية متى ولدوا وماذا غنى هذا الراقص وماذا فعلت الراقصة العارية في البرامج الخالعة والساقطة.

كما انظرو إخواني الموقف الآخر الأشد بلاء من السابق في أيامنا هذه تأتي إلى الشخص وتسأله عن شخصيات عظيمة في تاريخ أمتنا كابن حزم والغزالي وسيد قطب وغيرهم رحمهم الله وأدخلهم جنانه من هم فيقولوا لك أخي باستهزاء (شو بشتغلوا هادول).

* الشخصيات ماذا يمثلون؟
1. الخلفاء الراشدين الأربعة.
2. العشرة المبشرين بالجنة.
3. أعلم رجال الحديث والرواية.
4. رجال المذاهب الإسلامية.
5. أصحاب تفاسير القرآن المهمة في الشريعة الإسلامية.

6. مؤلفو كتب جمع فيها الحديث الصحيح والحسن.
7. رجال حول رسول الله صلى الله عليه وسلم.
8. من حفظة القرآن.
9. رجال هداهم الله إلى الإسلام.
10. نساء حول رسول الله تعالى صلى الله عليه وسلم.

أعزائي القراء: لقد أعد من قبلي عدد كبير من العلماء في الموضوع لكن كانت تختص بفئة من العلماء والشخصيات، وهنا أحببت أن أجمعهما لا أقول كلها بل أهمها في هذا الكتاب المتواضع والصغير.

وأرجو منكم إخواني أن تكونوا ممن يسعون للتعريف بهذه الشخصيات داعيا من الله أن يخرج من هذه الأمة كأمثالهم كأمثال صلاح الدين الأيوبي وابن تيمية والطبري وأمثال حمزة بن عبد المطلب وجعفر الطيار وعامر بن الجراح وغيرهم.

ولا تكونوا ممن يشوهون صورة هذه الشخصيات فقد قيل في العلم والعلماء:

فما الفخر إلا لأهل العلم ... على الهدى لمن استوى أولاء

وقدر كل امرئ ما كان يحسنه ... والجاهلون لأهل العلم أعداء

ففز بعلم تعش حيا به أبدا ... الناس موتى وأهل العلم أحياء

والسلام عليكم ورحمة الله وبركاته...

أحمد المحتسب

أبو بكر الصديق (رضي الله عنه)

أولا: اسمه ونسبه: هو عبد الله بن عثمان بن عامر بن كعب وفي ابن كعب يجتمع نسبه مع النبي صلى الله عليه وسلم.

كنيته: كان يقال لأبي بكر "العتيق" كناه به رسول الله حين قال " هذا عتيق الله من النار".

وعرف بالصديق لأنه كان أول من صدق بإسراء النبي صلى الله عليه وسلم من المسجد الحرام إلى المسجد الأقصى.

صفته: كان أبو بكر الصديق نحيف البدن، أبيض، يصبغ شعره بالحناء وكان رجلا محبا لقومه، سهلا، لسانيا، وكان أعلم أهل قريش بأنسابها وكان الرجال يحبون مجالسه في الإسلام والجاهلية.

إسلامه: كان أبو بكر أول الرجال إسلاما ولم يتردد في الدخول في الإسلام وذلك عندما دعاه النبي صلى الله عليه وسلم ولما أسلم وأخذ يدعو إلى الإسلام أسلم على يديه عدد من الصحابة ومنهم (عثمان بن عفان، الزبير بن العوام، عبد الرحمن بن عوف، وسعد بن أبي وقاص، وطلحة بن عبيد الله وغيرهم).

ذكر من أعتق أبو بكر من العبيد: كان من أبرز من أعتق رقابهم أبو بكر هو بلال الحبشي مؤذن النبي فكان أبو بكر يرى أمية بن خلف يعذب بلال في صحراء ملكة عندما تشتد الشمس بها ويطلب منه الشرك ولكن بلال لم يقبل وكان يقول "أحد أحد" فعرض أبو بكر على أمية أن يعطيه عبدا أجلد وأقوى من بلال لكنه مشرك على أن يعطيه بلال فوافق أمية.

وفي رواية أن أبا بكر اشترى بلال بخمس أواق من الذهب. وأعتق أبو بكر عامر بن فهيرة، وأم عبيس، وزينره والسهديه وغيرهم.

أبو بكر ثاني اثنين إذ هما في الغار: عندما علم الصديق بأنه سيكون له شرف صحبة النبي في الهجرة تلكأ من شدة الفرح وعندما وصلا إلى غار ثور (جنوب مكة) سد أبو بكر أحد الثقوب بقدمه عندما لم يجد ما يسده به وعندما علم المشركون بخروج النبي وصاحبه أبو بكر من مكة أخذوا يبحثون عنهما في كل اتجاه حتى وصلوا إلى غار ثور، فقال أبو بكر: يا رسول الله لو أن أحدهم نظر إلى موضع قدميه لرآنا فقال رسول الله يطمأنه " ما ظنك يا أبا بكر باثنين الله ثالثهما" ونزل في ذلك قوله تعالى " **إلا تنصروه فقد نصره الله إذا أخرجه الذين كفروا ثاني اثنين إذ هما في الغار، إذ يقول لصاحبه لا تحزن إن الله معنا**"[1]

---

(1) التوبة: آية (40).

جهاد أبي بكر (رضي الـلـه عنه): جاهد أبو بكر مع رسول الـلـه صلى الـلـه عليه وسلم في جميع الغزوات فقد جاهد في غزوة بدر وأحد والخندق وحنين وهو الذي أعد الجيوش لفتح بلاد الشام والعراق وهو الذي أبى إلا مقاتلة المرتدين الذين منعوا الزكاة وكان يقول رضي الـلـه عنه "ما ترك موسم الجهاد إلا ذلوا".

ذكر اتفاق أبو بكر في سبيل الـلـه: أمر الرسول بالصدقة يوما، فكان أبو بكر أسبق الناس إليها فجاء بكل ما يملك فقال له رسول الـلـه "ما أبقيت لعيالك يا أبا بكر؟ فقال: أبقيت لهم الـلـه ورسوله"[1]

مكانته: لقد كان لأبي بكر الصديق مكانة كبيرة عند النبي صلى الـلـه عليه وسلم فقد قال رسول الـلـه: " إن آمن الناس علي في صحبته وماله أبو بكر، لو كنت متخذا خليلا غير ربي- عز وجل- لاتخذت أبو بكر، لكن أخوة الإسلام ومودته، لا يبقى باب في المسجد إلا سد إلا باب أبو بكر"[2]

ذكر خلافته: بعد انتقال النبي إلى الرفيق الأعلى اختار المسلمون أبا بكر لتولي الخلافة وكان ذلك يوم الاثنين الثاني عشر من ربيع الأول سنة (11)هـ.

وكان رضي الـلـه عنه القوي عنده الضعيف حتى يأخذ منه حقه والضعيف عنده قوي حتى يعاد له حقه وعندما توفي كانت مدة خلافته سنتين وأربعة أشهر.

ذكر وصيته لخليفته من بعده: عندما حضرت الوفاة لخليفة رسول الـلـه أبو بكر دعا عمر بن الخطاب فقال له: "اتق الـلـه، ولكن مع الحق، يثقل ميزانك يوم القيامة بإتباع الحق في دار الدنيا وإنما خفت موازين منا خفت موازينه يوم القيامة بإتباعهم الباطل في الدنيا".

وفاته (رضي الـلـه عنه): ذكر أنه استحم في يوم بارد فأصابته الحمى فمات بها بعد خمس عشرة يوما من إصابته.

وكان آخر كلامه رضي الـلـه عنه "رب توفني مسلما وألحقني بالصالحين" وكانت وفاته في (22 جمادى الآخرة سنة 13هـ) وكان عمره حينها ثلاثة وستون سنة.

وغسلته زوجته أسماء بنت عميس ودفن بجانب النبي صلى الـلـه عليه وسلم.

---

(1) أبو داود (1678) والترمذي (3676).

(2) رواه البخاري (466).

عمر بن الخطاب (رضي الـله عنه)

أسمه ونسبه: هو عمر بن الخطاب بن نفيل بن عبد العزى بن رباح بن عبد الله بن قرظ، وأمه هي حنقة بنت هاشم.

كنيته: كانت كنيته الفاروق: سماه رسول الله بها لأن الله جعل الحق على قلبه ولسانه وفرق الله به بين الحق والباطل.

صفته: يدوى أنه كان أبيض شديد البياض، تعلوه حمره، وكان طويلا أصلع شديد حمرة العينين ضخم الجسم وكانت إليه السفارة في الجاهلية ولد بعد عام الفيل بثلاثة عشر عاما.

إسلامه: أراد عمر بن الخطاب أن يتعرض للنبي بالأذى وعلم أن أخته فاطمة وزوجها على دين محمد صلى الله عليه وسلم فذهب إلى بيت أخته التي كانت زوجة سعيد بن زيد حتى إذا كان بالباب سمع صوت قراءة في البيت وكان هذا صوت ضباب بن الأرت يتلو القرآن على فاطمة وزوجها، فأختبأ ضباب عندما سمع صوت عمر وخرج سعيد فضربه عمر فجاءت فاطمة تدافع عن زوجها فضربها على وجهها فخرج الدم وقالت له: (أرأيت يا عمر إن كان الحق في غير دينك أشهد أن لا إله إلا الله وأن محمد رسول الله) فلما سمع عمر ذلك وعلم أن أخته وزوجها قد أسلما قال لهما ما هذه الورقة التي كنتم تقرآنها فقالت فاطمة: لا يجوز أن تمسها إلا أن تغتسل أو تتوضأ لأنها لا يمسها إلا المطهرون فتوضأ وقرأ سورة طه إلى قوله تعالى "أنني أنا الله لا إله إلا أنا فاعبدني وأقم الصلاة لذكري"[1]

فقال عمر دلوني على ممد فعلم ضباب بما وقع في قلب عمر فخرج من مخبأه وقال: أبشر يا عمر أرجو أن تكون دعوة النبي (صلى الله عليه وسلم) يوم الخميس قد أدركتك ألا وهي "اللهم أعز الإسلام بأحد العمرين عمرو بن هشام أو عمر بن الخطاب"[2]

عند ذلك انطلق عمر إلى دار الأرقم التي كان يجلس النبي صلى الله عليه وسلم فيها مع أصحابه، فلما علم النبي بقدوم عمر خرج إليه وبايعه وكان إسلامه بعد إسلام أربعين رجلا وعشرة نسوة.

الشيطان يخاف من عمر: كان الشيطان يخاف من عمر فقال رسول الله صلى الله عليه وسلم: "يا ابن الخطاب والذي نفسي بيده، ما لقيك الشيطان سالكا فجا إلا سلك في غير فجك"[3]

نزول القرآن بموافقته: فقد نزلت آيات قرآنية توافق عمر ومنها:

---

(1) طه (1-14).

(2) رواه البيهقي في الدلائل والإمام أحمد بن حنبل في مسنده.

(3) رواه البخاري، فضائل الصحابة.

1- قول عمر بن الخطاب لرسول الله: يا رسول الله "لو اتخذت من مقام إبراهيم مصلى" فنزلت آية" **"واتخذوا من مقام إبراهيم مصلى "**[1]

2- قول عمر بن الخطاب لرسول الله: " إن نساءك يدخل عليهم البر والفاجر فلو أمرتهن أن يحتجبن فنزلت آية الحجاب.

جملة من فضائله ومناقبه: هاجر عمر رضي الله عنه جهرا بينما كان المسلمون يهاجرون سرا وشارك في كافة الغزوات مع النبي ومعظم المعارك وكان رضي الله عنه أول من رحب بأمير المؤمنين وأول من كتب التاريخ الإسلامي (التاريخ الهجري) وأول من جمع القرآن الكريم في المصحف وأول من جمع الناس في صلاة التراويح في رمضان وأول من طاف ليلا ليحرس الناس ويكشف أهل الريبة وأول من حمل العصا وأدب بها وأول من وضع الخراج ودون الدواوين وبنى الأمصار (المدن) كالبصرة والكوفة.

أصابت امرأة وأخطأ عمر: بينما كان عمر بن الخطاب يخطب وأراد أن يحدد المسحور فقامت امرأة من بين النساء وقالت له: إن الله لم يحدد المسحور وأنت تريد أن تحدده فأجابها رضي الله عنه بقوله: أصابت امرأة وأخطأ عمر.

توليه الخلافة: تولي عمر رضي الله عنه الخلافة في اليوم نفسه الذي توفي فيه أبو بكر الصديق رضي الله عنه وهو يوم (2 جمادى الآخرة، سنة 13هـ) وقد حدد هذا الخليفة الشجاع المعالم الأساسية لمنهجه في الحكم بكلمات قليلة وهي:

1- إن مسؤولية الحكم (الخلافة) في الدولة هي ابتلاء واختبار للحاكم والمحكومين.

2- إن خلافة عمر بن الخطاب هي إمتداد بعهد الرسول صلى الله عليه وسلم وعهد أبو بكر رضي الله عنه.

3- إن الخليفة ليس معصوما من الخطأ والزلل.

يكفي آل الخطاب عمر: عرض على الخليفة عمر أو يوصي لأبنه عبد الله بالخلافة ففض بشدة وقال: يكفي آل الخطاب عمر إن كان خيرا فقد أخذنا منه وأن يكن شرا يكفي أن يعذب عمر، ووددت أن لقيت ربي لآلي ولا علي" وهذه القمة في التواضع والخوف من الله.

الفتوح في عصره: تم في عهده فتح بلاد الشام كاملة ومصر وبرقة طرابلس وليبيا والعراق وتسلم بنفسه مفاتيح بيت المقدس وكتب لأهلها "العهدة العمرية".

---

(1) البقرة: ص 125.

وفاته: بينما كان عمر بن الخطاب رضي اللـه عنه يؤم في المسلمين في صلاة الفجر إذ تقدم نحوه عبد فارسي يدعى فيروز ويكنى "أبا لؤلؤة" فطعنه عدة طعنات بخنجره أدت إلى وفاته بعض أربع أيام.

وكانت وفاته يوم الأربعاء (26 من ذي الحجة سنة ثلاث وعشرين هجريا واستأذن من السيدة عائشة رضي اللـه عنها بأن يدفن بجانب الرسول صلى اللـه عليه وسلم والصديق رضوان اللـه عليه فأذنت له ودفن بجانبهما رضي اللـه عنه.

وكان عمره حين توفي ثلاثة وستون عام ومدة خلافته عشر سنين وخمسة أشهر وعشرين يوما.

ذو النورين عثمان بن عفان "رضي اللـه عنه"

اسمه ونسبه: هو أبو عبد اللـه عثمان بن عفان بن أبي العاص بن أمنة ابن عبد شمس.

أمه: أروى بنت كريز.

كنيته: كان يلقب عثمان بن عفان في الجاهلية (أبا عمرو) فلما ولدت له زوجته رقية ابنة النبي صلى اللـه عليه وسلم غلاما سماه عبد اللـه وبه يكن.

ذو النورين: زوجه رسول اللـه صلى اللـه عليه وسلم رقية ابنته فتوفيت فزوجه أم كلثوم وقال لو كان عندي ثالثة لزوجتها إياه وسمي ذو النورين لأنه تزوج من ابنتي رسول اللـه.

وفي رواية قيل أنه كان يختم القرآن في الوتر فالقرآن نور وقيام الليل نور فسمي ذو النورين.

صفته: كان رضي اللـه عنه أبيض وقيل أسمر رقيق البشرة حسن الوجه كثير شعر الرأس عظيم اللحية.

إسلامه: أسلم عثمان بن عفان مبكرا والدعوة الإسلامية في مرحلتها السرية على يد أبو بكر الصديق رضي اللـه عنهما.

بئر رومة: كان عثمان من المسارعون في فعل الخيرات فحفر بئر رومة وجعله في سبيل اللـه رضي اللـه عنه.

جمع الناس على القرآن: كان عثمان بن عفان رضي اللـه أول من جمع المسلمين على مصحف واحد خشية أن يختلفوا كاختلاف اليهود والنصارى.

تجهيز جيش العسرة: أمر النبي صلى الله عليه وسلم المسلمين التهيؤ لغزو الروم سنة (9هـ) في وقت شدة من العيش والحر الشديد وحث المسلمين على الصدقة فتصدق عثمان بن عفان بألف بعير مع أحلاسها فقال النبي صلى الله عليه وسلم: "ما على عثمان ما عمل بعد هذه"[1]

حياء عثمان بن عفان: كانت الملائكة تستحي من عثمان دكان النبي (صل الله عليه وسلم) يستحي منه كان النبي جالسا في مكان فيه ماء وقد كشف عن ركبتيه فلما دخل عثمان عظامهما وسئل النبي عن ذلك فقال: "ألا أستحي من رجل و الله أن الملائكة لتستحي منه"[2]

مكانته: كانت لعثمان مكانة عالية عند النبي وروى عبد الله بن عمر فقال: "كنا في زمن النبي صلى الله عليه وسلم لا نعدل بأبي بكر أحد ثم عمر، ثم عثمان ثم نترك أصحاب النبي لا نفاضل بينهم"[3]

توليه الخلافة: بويع عثمان بن عفان بالخلافة يوم الاثنين (28 من ذي الحجة سنة ثلاث وعشرين واستمرت خلافته اثنتا عشر سنة).

الفتوح في عهده: استمرت الفتوحات الإسلامية بفتح كل من أرمينية واستكمال فتح بلاد فارس وكان أول من أمر بإنشاء قوات بحرية (الأسطول الإسلامي) ومحاربة الروم بحرا وتم الانتصار عليهم بمعركة ذات الصواري.

وصيته: لما استشهد عثمان بن عفان رضي الله عنه فتشوا خزانته فوجدوا فيها ورقا مكتوب عليه "بسم الله الرحمن الرحيم، عثمان بن عفان يشهد أن لا إله إلا الله وأن محمد رسول الله وأن الجنة حق والنار حق وأن الله يبعث من في القبور ليوم لا ريب فيه إن الله لا يخلف الميعاد عليها نحيا وعليها نموت وعليها نبعث، إن شاء الله".

استشهاده:-

استشهد الخليفة عثمان بن عفان رضي الله عنه وهو يرتل كتاب ربه يوم الجمعة (18 من ذي الحجة سنة 35هـ) وكان عمره قد ناهز (82 عاما).

وعندما توفي كانت مدة خلافته إثنا عشر عاما.

---

(1) أخرجه الترمذي.

(2) البخاري/ فضائل الصحابة.

(3) البخاري.

علي بن أبي طالب (كرم الـلـه وجهه) [1]

اسمه ونسبه: هو علي بن أبي طالب (عبد مناف بن عبد المطلب) وأمه: فاطمة بنت أسد وهو ابن عم رسول الـلـه صلى الـلـه عليه وسلم.

كنيته: كان يكن بأبا الحسن وسماه رسول الـلـه بأبي الريحانتين وكناه بابي تراب.

صفته: كان شديد السمرة ثقيل العينين عظيمهما، عظيم اللحية، أبيض الرأس وكان ربعة من الرجال وكان إذا أمسك بذراع رجل أمسك بنفسه لما كان يروى عن قوته وكان ما صارع أحد إلا صرعه إلا رسول الـلـه صلى الـلـه عليه وسلم.

إسلامه: أسلم علي بن أبي طالب وهو ابن ثمان سنين وكان أول الصبيان إسلاما وكان يسكن في بيت النبي صلى الـلـه عليه وسلم.

علي بن أبي طالب الفدائي: عندما أراد النبي صلى الـلـه عليه وسلم الهجرة إلى المدينة والخروج من بيته طلب من علي أن ينام على فراشه حتى يخدع المشركين وبذلك كان قد فدى رسول الـلـه صلى الـلـه عليه وسلم بروحه.

محبة الـلـه ورسول لعلي: عندما أراد النبي صلى الـلـه عليه وسلم غزو خيبر الذي كان يسكنها اليهود قال قبل مسيره: "لأعطين هذه الراية غدا رجلا يفتح الـلـه عليه يحب الـلـه ورسوله ويحبه الـلـه ورسوله"[2] فلما قدم الصباح قال أين علي بن أبي طالب فأتى إليه فأعطاه الراية وفتح الـلـه على يديه خيبر.

مكانته عند النبي صلى الـلـه عليه وسلم: قال النبي لعلي "اللهم من كنت مولاه فعلي مولاه اللهم وآل من والاه وعاد من عاداه"[3]

وكان عمر بن الخطاب رضي الـلـه عنه يتعوذ بالله من معضلة ليس لها أبو حسن (يعني علي لكن الـلـه وجهه) وكان يقول لولا علي لهلك عمر.

خلافته: بويع علي كرم الـلـه وجهه بالخلافة يوم الجمعة (25 ذي الحجة سنة 35هـ) واستمرت خلافه خمس سنوات.

استشهاده: توفي علي بن أبي طالب كرم الـلـه وجهه شهيدا ليلة الأحد (19 رمضان سنة 40هـ) عن عمر ناهز الثالثة والستين قتله عبد الرحمن بن ملجم في صلاة الفجر وهو من (الخوارج).[4]

---

(1) رواه البخاري.
(2) كرم الـلـه وجهه لأنه لم يعبد صنم طيلة حياته في الجاهلية.
(3) رواه أحمد بن حنبل.
(4) الخوارج: هم الذين خرجوا على علي كرم الـلـه وجهه في معركة صفين.

أمين الأمة (عامر بن الجراح رضي الـلـه عنه)

اسمه ونسبه: هو عامر بن عبد الـلـه بن الجراح بن هلال بن أهيب بن الحارث.

أمه: أميمه بنت غنم أدركت الإسلام ولكن أباه مات مشركا.

كنيته: مشهور (أبو عبيدة) بالنسبة لجده الجراح وسماه النبي صلى الـلـه عليه وسلم بأمين الأمة.

صفته: كان أبو عبيدة نحيف البدن طويلا معروف الوجه خفيف اللحية أسمر شعره طويل.

إسلامه: كان أبو عبيدة من العشرة السابقين في الدخول إلى الإسلام.

أمين الأمة: لقبه النبي صلى الـلـه عليه وسلم بأمين الأمة والأمين هو الثقة المؤتمن، والأمانة لما كان معروف عنه بالأمانة والصداقة.

الولاء والبراء: كان أبو عبيدة رضي الـلـه عنه في الذروة من عقيدة الولاء والبراء فقد تبرأ من والده عندما لم يسلم وقاتل في صف المشركين يوم بدر.

جهاده: اشترك أبو عبيدة في المعارك الإسلامية التي تمت في عهد النبي صلى الـلـه عليه وسلم وثبت يوم أحد حين أنهزم المسلمون وهو الذي نزع الحلقات التي دخلت في وجنتي النبي صلى الـلـه عليه وسلم بأسنانه عندما ضربه المشركون على وجهه الطاهر الشريف.

ذكر ثناء أبو بكر وعمر عليه(رضي الـلـه عنهما): قال عمر بن الخطاب لأصحابه يوما تمنوا فقال رجل: أتمنى لو أن هذه الدار مملوءة ذهبا أنفقه في سبيل الـلـه فقال عمر: لكني أتمنى لو أن هذه الدار مملوءة رجالا مثل أبو عبيدة.

وعن عمرو بن العاص قال: ثلاثة من قريش أصلح الناس وجوها فأحسنها خلقا وأشدها حياء، إن حدثوك لم يكذبوك وأن حدثتهم لم يكذبوك: أبو بكر الصديق، وعثمان بن عفان وأبو عبيدة عامر بن الجراح"

وصيته لجنده: كان أبو عبيدة يسير بين جنوده يقول: (إلا رب مبيض لثيابه مدنس لدينه، إلا رب مكرم لنفسه وهو لها مهين أدرؤوا السيئات القديمات بالحسنات الحديثات.

مرضه بالطاعون ووصيته: نزل في عام (18 هـ) وباء الطاعون (عمواس) فلما أصيب به أبو عبيدة وهو بالأردن دعا المسلمين وقال: "إني موصيكم بوصية لم تزالوا بخير ما حييتم وبعدما تموتون، أقيموا الصلاة وآتوا الزكاة، وصوموا وتصدقوا وحجوا واعتمروا وتواصوا وتحابوا واصدقوا أمرائكم ولا تخشوهم، ولا تلهكم الدنيا فإن امرءا لو عمر ألف سنة ما كان له بد من أن يصير إلى ما صرت إليه وأن الـلـه قد كتب الموت على بني آدم فهم ميتون، وأكرمهم منهم أطوعهم لربه فأعلمهم ليوم ميعاده.

وفاته: توفي رضي الله عنه بطاعون عمواس بالأردن وفيها قبره سنة ثمان عشر في خلافة عمر وهو ابن ثمان وخمسين سنة.

طلحة بن عبيد الله (أبو محمد) (رضي الله عنه)

اسمه ونسبه: هو طلحة بن عبيد الله بن عثمان بن عمرو بن كعب بن سعد يلتقي نسبه مع رسول الله صلى الله عليه وسلم عند مرة بن كعب.

أمه: الصعبة بنت الخضرمي.

كنيته: سماه رسول الله صلى الله عليه وسلم يوم أحد طلحة الخير وفي غزوة ذي العشيرة سمي طلحة الفياض ويوم حنين سمي طلحة الجود.

إسلامه: أسلم طلحة بن عبيد الله على يد أبي بكر الصديق رضي الله عنه وكان في بلاد الشام فسمع الرهبان يقولون عن ظهور النبي محمد صلى الله عليه وسلم فأسرع إلى مكة فعلم بظهور النبي وأن أبا بكر قد تبعه فذهب لأبي بكر وأسلم على يديه.

منزلته: كان طلحة بن عبيد الله من السباقون في دخول الإسلام وهو أحد أهل الشورى الستة الذين اختارهم عمر بن الخطاب عندما طعن لتعيين الخليفة من بعده وتوفي الرسول صلى الله عليه وسلم وهو راضي عنه ويعد من حكماء قريش.

جهاده: كان طلحة من المجاهدين الذين جاهدوا في سبيل الله حق جهاد، ولقد برك للنبي صلى الله عليه وسلم وصعد على ظهره يوم أحد فقال النبي: أوجب طلحة حين صنع ما صنع برسول الله صلى الله عليه وسلم،وكان أبو بكر إذا ذكر يوم أحد قال: ذاك اليوم كله يوم طلحة. وكان من الرجال الذين صدقوا ما عاهدوا الله عليه بشهادة رسول الله صلى الله عليه وسلم وحضر جميع الغزوات ما عدا بدر بعثه الرسول في مهمة ليؤديها.

طلحة في أهله: وصفته أحد زوجاته فقالت: "إن دخل دخل ضاحكا وإن خرج خرج باسما وإن سألت أعطى وإن سكت ابتدأ وإن عملت شكر وإن أذنبت غفر" وكان حسن الزوج من جميع الإتجاهات.

إنفاقه وكرمه: كان طلحة بن عبيد الله كريما سخيا وفي إحدى الروايات أنه باع أرضا بسبعمائة ألف درهم فأرهقه هذا المال ولم يذق طعم النوم وهو يفكر كيف سيتخلص منه ولما طلعت الشمس بادر وأسرع فأنفقه جميعه على الفقراء والمساكين وبيت مال المسلمين.

استشهاده: أخبر النبي صلى الله عليه وسلم بأن طلحة سوف يموت شهيدا ولقد تحققت النبوة إذ قتل طلحة شهيدا على يد ظالم في سنة ست وثلاثين للهجرة تاركا عشرة أولاد ذكور.

الزبير بن العوام
(حواري رسول الله رضي الله عنه)

اسمه ونسبه: هو الزبير بن العوام بن خويلد بن أسد بن عبد العزى بن قصي- ابن كلاب يجتمع نسبه مع الرسول في قصي بن كلاب.

أمه: صفية بنت عبد المطلب عمة رسول الله صلى الله عليه وسلم.

كنيته: كان يكن بأبو عبد الله نسبه لولده عبد الله وهو زوج أسماء بنت أبي بكر رضي الله عنهما.

إسلامه: أسلم الزبير في مرحلة مبكرة وهو ابن ثمان سنين وكان عمه يعذبه حتى يرتد عن الإسلام ولكنه صبر وكان رابع أو خامس من أسلم.

حواري[1] رسول الله هو الزبير: "قال رسول الله صلى الله عليه وسلم إن لكل نبي حواري وأنا حواري الزبير بن العوام"[2]

منزلته: الزبير من العشرة المبشرين بالجنة وتوفي بالنبي صلى الله عليه وسلم وهو عنه راض وهو من أهل الشورى الستة الذين اختارهم عمر بن الخطاب لاختيار الخليفة من بعده.

جهاده: كان الزبير بن العوام أول من سل سيفا في وجه المشركين في مكة وشارك بجميع الغزوات التي غزاها النبي صلى الله عليه وسلم.

ففي غزوة بدر قاتل قتالا شديدا وأصيب بكتفه لأنه كان في مقدمة الصفوف.

وفي غزوة أحد قاتل وكان من الذين لبوا نداء ربهم ولم يفر مع الجبناء.

وفي غزوة الخندق جمع له رسول الله أبويه صلى الله عليه وسلم يعني كان يقول فداك أبي وأمي.

إنفاقه وكرمه: باع الزبير منزلا له بستمائة ألف درهم فقيل له غبنت أي أن ثمنها أكثر فقال: كلام و الله لم أغبن وجه لها كلها في سبيل الله وكان يأتيه أموال كثيرة فكان لا يدخلها بيته ولكنه كان يوزعها حتى يعود إلى بيته لا يوجد معه شيء.

استشهاد:

استشهد الزبير بن العوام رضي الله عنه سنة (35هـ) وهو ابن خمس وسبعون عاما، قتله عمرو بن جرموز.

---

(1) **الحواري: الصاحب/ الخليل/ الناصر.**

(2) **أخرجه البخاري، من فتح الباري.**

خال رسول الله سعد بن أبي وقاص (رضي الله عنه)

اسمه ونسبه: هو سعد بن مالك بن وهب بن عبد مناف ابن زهرة بن كلاب وهو خال رسول الله صلى الله عليه وسلم.

أمه: حمنة.

كنيته: أبو إسحاق.

إسلامه: كان سعد بن أبي وقاص أول من رمى سهم في سبيل الله وأول من أراق دم مشرك ودخل الإسلام عن طريق أبو بكر رضي الله عنهما.

غضبت أمه عليه عندما علمت عن دخوله الإسلام: غضبت أم سعد كثيرا عندما علمت بدخوله الإسلام وحاولت أن ترده عن دينه ولكنه صمد وحلفت أم سعد ألا تكلمه أبدا حتى يكفر ولا تأكل ولا تشرب حتى يرتد وبقيت على ذلك حتى أغشي عليها من شدة الجوع والعطش فقام أحد أولادها فسقاها الماء فقامت تدعوا على سعد فنزلت آية "**وإن جاهداك على أن تشرك بي ما ليس لك به علم فلا تطعمها وصاحبهما في الدنيا معروفا**"[(1)]

جهاده: كان سعد بن أبي وقاص رضي الله عن أول من رمى سهم في سبيل الله ولقي من المشركين العذاب ما لقي بسبب إسلامه وفي أثناء مقاطعة المشركين للمسلمين جاع جوعا شديدا حتى أكل جلد البعير وفي أحد كان سعد بن أبي وقاص يرمي السهام وكان بارعا جدا في الرماية.

قال رسول الله: كان رسول الله صلى الله عليه وسلم يقول عن سعد بن أبي وقاص "هذا خالي فليرني أمرؤ خاله"[(2)]

كان سعد بن أبي وقاص مستجاب الدعوة: جاءت الأخبار الصحيحة عن النبي صلى الله عليه وسلم أنه دعا لسعد أن يستجيب الله دعاءه إذا دعاه فكانت دعواته مستجابة وكان رسول الله صلى الله عليه وسلم يقول: "اتقوا دعوات سعد"[(3)]

أول من رمى سهما في سبيل الله: في أول سرية أرسلا رسول الله صلى الله عليه وسلم بعد الهجرة النبوية وكان أميرها عبيدة بن الحارث وفي هذه السرية، استطاع سعد أن يحمي المسلمين بنباله وأن يحول هزيمتهم إلى نصر.

---

(1) لقمان: 15.
(2) رواه الترمذي.
(3) سنن الترمذي.

فتح مكة: في غزوة الفتح سنة (8هـ) أختار رسول الـلـه صلى الـلـه عليه وسلم سعد ليحمل رايات المهاجرين وقاتل في هذه الغزوة قتالا لم يشهده أحد من قبل.

قيادته لمعركة القادسية: كان سعد بن أبي وقاص قائدا لمعركة القادسية التي انتصر فيها المسلمون على الفرس والمجوس وكان ذلك في خلافة عمر بن الخطاب رضي الـلـه عنه.

وفاته: توفي سعد بن أبي وقاص قائد معركة القادسية في العقيق قريبا من المدينة ودفن بالبقيع وتوفي عن عمر يناهز بضع وسبعون عام في السنة الخامسة والخمسون للهجرة.

عبد الرحمن بن عوف (أبو محمد) (رضي الـلـه عنه).

اسمه ونسبه: هو عبد الرحمن بن عوف بن الحارث بن زهرة بن كلاب.

أمه: الشفا بنت عوف (أسلمت وهاجرت)

كنيته: كان يسمى في الجاهلية (عبد عمرو) فسماه رسول الـلـه عبد الرحمن كنيته أبو محمد ولد بعد عام الفيل بعشر سنوات.

إسلامه: كان عبد الرحمن بن عوف من الذين أسلموا أولا فهو أحد الثمانية الأوائل في الإسلام.

استغناءه عن أموال الناس: بعد هجرة عبد الرحمن إلى المدينة أخى الرسول صلى الـلـه عليه وسلم بينه وبين سعد بن الربيع فقال له: أني أكثر الأنصار مالا فأقسم مالي نصفين نصف لك ونصف لي ولي امرأتان فأنظر أحسنهما إليك حتى أطلقها فتزوجها فقال له عبد الرحمن: بارك الـلـه لك في أهلك ومالك، دلني على السوق فدله فذهب يبيع ويشتري حتى عاد بشيء من السمن والجميد.

وكان رضي الـلـه عنه من أغنى أغنياء المسلمين لأنه كان تاجرا ذكيا له خبرته في التجارة وحنكته في البيع والشراء.

مكانته: كان عبد الرحمن بن عوف سيد من سادات المسلمين وأميرا من أمرائهم وكانت له مكانة كبيرة عند النبي وصحابته وكان من الستة الذين أختارهم عمر بن الخطاب لاختيار الخليفة من بعده.

جهاده: كان عبد الرحمن بن عوف من المجاهدين في سبيل الـلـه الأوائل فقد شهد غزوة بدر وغزوة أحد وقاتل قتال الأبطال وشهد غزوة بني قينقاع وبين قريظة وبني النضير والأحزاب والحديبية وفتح مكة.

وقد بعثه النبي صلى اللـه عليه وسلم على رأس قوة إلى دومة الجندل وكان الإصبع الكلبي ملكهم فاسلم وتزوج عبد الرحمن بن عوف ابنته تماضر ولم يقصر عبد الرحمن بن عوف بالجهاد بالنفس وإنما جاهد بماله وأنفق الكثير من الأموال في الجهاد.

إنفاقه وبذله: أنطلق عبد الرحمن بن عوف يبذل الأموال بسخاء على الفقراء ويجهز المجاهدين ومن أهم أعماله في الإنفاق:

1- قدمت إليه قافلة محملة بكل شيء وهي سبعمائة بعير فجعلها في سبيل اللـه.

2- باع أرضا له بأربعين ألف درهم فقسمها على الفقراء والمجاهدين وأمهات المؤمنين زوجات رسول اللـه صلى اللـه عليه وسلم.

3- وصل أزواج النبي صلى اللـه عليه وسلم بمال بيع بأربعين ألف.

صلاة النبي خلفه: لعبد الرحمن مكانة عظيمة لا يشاركه بها أحد سوى أبو بكر الصديق رضي اللـه عنهما وهي أن رسول اللـه صلى اللـه عليه وسلم صلى مأموما بعبد الرحمن وذلك في أحد الغزوات في صلاة الفجر.

وفاته توفي عبد الرحمن بن عوف سنة أثنين وثلاثين للهجرة عن عمر يناهز خمسا وسبعين عاما وحزن عليه المسلمون كثيرا وذلك في عهد الخليفة عثمان بن عفان.

سعيد بن زيد (المتعلق بالجهاد رضي اللـه عنه).

اسمه ونسبه: هو سعيد بن زيد بن عمرو بن نفيل بن عبد العزى بن رباح زوج أخت عمر بن الخطاب فاطمة بنت الخطاب وعمر تزوج أخت سعيد بن زيد عاتكة.

كنيته: كنيته أبو الأعوار والمتعلق بالجهاد.

إسلامه: كان سعيد يعيش في بيئة متدنية بالفطرة فكان أبوه يرفض عبادة الأصنام ولم ينشرح صدره للديانة النصرانية ولا اليهودية وتعرض سعيد بن زيد للأذى وذلك بسبب دخوله الإسلام ومن الذين أذوه عمر بن الخطاب عندما سمع أنه أسلم.

مكانته: كان أبو بكر يستشير سعيد بن زيد في أموره الخلافية وكان عمر يستشيره وكان من سادات الصحابة وكان ينفر من الإمارة ليلحق بالجيش من أجل الجهاد.

حبه لعمر وحزنه عليه: لما استشهد الفاروق عمر بن الخطاب رضي اللـه عنه حزن عليه حزنا شديدا وكان يقول: "على الإسلام أبكي إن موت عمر رضي اللـه عنه ثلم الإسلام ثلمة لا ترتق إلى يوم القيامة".

جهاده: كان سعيد بن زيد رضي اللـه عنه المجاهد في المرحلتين المكية والمدنية قبل الهجرة وبعدها وحضر جميع الغزوات مع النبي صلى اللـه عليه وسلم ما عدا غزوة بدر كان قد بعثه الرسول في مهمة ليؤديها وكان قد أختاره أبو عبيدة عامر بن الجراح رضي اللـه عنه أميرا على دمشق

ولكنه طلب منه أن يعفيه ليلتحق بالجيش ويقاتل أعداء الدين وكان رضي الله عنه مولعا بالجهاد ومتعلقا به ولم يطبق الإمارة حتى لا تشغله عن الجهاد ويحصل على شرف الجهاد.

وفاته: توفي سعيد بن زيد رضي الله عنه سنة خمسين للهجرة بجانب المدينة المنورة في مكان يسمى العقيق ودفن في البقيع وكان عمره يناهز ثلاث وسبعين سنة.

بلال بن رباح

قال صاحب" أسد الغابة في معرفة الصحابة":

بلال بن رباح:

يكنى: أبا عبد الكريم، وقيل أبا عبد الله. وقيل أبو عمرو

وأمه حماسة، من مولدى مكة لبني جمع

وهو مولى أبي بكر الصديق، اشتراه بخمس أواقي

وقيل بسبع أواقي، وقيل:بتسع أواقي... وأعتقه لله عز وجل.

وكان مؤذنا لرسول الله صلى الله عليه وسلم وخازنا

أحد...أحد

شهد بدرا، والمشاهد كلها، وكان من السابقين إلى الإسلام

وممن يعذب في الله عز وجل... فيصبر على العذاب!!!.

وكان أبو جهل يبطحه على وجهه في الشمس، ويضع الرحى عليه حتى تصهره الشمس.

ويقول: اكفر برب محمد، فيقول: أحد...؛أحد.

فاجتاز به ورقة بين نوف، وهو يعذب ويقول: أحد.. أحد

فقال يا بلال: أحد أحد و الله لئن مت على هذا لأتخذن قبرك حنانا [1]

قيل: كان مولى بني جمع، وكان أمية بن خلف يعذبه، ويتابع عليه العذاب.

فقدر الله سبحانه وتعالى أن بلالا قتله ببدر.

لو كان عندنا شيء... لاشترينا بلالا.

قال سعيد بن المسيب.. وذكر بلالا: كان شحيحا على دينه.وكان يعذب.. فإذا أراد المشركون أن يقاربهم [2] قال: الله الله!!!

_____

(1) أي لأجعل قبرك موضع حنان، أي مظنة من رحمة الله تعالى. فأتمسح به تبركا.

(2) يستميلوه إليهم.

قال: فلقي النبي صلى الله عليه وسلم أبا بكر رضي الله عنه فقال:(لو كان عندنا شيء لاشترينا بلالا)...

قال: فلقي أبو بكر العباس بن عبد المطلب، فقال: اشتر لي بلالا فانطلق العباس فقال لسيدته: هل لك أن تبيعيني عبدك هذا قبل أن يفوتك خيره؟.

قالت: وأتصنع به؟ إنه خبيث... وإنه وإنه....!! ثم لقيها، فقال لها مثل ما مقالته، فاشتراه منها، وبعث به إلى أبو بكر رضي الله عنه،

وقيل: إن أبا بكر اشتراه وهو مدفون بالحجارة... يعذب تحتها[1] !!!

وكان يؤذن لرسول الله (صلى الله عليه وسلم) في حياته سفرا وحضرا، وهو أول من أذن له في الإسلام.

عن الأسود بن بلال قال: (آخر الآذان، الله أكبر، الله أكبر، لا إله إلا الله).

فلما توفي رسول الله أراد أن يخرج إلى الشام، فقال له أبو بكر: بل تكون عندي، فقال: إن كنت أعتقتني لنفسك فاحسبني وإن كنت اعتقتني لله عز وجل فذرني أذهب إلى الله عز وجل، فقال: اذهب،فذهب إلى الشام. فكان به حتى مات.

وقيل إنه أذن لأبي بكر رضي الله عنه بعد النبي صلى الله عليه وسلم.

قالوا: لما توفي رسول الله صلى الله عليه وسلم، جاء بلال إلى أبي بكر رضي الله عنه فقال: يا خليفة رسول الله:إني سمعت رسول الله صلى الله عليه وسلميقول(أفضل أعمال المؤمن الجهاد في سبيل الله).

وقد أردت أن أرابط في سبيل الله حتى أموت. فقال أبو بكر: أنشدك الله يا بلال.وحرمتي وحقي، وقد كبرت واقترب أجلي، فأقام بلال مع أبي بكر حتى توفي أبو بكر!!!.

كان((عمر بن الخطاب)) إذا ذكر" أبو بكر" قال: ((أبو بكر سيدنا. وأعتق سيدنا))....

يعني " بلالا"....

وأن رجلا يلقبه عمر بسيدنا لهو رجل عظيم ومحظوظ...

لكن هذا الرجل شديد السمرة، النحيف الناحل، المفرط الطول الكث الشعر. الخفيف العارضين- كما وصفه الرواة- لم يكن يسمع كلمات المدح والثناء توجه إليه، وتغدق عليه، إلا ويحنه رأسه ويغض طرفه، ويقول وعبراته على وجنته تسيل:-

((إنما أنا حبشي... كنت بالأمس عبدا))!!

---

(1) اللهم ارفع درجات عبدك بلال وأبلغه تحياتنا وصلواتنا.

فمن هذا الحبشي الذي كان بالأمس عبدا؟

إنه ((بلال بن رباح)) مؤذن الإسلام ومزعج الأصنام....

إنه إحدى معجزات الإيمان والصدق.

إحدى معجزات الإسلام العظيم.....

فمن كل عشرة مسلمين، منذ بدأ الإسلام إلى اليوم، وإلى ما شاء اللـه سنلتقي بسبعة- على الأقل-((يعرفون بلالا))....

أي أن هناك مئات الملايين من البشر عبر القرون والأجيال عرفوا بلالا، وحفظوا اسمه، وعرفوا دوره. تماما كما عرفوا أعظم خليفتين في الإسلام:- أبي بكر، وعمر.....!!!

وإنك لتسأل الطفل الذي لا يزال يحبو في سنوات دراسته الأولى في مصر، او باكستان. أو الملايو، أو الصين...

وفي الأمريكتين، وأوروبا، وتركيا، وإيران، والسودان. في كل بقعة من الأرض يقطنها المسلمون، تستطيع أن تسأل أي طفل مسلم:- من بلال، يا غلام؟

فيجيبك: إنه مؤذن الرسول.. وإنه العبد الذي كان سيده يعذبه بالحجارة المستعرة ليرده عن دينه، فيقول: ((أحد.. أحد..))

وحينما تبصر هذا الخلود الذي منحه الإسلام بلالا... فأعلم أن بلالا هذا لم يكن قبل الإسلام أكثر من عبد رقيق، يرعى إبل سيده على حفنات من التمر، وكان من المحتوم عليه- لولا الإسلام- أن يظل عبدا تائها في الزحام، حتى يطويه الموت. ويطوح به إلى أعماق النسيان...

لكن في صدق إيمانه، وعظمة الدين الذي آمن به في حياته، وفي تاريخه مكانا عليا بين عظماء الإسلام وقدسيه!!

إن كثيرين من علية البشر، وذوي الجاه والنفوذ والثروة فيهم، لم يظفروا بمعشار الخلود الذي ظفر به((بلال)) العبد الحبشي!! بل، إن كثيرين من أبطال التاريخ لم ينالوا من الشهرة التاريخية بعض الذي نال به بلال.

إن سواد بشرته وتواضع حسبه ونسبه، وهو أنه على الناس كعبد رقيق لم يحرمه حين آثر الإسلام دينا. من أن يتبوأ المكان الرفيع الذي يؤهله له صدقه، ويقينه، وطهره، وتفانيه...

إن ذلك كله، لم يكن له في ميزان تقييمه وتكريمه إي حساب، إلا حساب الدهشة حين توجد العظمة في غير مظانها...

فلقد كان الناس يظنون، أن عبدا مثل بلال ينتمي إلى أصول غريبة.. ليس له أهل، ولا حول، ولا يملك من حياته شيئا، فهو ملك لسيده الذي اشتراه بماله، يروح ويغدو وسط شويهات سيده وإبله وماشيته.

كانوا يظنون أن مثل هذا الكائن، لا يمكن أن يقدر على شيء ولا أن يكون شيئا.

ثم إذا هو يخلف الظنون جميعا، فيقدر على إيمانه، هيهات أنه يقدر على مثله سواه، ثم يكون أول مؤذن للرسول والإسلام- العمل الذي كان يتمناه لنفسه كل سادة قريش وعظمائها من الذي أسلموا واتبعوا الرسول!!

اجل ((بلال بن رباح))!

أية بطولة... وأية عظمة تعبر عنها هذه الكلمات الثلاث - بلال ابن

رباح-؟!

إنه حبشي من أمه السوداء.. جعلته مقاديره عبدا لأناس من بني جمع بمكة، حيث كانت أمه إحدى إمائهم وجواريهم.

كان يعيش عيشة الرقيق، تمضي أيامه متشابهة قاحلة لاحق، لا له في يومه، ولا أمل له في غده!!

لقد بدأت أنباء((محمد)) تنادي سمعه، حين أخذ الناس في مكة يتناقلونها. وحين كان يصغي إلى أحاديث سادته وأخيافهم، سيما((أمية ابن خلف)) أحد شيوخ((بني جمع)) القبيلة التي كان بلال أحد عبيدها...

لطالما سمع أبيه وهو يتحدث مع أصدقائه حينا، وأفراد قبيلته أحيانا عن الرسول حديثا يطفح غيظا، وغما، وشرا... وكانت أذن بلال تلتقط من بين كلمات الغيظ المجنون الصفات التي تصور له هذا الدين الجديد... وكان يحس أن صفات جديدة على هذه البيئة التي يعيش فيها، كما كانت أذنه تلتقط من خلال أحاديثهم الرا عدة المتوعدة- اعترافهم بشرف محمد وصدقه وأمانته!!!

أجل... إنه ليسمعهم يحجبون، ويحارون في هذا الذي جاء به محمد!!!

ويقول بعضهم لبعض: ما كان محمد يوما كاذبا، ولا ساحرا ولا مجنونا.. وإنه لم يكن لنا بد من وحيمة اليوم بذلك كله، حتى دحد عنه الذين يسارعون إلى دينه!!

بسمعهم يتحدثون عن أمانته، عن وفائه. عن رجولته وخلقه وعن نزاهته ورجاحة عقله.

وسمعهم يتهامسون بالأسباب التي تحملهم على تحديه وعدائه، تلك هي:ولاؤهم لدين آبائهم أولا: والخوف على مجد قريش ثانيا...ذلك المجد الذي يفيئه عليها مركزها الديني، كعاصمة للعبادة والنسك في جزيرة العرب كلها، ثم الحقد على بني هاشم، أن يخرج منهم دون غيرهم نبي ورسول...!

وذات يوم، يبصر بلال بن رباح نور الله ويسمع في أعماقه وروحه الخيرة رنينه، فيذهب إلى رسول الله(صلى الله عليه وسلم)، ويسلم، ولا يلبث خبر إسلامه أن يذيع، وتدور الأرض برؤوس أسياده من بني جمع، تلك الرؤوس التي نفخها الكبر وأثقلها الغرور!! وتجثم شياطين الأرض فوق صدر أمية بن خلف الذي رأى في إسلام عبد من عبيده لطمة جللتهم جميعا بالخزي والعار عبدهم الحبشي يسلم. ويتبع محمدا!!!

ويقول أمية لنفسه: ومع هذا فلا بأس، إن شمس هذا اليوم لن تغرب إلا ويغرب معها إسلام هذا العبد الآبق.

ولكن الشمس لم تغرب قط بإسلام بلال بل غربت ذات يوم بأصنام قريش كلها، وحماة الوثنية فيها...!

أما بلال فقد كان له موقف ليس شرفا للإسلام وحده- وإن كان الإسلام أحق به- ولكنه شرف للإنسانية جميعا.

لقد صمد لأقسى ألوان التعذيب صمود الأبرار العظام.

وكأنما جعله الله للناس مثلا على أن سواد البشرة وعبودية الرقبة لا ينالان من عظمة الروح إذا وجدت إيمانها، واعتصمت بباريها، وتشبثت بحقها.

لقد أعطى بلال درسا بليغا للذين في زمانه، وفي كل زمان. للذين على دينه، وعلى كل دين، درسا في أن حرية الضمير وسيادته لا يباعان بملء الأرض ذهبا، ولا بملئها عذابا.

لقد وضع عريانا فوق الجمر، على أن يزيغ عن دينه، أو يزيف اقتناعه، فأبى....

لقد جعل الرسول عليه السلام، والإسلام من هذا العبد الحبشي المستضعف أستاذا للبشرية كلها في فن احترام الضمير، والدفاع عن حريته وسيادته.

لقد كان يخرجون به في الظهيرة التي تتحول الصحراء فيها إلى جهنم قاتلة، فيطرحونه على حصاها الملتهب وهو عريان، ثم يأتون بحجر مسعر كالحميم ينقله من مكانه بضعة رجال، ويلقون به فوق جسده وصدره....

ويتكرر هذا العذاب الوحشي كل يوم، حتى رقت لبلال من هول عذابه بعض قلوب جلاديه، فرضوا آخر الأمر ان يخلوا سبيله على أن يذكر آلهتهم بخير ولو بكلمة واحدة- لا

غير – تحفظ لهم كبرياءهم، ولا تتحدث قريش أنهم انهزموا صاغرين أمام صمود عبدهم وإصراره.

ولكن حتى هذه الكلمة الواحدة التي يستطيع أن يلقيها من وراء قلبه، ويشتري حياته ونفسه، دون أن يفقد إيمانه، ويتخلى عن اقتناعه، حتى هذه الكلمة الواحدة العابرة رفض بلال أن يقولها...! نعم لقد رفض ان يقولها، وصار يرد مكانها نشيده الخالد: ((أحد..أحد.....)).

يصيح به جلادوه، بل ويتوسلون إليه قائلين((اذكر اللات والعزى))... فيجيبهم((أحد...أحد...)).

يقولون له: قل كما نقول: فيجيبهم في تهكم عجيب وسخرية كاوية: ((إن لساني لا يحسنه))...!!

ويظل بلال في ذوب الحميم وصخره، حتى إذا حان الأصيل أقاموه وجعلوا في عنقه حبلا، ثم أمروا صبيانهم أن يطوفوا به جبال مكة وشوارعها، وبلال لا يلهج لسانه بغير نشيده المقدس((أحد...أحد))

وكأني إذا جن عليهم الليل يساومونه:- غدا قل كلمات خير في آلهتنا، قل: ربي اللات والعزى، لنذرك وشأنك، فقد تعبنا من تعذيبك حتى لكأننا نحن المعذبون! فيهز رأسه ويقول((أحد..أحد))

ويلكزه أمية بن خلف وينفجر غما وغيظا، ويصيح: - أي شؤم رمانا بك يا عبد السوء... واللات والعزى لأجعلنك للعبيد والسادة مثلا...

ويجيب بلال في يقين المؤمن وعظمة القديس:

((أحد...احد..))

ويعود للحديث والمساومة، من وكل إليه تمثيل دور المشفق عليه فيقول:-

-خل عنك- يا أمية، واللات لن يعذب بعد اليوم، إن بلالا منا، أمه جاريتنا، وإنه لن يرضى أن يجعلنا بإسلامه حديث قريش وسخريتها...

ويحدق بلال في الوجوه الكاذبة الماكرة، ويفتر ثغره عن ابتسامته كضوء الفجر، ويقول في هدوء يزلزلهم:((أحد....أحد))

وتجيء الغداة وتقترب الظهيرة، ويؤخذ بلال إلى الرمضاء، وهو صابر محتسب، صامد ثابت.

ويذهب إليهم أبو بكر الصديق وهم يعذبونه، ويصيح بهم:(أتقتلـون رجـلا أن يقـول ربي اللـه).

ثم يصيح في أمية بن خلف: خذ أكثر من ثمنه واتركه حرا، وكأنما كـان أميـة يغـرق وأدركـه زورق النجاة.

لقد طابت نفسه وسعدت حين سمع أبا بكر يعرض ثمن تحريره. إذا كان اليأس من تطويع بلال فقد بلغ في نفوسهم أشده. ولأنهم كانوا من التجار، فقد أدركوا أن بيعـه أربح لهـم مـن موته..

باعوه لأبي بكر الذي حرره من فوره، وأخذ بلال مكانه بين الرجال الأحرار..

وحين كان الصديق يتأبط ذراع بلال منطلقا به إلى الحريـة قال لـه أميـة:- خـذه فواللات والعزى، لو أبيت إلا أن أشتريه بأوقية واحدة لبعتكه بها...

وطن أبو بكر لما في هذه الكلمات من مـرارة اليـأس وخيبـة الأمـل وكـان حريـا ألا يجيبـه، ولكن لأن فيها مساسا بكرامة الذي قد صار أخا له، وندا. أجاب أمية قائلا:-

-و اللـه لو أبيتم أنتم إلا مائة أوقية لدفعتها...!!

وانطلق لصاحبه إلى رسول اللـه يبشره بتحريره، وكان عيدا عظيما! وبعد هجـرة الرسـول والمسلمين إلى المدينة، واستقرارهم بها، يشرع الرسول للصلاة أذانها...

فمن يكون المؤذن للصلاة خمس مرات كل يوم....؟ وتصح عبر الأفق تكبيراته وتهليلاته..؟

لقد وقع اختيار الرسول عليه اليوم ليكون أول مؤذن للإسلام وبصوته النـدي، الشجي، مضي يملأ الأفئدة إيمانا. والأسماع روعة وهو ينادي:-

اللـه أكبر.. اللـه أكبر

اللـه أكبر..اللـه أكبر

أشهد ان لا إله إلا اللـه   أشهد أن محمدا رسول اللـه

أشهد أن لا إله إلا اللـه أشهد أن محمدا رسول اللـه

حي على الصلاة،حي على الفلاح

حي على الصلاة،حي على الفلاح

اللـه أكبر... اللـه أكبر

لا إله إلا اللـه

وينشب القتال بين المسلمين وجيش قريش الذي قدم غازيا، وتدور الحرب عنيفة قاسية ضارية، وبلال هناك يصول ويجول في أول غزوة يخوضها الإسلام،((غزوة بدر)) تلك الغزوة التي أمر الرسول عليه الصلاة والسلام أن يكون شعارها:((أحد..أحد)).

في هذه الغزوة ألقت قريش بأفلاذ كبدها، وخرج أشرافها جميعا لمصارعتهم...!!!

ولقد هم بالنكوص عن الخروج((أمية بن خلف)).هذا الذي كان سيدا لبلال، والذي كان يعذبه في وحشية قاتلة....

هم بالنكوص لولا أن ذهب إليه صديقه((عقبة بن أبي معيط)) حين علم نبأ تخاذله وتقاعده. حاملا في يمينه((مجمرة)) حتى إذا واجهه وهو جالس وسط قومه. ألقى المجمرة بين يديه وقال له: يا أبا علي.استجمر بهذه. فإنما أنت من النساء وصاح به أمية قائلا: قبحك الله، وقبح ما جئت به... ثم لم يجد بدا من الخروج مع الغزاة فخرج.

أية أسرار للقدر، ويطويها وينشرها..؟

لقد كان عقبة بن أبي معيط أكبر مشجع لأمية على تعذيب بلال، وغير بلال من المسلمين المستضعفين..

واليوم، هو نفسه الذي يعزيه بالخروج إلى غزوة بدر التي سيكون فيها مصرعه..

كما سيكون فيها مصرع عقبة أيضا!

لقد كان أمية من القاعدين عن الحرب، ولولا تشهير عقبة به على النحو الذي رأيناه لما خرج...!!

ولكن الله بالغ أمره، فليخرج((أمية)) فإن بينه وبين عبده من عباد الله حسابا قديما، جاء أوان تصفيته، فالديان لا يموت، وكما تدينون تدانون..

وإن القدر ليدلوا له أن يسخر بالجبارين، فعقبة الذي كان أمية يصغي لتحريضه، ويسارع إلى هواه في تعذيب المؤمنين الأبرياء، هو نفسه الذي سيقود أمية إلى مصرعه.. وبيد من..؟

بيد بلال نفسه...وبلال وحده!!

نفس اليد التي طوقها بالسلاسل أمية وأوجع صاحبها ضربا. وعذابا، هذه اليد ذاتها، هي اليوم، وهي غزوة بدر على موعد أجاد القدر توقيته، مع جلاد قريش الذي أذل المؤمنين بغيا وعدوا...

وحين بدا القتال بين الفريقين، وارتج جانب المعركة من قبل المسلمين بشعارهم:((أحد..أحد..)) انخلع قلب أمية، وجاءه النذير..

إن الكلمة التي كان يرددها بالأمس عبده تحت وقع العذاب والهول قد صارت اليوم شعار دين بأسره وشعار الأمة الجدية كلها...!!

((أحد..أحد..))

أهكذا..؟ وبهذه السرعة..وهذا النمو العظيم...؟ وتلاحمت السيوف، وحمي القتال...

وبينما المعركة تقترب من نهايتها، لمح أمية بن خلف ((عبد الرحمن بن عوف)) صاحب رسول الله، فاحتمى به، وطلب إليه ان يكون أسيره رجاء أن يخلص بحياته..

وقبل عبد الرحمن عرضه وأجاره، ثم سار به وسط المعمعة إلى مكان الأسرى،

وفي الطريق لمحه((بلال))فصالح قائلا:-

((رأس الكفر،أمية بن خلف،لا نجوت إن نجا))

ورفع سيفه ليقطف الرأس الذي طالما أثقله الغرور والكبر فصاح به عبد الرحمن بن عوف:-

(أي بلال...إنه أسيري) .

أسير،والحرب مبشوبة ودائرة....؟؟

أسير، وسيفه يقطر دما مما كان يصنع قبل لحظة في أجساد المسلمين..؟

لا، ذلك في رأي بلال ضحك بالعقول وسخرية، ولقد ضحك أمية وسخر بما فيه الكفاية، سخر حتى لم يترك من السخرية بقية يدخرها لمثل هذا اليوم، وهذا المأزق، وهذا المصير، ورأى بلال أنه لن يقدر وحده على اقتحام حمى أخيه في الدين((عبد الرحمن بن عوف)) فصاح بأعلى صوته في المسلمين ((يا أنصار الله...رأس الكفر أمية بن خلف، لا نجوت إن نجا:

وأقبلت كوكبة من المسلمين، تقطر من سيوفهم المنايا..وأحاطت بأمية وأبنه- وكان يحارب مع قريش- ولم يستطع عبد الرحمن بن عوف أن يصنع شيئا، بل لم يستطيع ان يحمي أدراعه التي بددها الزحام.

وألقى بلال على جثمان أمية الذي هوى تحت السيوف القاصفة نظرة طويلة، ثم هرول عنه مسرعا وصوته الندي يصيح:((أحد..أحد..))

لا أظن أن من حقنا أن نبحث عن فضيلة التسامح لدى بلال في مثل هذا المقام، ولو ان اللقاء بين بلال وأمية تم في ظروف أخرى،جاز لنا أن نسأل بلالا حق التسامح وما كان لرجل في مثل إيمانه وتقاه ان يبخل به.

لكن اللقاء الذي تم بينهما، كان في حرب، جاءها كل فريق ليفني غريمه...

السيوف تتوهج، والقتلى يسقطون، والمنايا تتواثب، ثم يبصر بلال أمية الذي لم يترك في جسده موضع أنملة ويحمل آثار تعذيبه.

وأين يبصره وكيف....؟

يبصره في ساحة الحرب والقتال يحصد بسيفه كل ما يناله من رؤوس المسلمين، ولو أدرك رأس بلال ساعتئذ لطوح به في ظروف كهذه يلتقي الرجلان فيها. لا يكون من المنطق العادل في شيء أن نسأل بلالا: لماذا لم يصفح الصفح الجميل........؟؟

وتمضي الأيام... وتفتح مكة، ويدخلها الرسول عليه السلام شاكرا مكبرا على رأس عشرة آلاف من المسلمين..ويتوجه إلى الكعبة رأسا، هذا المكان المقدس الذي زحمته قريش بعدد أيام السنة من الأصنام.

لقد جاء الحق، وزهق الباطل..

ومن اليوم لا عزى ولا لات، ولا هبل، لن يحني الإنسان بعد اليوم هامته لحجر، ولا وثنه، ولن يعبد الناس ملء ضمائرهم إلا الله الذي ليس كمثله شيء، الواحد الحد، الكبير المتعال.ويدخل الرسول الكعبة، مصطحبا معه بلالا...!

ولا يكاد يدخلها حتى يواجه تمثالا منحوتا، يمثل إبراهيم عليه السلام وهو يستقيم بالأزلام، فيغضب الرسول ويقول:((قاتلهم الله... ما كان شيخنا يستقيم بالأزلام، ما كان إبراهيم يهوديا ولا نصرانيا، ولكن كان حنيفا مسلما. وما كان من المشركين)).

ويأمر بلالا أن يعلو ظهر المسجد، ويؤذن.

ويؤذن بلال، فيا لروعة الزمان، والمكان، والمناسبة...كفت الحياة في مكة عن الحركة، ووقفت((الألوف المسلمة كالنسمة الساكنة، تردد في خشوع وهمس كلمات الأذان وراء بلال والمشركون في بيوتهم لا يكادون يصدقون)):-

أهذا هو حقا، ومعه عشرة آلاف من المؤمنين؟؟

أهذا هو حقا الذي طاردناه، وقاتلناه، وقتلنا أحب أهله وقرباه إليه..؟

أهذا هو حقا، الذي كان يخاطبنا من لحظات ورقابنا بين يديه، ويقول لنا:((اذهبوا فأنتم الطلقاء))...!!

ولكن ثلاثة من أشراف قريش، كان جلوسا بفناء الكعبة، وكأنما يلفحهم مشهد بلال وهو يدوس أصنامهم بأقدامه، ويرسل من فوق ركامها المهيل صوته بالأذان المنتشر في آفاق ((مكة)) كلها كعبير الربيع..

أما هؤلاء الثلاثة: فهم أبو سفيان بن حرب- وكان قد أسلم منذ ساعات، وعتاب بن أسيد، والحارث بن هشام.وكان لم يسلما بعد.

قال عتاب وعينه على بلال وهو يصح بأذانه:

-لقد أكرم الله أسيدا، ألا يكون سمع هذا فيسمع منه ما يغيظه.

وقال الحارث:

أساو الله، لو أعلم أن محمدا محق لأتبعته ...!!

وعقب أبو سفيان الداهية على حديثهما قائلا:-

...إني لا أقول شيئا، فلو تكلمت لأخبرت عني هذه الحصى وحين غادر النبي الكعبة رآهم، وقرأ وجوههم في لحظة وقال وعيناه تتألقان بنور الله وفرحة النصر:

-وقد علمت الذي قلتم.....!!

ومضى يحدثهم بما قالوا:

فصاح الحارث وعتاب:

-نشهد إنك رسول الله، و الله ما سمعنا أحد فتقول أخبرك واستقبلا بلالا بقلوب جديدة، في أفئدتهم صدى الكلمات التي سمعوها في خطاب الرسول أول دخول مكة:

((يا معشر قريش..إن الله قد أذهب عنكم نخوة الجاهلية وتعظمها بالآباء، الناس من آدم، وآدم من تراب)).

وعاش بلال مع رسول الله صلى الله عليه وسلم، يشهد معه المشاهد كلها، ومؤذن للصلاة، ويحي ويحمي شعائر هذا الدين العظيم الذي أخرجه من الظلمات إلى النور، ومن الرق إلى الحرية وعلا شأن الإسلام، وعلا معه شأن المسلمين، وكان بلال يزداد كل يوم قربا من قلب الرسول عليه الصلاة والسلام الذي كان يصفه بأنه ((رجل من أهل الجنة)).

لكن بلالا بقي كما كان كريما متواضعا، لا يرى نفسه إلا أنه: ((الحبشي الذي كان بالأمس عبدا))..!!

ذهب يوما يخطب لنفسه ولأخيه زوجتين فقال لأبيهما: ((أنا بلال، وهذا أخي، عبدان من الحبشة، كنا ضالين، فهدانا الله، وكنا عبدين فأعتقنا الله إن تزوجونا، فالحمر لله، وإن تمنعونا، فالله أكبر))..!!

وذهب الرسول إلى الرفيق الأعلى راضيا مرضيا، ونهض بأمر المسلمين من بعد خليفته أبو بكر الصديق، وذهب بلال إلى خليفة رسول الله يقول له:-

((يا خليفة رسول الله، إني سمعت رسول الله صلى الله عليه وسلميقول: أفضل عمل المؤمن، الجهاد في سبيل الله)).

قال له أبو بكر: فما تشاء يا بلال..؟

قال: أردت أن أرابط في سبيل الله حتى أموت

قال له أبو بكر: ومن يؤذن لنا؟؟

قال بلال وعيناه تفيضان من الدمع، إني لا أؤذن لأحد بعد رسول الله، قال أبو بكر: بل ابق وأذن لنا يا بلال.

قال بلال: إن كنت أعتقتني لأكون لك فليكن ما تريد وإن كنت أعتقتني لله فدعني وما أعتقتني له. قال أبو بكر: بل أعتقتك لله يا بلال.

ويختلف الرواة، فيروي بعضهم انه سافر إلى الشام حيث بقي بها مجاهدا ورابطا.

ويروي بعضهم الآخر، أنه قبل رجاء أبي بكر في أنه يبقي معه بالمدينة، فلما قبض وولي الخلافة عمر، استأذنه وخرج إلى الشام.

على أية حال، فقد نذر بلال بقية حياته وعمره للمرابطة في ثغور الإسلام، مصمما على أن يلقى الله ورسوله وهو على خير عمل يحبانه.

ولم يعد يصح بالآذان صوته الشجي الخفي المهيب. ذلك أنه لم يكن ينطق في أذانه:((أشهد أن محمدا رسول الله)) حتى تجيش به الذكريات فيختفي صوته تحت وقع أساه، وتصيح بالكلمات دموعه وعبراته.

وكان آخر أذان له، أيام زار الشام أمير المؤمنين عمر، وتوسل المسلمون إليه أن يحمل بلالا على أن يؤذن لهم صلاة واحدة.

ودعا أمير المؤمنين بلالا، وقد حان وقت الصلاة ورجاه ان يؤذن لها.

وصعد بلال وأذن، فبكى الصحابة الذين كانوا أدركوا رسول الله، وبلال يؤذن لهم، بكوا كما لم يبكوا من قبل أبدا، وكان عمر أشدهم بكاء.....!!

ومات بلال في بلاد الشام مرابطا في سبيل الله كما أراد. وتحت ثرى دمشق يثوي – اليوم- رفات رجل من أعظم رجال البشر– صلابة في الوقوف إلى جانب العقيدة والاقتناع.....

حمزة بن عبد المطلب سيد الشهداء (أحد3هـ)

سيد الشهداء حمزة بن عبد المطلب رضي الله عنه: هكذا نال هذا الشرف العظيم من ابن أخيه سيدنا محمد صلى الله عليه وسلم فهو حمزة بن عبد المطلب بن هاشم بن عبد مناف بن قصي بن كلاب.

وسيدنا حمزة بن عبد المطلب رغم انه عم رسول الله صلى الله عليه وسلم فهو اخو رسول الله صلى الله عليه وسلم من الرضاعة، وهو أبو عمارة،لأن سيدنا حمزة لم يذكر أن له أولادا بنتا واحدة وهي عمادة بنت حمزة، لذلك كان يكنن بأبي عمارة، وزوجته خولة بنت قيس وهي أم عمارة، وبعد وفاة حمزة في غزوة أحد عام3هـ تزوجت خولة بنت قيس حنظلة بن النعمان بن عمر بن مالك[1].

وسيدنا حمزة بن عبد المطلب ممن شهد بدرا وقاتل فيها بشجاعة، لذلك سماه رسول الله صلى الله عليه وسلم بأسد الله لشجاعته وبطولته.

وكان سيدنا حمزة بن عبد المطلب يحب رسول الله صلى الله عليه وسلم حبا شديدا مثل عمه العباس وعمه أبي طالب، وكان إسلام سيدنا حمزة بن عبد المطلب بسبب حبه الشديد لرسول الله صلى الله عليه وسلم حتى قبل أن يدخل الإسلام.

إسلامه

كان سيدنا حمزة بن عبد المطلب يحب الرحلات-وخصوصا رحلات الصيد- وعندما عاد من إحدى رحلاته، علم أن أبو جهل، قد شتم ابن أخيه محمد بن عبد الله بن عبد المطلب فذهب حمزة إلى أبي جهل وكان في مجلسه أسياد الكعبة وضربه وشج رأسه، وقال حمزة لأبي جهل: كيف تشتم محمدا وأنا على دينه؟ وهكذا أسلم حمزة بن عبد المطلب حبا وخوفا على ابن أخيه سيدنا محمد صلى الله عليه وسلم وكان إسلام سيدنا حمزة بن عبد المطلب نصرا كبيرا للإسلام، وبذلك جهر الكثيرون بإسلامهم بعد ذلك، وخرج المسلمون يطوفون مكة في صفين يتقدم الأول حمزة بن عبد المطلب ويتقدم الصف الثاني الفاروق عمر بن الخطاب رضي الله عنهم أجمعين.

استشهاده:

لقد أكرم الله"سبحانه وتعالى" سيدنا حمزة بن عبد المطلب بالشهادة في سبيل الله في غزوة أحد من العام الثالث الهجري.

---

(1) صحابة رسول الله ص 235م1.

قال أبو إسحاق: عن حادثة بن مضر به،عن علي قال: قال رسول الله صلى الله عليه وسلم"ناد حمزة" قلت: من هو صاحب الجمل الأحمر؟ فقال:"هو عتبة بن بيمة" فبارز حمزة يوم أحد عتبة فقتله، وقد قتل حمزة يوم أحد من المشركين ثلاثين قتيلا في هذا اليوم، واستشهد فيه- ويذكر صاحب كتاب فتح الباري في باب المغازي:-

أن أبا جعفر بن محمد عبد الله ذكر محجن بن المثنى قال: حدثنا عن العزيز بن عبد الله بن أبي سلمة عن عبد الله بن الفضل عن سلمان بن يارعن جعفر بن عمرو بن أمية الضمري، قال: خرجت مع عبيد الله بن عدي بن خيار، فلما قدمنا حمص قال لي عبيد الله بن عدي: هل لك في وحشي نسأل عن قتله حمزة؟ قلت: نعم، وكان وحشي يسكن حمص فسألنا عنه: فقيل لنا: هو ذاك في ظل قصره كأنه حميت، قال: أجئنا تنى وقفنا عليه بيسير فسلمنا، فرد السلام، قال: عبيد الله متعجز بعمامته ما يرى وحشي إلا عينيه ورجليه، فقال عبيد الله: يا وحشي أتعرفني؟ قال: فنظر إليه ثم قال: لا و الله. إني أعلم أن عدي بن الخيار تزوج امرأة يقال لها: أم قثال بنت أبي العصي، فولدت له غلام بمكة، فكنت أسترضع له

فحملت ذلك الغلام مع أمه فناولتها إياه، فكأني نظرت إلى قدميك، قال: فكشف عبيد الله عن وجهه ثم قال: ألا تخبرني بقتل حمزة؟ قال: نعم! إن حمزة قتل خديمة بن عدي بن الخيار ببدء، فقال: مولاي جبير بن عدي بن مطعم: إن قتلت حمزة بعمي فأنت حر، قال: فلما أن خرج الناس عام عينين- وعينين جبل بجبال أحد بينه وبين أحد واد- فخرج إليه حمزة بن عبد المطلب، فقال: يا سباع يا ابن أم أنمار مقطعة البظور، أتعاد الله ورسوله صلى الله عليه وسلم...؟ قال: ثم شد عليه. فكان كآسن الذهب.وقال: وكمنت لحمزة تحت صخرة، فلما" دنا مني رميته بحربتي فوقعت في ثنته حتى خرجت من بين وركيه، قال: فكان ذاك العهد به. فلما رجع الناس، رجعت معهم فأقمت بمكة حتى فشا فيها الإسلام.

ثم خرجت إلى الطائف فأرسلوا إلى رسول الله صلى الله عليه وسلم رسلا، فقيل لي: إنه لا يصيح الرسل، قال: فخرجت معهم حتى قدمت على محمد رسول الله، فلما رآني قال: "أنت وحشي؟" قلت: نعم، قال: أنت قتلت حمزة؟.. قلت قد كان مني الأمر ما بلغتك، قال: فهل تستطيع أن تغيب وجهك عني؟.. فخرجت فلما قبض رسول الله صلى الله عليه وسلم، وخرج مسيلمة الكذاب، قلت لأخرجن إلى مسيلمة لعلي أقتله فأكفى به حمزة، قال: فخرجت مع الناس، فكان من أمره ما. قال: فإذا أجل قائم في ثلمة جداء كأنه جمل أورق ثائر الرأس، قال:

يأتيه بحربتي فأضعها بين ثديه حتى خرجت من بين كتفيه، قال: ووثب إليه من الأنصار فضربه بالسيف على هامته.

وبذلك نال سيدنا حمزة بن عبد المطلب الشهادة في سبيل الله تبارك وتعالى.

وبعد أن انتهى لقاء المسلمين بالمشركين في غزوة احد أخذ رسول الله صلى الله عليه وسلم، ينظر إلى الجرحى والقتلى، فوجد من بينهم عمه حمزة ابن عبد المطلب، فتوعدهم رسول الله صلى الله عليه وسلم، أن يفعل بهم كما فعلوا بعمه،لأن هند بنت عتبة قد بقرت بطن حمزة وأخرجت أحشاءه وأخذت تمضغ كبده، لتشفي حقدها وغيظها منه،لأن حمزة قد قتل أباها وعمها وأخاها في بدر من قبل، لذلك توعد رسول الله صلى الله عليه وسلم يفعل بهم كما فعلوا بحمزة عمه.

- فعن ابن عباس وأبي هريرة قال: قال رسول الله صلى الله عليه وسلم: لئن ظفرت قريش لأمثلن بسبعين منهم[1] .

- فنزل قول الله تعالى" وإن عاقبتم فعاقبوا بمثل ما عوقبتم به ولئن صبرتم لهو خير للصابرين

- وعن جابر قال: قال رسول الله" سيد الشهداء حمزة ورجل قام على إمام جائر فأمره ونهاه فقتله[2] .

- وعن حمزة بن عبد المطلب قال: قال رسول الله صلى الله عليه وسلم "سيد الشهداء حمزة بن عبد المطلب"

وخرجت نساء المسلمين كل منهن تبكي على مصابها إلى حمزة بن عبد المطلب لم يبك أحد عليه.

- فعن ابن عمر قال: سمع رسول الله صلى الله عليه وسلم نساء الأنصار يسبكن على هلكاهن، فقال" لكن حمزة لا بواكي له" فجئن فبكين على حمزة عنده إلى أن قال" مروهن لا يبكي على هالك بعد اليوم[3] .

وقد غضب رسول الله- لما فعل بأحب الناس إليه، عمه حمزة بن عبد المطلب، فقال رسول الله صلى الله عليه وسلم:" لولا ان تجد صفية في نفسها لتركته، حتى يحشره الله من بطون السباع والطير".

---

(1) سيد أعلام ص 103
(2) أخرجه الحاكم
(3) أخرجه ابن ماجة

وصلى رسول الله صلى الله عليه وسلم ، صلاة الجنازة على عمه حمزة بن عبد المطلب مع جميع الشهداء فوضع حمزة ليصلي عليه صلاة الجنازة ومعه شهيد آخر ثم يرفع هذا الشهيد ويأتي بآخر وحمزة في نفسه موضعه.

وعاش وحشي بن حرب قاتل حمزة إلى أن مات في عهد سيدنا عمر بن الخطاب بحمص.

فضل شهداء يوم أحد:

للشهداء فضل كبير عند الله تبارك وتعالى، لقول الله تعالى: "**ولا تحسبن الذين قتلوا في سبيل الله أمواتا بل أحياء عند ربهم يرزقون (169)**" [1].

وعن ابن عباس قال: قال رسول الله صلى الله عليه وسلم: لما أصيب إخوانكم بأحد الله أرواحهم في أجواف طير خضر ترد أنهار الجنة وتأكل من ثمارها وتأوي قناديل من الذهب معلقة في ظل العرش، فلما وجدوا طيب مأكلهم ومشربهم عليهم قالوا: من يبلغ إخواننا عنا أننا أحياء في الجنة نرزق لئلا ينكلوا عند ولا زهدوا في الجهاد، قال الله: أنا أبلغهم عنكم" فأنزل قوله تعالى:" **ولا تحسبن الذين قتلوا في سبيل الله أمواتا** " [2].

فكان لحمزة بن عبد المطلب فضل كبير مع هؤلاء الشهداء يوم أحد، وكان على ذلك أن رسول الله - صلى الله عليه وسلم - كبر عليه سبع تكبيرات وصلى عليه مع جميع شهداء أحد رضي الله عنهم أجمعين.

فرحم الله سيدنا حمزة، حضر بدر فنال لقب " أسد الله " واستشهد في أحد ولقب " سيد الشهداء ".

عبد الله بن عباس رضي الله عنهما

نبذة عن حياته

أولا: اسمه ونسبه ومولده:

- هو عبد الله بن عباس بن عبد المطلب القرشي الهاشمي وكما نعلم فالعباس ابن عبد المطلب وهو عم الرسول÷ وهو رفيق طفولته وصديق صباه. وكنيته أبو العباس ولقب بحبر الأمة وترجمان القرآن.

---

(1) سورة آل عمران 169
(2) أخرجه أحمد ص 37 م3

45

-ولد قبل الهجرة بثلاث سنوات: في مكة المكرمة أيام محاصرة المشركين للمسلمين في شعب أبي طالب وقد كان العباس رضي الله عنه(أبا عبد الله يؤازر النبي صلى الله عليه وسلم بعد وفاة أخيه أبي طالب.

ثانيا:من أقوال العلماء فيه:

1. قال ابن مسعود رضي الله عنه- نعم ترجمان القرآن ابن عباس.

2. قال عمرو بن دينار:ما رأيت مجلسا كان اجمع لكل خير من مجلس ابن العباس، الحلال والحرام والعربية والأنساب والشعر.

3. وقال عطاء:كان ناس يأتون ابن عباس في الشعر والأنساب: وناس يأتونه لأيام العرب ووقائعهم وناس يأتونه للفقه والعلم. فما منهم صنف، إلا يقبل عليهم بما يشاءون .

4. وقال عمرو رضي الله عنه-(ابن عباس) فتى الكهول[1]، له لسان سؤول وقلب عقول.

نبذة عن صفاته

أولا: طائفة من صفاته:

كان ابن عباس رضي الله عنهما أبيض اللون طويل القامة وسيما صبيح الوجه له وفرة وكان من أجمل الناس وأفصحهم وأعلمهم وكان عبد الله بن عمر يقرب ابن عباس رضي الله عنهما ويقول: إني رأيت رسول الله صلى الله عليه وسلم دعاك فمسح رأسك وتفل في فيك[2]ثم تلا قول الله تعالى: (ومن يؤت الحكمة فقد أوتي خيرا كثيرا)

ثم دعا له النبي صلى الله عليه وسلم وقال: اللهم فقهه في الدين وعلمه التأويل وقال رسول الله صلى الله عليه وسلم: اللهم علمه الحكمة.

فيقول عبد الله بن عباس عن نفسه((رأيت جبريل مرتين ودعا لي الرسول صلى الله عليه وسلم بالحكمة مرتين)).

وقد كان الرسول صلى الله عليه وسلم يحبه كثيرا ويمتدح أخلاقه وخصاله مفتخرا به بقوله صلى الله عليه وسلم:(هذه بقية أبائي).

وقد عرف عبد الله بن عباس بأنه أجود بني قريش كرما وأوصلهم رحما وأشدهم فطنة وذكاء.

---

(1) الكهول: جمع كهل وهو الكبير في السن.

(2) فيك: فمك.

وقبل أن يبلغ رضي الله عنه السادسة من عمره لازم النبي صلى الله عليه وسلم ملازمة تامة بحيث غدا كظله لا يفارقه.

فإذا هم صلى الله عليه وسلم للوضوء أسرع لإعداد ماء وضوئه. وإذا توقف صلى الله عليه وسلم للصلاة وقف خلفه يصلي. وإذا عزم صلى الله عليه وسلم على السفر، رافقه في سفره وحمل متاعه.

وقد كان النبي صلى الله عليه وسلم يحب عبد الله بن عباس وهو ابن عمه صلى الله عليه وسلم وكان يقربه بدينه ويشاوره مع كبار الصحابة رضوان الله عليهم.

ثانيا: الوصية التي أوصاها العباس رضي الله عنه لابنه:-

قد احتفظت الكتب للعباس رضي الله عنه بهذه الوصية.

قال العباس لابنه عبد الله رضي الله عنهما: إني أرى أمير المؤمنين- يعني عمر بن الخطاب رضي الله عنه يدعوك ويقربك ويستشيرك مع أصحاب رسول الله صلى الله عليه وسلم فاحفظ عني ثلاث خصال: لا يجربن عليك كذبة ولا تفشين له سرا ولا تغتابن عنده أحدا.

تفسيره للقرآن الكريم

أولا: تفسيره للقرآن:

كان ابن عباس رضي الله عنه مبارك الوجهة فيما يفسر- به القرآن فكان يفسر- القرآن بالقرآن فإن لم يجد فالسنة فإن لم يجد فبكلام الشيخين أبي بكر أو عمر رضي الله عنهما فإن لم يجد فكان يفسر بما يفتح الله عليه مما لا يخالف كتابا ولا سنة ولا أثرا ولا لغة. وقد جمع له الرواة من تفسيراته كتابا أسموه (تفسير القرآن) لابن عباس وهو مطبوع.

وبفضل العلم الذي ملكه ابن عباس وبفضل فقهه غدا مستشارا علميا للخلفاء الراشدين مع أنه أصغر علماء عصره سنا فإذا عرض لأحد الخلفاء أمر واجهته معضلة يصعب حلها دعا عددا من الصحابة ومعهم عبد الله بن عباس، فإذا حضر- ابن عباس رفع منزلته وأدنى مجالسة وقال له: لقد أعضل[1] علينا أمر أنت أهل له ولأمثاله وكان يقال له الحبر[2] البحر.

وقد روى ابن عباس رضي الله عنهما (1660) حديثا نقلها عن النبي صلى الله عليه وسلم مباشرة او عن طريق بعض الصحابة الكرام رضوان الله عليهم الذين كانوا أسن منه وأتيحت لهم فترة أطول من الوقت فأخذوا عن رسول الله صلى الله عليه وسلم.

_____

(1) أعضل: صعب
(2) الحبر: العالم

ثانيا:قوة حافظته

كان ابن عباس رضي الـلـه عنه آية في الحفظ، حتى إن عمر بن أبي ربيعة أنشده قصيدته:

[أمن آل نعم أنت غاد فمبكر   غداة غد أم رائح فمهجر]

وهي ثمانون بيتا، فحفظها من مرة واحدة.

وقد آتاه الـلـه منذ صغره سرعة في الحفظ وقوة في الفهم، ومن عليه بقلب وعقل متفتح وبخاطر فياض.

مواعظ ابن عباس

أولا: مواعظ عبد الـلـه بن العباس رضي الـلـه عنهما:

-عن ابن عباس رضي الـلـه عنهما انه قال[1]: يا صاحب الذنب! لا تأمنن من سوء عاقبة ولما يتبع الذنب أعظم من الذنب إذا عملته فإن قلة حيائك ممن على اليمين وعلى الشمال وأنت على الذنب أعظم من الذنب الذي عملته، وضحكك وأنت لا تدري ما الـلـه صانع بك أعظم من الذنب، وفرحك بالذنب إذا ظفرت به أعظم من الذنب وحزنك على الذنب،إذا فاتك أعظم من الذنب إذا ظفرت به وخوفك من الريح إذا حركت ستر بابك وأنت على الذنب ولا يضطرب فؤادك من نظر الـلـه إليك أعظم من الذنب إذا عملته، ويحك! هل تدري ما كان ذنب أيوب عليه السلام؟ فابتلاه الـلـه تعالى بالبلاء في جسده وذهاب ماله، إنما كان ذنب أيوب عليه السلام أنه استعان به مسكين على ظلم يدرؤه[2]عنه فلم يعنه ولم يأمر بمعروف وينه الظالم عن ظلم هذا المسكين فابتلاه الـلـه عز وجل. -وعن ابن عباس رضي الـلـه عنهما قال[3]:-

عليك بالفرائض وما وظن[4]الـلـه تعالى عليك من حقه فأده واستعن بالله على ذاك، فإنه لا يعلم من عبد صدق نية وحرصا فيما عنده من ثواب الآخرة عما يكره وهو الملك يصنع ما يشاء. -وعن ابن عباس رضي الـلـه عنهما قال[5]:-

ما من مؤمن ولا فاجر إلا وقد كتب الـلـه تعالى له رزقه من الحلال، فإن صبر حتى يأتيه. آتاه الـلـه تعالى وإن عجز فتناول شيئا من الحرام نقصه الـلـه من رزقه الحلال.

---

(1) أخرجه أبو نعيم في الحلية(ج1ص324) وأخرجه ابن عساكر (ج2ص248)

(2) يدرؤه: أي يدفع عنه.

(3) أخرجه أبو نعيم في الحلية(ج1ص326)

(4) وظن: رتب.

(5) أخرجه أبو نعيم في الحلية(ج1ص326)

ثانيا:بعض أعماله

كان ابن عباس رضي الله عنهما(موسوعة) علمية غزيرة الفيض بعيدة القرار، ولكنه مع ذلك كان مجاهدا اشترك في فتح إفريقيا مع عبد الله بن أبي سرح سنة 27هـ وجعله عثمان رضي الله عنه أميرا على الحج، سنة استشهاده،وولاه علي رضي الله عنه بالبصرة، فكان يعلم الناس في رمضان-وهو أمير البلدة- فما ينقضي رمضان حتى يفقههم.

علم ابن عباس رضي الله عنهما

أولا: علمه:

قال مجاهد: كان ابن عباس يسمى البحر لكثرة علمه. وقيل لطاووس: لزمت هذا الغلام- أي ابن عباس وتركت الأكابر من أصحاب رسول الله صلى الله عليه وسلم! فقال: إني رأيت سبعين من أصحاب رسول الله صلى الله عليه وسلمإذا تدارؤوا[1] في شيء صاروا إلى قول ابن عباس.

وقال سعد بن أبي وقاص رضي الله عنه: ما رأيت أحدا أحضر فهما ولا ألب لبا[2]ولا أكثر علما ولا أوسع حلما من ابن عباس ولقد رأيت عمر بن الخطاب رضي الله عنه يدعوه للمعضلات[3]. ثم يقول: دونك قد جاءتك معضلة ثم لا يتجاوز قوله، وإن حوله لأهل بدر من المهاجرين والأنصار وقال أبو وائل: حججت وأنا وصاحب لي وابن عباس أمير على الحج فجعل يقرأ سورة النور ويفسرها فقال صاحبي: يا سبحان الله، ما رأيت ولا سمعت كلام رجل مثله ولو سمعته الترك وفارس والروم لأسلمت.

وقال عبيد الله بن عبد الله بن عتبة- وهو أحد فقراء المدينة السبعة كان ابن عباس قد فات الناس بخصال: بعلم ما سبقه وفقه فيما احتيج إليه من رأيه، وحلم وسيب ونائل[4]. وما رأيت أحدا كان أعلم بما سبقه من حديث رسول الله صلى الله عليه وسلم منه، ولا أعلم بقضاء أبي بكر وعمر وعثمان رضي الله عنهم-منه ولا افقه في رأي منه، ولا أعلم بشعر ولا عربية ولا بتفسير القرآن ولا بحساب ولا بفريضة منه،ولا أعلم بما قضى ولا أثقف رأيا فيما احتيج إليه منه ولقد كان يجلس يوما ما يذكر فيه إلا الفقه ويوما التأويل ويوما المغازي ويوما الشعر ويوما أيام العرب وما رأيت عالما جلس إليه إلا وخضع له وما رأيت سائلا قط سأله إلا وجد عنده علما.

(1) تدارؤوا: اختلفوا.
(2) ألب لبا: أقوى عقلا.
(3) المعضلات: المسائل الصعبة.
(4) السيب: العطاء ومثله النائل.

49

ويروي عبد الله بن عباس حديثا عن نفسه وسعيه الدائم لطلب العلم والاستزادة منه والبحث عن الحديث فيقول: كان إذا بلغني الحديث عن رجل من صحابة رسول الله صلى الله عليه وسلم أتيت باب داره وقت القيلولة[1] وفرشت ردائي عند عتبة الدار وجلست أنتظر خروجه فيسفي على الريح من الغبار ما يسفي ولو شئت أن أستأذن بالدخول لأذن لي.

ثانيا: إعلاء مكانة العلماء وإجلالهم:

كان عبد الله بن عباس رضي الله عنه دائما يعلي من قدر العلماء ويجلهم وهو يخفض من قدر نفسه سعيا وراء العلم وطلبه، تأدبا مع العلماء، وها هو كاتب الوحي زيد بن ثابت ورأس علماء المدينة في القضاء والفقه يهم بركوب دابته فيقف الفتى الهاشمي عبد الله بن عباس ويمسك بركاب الدابة كما يفعل العبد مع سيده فيقول له زيد بن ثابت:-

-دع عنك هذا يا بن عم رسول الله صلى الله عليه وسلم ....

-فيجيبه ابن عباس: هكذا أمرنا أن نفعل مع علمائنا....

-فقال له زيد بن ثابت: ارني يدك يا عبد الله.

فأظهر ابن عباس يده فمال عليها زيد وقبلها.

-ثم قال: هكذا أمرنا أن نفعل بأهل بيت نبينا عليه صلى الله عليه وسلم واستمر ابن عباس في دأبه[2] المتواصل في طلب العلم حتى بلغ درجة لا يجارى[3] فيها.

ثالثا:مجالس الذكر

عن ابن عباس رضي الله عنهما قال: مر النبي صلى الله عليه وسلم بعبد الله بن رواحة رضي الله عنه وهو يذكر أصحابه فقال رسول الله صلى الله عليه وسلم:

"أما إنكم الملأ الذين امرني الله أن أصبر نفسي معكم" ثم تلا قوله تعالى: "**واصبر نفسك مع الذين يدعون ربهم بالغداة والعشي يريدون وجهه ولا تعد عيناك عنهم تريد زينة الحياة الدنيا ولا تطع من أغفلنا قلبه عن ذكرنا واتبع هواه وكان أمره فرطا** " [4] أما إنه ما جلس عدتكم إلا جلس معهم عدتهم من الملائكة أن سبحوا الله تعالى سبحوه، وإن حمدوا الله تعالى حمدوه وإن كبروا الله كبروه، ثم يصعدون إلى الرب جل ثناؤه- وهو أعلم منهم- فيقولون يا ربنا: يا ملائكتي أشهدكم إني غفرت لهم.

---

(1) القيلولة: النوم بعد الظهيرة.

(2) دأبه: الإستمرارية في العمل والجهد والتعب.

(3) لا يجارى: لا يبلغها أحد.

(4) سورة الكهف: 28

فيقولون: فيهم فلان وفلان الخطأ.

فيقول: هم القوم لا يشقى بهم جليسهم.

رابعا:ملازمته كبار علماء الصحابة رضوان اللـه عليهم

قال ابن عباس رضي اللـه عنهما: كنت ألازم الأكابر من أصحاب رسول اللـه صلى اللـه عليه وسلم من المهاجرين والأنصار فاسألهم عن مغازي رسول اللـه صلى اللـه عليه وسلم وما أنزل القرآن في ذلك وكنت أتي أحدا منهم إلا سر بإتياني لقربي من رسول اللـه صلى اللـه عليه وسلم فجعلت أسأل أبي بن كعب رضي اللـه عنه يوما وكان من الراسخين في العلم- عما نزل من القرآن بالمدينة، فقال: نزل بها سبع وعشرون سورة وسائرها بمكة.

هجرة ابن عباس رضي اللـه عنهما

أولا:هجرة عبد اللـه بن عباس رضي اللـه عنهما وغيره من الصبيان:-

عن ابن عباس رضي اللـه عنهما قال[1]: كان قدومنا على رسول اللـه صلى اللـه عليه وسلم لخمس من الهجرة خرجنا متوصلين مع قريش عام الأحزاب وأنا مع أخي الفضل-رضي اللـه عنه ومعنا غلامنا أبو رافع-رضي اللـه عنه-انتهينا إلى العرج فضل لنا في الطريق ركوبة وأخذنا في ذلك الطريق على الجتجاثة حتى خرجنا على بني عمرو ابن عوف حتى دخلنا المدينة فوجدنا رسول اللـه صلى اللـه عليه وسلم في الخندق وأنا يومئذ ابن ثمان سنين وأخي ابن ثلاث عشر سنة.

ثانيا:حلي كسرى:-

قال ابن عباس رضي اللـه عنهما:-دعاني عمر بن الخطاب رضي اللـه عنه فأتيته فإذا بين يديه نطع[2]فيه الذهب قد نير، فقال: هلم فأقسم هذا فالله أعلم حيث زوى[3]هذا عن نبيه صلى اللـه عليه وسلم وعن أبي بكر رضي اللـه عنه، فأعطيته، لخير أعطيته أم لشر! ثم بكى. ثم قال: وودت أني خرجت منها كفافا لا لي ولا علي.

أدعية عبد اللـه بن عباس

أولا: دعاء عبد اللـه ابن عباس لكشف الكرب والشدة:

قال ابن عباس رضي اللـه عنهما: من نزل به هم أو غم او كرب أو خاف من سلطان فدعا بهذه الكلمات استجيب له: أسألك بلا إله إلا أنت رب السموات السبع ورب

---

(1) أخرجه الطبراني في الأوسط من طريق عبد اللـه بن محمد بن عمارة الأنصاري عن سليمان بن داوود بن الحصين.

(2) نطع: بساط من الجلد.

(3) زوى: طوى ومنع وأمسك.

العرش العظيم. وأسألك بلا ماله إلا أنت رب السموات السبع ورب العرش الكريم. وأسألك بلا إله إلا أنت رب السموات السبع والأرضيين السبع وما فيهن إنك على كل شيء قدير. ثم سل اله حاجتك.

ثانيا: من دعاء ابن عباس رضي اله عنه:-

(اللهم إني أسألك بنور وجهك الذي أشرقت له السموات والأرض ان تجعلني في حرزك وحفظك وجوارك وتحت كنفك[1]) (اللهم قنعني بما رزقتني وبارك لي فيه واخلف على كل غائبة لي بخير اللهم تقبل شفاعة محمد الكبرى وارفع درجته العليا، وأعطه سؤله في الآخرة والأولى كما أتيت إبراهيم وموسى عليهما السلام)

ثالثا:آخر دعاء له رضي الله عنه:-

قال ابن عباس رضي الله عنهما:- إذا أتيت سلطانا مهيبا تخاف ان يسطو عليك، فقل: الله أكبر الله أكبر الله أعز من خلقه جميعا الله أعز مما أخاف وأحذر وأعوذ بالله الذي لا إله إلا هو الممسك السموات السبع أن يقعن على الأرض إلا بإذنه من شر عبدك فلان وجنوده وأتباعه وأشياعه من الجن والإنس اللهم كن لي جارا من شرهم جل ثناؤك وعز جارك وتبارك اسمك ولا إله غيرك ثلاث مرات.

وفاة ابن عباس رضي الله عنه

وفاته:-

كف بصر هذا الصحابي الجليل في آخر عمره فقال له طبيب نداويك وتدع الصلاة أياما قال: لا، إن رسول الله صلى الله عليه وسلم قال: من ترك الصلاة لقي الله وهو غضبان وقال ابن عباس رضي الله عنهما:-

[إن يأخذ الله من عيني نورهما   ففي لساني وقلبي منهما نور]
[قلبي ذكي وعقلي غير ذي دخل   وفي فمي صارم كالسيف مأثور]

وجاءت سكرة الموت فعلا، فلقد بكى ابن عباس بالأمس حين قرأ هذه الآية ذات ليلة أما الآن فإنه على استعداد لاستقبال ملك الموت وهو يردد الشهادتين حتى أسلم الروح لباريها في السنة الثامنة والستين من الهجرة بعد أن عمر إحدى وسبعين سنة وملأ الدنيا علما وحكمة وتقوى وصلاح وإيمانا فاستحق بذلك الجنة التي وعد بها المتقين.

ولما علم جابر رضي الله عنه بموته قال: مات اعلم الناس وأحلم الناس.

---

(1) كنفك: رعايتك وحفظك.

ولقد أثيبت به هذه الأمة مصيبة لا ترتق وقال رافع بن خديج رضي الـلـه عنه: مات اليوم من كان يحتاج إليه من بين المشرق والمغرب في العلم وقال عمرو بن دينار: مات رباني هذه الأمة.وصل علي ابن عباس بعد وفاته محمد بن الحنفية وعدد كبير من صحابة رسول الـلـه صلى الـلـه عليه وسلم وقرؤوا وهم يوارونه[1] التراب. قال تعالى:" يا أيتها النفس المطمئنة (27) ارجعي إلى ربك راضية مرضية (28) فادخلي في عبادي (29) وادخلي جنتي (30) " صدق الـلـه العظيم.

خالد بن الوليد

لم يذكر المؤرخين تاريخ ولادة خالد بن الوليد ولكنه كان متقاربا بالسن مع عمر بن الخطاب كما ذكر ابن عساكر وابن برهان الدين ذلك، وهناك حادثة تدل على تقارب السن بين خالد وعمر وهي بأنهما تصارعا وهما صغيران فكسر خالد ساق عمر وجبرت.

وبناء على ذلك نستدل بأن عمر خالد بن الوليد ما يقارب سبعة وعشرين سنة حين البعثة لأن النبي صلى الـلـه عليه وسلم أكبر من عمر بن الخطاب بثلاثة عشر سنة.

نسب خالد بن الوليد ومكانته قبل الإسلام

نسبه:-

هو خالد بن الوليد (أبا سليمان) بن المغيرة بن عبد الـلـه بن عمر بن مخزوم بن يقظة بن مرة بن كعب بن لؤي بن غالب وقد اجتمع نسبه بالرسول صلى الـلـه عليه وسلم عند جده مرة.

أما أمه فهي لبابة الصغرى بنت الحارث بن حزن الهلالية أخت ميمونة زوجة الرسول صلى الـلـه عليه وسلم، ويكون العباس بن عبد المطلب زوج خالته- لبابة الكبرى- وأبناء العباس- قثم وعبد الـلـه وعبد الرحمن- هم أولاد خالة خالد بن الوليد.

وكان خالد ينتمي إلى قبيلة بني مخزوم وهم أحد بطون قريش الذين عرفوا برجاحة العقل.

مكانتـه:-

لقد كان خالد بن الوليد من أشراف قريش وشانه من شأن رجالهم حيث كان خالد معروفا لديهم بحسن تدبيره وحسن قيادته ورجاحة عقله كما هو معروف عن بني مخزوم وكان خالد معروفا بمهارته العسكرية لذلك كان الرسول صلى الـلـه عليه وسلميحرص على إسلامه.

وقد كان خالد بن الوليد رجلا حربيا نشأ بين السيوف والرماح وبين صهيل الخيول فلا عجب إذا كان في طبعه نوع من الخشونة وسرعة الغضب والإفراط في العقوبة لكن طبعه قد تغير وفورته قد قرت وقد جنح إلى الاعتدال مع طيلة ممارسته للحروب.

---

(1) سورة الفجر:27-30

مكانة أبيه وموقفه من دعوة الإسلام

مكانته:-

لقد كان الوليد بن المغيرة من أصحاب العقول الراجحة والمناطق الفصيحة كما عرف عن قبيلة بني مخزوم وبعد وفاة عبد المطلب سيد قريش أحتبى[1]الوليد بـن المغيرة بفناء الكعبة وقد كان ثالث الذين أقبوا طلبا للرئاسة فلم يعارض الوليد أحدا من قريش واختارته قريش لأنه كان يعدل قريش في كسوة الكعبة حيث كان يكسوا الكعبة من ماله الخاص سنة وتكسوها قريش مجتمعة سنة وكان الوليد أحد الذين حرموا الخمر على أنفسهم.

ولقد سمع الوليد رسول اللـه صلى اللـه عليه وسلم يرتل آيات مـن القرآن الكريم فقال:(لقد سمعت حديثا من ابن عبد اللـه ما هو بقول الإنس ولا مـن كلام الجن وأنه لـه لحلاوة وأن عليه لطلاوة وأن أعلاه لمثمر وأن أسـفله لمغدق وأنه يعلو ولا يعلى عليـه وأنـه ليحطم ما تحته). فظنت قريش بأنه دخل الإسلام، فذهب إليه أبو جهل وهو حـزين فسأله الوليد عن سبب حزنه، فقال أبو جهل:(ومالي لا أحزن وهذه قريش تجمع لك نفقة يعينونك بها على كبر سنك ويزعمون أنك إنما قد زينت كلام محمد بن عبد اللـه لتدخل عـلى ابـن أبي كبشة وابن أبي قحافة لتنال من فضل طعامهما.؟ فغضب الوليد وقال: أنا..أحتاج إلى كسر- محمد وصاحبه؟ إنكم لتعرفون قدر مالي...واللات مالي مـن حاجـة إلى ذلك ولقد زعمتم أن محمد مجنون فهل رأيتموه قط يخنق قالوا: لا، قال: وتزعمون انه كاهن فهل رأيتموه تكهن قط؟ قالوا:لا، قال: ولقد رأيت للكهـن أسجاعا وتجالجا فهل رأيتموه كـذلك؟ قالوا:لا، ثم سألوه:إذا فما هو، قال: ساحر، أما رأيتموه يفرق بين الرجل وولده ومواليه.

موقفه من دعوة الإسلام

لقد كان الوليد متمسكا بدينه متشددا فيه حيث كان يستهزئ بالرسول صلى اللـه عليه وسلم. وكان أقسى الناس في مقاومة الدعوة المحمدية وأشد الناس عداوة لها حيث قال بعض المفسرين بأنه هو المقصود بقوله تعالى: " ولا تطع كل حلاف مهين (10) هماز مشاء بنميم (11) مناع

---

(1) أحتبى: هو أن يضم الرجل قدميه إلى بطنه يثوب يجمعهما مع ظهره ويشده عليها.

للخير معتد أثيم (12) عتل بعد ذلك زنيم (13) أن كان ذا مال وبنين (14) إذا تتلى عليه آياتنا قال أساطير الأولين "[1]

مواقف خالد قبل إسلامه

لقد كانت قريش تعتمد على خالد بن الوليد في عظائم الأمور لما لديه من مهارة عسكرية وخبرة قتالية ومن مواقف خالد قبل إسلامه ما يلي:-

1. انهزم المسلمون في غزوة أحد بسببه، حيث أن رسول الله صلى الله عليه وسلم أمر خمسين راميا وعلى رأسهم عبد الله بن جبير بأن يبقوا على جبل أحد ليحموا ظهور المسلمين وأوصاهم أن لا يفارقوا أماكنهم فقال لهم:(قوموا على مصافكم هذه فأحموا ظهورنا فإن رأيتمونا قد انتصرنا فلا تشركونا وأن رأيتمونا نقتل فلا تنصرونا)، وعندما رأوا الرماة بأن المسلمين قد انتصروا وأنهم يطاردون خلف المشركين لحقوا بهم فل يبق من الرماة سوى عشرة من بينهم عبد الله بن جبير فعندما رأى خالد بن الوليد هذا، انتهز الفرصة بحمل إلى باقي الرماة وقتلهم ثم جاء على المسلمين من خلفهم فاندهش المسلمين وأوقع الاضطراب والخلل في صفوفهم فانعكس الموقف وقتل من المسلمين سبعون شهيدا من بينهم سيد الشهداء حمزة بن عبد المطلب.
2. لقد حمى خالد بن الوليد مؤخرة جيش قريش بمائتي فارس حي كان ذلك في غزوة الخندق عند عودة قريش على ديارها بالخيبة.
3. لقد وقف خالد بن الوليد بمائتي فارس حائلا بين المسلمين وبين مكة لكي لا يدخلوها وقد كان واقفا في كراع الغميم.

فهذه المواقف وغيرها تدل على مدى اعتماد قريش على خالد في معظم الأمور.

إسلام خالد بن الوليد

كان خالد بن الوليد من أشد الكفار ومن أشد قريش على المسلمين حتى انه كان يكره الإسلام وأنه قد خرج من مكة في عمرة القضاء حتى لا يرى المسلمين وهم يدخلونها ولو دخلوها صلحا.

وقد أسلم خالد بن الوليد بعد ذلك بدافع ذاتي يعد نوعا من الإلهام الذي يضعه الله في قلب من يشاء من عباده، ولم يسلم رغبة أو خوف بل أسلم على يقين، حيث بدأ تفكير خالد بن الوليد بالإسلام في غزوة الحديبية حيث كان يحدث نفسه قائلا: (ما أشهد

---

(1) سورة القلم: الآيات(10-15)

المؤرخون في تحديد وقت إسلام خالد وهجرته فهناك أربعة أقوال تحدثت عن ذلك وهي:-

1. قد قيل أن خالد هاجر بعد الحديبية.
2. أن إسلام خالد كان بين الحديبية وخيبر.
3. أن إسلام خالد كان في سنة خمسة للهجرة بعد فراغ الرسول صلى الله عليه وسلم من بني قريضة لكن هذا القول قد استبعد لأن في رواية البخاري وهي من أرفع الروايات بينة بأن خالد كان يقود خيل قريش في سنة ستة للهجرة زمن الحديبية وان خالد بن الوليد لم يكن مع قريش ولا مع المسلمين في سنة سبعة للهجرة إلا إذا كان المقصود من إسلامه هو استقرار الإيمان في قلبه وهذا يعني ان إسلامه كان في سنة ثمانية للهجرة.
4. وقد قيل أيضا ان إسلام خالد بن الوليد كان مع عمرو بن العاص وعثمان بن طلحة في سنة ثمان من الهجرة حيث التقى خالد بعمرو بن العاص عندما كان عمرو عائدا من الحبشة وعند وصولهم إلى رسول الله صلى الله عليه وسلم قال لهم رسول الله صلى الله عليه وسلم:(رمتكم مكة بأفلاذ أكبادها)، فتقدم خالد بن الوليد وأسلم ثم ت قدم عمرو بن العاص وأسلم ثم عثمان بن طلحة فأسلم. وعندما تقدم خالد بن الوليد إلى رسول الله صلى الله عليه وسلم قال له رسول الله صلى الله عليه وسلم(قد كنت أرى لك عقلا رجوت ألا يسلمك ألا إلى خير)، وعندما بايع خالد رسول الله صلى الله عليه وسلم قال له: يا رسول الله استغفر لي كل ما أوضعت فيه من صد عن سبيل الله، فقال رسول الله صلى الله عليه وسلم :أن الإسلام يجب ما قبله فقال خالد: يا رسول الله وعلى ذلك، فقال الرسول صلى الله عليه وسلم:(اللهم اغفر لخالد بن الوليد كل ما أوضع فيه من صد عن سبيل الله)[1]

ولقد روى الترمذي عن أبي هريرة انه قال قد نزلنا مع رسول الله صلى الله عليه وسلم منزلا فجعل الناس يمرون، فيقول صلى الله عليه وسلم((من هذا؟))فأقول فلان، حتى مر خالد بن الوليد فقال صلى الله عليه وسلم:((من هذا؟))قلت خالد بن الوليد، فقال صلى الله عليه وسلم:(نعم عبد الله، هذا سيف من سيوف الله)[2]وهناك بعض الأسباب التي نشطت خالد للدخول إلى الإسلام منها:-

---

(1) أخرجه ابن عساكر في تاريخ دمشق100/5، وابن سعد في(الطبقات الكبرى)1/4

(2) أخرجه الترمذي(3846)وأحمد 1-8وابن عساكر 105/5

1. كتاب أخيه الوليد إليه وأثره في نفسه حيث جاء في الكتاب مايلي:-

(بسم الله الرحمن الرحيم أما بعد فإني لم أر أعجب من ذهاب رأيك عن الإسلام وعقلك! ومثل الإسلام يجهله أحج؟ وقد سألني رسول الله صلى الله عليه وسلم فقال: أين خالد؟ فقلت: يأتي الله به فقال صلى الله عليه وسلم: ما مثل خالد يجهل الإسلام، ولو كان جعل نكايته وحده مع المسلمين على المشركين. لكان خيرا له: ولقد مناه على غيره، فأستدرك يا أخي ما فاتك، فقد فاتتك مواطن صالحة).فإن هذا الكتاب زاد رغبة خالد بن الوليد في الإسلام.

2. الرؤيا الصادقة:-

لقد رأى خالد بن الوليد في نومه بأنه في بلاد ضيقة جدبة فخرج إلى بلد أخضر- واسع فقال:إن هذه الرؤيا حق، فلما أتى المدينة ذكرها إلى أبي بكر الصديق- رضي الله عنه- فقال له أبو بكر: ومخرجك الذي هداك للإسلام والضيق الذي كنت فيه الشرك.

أخوة خالد ومن أسلم منهم

(كان للوليد بن المغيرة سبعة ذكور وبنتان)[1]أما الذكور هـم:-

1. العاص:ولقد مات وهو صغير.

2. أبو قيس:لقد أسلم ثم ارتد عن دينه وقد قتله حمزة وهو كافر وفي رواية أنه علي بن أبي طالب.

3. عبد شمس:لم يذكر المؤرخين شيئا عنه.

4. عمارة: لقد كان أجمل وأعز فتى في قريش وأشعرهم حيث قال ابن الأثير في الكامل:(فلما علمت قريش أن أبا طالب لا يخذل رسول الله صلى الله عليه وسلم وأنه يجمع لعداوتهم مشوا بعمارة بن الوليد فقالوا يا أبا طالب: هذا عمارة بن الوليد أنهد فتى في قريش وأشعرها وأجملها فخذه ملك عقله ونصرته فأتخذه ولدا، وأسلم لنا ابن أخيك هذا الذي سفه أحلامنا وخالف دينك ودين آبائك وفرق جماعة قومك، نقتله، فإنما رجل برجل، فقال أبو طالب:لبئس ما تسومونني، أتعطونني ابنكم أغدوه لكم وأعطيكم ابني تقتلونه، هذا و الله لا يكون أبدا).

5.الوليد:كان أول من أسلم من إخوته وله دور كبير في إسلام أخيه خالد بن الوليد،

6.خالد:لقد دخل إلى الإسلام بعد إسلام الوليد.

7.هشام:لقد كان من بين إخوته الذين أسلموا.

وأما البنتان هن:-

---

(1) كتاب خالد بن الوليد بطل الجاهلية والإسلام(عايدة الصلال)

1. فاطمة: لقد أسلمت يوم فتح مكة وبايعت الرسول صلى الله عليه وسلم.

2. فأخته: لقد أسلمت وهي زوجة صفوان بن أمية.

مواقف خالد بعد إسلامه

لقد كان لخالد بن الوليد الكثير من المواقف بعد إسلام، ومن هذه المواقف ما يلي:-

1. لقد أرسله رسول الله صلى الله عليه وسلم بثلاثمائة وخمسين رجلا إلى بني جذيمة بن عامر داعيا فقاتلهم خالد، وعندما وصل الخبر إلى رسول الله صلى الله عليه وسلمقال:(اللهم إني أبراء إليك مما صنع خالد بن الوليد) ثم أرسل لهم ما أصيب من أموالهم جل أو حقر ثم جاء خالد بن الوليد واعتذر إلى رسول الله صلى الله عليه وسلم فقبل رسول الله اعتذاره.

2. لقد أرسله رسول الله صلى الله عليه وسلم بأربعمائة وعشرين فارسا إلى أكيدر بن عبد الملك صاحب دومة الجندل[1] فأسره وأحضره إلى رسول الله صلى الله عليه وسلم فعفا عنه رسول الله صلى الله عليه وسلم وصالحه على الجزية.

3. أرسله رسول الله صلى الله عليه وسلم إلى بني الحارث بن كعب وأمره بأن يدعوهم للإسلام ثلاثا قبل قتالهم، فدعاهم خالد إلى الإسلام فأسلموا على يديه.

4. لقد خرج خالد بن الوليد مع النبي-عليه الصلاة والسلام- في حجة الوداع وقد حدث فيها ما يدل على حب خالد للرسول صلى الله عليه وسلم حيث قال خالد: اعتمرنا مع الرسول **صلى الله عليه وسلم** في عمرة أعتمرها فحلق شعره، فأستبق الناس إلى شعره، فسبقت إلى الناصية[2] فأخذتها واتخذت قلنسوة وجعلتها في مقدمتها، فكان كما يقول ابن عساكر: لا يلقى أحدا إلا هزمه، ولقد وقعت قلنسوته في يوم اليرموك، فبحث عنها خالد ووجدها، فقيل له: عجبا لطلبك القلنسوة وأنت في حومة القتال، فقال:أن فيها ناصية الرسول صلى الله عليه وسلم، لم ألق بها أحدا إلا تولى.

5. لقد بعث رسول الله صلى الله عليه وسلم خالدا إلى العزى بثلاثين فارسا ليهدمها فهدمها خالد.

خالد بن الوليد في عهد الرسول صلى الله عليه وسلم
غزوة مؤتة:-

لقد وقعت في جمادى الأولى سنة ثمانية للهجرة بعد إسلام خالد بن الوليد بشهرين، وقد كان سبب هذه الغزوة هو أن رسول الله صلى الله عليه وسلم بعث الحارث بن عمير الأزدي رسولا إلى ملك بصرا ليدعوه إلى الإسلام وعندما وصل الحارث إلى مؤتة اعترضه شرحبيل بن

---

(1) دومة الجندل:/ هي قرية تقع شمال نجد.

(2) الناصية: قصاص الشعر في مقدمة الرأس.

عمرو الغساني فقتله، وعندما بلغ الخبر إلى رسول الـلـه صلى الـلـه عليه وسلم جهز جيشا عدته ثلاثة آلاف مقاتل ووضع عليه ثلاثة من القادة وهم زيد بن حارثة فـإذا أصـيب فجعفـر بن أبي طالب فإذا أصيب فعبد الـلـه بن رواحة.

وانطلق جيش المسلمين وعندما وصل إلى معان أقام فيها ليلتين لكي يستطلع المسلمين على أخبار العدو وإذ بهرقل قد عسكر بمؤاب في مائتي ألف مقاتل، مئة ألف من الروم ومئة ألـف من القبائل المستعربة، فجلس المسلمون يتشاورون في أمرهم وبعدها اتفق الجميـع عـلى رأي عبد الـلـه بن رواحة وهو السير للقتال، والتقى المسـلمون بجـيش هرقـل قـرب قـرى البلقـاء، فاتجه المسلمون إلى مؤتة وكان ترتيب جيش المسلمين: ميمنة وميسرة وقلـب ومـؤخرة فكـان يقود القلب زيد بن حارثة وكان خالد بن الوليد في المؤخرة وعندما بدأت المعركة قتـل القائـد زيد بن حارثة فاستلم الراية جعفر بن أبي طالب فقاتـل حتـى قطعـت يـداه ومـن ثـم مـات فاستلم الراية عبد الـلـه بن رواحة فبقي يقاتـل حتـى لحـق برفاقـه، حيـث أن هـؤلاء القـادة قدموا أبرز مظاهر التضحية والجهـاد وبقـوا يقـاتلوا حتـى استشـهدوا- علـيهم رحمـة الـلـه وسعت-...

وبعد استشهاد القـادة الثلاثـة بقـي جـيش المسلمين بـلا قائـد حتـى الليـل حتـى تشـاور المسلمين على اختيار قائد كفؤ لكي يقود هذا الجيش فاتجهت الأنظار إلى أبا سـليمان - خالـد بن الوليد- ليبرز بعدها خالد ويصبح أحد قادة هذه الجيوش الإسلامية وبعد ان اسـتلم خالـد بن الوليد قيادة هذا الجيش وضع بعض التعديلات وأعاد ترتيب صـفوفه وقـد جعـل الميمنـة ميسرة والميسرة ميمنة وجعل المقدمة مؤخرة والمؤخرة مقدمة. وفي اليوم التالي وعندما بـدأت المعركة أصبح العدو يرى وجوها غير التي كان يقاتلها بـالأمس حيـث ظـن العـدو أن الجـيش الإسلامي قد أتاه مدد عظيم.

وقد أبدا القائد العظيم خالد بن الوليد براعته في القتال وقاتل قتال الأسـود وانكسر بيـده تسعة سيوف ولم يتبق معه سوى صفيحة[1] يمانية واحدة.

وعندما رأى خالد بن الوليد أن الجيش الإسلامي لم يعد قادرا على التحمل لقلة عدده أمام العدو، بدأ يعمل خطة انسحاب بحيث ينسحب الجيش الإسلامي دون أن يصاب بـأي مكـروه وبالفعل قد وضع أبا سلمان خطة ولقد انسحب الجـيش الإسـلامي دون أن يلحـق بـه جـيش العدو لأنهم ظنوا بأنها خدعة ابتكرها خالد بن الوليد للإيقاع بهم في وسط الصحراء.

---

(1) الصفيحة: السيف العريض.

ومن معجزات الرسول صلى الله عليه وسلم الخبرية بأنه كان يخبر أهل المدينة بأحداث وقائع المعركة وبقتل القادة الثلاثة وبأن سيفا من سيوف الله قد استلم راية المسلمين قبل أن يصله الخبر.

وعندما عاد الجيش الإسلامي أصبح البعض من أهل المدينة يطلقون على هذا الجيش اسم الفرار، ولكن الرسول صلى الله عليه وسلم أطلق عليهم تسمية الكرار وقد سمي خالد بن الوليد -رضي الله عنه- سيف الله المسلول.

فكان لهذه المعركة أثر كبير في إبراز الإسلام والرفعة من شانه ومن شان المسلمين ولقد زرعت هذه المعركة الرهبة في قلوب قريش وكل من يعتدي على الإسلام والمسلمين، لأن المسلمين في هذه المعركة رغم قلة عددهم لم يقتل منهم سوى أربعة عشر ـ رجلا من بينهم القادة الثلاثة.

فتح مكـــة

لقد تم فتح مكة في السنة الثامنة من الهجرة وكان سببه هو نقض المشركون صلح الحديبية، وعندما بلغ رسول الله صلى الله عليه وسلم هذا النقض عهد إلى تجهيز جيش من المسلمين لفتح مكة ففرح المسلمون لأنها كانت فرصة قد انتظروها للعودة إلى ديارهم.

وقد قسم رسول الله صلى الله عليه وسلم الجيش الإسلامي إلى أربع فرق لكي يدخلوا مكة من الأبواب الأربعة بينما يقود رسول الله صلى الله عليه وسلم الفرقة الأخيرة وهي فرقة الكتيبة الخضراء وقد كان تقسيم الفرق الأربعة الأولى كما يلي:- الفرقة الأولى،بقيادة الزبير بن العوام ليدخل مكة من شمالها من منطقة كدي، والفرقة الثانية،بقيادة أبو عبيدة عامر بن الجراح ليدخل مكة من أعلاها بجانب جبل هند، والفرقة الثالثة بقيادة سفيان بن عبادة ليدخل مكة من الغرب من منطقة كدا،أما الفرقة الرابعة فهي بقيادة خالد بن الوليد وتدخل مكة من منطقتي الليط والخندقة، حيث أوصى رسول الله صلى الله عليه وسلم لقادته بأن لا يقاتلوا إلا من يعترض طريقهم، وانطلقت هذه الفرق ودخلت مكة دون قتال،إلا فرقة خالد بن الوليد فقد اعترض له بنو بكر والأحابيش فقتل منهم ثلاثة عشر رجلا وهزمهم ولم يحدث قتال بعدها في ذلك الفتح.

خالد في بني جذيمة

لقد أرسل رسول الله صلى الله عليه وسلم خالد أميرا من ثلاثمائة وخمسين رجلا من المهاجرين والأنصار إلى بني جذيمة وهي تقع ناحية يلمم أسفل مكة ونزل بهم خالد بن الوليد- رضي الله عنه- على ماء يدعى الغميصاء،حيث أمره رسول الله صلى الله عليه وسلم أنه إذا سمع أذانا أو رأى مسجدا بأن لا يقاتل.

وبعد ذلك اختلفت الروايات في شأن هذه الواقعة ولكن كانت أغرب الروايات هي قول ابن هشام وعرض له الطبري وابن الأثير عرضا عابرا، حيث قال ابن هشام:(قد كان بين خالد وبين عبد الرحمن بن عوف كلام في ذلك،فقال له عبد الرحمن بن عوف: عملت بار لجاهلية في الإسلام فقال خالد: إنما ثأرت بأبيك، فقال عبد الرحمن: كذبت، قد قتلت قاتل أبي ولكنك ثأرت بعمك الفاكه بن المغيرة حتى كان بينهما شر،فبلغ ذلك النبي صلى الله عليه وسلم فقال: مهلا يا خالد دع عنك أصحابي فوا الله لو كان لك أحدا ذاهبا ثم أنفقته في سبيل الله ما أدركت غزوة رجل من أصحابي ولا روحته، وقال ابن هشام: وكان الفاكه بن المغيرة وعوف بن عبد عوف وعفان بن أبي العاص قد خرجوا تجارا إلى اليمن ومع عفان ابنه عثمان ومع عوف ابنه عبد الرحمن فلما أقبلوا حملوا مال رجل منهم يقال له خالد بن هشام ولقيهم بأرض بني جذيمة قبل أن يصلوا إلى أهل الميت فأبوا عليه فقاتلهم بمن معه من قومه على المال ليأخذوه وقاتلوه فقتل عوف والفاكه ونجا عفان وابنه عثمان وأصابوا مال الفاكه ومال عوف فانطلقوا به، فقتل عبد الرحمن بن عوف خالد بن هشام، فهمت قريش بغزو بني جذيمة فقالت بنو جذيمة ما كان مصاب أصابكم عن ملأ منا، إنما عدا عليهم قوم بجهالة، فأصابوهم ولم نعلم فنحن نعقل لكم ما كان قبلنا من دم أو مال، فقبلت قريش ذلك ووضعوا الحرب)

غزوة حنين

هي غزوة بين المسلمين وهوازن، فعندما سمع مالك بن عوف النصري الذي كان يرئس هوازن بفتح مكة شاور قومه في قتالهم،فقالوا: لا مانع له من غزونا والرأي ان نغزوه قبل أن يغزونا.. وعندما بلغ الخبر رسول الله صلى الله عليه وسلم جهز جيشا يتكون من اثني عشر ألف مقاتل،فأعجب المسلمين بكثرة عددهم حيث قال أحدهم: لن نغلب اليوم من قلة، ولكن الله تعالى تولى تربية المؤمنين وأعدهم لحمل رسالة الإسلام دون اعتمادهم على كثرة عددهم.

وكان خالد بن الوليد في مقدمة جيش المسلمين بمائة فارس من بني سليم، وسار خالد بالمقدمة نحو وادي حنين وهو وادي ضيق ويتسع في جزء منه، عرضه حوالي ميلين وامتداده حوالي سبعة أميال ويبعد عن مكة حوالي أحد عشر ميلا إلى الشمال الشرقي منها وبقي خالد يسير في هذا الوادي لكي يصل إلى قاعدة هوازن(أوطاس)، وقد روى أبو جعفر الطبري من طريق ابن إسحاق عن جابر بن عبد الله قال: عندما استقبلنا وادي حنين انحدرنا في وادي من أودية تهامة، أجوف مطوط، إنما انحدرنا فيه انحدارا وذلك في

عماية الصبح وكان القوم قد سبقوا إلى الوادي فكمنوا لنا في شعابه وأحنائه ومضايقه وقد أجمعوا وتهيئوا وأعدوا، فوا الله ما راعنا ونحن منحطون إلا الكتائب قد شدت علينا شدة رجل واحد وانهزم الناس أجمعون فأنشمروا لا يلوي أحد على أحد.

بعد ذلك انحاز رسول الله صلى الله عليه وسلم ناحية اليمن وقال: هلموا إلي..أنا رسول الله..أنا محمد بن عبد الله، أنا محمد بن عبد الله، وبعد ذلك سقط خالد -رضي الله عنه-جريحا لسهم قد أصابه في ظهره ولم يبقى حول رسول الله صلى الله عليه وسلم سوى نفر قليل من أهل بيته وخاصة المهاجرين والأنصار حيث ارتفع صوت العباس- وقد كان العباس صيتا جهريا-مناديا:- يا معشر الأنصار يا أصحاب البيعة يوم الحديبية، فانعطفوا يقولون: لبيك لبيك، وحينها بدا المسلمون بالتجمع نظم رسول الله صلى الله عليه وسلم صفوفهم واستمر المسلمون بالقتال حتى الضحى وتحولت هزيمة المسلمين بإذن الله إلى نصر وعندما رأى رسول الله صلى الله عليه وسلم ان الموقف بدأ يتحول إلى مصلحة المسلمين قال: (الآن حمي الوطيس) فانتزع المسلمين من عدوهم النصر الذي فقدوه في بداية المعركة ودمر المسلمين هوازن وطردتها من أوطاس، وتداوى جرح خالد وعاد لقيادة المقدمة في بني سليم.

غزوة الطائف

كانت غزوة الطائف متممة لغزوة حنين حيث فرت القبائل وامتنعت وراء أسوارها بعد أن جمعت من الطعام ما يكفي لسنتين، فأحاط المسلمين بأسوارهم ورمتهم بالنبل والمنجنيق فقتلهم وجرحتهم، فظهر خالد بن الوليد-رضي الله عنه-وهو يدعوهم للقتال فلم يجيبه أحد، ثم صاح يا عبد يا ليل عظيم ثقيف: لا ينزل منا أحد ولكن نقيم في حصننا فإن فيه من الطعام ما يكفي لسنتين، فإن أقمت حتى يفي هذا الطعام خرجنا إليك بأسيافنا جميعا حتى نموت عن أخرنا.فأمر رسول الله صلى الله عليه وسلم بتقطيع نخيلهم ثم تركها لله والرحم، لأنهم كانوا يصيحون دعا لله والرحم، واستشار الرسول صلى الله عليه وسلمنوفل بن معاوية في أمر ثقيف فأجابه: يا رسول الله:ثعلب في حجر إن أقمت أخذته وإن تركته لن يضرك، فعاد رسول الله صلى الله عليه وسلم وبينما هو في الطريق قسم غنائم قسمة لم يرضاها رجل من المنافقين فقال: هذه قسمة ما لا أريد بها وجه الله، فغضب رسول الله صلى الله عليه وسلم وقال:(ويحك، من يعدل إذا لم أعدل؟) فوثب عمر وخالد- رضي الله عنهما- يستأذنان الرسول صلى الله عليه وسلم في ضرب عنق الرجل فأبى عليه السلام وقال:(إني لم أؤمر أن اثقب عن قلوب الناس ولا أن أشق عن بطونهم)[1]

---

(1) أخرجه البخاري 21/9 والبيهقي171/8 وفي (دلائل النبوة)427/6 والحكم145/2 وأحمد219/2

دومة الجندل

لقد أرسل رسول الله صلى الله عليه وسلم خالد بن الوليد إلى أكيدر بن عبد الملك صاحب دومة الجندل بأربعمائة وعشرين فارسا فوجد خالد أكيدر يصيد البقر كما أخبره رسول الله صلى الله عليه وسلم كانت ليلة مقمرة ركب فيها أكيدر في نفر من أهله من بينهم أخوه حسان وخرجوا ليطاردوا البقر فشدت عليه خيل خالد- رضي الله عنه- ومنع حسان واستأثر أكيدر فهرب من كان معهما من أهله ودخل خال وأجار أكيدر على أن يأتي به إلى رسول الله صلى الله عليه وسلم، ومن ثم صالحه خالد على ألفي من البعير وثمانمائة رأس من الغنم وأربعمائة رمح، فعزل خالد للرسول صلى الله عليه وسلم صفي خالص ومن ثم قسم الغنيمة وبعدها خرج بأكيدر وقدم به إلى رسول الله صلى الله عليه وسلم وصالحه على الجزية وحقن دمه ودم أخيه، وكتب له رسول الله صلى الله عليه وسلم كتابا فيه أمانهم وما صالحهم عليه.

خالد إلى نجران

لقد أرسل رسول الله صلى الله عليه وسلم خالد بن الوليد- رضي الله عنه- إلى بني الحارث بن كعب بنجران في أربعمائة رجل من المسلمين وأمره بدعوتهم إلى الإسلام ثلاثا فإن لم يستجيبوا فيقاتلهم وإن استجابوا بأن يقيم فيهم ويعلمهم كتاب الله تعالى وسنة نبيه، فخرج خالد- رضي الله عنه- وعندما وصل إليهم دعاهم للإسلام فاستجابوا ومن ثم بعث الركبان ليدعون الناس وهم يقولون: أيها الناس أسلموا تسلموا،فأسلمت نجران، وقضى خالد- رضي الله عنه- فيها يعلمهم كتاب الله وسنة نبيه، فكتب خالد بن الوليد إلى رسول الله صلى الله عليه وسلم يخبره بإسلامهم فبعث الرسول صلى الله عليه وسلمإلى خالد ويأمره بأن يأتي ومعه وفد من نجران.

قتال المرتدين

لقد قضى خالد بن الوليد -رضي الله عنه- زمن الرسول صلى الله عليه وسلم ثلاثة أعوام تحت راية الإسلام وعندما لحق خاتم الأنبياء عليه الصلاة والسلام بالرفيق الأعلى حيث تولى أبو بكر الصديق-رضي الله عنه- خلافة المسلمين وارتد بعض العرب عن دينهم ومنع بعضهم الزكاة فلم يبقى مخلصا لدينه من القبائل سوى قريش وثقيف والأنصار، ولم يكفي المرتد بأن ارتدوا عن دينهم بل وصل الأمر إلى أنهم أغاروا على المدينة ولكن حرس أبو بكر الذي وضعه على أثقاب المدينة صدوهم عن ذلك.

ولقد تزلزل المسلمون لهذه الكارثة المفاجئة ولكن الله تعالى ثبت أبو بكر على الحق، حيث قال: و الله لو منعوني عقالا[1] كانوا يؤدونه لرسول الله صلى الله عليه وسلم لجاهدتهم عليه! حيث قيل عن الصديق رضي الله عنه-لولا أبو بكر ما عبد الله في الأرض.

وبعدها عقد أبو بكر أحد عشر لواءا لأحد عشر أميرا وأمر كل أمير بأن يستنفر من يمر به من المسلمين أهل القوة ويخلف بعضهم لمنع بلادهم. وقد كان أول قائد عقد له أبو بكر لواء الإمارة هو خالد بن الوليد-رضي الله عنه- فأرسله أبو بكر إلى طليحة بن خويلد ألأسدي المتنبي الكذاب في جيش يبلغ عدده أربعة آلاف مقاتل، وبعدها سار خالد إلى طليحة وبينما هو سائر طلبه عدي بن حاتم الطائي بأن يتأنى في مسيره عسى- أن يسبقهم إلى طي-وهي حليفة بنو أسد- ويستنقذ قومه بدعوتهم إلى الإسلام فعاد إلى خالد بن الوليد بإسلامهم ولحق منهم بالمسلمين ألف راكب فكان عدي بن حاتم أعظمهم بركة، وتابع خالد-رضي الله عنه- مسيرته حتى التقى بالمرتدين في بزاخة والتحم الجيشان حيث كان طليحة في بيت شعر يتنبأ للناس.

وعندما بدأت المعركة تحمي وطيسها أتى عيينة ابن حصن الغزاوي ومعه رهط[2] من الفرسان وقد كانوا من أتباعه فقال له: عيينه:هل جاءك جبريل؟فقال طليحة: لا و الله، ثم عاد عيينة إلى المعركة ورأى بأن جنود خالد اقتربوا من النصر فرجع إلى طليحة وقال: ألم يأتيك جبريل بعد؟ فقال طليحة:نعم، فقال عيينة: ماذا قال لك؟ قال طليحة: لقد قال لي إن لك رحى كرحاه وحديثا لا تنساه: فقال عيينة: أظن أن قد علم الله انه سيكون حديثا لا تنساه يا بني فرازة هكذا، فانصرفوا فهذا و الله كذاب، وبعد ذلك انتصر جيش المسلمين وهرب طليحة وقومه حيث هرب طليحة مع امرأته النوار وقال: من استطاع منكم ان يفعل مثلما يفعل مثلما فعلت وينجو بأهله فليفعل وذهب طليحة بعد هروبه إلى الشام ونزل فيها وأسلم وبقي حتى وفاة أبو بكر-رضي الله عنه-ثم ذهب إلى الخليفة عمر فوفد عليه مبايعا وأسلم الكثير من بني أسد وفرازة وبعد هذه الهزيمة الساحقة والهجوم الذي شنه عليهم سيف الله المسلول. وبعد ذلك سار خالد بن الوليد-رضي الله عنه-لقتال مالك بن نويرة سيد بني يربوع وهو أحد الذين منعوا الزكاة، فعند وصول خالد إليهم تندم مالك على ما فعله وفرق قومه في المياه وأمرهم بأن لا يتجمعوا، وعندما وصل خالد البطاح لم يجد منهم أحدا فبعث سرايا للبحث عن مالك فجاءته به في جماعة من قومه،

---

(1) العقال: صدقة عام

(2) جماعة من (3-10)(رهط)

فأمر خالد بحبسهم وكانت ليلة باردة فنادى خالد قومه وقال: أدفئوا أسراكم- وتعني في لفة الكنانة القتل-فقتلوهم والذي قتل مالك هو ضرار بن الأزور وقد قيل انه عبد بن الأزور الأسدي، وسمع خالد صوت صراخ فخرج فإذ هم قد فرغوا منهم فقال: إذا أراد الله أمرا أصابه، حيث لم تكن نية خالد واضحة كما فعل غيره واعتذر إلى أبي بكر-رضي الله عنه- خليفة المسلمين.

وكان من رأى عمر يقيد[1] به منه، قائلا: أن سيف الله رهقا[2] فما أكثر عليه في ذلك، فقال له أبو بكر: هيه يا عمر! تأول خالد فأخطأ فارفع لسانك عن خالد!.

وقد عادت بنو تميم للإسلام وأصبحت تؤدي الزكاة المفروضة بعد موت مالك بن نويرة وهروب قومه بني يربوع الذين كانوا يعرفون بشجاعتهم وشدة بأسهم.

وبعد ذلك أرسل أبو بكر-رضي الله عنه- خالدا إلى مسيلمة الكذاب لأسباب عدة منها:-

1. ادعاؤه النبوة في بني حنيفة باليمامة بعد وفاة الرسول صلى الله عليه وسلم.
2. لقد كان من أعظم المرتدين وأصلبهم عزيمة وأشدهم مراسا.

حيث كان خالد يقود جيشا تعداده عشرة آلاف مقاتل وحينها علم مسيلمة بقوم خالد إليه فخرج إلى عقرباء وعسكر فيها وبدأ الناس يتجمعون حوله فاجتمع له أربعين ألف مقاتل ولكنهم لم يتبعوه اعتقادا بنبوته ذلك لقول بعضهم:(أشهد أن مسيلمة كذاب ومحمد صادق ولكن كذاب ربيعة أحب إلينا من صادق مضر) وهكذا تبلغ العصبية الهوجاء العمياء.

وعندما بدأ القتال وحمي الوطيس قاتل خالد ببراعة ولكنه لم يلقى أشد من هذه الحرب ففيها كاد أن ينهزم المسلمون لدرجة أن بنو حنيفة قد دخلوا إلى فسطاط خالد-رضي الله عنه-ومزقوه وخلصوا بعض الأسرى، وقد قتل في هذه المعركة زيد أخو عمر بن الخطاب وثابت بن قيس حامل راية الأنصار، وعندما رأى خالد أن هذه الحرب لصالح بني حنيفة، عرف بأن الحرب لا تركد بغير قتل مسيلمة، وبدأ خالد يدعي مسيلمة إلى المبارزة ويقول: أنا ابن الوليد العود[3]، أنا ابن عامر وزيد ونادى بشعارهم يومئذ- وكان يا محمداه-وكل شخص يخرج لمبارزة خالد-رضي الله عنه-قتله، فأكد خالد على مسيلمة فرفض فعرض

---

(1) أقاد القاتل بالقتيل: قتله به، والقود كسبب: القصاص.
(2) الرهق كرجب: السفه والحمق وركوب الشر والظلم والعجلة.
(3) العود: السؤود القديم.

عليه خالد أشياء مما يشتهي فأعرض بوجهه مرة من ذلك فحمل عليه خالد فانهزم، فقالت بنو حنيفة: أين ما كنت تعدنا؟ قال دافعوا عن أحسابكم!

ونادى المحكمة بن الطفيل: يا بني حنيفة الحديقة، الحديقة.

فحرض خالد-رضي الله عنه- المسلمين ليهجموا على الحملة، فانهزم بنو حنيفة، وانقلبت المعركة لصالح المسلمين حيث انهزم بنو حنيفة إلى الحديقة التي كانت تسمى حديقة الموت، وأغلقوا عن المسلمين حيث كانت الحديقة بستان وله أسوار عالية، فألقى المسلمون البراء بن مالك من الجدار فقال من حول الباب وفتح الباب للمسلمين فدخلوا منه وقتلوا مسيلمة الكذاب، حيث قتله الوحشي- قاتل حمزة سيد الشهداء-ومعه رجل من الأنصار، وبدأ بعدها قوم مسيلمة بالفرار، لكن المسلمين أغلقوا عليهم الحديقة حيث كانت هزيمتهم، وقد قتل بنو حنيفة في عقرباء سبعة آلاف وفي الحديقة سبعة آلاف حيث قتل من المهاجرين والأنصار ستمائة مقاتل فيهم الكثير من حفظة القرآن الكريم الأمر الذي دعا أبو بكر لجمع القرآن .

خالد بن الوليد وفتح العراق

لقد رأى أبو بكر الصديق- رضي الله عنه- بعد أن هدأت الأحوال في الجزيرة العربية بأن يغزو الروم والفرس، وذلك لأسباب عدة منها:-

1. رفع أصر العبودية عن الشعوب المظلومة.
2. لكي تحس هذه الشعوب بحلاوة العدل والمؤاخاة والمساواة يهتدون ويدخلون الإسلام فكتب أبو بكر إلى خالد-رضي الله عنهما- بأن يسير لغزو فارس وبأن يدخل العراق من أسفلها ويبدأ بالأبلة. وقد كتب إلى عياض بن غنم بأن يدخل العراق من أعلاها ويبدأ بالمصيخ ومن ثم يذهبان إلى الحيرة ومن كان قد سبق صاحبه إليها فهو الأمير عليه.

حيث فرق بعدها خالد بن الوليد-رضي الله عنه- جنده إلى ثلاثة فرق وهي:-

الأولى:بقيادة المثنى بن حارثة الشيباني.

الثانية:بقيادة عدي بن حاتم الطائي.

الثالثة:بقيادة عاصم بن عمر-رضي الله عنهما.

وقد كتب خالد بعدها إلى صاحبه هرمز[1] لأنه كان سيئا مع العرب، وقد جاء في الكتاب مايلي:-

(تكلم السيف فأسكت أيها القلم: أما بعد فأسلم تسلم أو اعتقد لنفسك وقومك الذمة، وأقرر بالجزية، وإلا فلا تلومن إلا نفسك، فقد جئتك بقوم يحبون الموت كما تحبون الحياة).
ولما وصل الكتاب إلى هرمز، جمع جموعه وسبق خالد إلى المغير واقترنوا بالسلاسل حتى لا يفروا فأطلق على هذه الوقعة بذات السلاسل، وبعدها انحرف خالد إلى كاظمة فسبقه هرمز إليها، فنزل خالد-رضي الله عنه- مع قومه على غير ماء، فكلمه أصحابه بذلك، فأقر مناديا ونادى: ألا انزلوا وحطوا أثقالكم ثم جالدوهم على الماء فلعمري ليصيرن الماء، لأصبر الفريقين، وأكرم الجنديين!

ولقد حط المسلمون أثقالهم وتقدم المشاة وكانت نية هرمز الغدر بخالد فدعا خالد إلى المبارزة فقبل خالد بذلك واختلفا ضربتين أثناء المبارزة واحتضن خالد هرمز فهم فرسان هرمز بالغدر، ولكن ذلك لم يشغل خالدا عن قتل هرمز، وبعدها هجم ابن عمرو التميمي والعرب والقيقاع على أعدائهم وهزموهم ولم ينج منهم أحد وخصوصا المقرنين بالسلاسل وبعدها جمع خالد الرثاث[1] ومن بينها السلاسل. وقد كان هرمز يرتدي على رأسه قلنسوة قيمتها مائة ألف وهي مفصصة بالجواهر لا يلبسها إلا من تم اختياره على فارس فنفلها أبو بكر إلى خالد.

وقعة الثني والمذار

بعد هزيمة هرمز لم يجعل خالد-رضي الله عنه- العدو بأن يجمع شتاته وأمر المثنى بن حارثة بملاحقة الفرس والضغط عليهم، فعبر المثنى بالجيش نهر الفرات ونزل الجيش الفارسي في كاظمة وبعد ان أدركوا بأنهم مهددين من الجيش الإسلامي استعدوا للقتال وجمعوا جيشا عظيما بقيادة قارن بن فرياس الذي ضم الفرس الذين هربوا إلى المذار- وهي بلد بين واسط والبصرة-إلى جيشه ومن ثم عسكر على ضفة الثني ينتظر جيش المسلمين.

وعندما وصل خالد إلى المذار التقى الجيشان حيث كان نهر الفرات خلف جيش المسلمين والفرس في أمامه وبعد معركة طاحنة انهزم الفرس حيث قتل المسلمون منهم ما يقارب ثلاثين ألف مقاتل وهرب الباقي عبر مهرب أعدوه مسبقا وغنم المسلمون غنائم كثيرة.

وقعة الولجة

بعد أن رأى الفرس بأن خالد بن الوليد-رجل لا يهزم، قاموا بوضع خطة على أمل أن ينتصروا وقد جمعوا القبائل الموالية وتوجهوا إلى الولجة وعسكروا فيها ينتظرون خالد

---

(1) الرثاث: الأشياء التافهة.

بن الوليد، وعندما علم خالد بأمرهم أمر سويد بن مقرن بأن يحمي ظهر المسلمين وقسم الجيش إلى ثلاثة فرق هن:

الأولى:بقيادة يسر بن أبي رهم.

الثانية:بقيادة سعد بن مرة.

الثالثة:بقيادته-رضي الله عنه- وأمر الفرقتين بالانفصال والالتفاف حول الفرس ومباغتتهم عند حماية وطيس المعركة، ومن ثم تابع سيره إلى الولجة، وعندما وصل إليها التقى بجيش الفرس وبدأت المعركة وبدأ الكر والفر للطرفان وفجأة ظهر الثلث الثاني من جيش المسلمين خلف الرفس وهاجمهم ومن ثم ظهر الثلث الثالث من الجهة الأخرى واشتدت المعركة فمات قائد الفرس وهو أندر زعر فأنهزم جيشهم وتولى الباقي فرارهم.

وقعة أليس

لقد وقعت بين الفرس والمسلمين وسببها هو الثأر من خالد بن الوليد لما حصل في الولجة حيث فجع الموالون للفرس لطلب المدد والعون من الفرس وتجمعوا وعسكروا هم وجيش الفرس حيث كان قائدهم عربي يدعى عبد الأسود ألعجلي الذي طالب بمنازلة.

وقد جلس أردشير وجابان يتشاوران في أمر خالد فقال جابان: كفكف نفسك وجندك من قتال القوم حتى ألحق بك إلا أن يعجلوك.

ووصل جابان إلى أليس قبل خالد وتمركز فيها ينتظر خالد بن الوليد، فعلم خالد بتجمع العرب والفرس وعندما وصل إلى أليس رأى هذا التجمع الضخم ولقد وجدهم يأكلون، فبقوا يأكلون ظنا بأن خالد غير مستعد للقتال فور وصوله، ولكن خالد صاحب العقل المفكر والحكيم عزم على القتال فور وصوله حتى لا يعطي للأعداء فرصة لردة الفعل، وبعدها توجه خالد-رضي الله عنه- إلى العرب ونادى قائدهم-ابن عبد الأسود- ليبارزه، فبرز له وهو يقول: خالد يا ابن الخبيثة ما جرأك علي من بينهم وليس فيك وفاء؟ ثم ضربه خالد فقتله، وانقض المسلمون على صفوف العرب يقتلونهم تقتيلا، فقام الفرس للقتال على يد بهمن والتحم الجيشان معا وعندما حمي الوطيس بدأت علامات النصر تظهر للمسلمين وجمع المسلمين الأسرى وأمر خالد رجالا يضربون أعناقهم، وبعد ان استولى خالد على أليس جمع ما فيها من أموال وأثاث وخيل، وبعد ذلك وصل الخبر إلى الخليفة أبو بكر-رضي الله عنه- فأعجب الخليفة من خالد وقال: عجزت النساء ان يلدن مثل خالد.

فتح الأنبار:

لقد فتح خالد-رضي اللـه عنه- الحيرة وعسكر فيها ينتظر عياض بن غنم لكي ينتهي من مهمة أوكله بها فطال انتظار خالد ما يقارب السنة وضاق الجند بهذه المماطلة فحاولوا استشارة خالد في متابعة القتال حيث كانت الأنبار قريبة من موقعهم وكانت ذات حصون ويحيط بها خندق ويوجد بها حامية فارسية بقيادة شيرذاذ حاكم ساباط حيث كان أفضل الحكام في كفائته القيادية والذي وجد ان قواته ضعيفة بعد أن سمع عن المعارك المظفرة للمسلمين، فقرر عقد صلح مع خالد بن الوليد.

وفي ربيع الثاني غادر خالد بن الوليد إلى الأنبار، وقد وجد أهلها قد تحصنوا واستعدوا للقتال وبعد قيام جولة حول الخندق تبين لخالد ضعف كفاءة الخصم فأوصى رماته برمي عيونهم و[بأن يرموا رشقا واحدا وفقئوا حينها ألف عين وسميت تلك الوقعة بذات العيون فكتب شيرذاذ صلحا إلى خالد لكن خالد رفضه لشروطه، واستمرت المعركة وعمل خالد جسر- من الإبل الضعيفة حيث كان يأمر بنحرها ويلقيها في أضيق منطقة في الخندق واقتحم المسلمون الحصن وأرسل شيرذاذ صلحا إلى خالد على ما أراد فقبل خالد-رضي اللـه عنه- وسمح لشيرذاذ بمغادرة الأنبار دون ان يمسه أحد وهكذا فتحت الأنبار على يد خالد-رضي اللـه عنه.

عين تمر:

لقد تجمع في عين تمر جموع عظيمة من العرب وجيش قوي من الفرس حيث كان يرأس العرب عقبة بن نافع وكان يرأس جيش الفرس مهران بن يهرام واستعدوا للقتال.

وصل خالد بن الوليد-رضي اللـه عنه- إلى موقع المعركة ونظم الجيش بسرعة وقال لمجتبيه: اكفونا ما عنده فإني حامل عليه. وانطلق خالد بجيشه عليهم وقد انقض خالد على عقبة قائد العرب وأخذه أسيرا وانهزم صفه من غير قتال وهربوا العرب والفرس إلى الحصن، فجمع مهران جنده وفر تاركا الحصن، وأقبل خالد-رضي اللـه عنه- على الحصن فأرسلوا إلى خالد يطلبون الأمان فرفض خالد هذا إلا ان يوافقوا على شروطه، فوافقوا وسلموا الحصن، ودخل خالد والمسلمين إلى الحصن فقاتلوا المقاتلين منهم وكان ممن قتلوا عقبة الذي ألقي على الجسر وبهذا ينتهي دور خالد-رضي اللـه عنه- من فتوح العراق ويبدأ دوره في فتوح الشام.

خالد بن الوليد وفتوح الشام

مسير خالد بن الوليد إلى الشام:

لقد كتب الخليفة أبو بكر رضي اللـه عنه- إلى خالد بأن يسير إلى الشام وأمره بأن يأخذ نصف الناس وأن يستخلف المثنى بن حارثة على النصف الآخر، وإذا فتح اللـه عليهم رجع خالد وأصحابه إلى العراق! وبعدها قسم خالد الجيش إلى نصفين فقال المثنى: و اللـه لا أقيم إلا على أنفاذ أمر أبي بكر كله في استصحاب نصف الصحابة أو بعض النصف وبالله ما أرجوا النصر إلا بأصحاب رسول اللـه صلى اللـه عليه وسلم فأنت تعرينى منهم! فأرضاه خالد وأصبح خالد يفكر ويقول: كيف لي بطريق أخرج فيه من وراء الروم فإني إن استقبلته حبستني عن غياث المسلمين، فقال رافع بن هبيرة الطائي- وهو دليل خالد في مسيره إلى الشام إنك لن تضيف ذلك بالحيل والأحمال عليها و اللـه أن الراكب المفرد ليخافها على نفسه وما يسلكها إلا مغررا، إنها خمس ليال جياد لا يصاب فيها ماء من مضلتهما. فقال له خالد: ويحك أنه و اللـه إن لي بد[1] من ذلك أنه قد أتتني من الأمير عزمه، فمرني بأمرك، فقال رافع: لا تختلفن هديكم ولا يضعفن يقينكم واعلموا: أن المعونة تأتي على قدر النية، والأجر على قدر الحسبة، وأن المسلم لا يبغي له أن يكترث بشيء يقع فيه مع معونة اللـه له، فقالوا: إنك رجل قد جمع اللـه لك الخير، فشأنك.

وبعدها جهز الجيش نفسه وحمل من الماء والطعام ما يكفي لمدة خمسة أيام حيث كان تعداد الجيش لا يقل عن تسعة آلاف مقاتل، وسار بهم خالد بن الوليد-رضي اللـه عنه- حتى شرب الجيش كل ما حملوا معهم من الماء فخشي خالد على أصحابه، فقال رافع انظروا: هل ترون شجيرة من عوسج كعقدة الرجل فقالوا: لا: فقال: انظروا فاطلبوها، فلما طلبوها وجدوها، فكبروا وكبر رافع وقال: احفروا في أصلها فلما حفروا استخرجوا عينا فشربوا حتى ارتووا، فلما انتهى خالد أغار على أهل بهراء قبل الصباح وكان أناس فيهم يشربون الخمر في جفنة، وانتصر خالد ثم سار إلى أرك[2] وصالحوه أهلها وبعدها أتى على القريتين وقاتلهم وانتصر عليهم وغنم غنائم كثيرة وبعدها سار إلى حواريين[3] وبعدها إلى قصم وانتصر عليهم وبعدها سار إلى ثنية العقاب- وهي بقرب دمشق- ناشرا راية سوداء كانت لرسول اللـه صلى اللـه عليه وسلم وتسمى العقاب فأخرج لهم بطريقها نزلا وخدما وقال

---

(1) إن لي بد: إن بمعني ما.

(2) أرك: بلدة قرب تدمر.

(3) حواريين: أتباع سيدنا عيسى عليه السلام(الفئة الصالحة)

له: احفظ هذا العهد، فوعده بذلك ثم أتى إلى مرج راهط وأغار عليهم في يوم عيدهم وانتصر عليهم ومن ثم أرسل سرية إلى كنيسة الفوطة فقتلوا الرجال وسبوا النساء وبعدها سار-رضي الله عنه- إلى بصرا وقاتل أهلها وانتصر عليهم فكانت أول مدينة فتحت بالشام على يد خالد بن الوليد وقد كان فرح خالد آنذاك هو التقاءه بأبي عبيدة عامر بن الجراح حيث كان أبو عبيدة وشرحبيل بن حسنة ويزيد بن أبي سفيان يحاصرون البصرى.

وبعد ذلك حدثت موقعة اليرموك بين المسلمين والروم حيث كان عدد المسلمين ستة وثلاثون ألفا وجموع الروم أربعين ومائتي ألفا وفي رواية بأنهم أربعمائة ألف.

وقد اشترك نساء المسلمون في هذه المعركة وأن أعجب ما حدث في هذه المعركة هو إسلام جرجة قائد الروم وذلك بأنه حين نشب القتال خرج جرجة وصار بين الصفين ونادى ليخرج خالد فخرج إليه وعندما اقتربا من بعضهما اختلفت أعناق دابتيهما فقال جرجة: يا خالد أصدقني ولا تكذبني فإن الحر لا يكذب ولا تخادعني فإن الكريم لا يخادع المسترسل بالله، أهل أنزل الله على نبيكم سيفا من السماء فأعطاك إياه فلا تسله على قوم إلا هزمتهم، قال: ففيم سميت سيف الله؟ فقال له: أن الله بعث فينا نبيا فكنت فيمن كذبه وباعده وقاتله ثم أن الله هداني فاتبعته فقال: أنت سيف من سيوف الله سله على المشركين، فأنا من أشد المسلمين على المشركين، فقال: أخبرني، إلام تدعوني فقال خالد: إلى الإسلام أو الجزية أو الحرب. قال جرجة: فما منزلة من يجيبكم، قال: منزلتنا واحدة، قال: فهل له مثلكم من الأجر والذخر؟ قال: نعم وأفضل، فقال جرجة لخالد: علمني الإسلام، فمال خالد إلى فسطاطه فشن عليه قربة من ماء ثم صلى ركعتين وخرج يقاتل مستبسلا ثم قتل- رحمه الله-.وقد كانت وقعة اليرموك إحدى المعارك الفاصلة والتي ركب بعدها العرب أكتاف الروم وأخرجوهم من سوريا جنة الأرض وبها تبوأ خالد مقعده بين صناديد الفاتحين.

وبعدها وصل كتاب إلى خالد بن الوليد-رضي الله عنه-بموت الخليفة أبو بكر الصديق-رضي الله عنه-واستخلاف عمر بن الخطاب-رضي الله عنهم جميعا- حيث ان عمر قد أمر بعزل خالد وتأمير أبو عبيدة على الجيش فجعل خالد الكتاب سرا حتى لا ينتشر الخبر والمعركة على أشدها فيقع الفشل فكانت حكمة منه-رضي الله عنه- وبعد هزيمة الروم استأمر أبو عبيدة على الجيش.

فتح دمشق

سار أبو عبيدة إلى مدينة دمشق وكانت مدينة قوية ومحصنة فرسم أبو عبيدة الخطة التالية:-

1. منع وصول الإمدادات إلى المدينة من الخارج حيث عمل مايلي:-
   أ- منع طريق حمص إليها وعين فرقة بقيادة القلاع النميري.
   ب-منع طريق فلسطين عليها وعين فرقة بقيادة علقمة بن حكيم.
2. التقدم نحو دمشق وقد نظم الجيش فجعل خالد بن الوليد-رضي الله عنه- في القلب وتولى هو وعمرو بن العاص المنبتين وجعل عايض بن غنم قائدا للفرسان وشرحبيل بن حسنة قائدا للمشاة.
3. توزيع الدخول لدمشق حيث يدخل أبو عبيدة باب الخابية(حوران) ويدخل عمرو بن العاص باب توما ويدخل شرحبيل الفراديس من الشمال أما خالد بن الوليد-رضي الله عنه- يدخل من الباب الشرقي، فحاصروا المدينة حصارا شديدا بالزحف والترامي والمنجنيق وكان في المدينة قائد رومي يدعى نسطاس بن نسطوس حيث كان ينتظر مددا من هرقل وعندما جاء المدد من حمص. منعته خيول ذي القلاع فأدرك من في المدينة بعدم وصول أي مدد فأخذوا يفكرون بالصلح.

دور خالد - رضي الله عنه - في هذا الفتح :

لم يكن خالد ينام ولا يبيت ولا يخفى عليه من الأعداء شيء فبلغه من أخبار العدو أنه ولد لبطريقهم مولود فلتهوا بالطعام والشراب وغفلوا عن مواقعهم فنهض خالد ومن قدم معه من العراق وسار أمامهم هو والقعقاع بن عمرو ومذعور وقالوا: إذا سمعتم تكبيرنا على السور فأرقو إلينا وأنهدوا للباب فلما انتهى إلى الباب هو ومن معه رموا بالحبال وتسلق القعقاع ومذعور بن عدي، فأمرهم خالد بالتكبير فكبروا الجنود الذين على السور وانتهى خالد إلى من يليه فقتلهم وقتل البوابين وقطع خالد ومن معه أقفال الأبواب بالسيوف وفتحوا للمسلمين ولما استفعل المسلمين فيهم السيوف وعرضوا ما رفضوا وبذلوا الصلح وقبل المسلمون منهم ذلك، وكان صلحهم على المقاسمة، الدينار والعقار، وأقتسم المسلمون أسلابهم.

وبعد أن انتهى المسلمون من فتح دمشق قصدوا فحل فخلف أبي عبيدة يزيد بن أبي سفيان على دمشق وسار يريد فحل فجعل في مقدمة الجيش خالد بن الوليد، وبعد حصار دام طويلا على فحل ظنوا بالمسلمين غرة، وهجموا عليهم واشتد القتال فانهزموا حيث ضلوا طريق فرار من شدة الفزع وهكذا فتحت فحل، وبعد وصول الخبر إلى هرقل أرسل إلى المسلمين جيشا تحت قيادة توذر البطريق ثم أتبعه جيش بقيادة شنس الرومي والتقى المسلمين الروم في مرج الروم فكان أبو عبيدة إزاء شنس وخالد إزاء توذر وقد علم خالد بان توذر ومن معه ساروا إلى دمشق فتبعه خالد والتقى جيش توذر بجيش يزيد بن أبي

سفيان حيث عندما علم بقوم توذر إليه جهز جيشا لملاقاته وعندما بدأت المعركة بين يزيد وتوذر ظهر خالد بجيشه من خلف توذر فلم يفلت أحد من جيش توذر وقد قتل خالد توذر وعندما بلغ هرقل انتصار المسلمين سار إلى حمص وأمر عامله عليها بالتحصين وأن لا ينازل المسلمين إلا في كل يوم برد من أجل أن يهلكهم البرد، وبعدها قصد أبو عبيدة حمص عن طريق بعلبك وقدم إليها السمط بن الأسود الكندي وبعث خالد للبقاع فسار إليها خالد وافتتحها ونزل أبو عبيدة في حمص ونزل بعده خالد وحاصر المسلمون حمص وشدوا الحصار عليها فانقطع أملهم بالبقاء فطلبوا الصلح فوافق المسلمين على ذلك.

وبعد فتح حمص أرسل أبي عبيدة خالد إلى قنسرين فنزل في الحاضرة فالتقى بجيش الروم الذي كان يترأسه ميتاس الذي كان أعظم الروم بعد هرقل فقاتلهم خالد وقتل ميتاس حتى هلكوا ومن ثم نزل إلى قنسرين فتحصن أهلها فقال لهم خالد: لو كنتم في السحاب لحملنا الله إليكم أو لأنزلكم علينا. فطلبوا الصلح فأبى-رضي الله عنه- وهو يطلب بخراب المدينة فخربها هرقل بعدها سوريا وداع الحزين وقال: عليك السلام يا سوريا سلاما لاجتماع بعده ولا يعود إليك رومي بعدها.ومن ثم ذهب خالد إلى مرعش وافتتحها وخربها بعد جلاء أهلها. وبهذا تكون قد انتهت الفتوح التي تمت بعون الله على يد خالد بن الوليد-رضي الله عنه- القائد العظيم العبقري الذي لم يهزم قط والذي حقق انتصارا ساحقا على دولتي الفرس في العراق والرومان في الشام.

ومن بعدها احتل أبو عبيدة الساحل الشامي وأصبحت بلاد الشام تحت الحكم الإسلامي بعد فتح بيت المقدس في العام نفسه ونظم بعدها أبو عبيدة البلاد فقسمها إلى أربعة أجناد وهي:- جند دمشق، جند الأردن، جند فلسطين، وجند قنسرين الذي تولاه خالد-رضي الله عنه- ومن ثم كتب إلى الأمصار بأنه لم يعزل خالدا عن سخطه أو خيانة ولكن الناس فتنوا به فخشيت ان يوكلوا إليه ويبتلوا وإلا يقوموا بعرض فتنة.

نهاية خالد بن الوليد-رضي الله عنه

بعد عزل خالد-رضي الله عنه- عن ولاية قنسرين قضى ما تبقى من عمره في حمص وعندما اقترب الموت منه قال خالد: (لقد لقيت كذا وكذا زحفا وما في جسمي موضع شبر إلا وفيه ضربة أو طعنة أو رمية ثم ها أنا أموت كما يموت البعير فلا نامت أعين الجبناء)[1] وقد قال أيضا: لقد طلبت الموت في مظانة فلم يقدر لي إلا أن أموت على فراشي وما من عمل شيء أرجى عندي بعد لا إله إلا الله، من ليلة شديدة الجليد في سرية

---

(1) ابن عبد ربه، العقد الفريد ج139

المهاجرين، بتها وأنا متترس والسماء تنهل علي وأنا أنتظر الصبح حتى أغير على الكفار فعليكم بالجهاد. ثم قال: إذا مت فانظروا في سلاحي وفرسي فاجعلوه في سبيل الله.

وبعدها وافت البطل العظيم المنية(الموت) وكان عمره ستون عاما. واختلف المؤرخون في تحديد العام الذي توفي فيه خالد-رضي الله عنه- فهو إما في عام 21هـ أو 22هـ.

خالد بن الوليد.. المنتصر دوما

في ذكرى وفاته:18 من رمضان-21هـ

هو"أبو سليمان خالد بن الوليد بن المغيرة"، ينتهي نسبه إلى "مرة بن كعب بن لؤي" الجد السابع للنبي صلى الله عليه وسلم و"أبي بكر الصديق" رضي الله عنه. وأمه هي " لبابة بنت الحارث بن حزن الهلالية". وقد ذكر " ابن عساكر" – في تاريخه- أنه كان قريبا من سن " عمر بن الخطاب".

أسرة عريقة ومجد تليد

وينتمي خالد بن الوليد إلى قبيلة "بني مخزوم" أحد بطون "قريش" التي كانت إليها القبة والأعنة". وكان لها شرف عظيم ومكانة كبيرة في الجاهلية، وكانت على قدر كبير من الجاه والثراء. وكانت بينهم وبين قريش مصاهرة متبادلة.

وكان منهم الكثير من السابقين للإسلام: منهم:" أبو سلمة بن عبد الأسد" وكان في طليعة المهاجرين إلى الحبشة و"الأرقم بن أبي الأرقم" الذي كانت داره أول مسجد للإسلام. وأول مدرسة للدعوة الإسلامية.

وكانت أسرة خالد ذات منزلة متميزة في بني مخزوم فعمه" أبو أمية بن المغيرة" كان معروفا بالحكمة والفضل. وكان مشهورا بالجود والكرم وهو الذي أشار على قبائل قريش بتحكيم أول من يدخل عليهم حينما اختلفوا على وضع الحجر الأسود وكادوا يقتتلون. وقد مات قبل الإسلام.

وعمه" هشام بن المغيرة" كان من سادات قريش وأشرافها، هو الذي قاد بني مخزوم في " حرب الفجار".

وكان لخالد إخوة كثيرون بلغ عددهم ستة من الذكور هم " العاص"،و"أبو قيس"، و"عبد شمس"، و"عمارة"، و"هشام"،و"الوليد"، اثنتين من الإناث هما:"فاطمة" و"فاضنة".

أما أبوه فهو" عبد شمس الوليد بن المغيرة المخزومي" وكان ذا جاه عريض وشرف رفيع في "قريش". وكان معروفا بالحكمة والعقل، فكان أحد حكماء "قريش" في الجاهلية، وكان ثريا صاحب ضياع وبساتين لا ينقطع ثمرها طوال العام.

فارس عصره

وفي هذا الجو المترف المحفوف بالنعيم نشأ "خالد بن الوليد" وتعلم الفروسية كغيره مـن أبناء الأشراف. ولكنه أبدى نبوغا ومهارة في الفروسية منذ وقت مبكر. وتميز على جميع أقرانه، كما عرف بالشجاعة والجلد والإقدام، والمهارة وخفة الحركة في الكر والفر.

واستطاع "خالد" أن يثبت وجوده في ميادين القتال، وأظهر من فنون الفروسية والبراعة في القتال ما جعله فارس عصره بلا منازع.

معاداته للإسلام والمسلمين

وكان "خالد" كغيره من أبناء "قريش"- معاديا للإسلام ناقما على النبي صلى اللـه عليه وسلم والمسلمين الذي آمنوا به وناصروه، بل كان شديد العداوة لهم شديد التحامل عليهم. ومن ثم فقد كان حريصا على محاربة الإسلام والمسلمين، وكان في طليعة المحاربين لهم في كـل المعـارك التي خاضها الكفار والمشركون ضد المسلمين .

وكان له دور بارز في إحراز النصر للمشركين على المسلمين في غزوة" أحد" حينما وجد عـزة من المسلمين بعد أن خالف الرماة أوامر النبي صلى اللـه عليه وسلم وتركوا مواقعهم في أعلى الجبل. ونزلوا ليشاركوا إخوانهم جمع غنائم وأسلاب المشركين المنهزمين. فدار" خالد" بفلـول المشركين وباغت المسلمين من خلفهم. فسادت الفوضى والاضطراب في صفوفهم، واستطاع أن يحقق للمشركين بعد ان كانت هزيمتهم محققة .

كذلك فإن" خالدا" كان احد صناديد قريش يوم الخندق الذي كانوا يتناوبون الطواف حول الخندق علهم يجدون ثغرة منه: فيأخذوا المسلمين على غرة. ولما فشلت الأحـزاب في اقتحـام الخندق، وولوا منهزمين. كان "خالد بن الوليد" احد الذين يحمون ظهورهم حتى لا يباغتهم المسلمون.

وفي "الحديبية" خرج "خالد" على رأس مائتي ألف دفعت بهم قريش لملاقاة النبي صلى اللـه عليه وسلم وأصحابه ومنعهم من دخول مكة. وقد أسـفر المـر عـن عقد معاهـدة بين المسلمين والمشركين عرفت باسم" صلح الحديبية".

وقد تجلت كراهية" خالد للإسلام والمسلمين حينما أراد المسلمون دخول مكة في عمـرة القضاء. فلم يطق خالد ان يراهم يدخلون مكة- رغم ما بـينهم مـن صلح ومعاهدة- وقرر الخروج من مكة حتى لا يبصر أحدا منهم فيها.

إسلامه

أسلم خالد في (8 صفر هـ-يوليو 629م) أي قبل فتح مكة بستة أشهر فقط. وقبل غزوة مؤتة بنحو شهرين.

ويروى في سبب إسلامه: أن النبي صلى الـلـه عليه وسلم قال للوليد بن الوليد أخيه، وهو في عمرة القضاء:" لو جاء خالد لقدمناه ومن مثله سقط عليه الإسلام في عقله". فكتب "الوليد إلى خالد" يرغبه في الإسلام، ويخبره بما قاله رسول الـلـه صلى الـلـه عليه وسلم فيه. فكان ذلك سبب إسلامه وهجرته.

وقد سر النبي صلى الـلـه عليه وسلم بإسلام خالد، وقال له حينما أقبل عليه" الحمد لله الذي هداك، قد كنت أرى لك عقلا رجوت ألا يسلمك إلا إلى خير".

وفرح المسلمون بانضمام خالد إليهم، فقد أعزه الـلـه بالإسلام كما أعز الإسلام به. وتحول عداء خالد للإسلام والمسلمين إلى حب وتراحم، وانقلبت موالاته للكافرين إلى عداء سافر. وكراهية متأججة. وجولات متلاحقة من الصراع والقتال.

سيف الـلـه في مؤتة

وكانت أولى حلقات الصراع بين خالد والمشركين- بعد التحول العظيم الذي طرأ على حياة خالد وفكره وعقيدته – في (جمادى الأولى 8هـ-سبتمر629م) حينما أرسل النبي صلى الـلـه عليه وسلم سرية الأمراء إلى مؤتة للقصاص من قتلة" الحارث بن عمير" رسوله إلى صحاب بصرى.

وجعل النبي صلى الـلـه عليه وسلم على هذا الجيش" زيد بن حارثة" ومن بعده "جعفر بن أبي طالب" ثم" عبد الـلـه بن رواحة". فلما التقى المسلمون بجموع الروم استشهد القادة الثلاثة الذين عينهم النبي صلى الـلـه عليه وسلم وأصبح المسلمون بلا قائد، وكاد عقدهم ينفرط وهم في ء أوج المعركة. وأصبح موقفهم حرجا. فاختاروا "خالدا" قائدا عليهم.

واستطاع "خالد" بحنكته ومهارته أن يعيد الثقة إلى نفوس المسلمين بعد أن أعاد تنظيم صفوفهم وقد أبلى "خالد" في تلك المعركة- بلاء حسنا. فقد اندفع إلى صفوف العدو يعمل فيهم سيفه قتلا جرحا حتى تكسرت في يده تسعة أسياف..

وقد أخبر النبي صلى الـلـه عليه وسلم أصحابه باستشهاد الأمراء الثلاثة. وأخبرهم أن" خالدا" أخذ اللواء من بعدهم، وقال عنه:" اللهم إنه سيف من سيوفك فأنت تنصره" فسمي خالد" سيف الـلـه " منذ ذلك اليوم.

وبرغم قلة عدد جيش المسلمين الذي لا يزيد عن ثلاثة آلاف فارس، فإنه استطاع أن يلقي في روع الروم أن مددا جاء للمسلمين بعد أن عمد إلى تغيير نظام الجيش بعد كل جولة، فتوقف الروم عن القتال، وتمكن خالد بذلك أن يحفظ جيش المسلمين ويعود به إلى المدينة استعدادا لجولات قادمة.

خالد والدفاع عن الإسلام

وحينما خرج النبي صلى اللـه عليه وسلم في نحو عشرة آلاف من المهاجرين والأنصار: لفتح" مكة" في (10/من رمضان هـ-3 يناير 630م) جعله النبي صلى اللـه عليه وسلمعلى أحد جيوش المسلمين الأربعة، وأمره بالدخول من " الليط" في أسفل مكة، فكان خالد هو أول من دخل من أمراء النبي صلى اللـه عليه وسلم بعد ان اشتبك مع المشركين الذي تصدوا له وحاولوا منعه من دخول البيت الحرام، فقتل منهم ثلاثة عشر مشركا، واستشهد ثلاثة من المسلمين، ودخل المسلمون مكة- بعد ذلك -دون قتال.

وبعد فتح مكة أرسل النبي صلى اللـه عليه وسلم خالدا في ثلاثين فارسا من المسلمين إلى "بطن نخلة" لهدم"العزى" أكبر أصنام "قريش" وأعظمها لديها. ثم أرسله- بعد ذلك- في نحو ثلاثمائة وخمسين رجلا إلى "بني جذيمة" يدعوهم إلى الإسلام. ولكن" خالدا" بما عرف عنه من البأس والحماس- قتل منهم عددا كبيرا برغم إعلانهم الدخول في الإسلام: ظنا منه أنهم أعلنوا إسلامهم لدرء القتل عن أنفسهم وقد غضب النبي صلى اللـه عليه وسلم لما فعله خالد وقال:" اللهم إني أبرأ إليك مما صنع "خالد". وأرسل "عليا بن أبسي طالب" لدفع دية قتلى" بني جذيمة"..

وقد اعتبر كثير من المؤرخين ذلك الحادث إحدى مثالب" خالد" وإن كانوا جميعا يتفقون على انه أخطأ متأولا. وليس عن قصد او تعمد. وليس أدل على ذلك من أنه ظل يحظى بثقة النبي صلى اللـه عليه وسلم بل إنه ولاه- بعد ذلك- إمارة عدد كبير من السرايا. وجعله على مقدمة جيش المسلمين في العديد من جولاتهم ضد الكفار والمشركين.

ففي غزوة حنين كان" خالد " على مقدمة خيل" بني سليم" في نحو مائة فارس، خرجوا لقتال قبيلة "هوازن" في (شوال 8هـ-فبراير 630م) وقد أبى فيها "خالد " بلاء حسنا. وقاتل بشجاعة وثبت في المعركة بعد ان فر من كان معه من "بني سليم" وظل يقاتل ببسالة وبطولة حتى أثخنته الجراح البليغة فلما علم النبي صلى اللـه عليه وسلم بما أصابه سال عن رحله ليعوده.

سيف على أعداء اللـه

ولكن هذه الجراح البليغة لم تمنع خالدا ان يكون على رأس جيش المسلمين حينما خرج إلى " الطائف" لحرب" ثقيف" و"هوازن".

ثم بعثه النبي صلى اللـه عليه وسلم -بعد ذلك- إلى "بني المصطلق" سنة(9هـ-630م) ليقف على حقيقة أمرهم، بعدما بلغه أنهم ارتدوا عن الإسلام، فأتاهم "خالد" ليلا وبعث عيونه إليهم، فعلم أنهم على إسلامهم، فعاد إلى النبي صلى اللـه عليه وسلم فأخبره بخبرهم.

وفي رجب 9هـ-اكتوبر630م أرسل النبي صلى اللـه عليه وسلم "خالدا" في أربعمائة وعشرين فارسا إلى "أكيدر بن عبد الملك" صاحب" دومة الجندل". فاستطاع "خالد أسر أكيدر" وغنم المسلمون

مغانم كثيرة وساقه إلى النبي صلى اللـه عليه وسلم فصالحه على فتح "دومة الجندل" وأن يدفع الجزية للمسلمين. وكتب له النبي صلى اللـه عليه وسلم كتابا بذلك.

وفي جمادى الأولى1هـ-أغسطس631م بعث النبي صلى اللـه عليه وسلم "خالدا" إلى "بني الحارث بن كعب" بنجران في نحو أربعمائة من المسلمين ليخبرهم بين الإسلام او القتال. فأسلم كثير منهم وأقام "خالد" فيهم ستة أشهر يعلمهم الإسلام وكتاب اللـه وسنة نبيه. ثم أرسل إلى النبي صلى اللـه عليه وسلم يخبره بإسلامهم فكتب إليه النبي يستقدمه مع وفد منهم.

يقاتل المرتدين ومانعي الزكاة

وبعد وفاة النبي صلى اللـه عليه وسلم شارك "خالد" في قتال المرتدين في عهد "أبي بكر الصديق"-رضي اللـه عنه- فقد ظن بعض المنافقين وضعاف الإيمان ان الفرصة قد أصبحت سانحة لهم- بعد وفاة النبي- للانقضاض على هذا الدين فمنهم من ادعى النبوية ومنهم من تمرد على الإسلام ومنع الزكاة. ومنهم من ارتد عن الإسلام. وقد وقع اضطراب كبير، واشتعلت الفتنة التي أحمي أوارها وزكى نيرانها كثير من أعداء الإسلام.

وقد واجه الخليفة الأول تلك الفتنة بشجاعة وحزم وشارك خالد بن الوليد بنصيب وافر في التصدي لهذه الفتنة والقضاء عليها، حينما وجهه أبو بكر لقتال" طليحة بن خويلد الأسدي" وكان قد تنبأ في حياة النبي صلى اللـه عليه وسلم حينما علم بمرضه بعد حجة الوداع. ولكن خطره تفاقم وازدادت فتنته بعد وفاة النبي صلى اللـه عليه وسلم والتفاف كثير من القبائل حوله، واستطاع خالد أن يلحق بطليحة وجيشه هزيمة منكرة فر" طليحة" على أثرها إلى "الشام" ثم أسلم بعد ذلك وحسن إسلامه، وكان له دور بارز في حروب الفرس. وقد استشهد في عهد عمر بن الخطاب.

وبعد فرار طليحة راح خالد يتتبع فلول المرتدين، فأعمل فيهم سيفه حتى عاد كثير منهم إلى الإسلام.

مقتل مالك بن نويرة وزواج خالد من امرأته

ثم سار خالد ومن معه إلى مالك بن نويرة الذي منع الزكاة بعد وفاة النبي صلى اللـه عليه وسلم فلما علم مالك بقدومه أمر قومه بالتفرق حتى لا يظفر بهم خالد، ولكن خالدا تمكن من أسره في نفر من قومه، وكانت ليلة شديدة البرودة، فأمر خالد مناديا أن أدفئوا أسراكم، وظن الحرس- وكانوا من كنانة- أنه أراد قتل الأسرى- على لغتهم- فشرعوا فيه سيوفهم بالقتل- حتى إذا ما انتبه خالد كانوا قد فرغوا منهم.

وأراد خالد أن يكفر عن ذلك الخطأ الذي لم يعمده فتزوج من امرأة مالك: مواساة لها. وتخفيفا عن مصيبتها في فقد زوجها الفارس الشاعر.

القضاء على فتنة مسيلمة الكذاب

وخرج خالد – بعد ذلك- لقتال مسيلمة الكذاب الذي كان من أشد أولئك المتنبئين خطرا. ومن أكثرهم أعوانا وجندا. ودارت معركة عنيفة بين الجانبين. انتهت بهزيمة "بني حنيفة" ومقتل "مسيلمة" وقد استشهد في تلك الحرب عدد كبير من المسلمين بلغ أكثر من ثلاثمائة وستين من المهاجرين والأنصار، وكان أكثرهم من السابقين إلى الإسلام، وحفظة القرآن، وهو المر الذي دعا أبا بكر إلى التفكير في جمع القرآن الكريم: خوفا عليه من الضياع بعد موت هذا العدد الكبير من الحفاظ.

فتوحات خالد في العراق

ومع بدايات عام 12هـ-633م بعد ان قضى أبو بكر على فتنة الردة التي كادت تمزق الأمة وتقضي على الإسلام، توجه الصديق ببصره إلى العراق يريد تأمين حدود الدولة الإسلامية، وكسر شوكة الفرس المتربصين بالإسلام.

وكان خالد في طليعة القواد الذي أرسلهم أبو بكر لتلك المهمة، واستطاع خالد أن يحقق عددا من الانتصارات على الفرس في "الأبلة" و"المذار" و"الولبة" و"أليس". وواصل خالد تقدمه نحو "الحيرة" ففتحها بعد أن صالحه أهلها على الجزية، واستمر خالد في تقدمه وفتوحاته حتى فتح جانبا كبيرا من العراق، ثم اتجه على"الأنبار"، ليفتحها، ولكن أهلها تحصنوا بها، وكان حولها خندق عظيم يصعب اجتيازه.

ولكن خالدا لم تعجزه الحيلة. فأمر جنوده برمي الجنود المتحصنين بالسهام في عيونهم، حتى أصابوا نحو ألف عين منهم، ثم عمد إلى الإبل الضعاف والهزيلة، فنحرها وألقى بها في أضيق جانب من الخندق، حتى صنع جسرا استطاع العبور عليه هو وفرسان المسلمين تحت وابل من السهام أطلقه رماته لحمايتهم من العداء المتربصين بهم من فواق أسوار الحصن العالية المنيعة.....فلما رأى قائد الفرس ما صنع خالد وجنوده، طلب الصلح وأصبحت الأنبار في قبضة المسلمين.

يواصل فتوحاته في العراق

واستخلف خالد" الزبرقان بن بدر" على الأنبار واتجه إلى "عين التمر" التي اجتمع بها عدد كبير من الفرس، تؤازرهم بعض قبائل العرب، فلما بلغهم مقدم" خالد"هربوا. والتجأ من

بقي منهم إلى الحصن، وحاصر خالد الحصن حتى استسلم من فيه. فاستخلف "عويم بن الكاهل الأسلمي" على عين التمر، وخرج في جيشه إلى دومة الجندل ففتحهما.

وبسط خالد نفوذه على الحصيد والخنافس والمصيغ، وامتد سلطانه إلى الفراض وأرض السواد مابين دجلة والفرات.

الطريق إلى الشام

ثم رأى أبو بكر أن يتجه بفتوحاته إلى الشام، فكان خالد قائده الذي يرمي به الأعداء في أي موضع، حتى قال عنه:"و الله لأنسين الروم وساوس الشيطان بخالد بن الوليد". ولم يخيب خالد ظن أبي بكر فيه، فقد استطاع أن يصل إلى الشام بسرعة بعد أن سلك طريقا مختصرا، مجتازا المفاوز، متخذا "رافع بن عمير الطائي" دليلا له، ليكون في نجدة أمراء أبي بكر في الشام:"أبي عبيدة عامر الجراح"، و"شرحبيل بن حسنة" و"عمرو بن العاص". فيفاجئ الروم قبل أن يستعدوا له... وما عن وصل خالد إلى الشام حتى عمد إلى تجميع جيوش المسلمين تحت راية واحدة، ليتمكنوا من مواجهة عدوهم والتصدي له.

وأعاد خالد تنظيم الجيش، فقسمه إلى كراديس، ليكثروا في عين عدوهم فيهابهم، وجعل كل واحد من قادة المسلمين على رأس عدد من الكراديس، فجعل أبا عبيدة في القلب (18) كردسا، ومعه عكرمة بن أبي جهل والقعقاع بن عمرو.

وجعل عمرو بن العاص في الميمنة على (10) كراديس ومعه شرحبيل بن حسنة. وجعل يزيد بن أبي سفيان في الميسرة على (10) كراديس.

والتقى المسلمون والروم في وادي اليرموك وحمل المسلمون على الروم حملة شديدة، أبلوا فيها بلاء حسنا حتى كتب لهم النصر في النهاية، وقد استشهد من المسلمين في هذه الموقعة نحو ثلاثة آلاف، فيهم كثير من أصحاب رسول الله صلى الله عليه وسلم .

وتجلت حكمة خالد وقيادته الواعية حينما جاءه رسول برسالة من عمر بن الخطاب تحمل نبأ وفاة أبي بكر الصديق وتخبره بعزله عن إمارة الجيش وتوليه أبي عبيدة بدلا منه وكانت المعركة لا تزال على أشدها بين المسلمين والروم. فكتم خالد النبأ حتى تم النصر للمسلمين. فسلم الرسالة لأبي عبيدة ونزل عن قيادة الجيش.

خالد بين القيادة والجندية

ولم ينته دور خالد في الفتوحات الإسلامية بعزل عمر له وتوليه أبي عبيدة أميرا للجيش، وإنما ظل خالد يقاتل في صفوف المسلمين، فارسا من فرسان الحرب وبطلا من أبطال المعارك الأفذاذ المعدودين.

وكان له دور بارز في فتح دمشق وحمص وقنسرين، ولم يفت في عضده أن يكون واحدا من جنود المسلمين، ولم يوهن في عزمه أن يصير جنديا بعد ان كان قائدا وأميرا، فقد كانت غايته الكبرى الجهاد في سبيل الله، ينشده في أي موقع وفي أي مكان.

وفاة الفاتح العظيم

وتوفي خالد بحمص في(18 من رمضان هـ-20 من أغسطس 642م) وحينما حضرته الوفاة. انسابت الدموع من عينيه حارة حزينة ضارعة، ولم تكن دموعه رهبة من الموت، فلطالما واجه الموت بحد سيفه في المعارك، يحمل روحه على سن رمحه، وإنما كان حزنه وبكاؤه لشوقه إلى الشهادة، فقد عز عليه- وهو الذي طالما ارتاد ساحات الوغى فترتجف منه قلوب أعدائه وتزلزل الأرض من تحت أقدامهم- أن يموت على فراشه، وقد جاءت كلماته الأخيرة تعبر عن ذلك الحزن والأسى في تأثر شديد:" لقد حضرت كذا وكذا زحفا وما في جسدي موضع شبر إلا وفيه ضربة سيق أو رمية بسهم، أو طعنة برمح، وها أنا ذا أموت على فراشي حتف أنفي، كما يموت البعير، فلا نامت أعين الجبناء".

وحينما يسمع عمر بوفاته يقول:"دع نساء بني مخزوم يبكين على أبي سفيان، فإنهن لا يكذبن، فعلى مثل أبي سفيان تبكي البواكي".

معاذ بن جبل

إمام العلماء

هو معاذ بن جبل بن عمرو بن أوس، يكنى أبا عبد الرحمن، وأسلم وهو ابن ثماني عشرة سنة، وشهد العقبة مع السبعين وبدرا والمشاهد كلها مع رسول الله، وأردفه رسول الله وراءه، وبعثه إلى اليمن بعد غزوة تبوك وشيعه ماشيا في مخرجه وهو راكب، وكان له من الولد عبد الرحمن وأم عبد الله وولد آخر لم يذكر اسمه.

صفته رضي الله عنه

عن أبي بحرية يزيد بن قطيب السكوني قال: دخلت مسجد حمص فإذا أنا بفتى حوله الناس، جعد قطط، فإذا تكلم كأنما يخرج من فيه نور ولؤلؤ، فقلت من هذا قالوا معاذ بن جبل.

وعن أبي مسلم الخولاني قال: أتيت مسجد دمشق فإذا حلقه فيها كهول من أصحاب محمد وإذا شاب فيهم أكحل العين براق الثنايا كلما اختلفوا في شيء ردوه إلى الفتى قال: قلت لجليس لي من هذا؟ قالوا هذا معاذ بن جبل.

وعن الواقدي عن أشياخ له قالوا: كان معاذ رجلا طويلا أبيض حسن الشعر عظيم العينين مجموع الحاجبين جعدا قططا.

ثناء رسول الله على معاذ

عن أنس قال: قال رسول الله:[أعلم أمتي بالحلال والحرام معاذ بن جبل] رواه الإمام احمد.

وعن عاصم بن حميد عن معاذ بن جبل قال: لما بعثه رسول الله إلى اليمن خرج معه رسول الله يوصيه ومعاذ راكب ورسول الله يمشي تحت راحلته، فلما فرغ قال: يا معاذ، إنك عسى ألا تلقاني بعد عامي هذا، ولعلك تمر بمسجدي هذا وقبري، فبكى معاذ خشعا لفراق رسول الله، ثم التفت فأقبل بوجهه نحو المدينة فقال: إن أولى الناس بي المتقون من كانوا وحيث كانوا.

ثناء الصحابة عليه

عن الشعبي قال: حدثني فروة بن نوفل الأشجعي قال: قال ابن مسعود،إن معاذ بن جبل كان أمة قانتا لله حنيفا، فقيل إن إبراهيم كان أمة قانتا لله حنيفا، فقال ما نسيت هل تدري ما الأمة؟ وما القانت فقلت: الله أعلم، فقال: الأمة الذي يعلم الخير، والقانت المطيع لله عز وجل وللرسول، وكان معاذ بن جبل يعلم الناس الخير وكان مطيعا لله عز وجل ورسوله.

وعن شهب بن حوشب قال: كان أصحاب محمد إذا تحدثوا وفيهم معاذ نظروا إليه هيبة له.

نبذة من زهده

عن مالك الداري أن عمر بن الخطاب رضي الله عنه أخذ أربعمائة دينار فجعلها في صرة فقال للغلام اذهب بها إلى عبيدة بن الجراح ثم تله ساعة البيت حتى تنظر ما يصنع، فذهب الغلام فقال: يقول لك أمير المؤمنين اجعل هذه في بعض حاجتك، قال: وصله الله ورحمه، ثم قال: تعالي يا جارية اذهبي بهذه السبعة إلى فلان، وبهذه الخمسة إلى فلان، وبهذه الخمسة إلى فلان حتى أنفذها، فرجع الغلام إلى عمر فأخبره فوجده قد أعد مثلها لمعاذ بن جبل فقال: اذهب بها إلى معاذ بن جبل وتله في البيت ساعة حتى تنظر ما يصنع، فذهب بها إليه، قال: يقول لك أمير المؤمنين اجعل هذه في بعض حاجتك، فقال: رحمه الله ووصله، تعالي يا جارية اذهبي إلى بيت فلان بكذا، اذهبي إلى بيت فلان بكذا، فاطلعت امرأته فقالت: ونحن و الله مساكين فأعطنا، ولم يبق في الخرقة إلا ديناران فحا(فدفع) بهما إليها، فرجع الغلام إلى عمر فأخبره بذلك فقال: إنهم إخوة بعضهم من بعض.

نبذة من ورعه

عن يحيى بن سعيد قال: كانت تحت معاذ بن جبل امرأتان فإذا كان عند إحداهما لم يشرب في بيت الأخرى الماء.

وعن يحيى بن سعيد ان معاذ بن جبل كانت له امرأتان فإذا كان يوم إحداهما لم يتوضأ في بيت الأخرى ثم توفيتا في السقم الذي بالشام والناس في شغل فدفنتا في حفرة فأسهم بينهما آيتهما تقدم في القبر.

نبذة من تعبده واجتهاده

عن ثور بن يزيد قال: كان معاذ بن جبل إذا تهجد من الليل قال: اللهم قد نامت العيون وغارت النجوم وأنت حي قيوم: اللهم طلبي للجنة بطيء، وهربي من النار ضعيف، اللهم اجعل لي عندك هدى ترده إلي يوم القيامة إنك لا تخلف الميعاد.

جوده وكرمه

عن ابن كعب بن مالك قال: كان معاذ بن جبل شابا جميلا سمحا من خير شباب قومه لا يسأل شيئا إلا أعطاه حتى أدان دينا أغلق ماله فكلم رسول الله أن يكلم غرماءه ان يضعوا له شيئا ففعل فلم يضعوا له شيئا، فدعاه النبي فلم يبرح حتى باع ماله فقسمه بين غرمائه فقام معاذ لا مال له قال الشيخ رحمه الله: كان غرماؤه من اليهود فلهذا لم يضعوا له شيئا.

نبذة من مواعظه وكلامه

عن أبي إدريس الخولاني أن معاذ بن جبل قال إن من وراءكم فتنا يكثر فيها المال ويفتح فيها القرآن حتى يقرأه المؤمن والمنافق والصغير والكبير والأحمر والأسود فيوشك قائل أن يقول ما لي أقرأ على الناس القرآن يتبعوني عليه فما أظنهم يتبعوني عليه حتى أبتدع لهم غيره إياكم وإياكم وما ابتدع. فإن ما ابتدع ضلالة وأحذركم زيغة الحكيم فإن الشيطان يقول علي في الحكيم كلمة الضلالة، وقد يقول المنافق كلمة الحق فأقبلوا الحق فإن على الحق نورا، قالوا: وما يدرينا رحمك الله أن الحكيم قد يقول كلمة الضلالة؟ قال هي كلمة تنكرونها منه وتقولون ما هذه فر يثنكم فإنه يوشك أن يفيء ويراجع بعض ما تعرفون.

وعن عبد الله بن سلمة قال: قال رجل لمعاذ بن جبل: علمني، قال وهل أنت مطيعي قال: إني على طاعتك لحريص قال: صم وأفطر، وصل ونم، واكتسب ولا تأثم، ولا تموتن إلا وأنت مسلم، وإياك ودعوة المظلوم.

وعن معاوية بن قرة قال: قال معاذ بن جبل لابنه: يا بني، إذا صليت فصل صلاة مودع لا تظن أنك تعود إليها أبدا واعلم يا بني ان المؤمن يموت بين حسنتين: حسنة قدمها وحسنة أخرها، وعن أبي إدريس الخولاني قال: قال معاذ: إنك تجالس قوما لا محالة يخوضون في الحديث، فإذا رأيتهم غفلوا فارغب إلى ربك عند ذلك رغبات. رواهما الإمام أحمد.

وعن محمد بن سيرين قال: أتى رجل معاذ بن جبل ومعه أصحابه يسلمون عليه ويودعونه فقال: إني موصيك بأمرين إن حفظتهما حفظت إنه لا غنى بك عن نصيبك من الدنيا وأنت إلى نصيبك من الآخرة أفقر، فآثر من الآخرة على نصيبك من الدنيا حتى ينتظمه لك انتظاما فتزول به معك أينما زلت.

وعن الأسود بن هلال قال: كنا نمشي مع معاذ فقال: اجلسوا بنا نؤمن ساعة.

وعن أشعث بن سليم قال: سمعت رجاء بن حيوة عن معاذ بن جبل قال: ابتليتم بفتنة الضراء فصبرتم، وستبتلون بفتنة السراء، وأخوف ما أخاف عليكم فتنة النساء إذا تسورن الذهب ولبسن رباط الشام وعصب اليمن فأتبعن الغني وكلفن الفقير ما لا يجد.

مرضه ووفاته

عن طارق بن عبد الرحمن قال: وقع الطاعون بالشام فاستغرقها فقال الناس ما هذا إلا الطوفان إلا انه ليس بماء، فبلغ معاذ بن جبل فقام خطيبا فقال: إنه قد بلغني ما تقولون وإنما هذه رحمة ربكم ودعوة نبيكم، وكموت الصالحين قبلكم، ولكن خافوا ما هو أشد من ذلك أن يغدو الرجل منكم من منزله لا يدري أمؤمن هو أو منافق، وخافوا إمارة الصبيان.

وعن عبد الله بن رافع قال لما أصيب أبو عبيدة في طاعون عمواس استخلف على الناس معاذ بن جبل واشتد الوجع فقال الناس لمعاذ ادع الله أن يرفع عنا هذا الرجز فقال إنه ليس برجز ولكنه دعوة نبيكم، وموت الصالحين قبلكم وشهادة ما يختص الله بها من يشاء من عباده منكم، أيها الناس أربع خلال من استطاع منكم ان لا يدركه شيء منها فلا يدركه شيء منها، قالوا وما هن قال يأتي زمان يظهر فيه الباطل ويصبح الرجل على دين ويمسي على آخر، ويقول الرجل و الله لا أدري علام أنا؟ لا يعيش على بصيرة ولا يموت على بصيرة، ويعطى الرجل من المال مال الله على أن يتكلم بكلام الزور الذي يسخط الله، اللهم آت آل معاذ نصيبهم الأوفى من هذه الرحمة، فطعن ابناه فقال: كيف تجدانكما؟ قالا: يا أبانا[الحق من ربك فلا تكونن من الممترين] قال: وأنا ستجداني إن شاء الله من

الصابرين، ثم طعنت امرأتان فهلكتا وطعن هو في إبهامه فجعل يمسها بفيه ويقول: اللهم إنها صغيرة فبارك فيها فإنك تبارك في الصغيرة حتى هلك.

واتفق أهل التاريخ أن معاذا- رضي الله عنه- مات في طاعون عمواس بناحية الأردن من الشام سنة ثماني عشرة، واختلفوا في عمره على قولين: أحدهما: ثمان وثلاثون سنة، والثاني: ثلاث وثلاثون.

أبو ذر الغفاري

هو جندب بن جناده من قبيلة غفار من أصحاب رسول الله صلى الله عليه وسلم الذين أبلوا البلاء الحسن في الإسلام وقد قال عنه رسول الله صلى الله عليه وسلم (ما أظلت الخضراء ولا أقلت من ذي لهجة أصدق من أبي ذر).

و قد كان أبو ذر في الجاهلية مؤمنا بالله تعالى وما عبد الأصنام قط، وحين بعث النبي صلى الله عليه وسلم قدم إلى مكة فأتى المسجد ليتعرف على النبي صلى الله عليه وسلم حتى أدركه الليل فاضطجع في المسجد فمر به علي (كرم الله وجه)

فقال: كأن الرجل غريب ؟

قال: نعم .

فدعاه إلى منزله. وبقي عند علي ثلاثة أيام وبعد ان عرف علي أن أبا ذر يريد النبي صلى الله عليه وسلم أوصله إليه فسلم على النبي بتحية الإسلام قائلا: السلام عليك يا رسول .

فقال النبي صلى الله عليه وسلم وعليك السلام من أنت ؟

قال أبو ذر، أنا من غفار فعرض علي الإسلام فأسلمت وشهدت ان لا إله إلا الله وأن محمدا رسول الله .

وبايع رسول الله على أن لا تأخذه في الله لومة لائم وأن يقول الحق ولو كان على نفسه ولو كان مرا.

فكان أول عمل قام به أبو ذر بعد أن أسلم أنه جاء إلى المسجد ونادى بأعلى صوته أشهد ان لا إله إلا الله واشهد ان محمدا رسول الله. فقام المشركون وضربوه، فجاء العباس بن عبد المطلب وخلصه منهم وهكذا فعل ثلاثة أيام.

وطلب النبي منه الرجوع إلى قومه فرجع أبو ذر ودعا قومه إلى الإسلام فأسلم أخوه أنيس ثم أسلمت أمهما ثم أسلم بعد ذلك نصف قبيلة غفار وأسلم النصف الثاني منهم حينما هاجر النبي صلى الله عليه وسلم إلى المدينة .

و كان أبو ذر رابع رجل أسلم وقيل الخامس.

و بقي أبو ذر رضوان اللـه تعالى عليه على عهده وتحمل ما تحمل من أجل `ذلك حتى نفاه الخليفة الثالث إلى الشام. وفي الشام رأى أمورا منكرة فأمر بالمعروف ونهـى عـن المنكـر فنهاه معاوية وأعاده إلى المدينة ثم نفاه الخليفة مرة أخرى إلى الصحراء الربذة ومنع النـاس من توديعه، لذا لم يودعه إلا علي والحسنان(رضي اللـه عنهما) وعقيل.

ولقد كان رضوان اللـه تعالى عليه زاهدا صائما قائما يخشى اللـه تعالى، فقد قال الإمام الصادق (عليه السلام): بكى أبو ذر من خشية اللـه حتى اشتكى بصره فقيل له: يا أبـا ذر لـو دعوت اللـه ان يشفي بصرك؟فقال:إني عنه لمشغول وما هو من أكبر همي.

قالوا له وما يشغلك؟ قال العظيمتان الجنة والنار. هكذا كـان أبـو ذر الغفـاري مخلصـا للـه تعالى ولرسوله صلى اللـه عليه وسلم ولأمير المؤمنين(عمر عليه السلام) وقد دفع ثمـن ذلك الإخلاص غاليا في حياته حيث نفي وعاش بعيدا عن الأهل والوطن، وكانت خاتمة هذا الصحابي الجليل بعد طول الصحبة وعظيم الجهاد بين يدي اللـه ورسوله ان يبعد إلى الربذة.

وكما أخبر رسول اللـه صلى اللـه عليه وسلم: (يا أبـا ذر تعيش وحدك وتمـوت وحدك وتحشر وحدك).

أبو موسى الأشعري

أبو موسى الأشعري هو عبد اللـه بن قيس بن سليم، الإمام الكبير. صاحب الرسول(صلى اللـه عليه وسلم).

نسله من بني تميم

ويعتبر من رواة الحديث وأمام الفقهاء وأقرأ أهل البصرة، وفقههم في الدين.

رقيق القلب والمشاعر

وصفه رسول اللـه (صلى اللـه عليه وسلم) ووصف قومـه بـأنهم أهـل رقـة في القلـوب وعذوبة في الصوت حتى إن رسول اللـه (صلى اللـه عليه وسلم) كان يتأثر بقراءتـه للقـرآن ويقول له "لقد أوتيت مزمارا من مزامير آل داود" إنه الصحابي الجليل أبو موسى الأشعري .

أسلم بمكة وهاجر إلى أرض الحبشـة ثم قدم مـع أهـل السـفينتين ورسـول اللـه بخيـبر. وأرسله رسول اللـه صلى اللـه عليه وسلم مع معاذ بن جبـل إلى اليمن، روي عـن أبي بـردة عن أبيه عن جده أن النبي صلى اللـه عليه وسلم بعث معاذا وأبا موسى إلى اليمن قال يسرا ولا تعسرا وبشرا ولا تنفرا وتطاوعا ولا تختلفا .

مناقبه وفضائله:

هل هناك صوت أجمل من صوت العـود والنـاي ؟! ... نعم إنه صـوت أبـي مـوسـى الأشعري رضي اللـه عنه، كان إذا قرأ القرآن، ينساب صوته نغما عذبا جميلا

يهز النفوس، ويحرك القلوب، وذلك بشهادة أحد التابعين، وهو: أبو عثمان النهدي، الذي قال: (دخلت دار أبي موسى الأشعري، فما سمعت صوت صنج ولا بربط - آلة تشبه العود - ولا ناي أحسن من صوته) والصنج: آلة موسيقية.

كان إذا قرأ القرآن ليلا في داره، يسري صوته الجميل، يشق سكون الليل، حتى أن رسول الله صلى الله عليه وسلم، مر ذات ليلة على داره وهو يقرأ القرآن، فوقف يستمع إليه.

وفي الصباح، قال رسول الله صلى الله عليه وسلم، لأبي موسى الأشعري: "لو رأيتني وأنا أستمع إليك البارحة، لقد أوتيت مزمارا من مزامير (آل داود)"، والمراد بالمزمار: الصوت الحسن.

أما عمر بن الخطاب رضي الله عنه، فكان إذا رأى أبا موسى الأشعري يقول له: شوقنا إلى ربنا .. أو يقول له: ذكرنا بربنا، فيقرأ أبو موسى القرآن عنده.

لم يتوقف الأمر عند مجرد تلاوته القرآن بصوت جميل، بل إنه كان عالما من علماء الأمة، حتى قيل أنه: واحد من ستة، انتهى العلم إليهم، وكان أيضا قاضيا، حتى قيل أن قضاة الأمة أربعة: عمر بن الخطاب، علي بن أبي طالب، أبو موسى الأشعري، زيد بن ثابت، وعرف رضي الله عنه بورعه، وشدة خوفه من ربه، لذا كان يحث الناس في الخطبة على البكاء من خشية الله تعالى.

هل اقتصر دوره على قراءة القرآن، والجلوس بين الناس في حلقات العلم، والقضاء بين المتخاصمين..؟ .. لا: فقد كان مجاهدا شجاعا، ومحاربا مقداما، وجاهد مع الرسول صلى الله عليه وسلم.

فهو من السابقين للإسلام، هاجر إلى أرض الحبشة، ومنها إلى المدينة، كان كثير الصوم، حتى نحل جسمه، فلما نصحه البعض أن يستريح قليلا من مشقة الصيام، قال: إن الخيل الضامرة، هي التي تسبق غيرها.

تولى الإمارة أيضا، فقد استعمله النبي صلى الله عليه وسلم على بعض مناطق اليمن، مثل زبيد وعدن، وتولى إمارة البصرة في عهد أمير المؤمنين عمر بن الخطاب رضي الله عنه، ففتح الأهواز، ثم أصبهان، ثم استعمله أمير المؤمنين عثمان بن عفان أميرا على الكوفة.

وهكذا نراه سخر كل النعم التي وهبه الله إياها لخدمة دينه وابتغاء مرضاة ربه ... سخر حلاوة صوته .. واستعمله في تدبر القرآن، ورجاحة عقله، وغزارة علمه وشجاعة قلبه ... ليتنا نتخذه هو وأمثاله (قدوة)، فنسير على نهجه، ونمضي على دربه.

قال أبو بردة عن أبي موسى قال النبي صلى الله عليه وسلم إني لأعرف أصوات رفقة الأشعريين بالقرآن حين يدخلون بالليل وأعرف منازلهم من أصواتهم بالقرآن بالليل وإن كنت لم أر

منازلهم حين نزلوا بالنهار ومنهم حكيم إذا لقي الخيل أو قال العدو قال لهم إن أصحابي يأمرونكم أن تنظروهم

وقد صح من حديث أبي موسى قال: قال رسول الله: لو رأيتني وأنا أستمع قراءتك البارحة لقد أوتيت مزمارا من مزامير آل داود، فقلت يا رسول الله، لو علمت أنك تسمع قراءتي لحبرته لك تحبيرا.

حدثنا عثمان بن عمر أخبرنا مالك عن ابن بريدة عن أبيه قال خرج بريدة عشاء فلقيه النبي صلى الله عليه وسلمفأخذ بيده فأدخله المسجد فإذا صوت رجل يقرأ فقال النبي صلى الله عليه وسلم تراه مرائيا فأسكت بريدة فإذا رجل يدعو فقال اللهم إني أسألك بأني أشهد أنك أنت الله الذي لا إله إلا أنت الأحد الصمد الذي لم يلد ولم يولد ولم يكن له كفوا أحد فقال النبي صلى الله عليه وسلم والذي نفس محمد بيده لقد سأل الله باسمه الأعظم الذي إذا سئل به أعطى وإذا دعي به أجاب قال فلما كان من القابلة خرج بريدة عشاء فلقيه النبي صلى الله عليه وسلم فأخذ بيده فأدخله المسجد فإذا صوت الرجل يقرأ فقال النبي صلى الله عليه وسلمأتقول هو مراء؟! فقال بريدة أتقوله مراء يا رسول الله فقال النبي صلى الله عليه وسلم لا بل مؤمن منيب لا بل مؤمن منيب. فإذا الأشعري يقرأ بصوت له في جانب المسجد فقال رسول الله صلى الله عليه وسلم إن الأشعري أو إن عبد الله بن قيس أعطي مزمارا من مزامير داود فقلت ألا أخبره يا رسول الله قال بلى فأخبره فأخبرته فقال أنت لي صديق أخبرتني عن رسول الله صلى الله عليه وسلم بحديث.

وفي الصحيحين من حديث أبي موسى قال: خرجنا مع رسول الله في غزوة ونحن ستة نفر على بعير نعتقبه قال: فنقبت أقدامنا ونقبت قدمي وسقطت أظفاري، فكنا نلف على أرجلنا الخرق فسميت غزوة ذات الرقاع لما كنا نعصب على أرجلنا من الخرق. قال أبو بريدة فحدث أبو موسى بهذا الحديث ثم كره ذلك، وقال: ما كنت أصنع بأن أذكره، قال: كأنه كره أن يكون شيئا من عمله أفشاه. وعن أبي سلمة قال كان عمر بن الخطاب يقول لأبي موسى: ذكرنا ربنا تعالى، فيقرأ (أي القرآن). وعن أبي عثمان النهدي قال: صلى بنا أبو موسى الأشعري صلاة الصبح فما سمعت صوت صنج ولا بربط (من آلات العزف) كان أحسن صوتا منه.

قال حسين المعلم: سمعت ابن بريدة يقول: كان الأشعري قصيرا، أثط - قليل شعر اللحية - خفيف الجسم...- قال سعيد بن عبد العزيز: حدثني أبو يوسف، حاجب معاوية: أن أبا موسى الأشعري قدم على معاوية، فنزل في بعض الدور بدمشق، فخرج معاوية في الليل ليستمع قراءته.

وقد استعمله النبي صلى الله عليه وسلمومعاذا على زبيد، وعدن...كما انه ولي إمارة الكوفة لعمر، وإمارة البصرة.

- ايضا قدم ابوموسي الاشعري ليالي فتح خيبر، وغزا، وجاهد مع النبي صلى الله عليه وسلم، وحمل عنه علما كثيرا.

- عن أبي موسى، قال: خرجنا من اليمن في بضع وخمسين من قومي، ونحن ثلاثة إخوة، أنا وأبو رهم، وأبو عامر: فأخرجتنا سفينتنا إلى النجاشي، وعنده جعفر وأصحابه، فاقبلنا حين افتتحت خيبر، فقال رسول الله صلى الله عليه وسلم: كم الهجرة مرتين، هاجرتم إلى النجاشي، وهاجرتم إلي.

- عن أنس، قال: قال رسول الله صلى الله عليه وسلم: (يقدم عليكم غدا قوم هم أرق قلوبا للإسلام منكم) فقدم الاشعريون، فلما دنوا جعلوا يرتجزون:

غدا نلقى الأحبة محمد وحزبه

فلما أن قدموا تصافحوا، فكانوا أول من أحدث المصافحة.

- عن عياض الأشعري، قال: لما نزلت " فسوف يأتي الله بقوم يحبهم ويحبونه" (المائدة 57). قال رسول الله صلى الله عليه وسلم: (هم قومك يا أبا موسى، وأومأ إليه).

- عن أبي موسى قال: لما فرغ رسول الله صلى الله عليه وسلممن حنين، بعث أبا عامر الأشعري على جيش أوطاس، فلقي دريد بن الصمة. فقتل دريد، وهزم أصحابه، فرمى رجل أبا عامر في ركبته بسهم، فأثبته. فقلت: يا عم، من رماك ؟ فأشار إليه، فقصدت له، فلحقته، فلما رآني، ولى ذاهبا. فجعلت أقول له: ألا تستحي ؟ ألست عربيا ؟ ألا تثبت ؟ قال: فكف، فالتقيت أنا وهو، فاختلفنا ضربتين، فقتلته. ثم رجعت إلى أبي عامر، فقلت: قد قتل الله صاحبك. قال: فانزع هذا السهم. فنزعته، فنزا منه الماء. فقال: ابن أخي، انطلق إلى رسول الله صلى الله عليه وسلم، فأقره مني السلام، وقل له: يستغفر لي. واستخلفني أبو عامر على الناس، فمكث يسير، ثم مات. فلما قدمنا، وأخبرت النبي صلى الله عليه وسلم، توضأ، ثم رفع يديه، ثم قال: (اللهم اغفر لعبيد أبي عامر) حتى رأيت بياض إبطيه. ثم قال: (اللهم اجعله يوم القيامة فوق كثير من خلقك). فقلت: ولي يا رسول الله ؟ فقال: (اللهم اغفر لعبد الله بن قيس ذنبه، وأدخله يوم القيامة مدخلا كريما).

- عن أبي موسى، قال: كنت عند رسول الله صلى الله عليه وسلمبالجعرانة، فأتى أعرابي فقال: ألا تنجز لي ما وعدتني ؟ قال: (أبشر). قال: قد أكثرت من البشرى. فأقبل رسول الله علي وعلى بلال، فقال: (إن هذا قد رد البشرى فاقبلا أنتما): فقالا: قبلنا يا رسول الله. فدعا

بقدح، فغسل يديه ووجهه فيه، ومج فيه، ثم قال: (اشربا منه، وأفرغا على رؤوسكما ونحوركما) ففعلا ! فنادت أم سلمة من وراء الستر أن فضلا لأمكما، فأفضلا لها منه.

- عن أبي بريدة، عن أبيه، قال: خرجت ليلة من المسجد، فإذا النبي صلى الله عليه وسلمعند باب المسجد قائم، وإذ رجل يصلي، فقال لي: (يا بريدة أتراه يرائي) ؟ قلت: الله ورسوله أعلم. قال: (بل هو مؤمن منيب، لقد أعطي مزمارا من مزامير آل داود). فأتيته، فإذا أبو موسى، فأخبرته.

- عن مالك بن مغول: حدثنا ابن بريدة، عن أبيه، قال: جاء رسول الله صلى الله عليه وسلمإلى المسجد، وأنا على باب المسجد، فأخذ بيدي فأدخلني المسجد، فإذا رجل يصلي، يدعو، يقول: اللهم، إني أسالك، بأني أشهد أنك الله، لا إله إلا أنت الأحد الصمد ،الذي لم يلد، ولم يولد، ولم يكن له كفوا أحد. قال: (والذي نفسي بيده لقد سأل الله باسمه الأعظم، الذي إذا سئل به أعطى، وإذا دعي أجاب). وإذا رجل يقرأ، فقال: (لقد أعطى هذا مزمارا من مزامير آل داود). قلت: يا رسول الله، أخبره ؟ قال: (نعم) فأخبرته. فقال لي: لا تزال صديقا. وإذا هو أبو موسى.

- عن أنس: أن أبا موسى قرأ ليلة، فقمن أزواج النبي صلى الله عليه وسلميستمعن لقراءته. فلما أصبح، أخبر بذلك. فقال: لو علمت، لحبرت تحبيرا، ولشوقت تشويقا.

- عن أبي البحتري، قال: أتينا عليا، فسألناه عن أصحاب محمد صلى الله عليه وسلم. قال: عن أيهم تسألوني ؟ قلنا: عن ابن مسعود. قال: علم القرآن والسنة، ثم انتمي، وكفى به علما. قلنا: أبو موسى ؟ قال: صبغ في العلم صبغة، ثم خرج منه. قلنا: حذيفة ؟ قال: أعلم أصحاب محمد بالمنافقين. قالوا: سلمان ؟ قال: أدرك العلم الأول، والعلم الآخر، بحر لا يدرك قعره، وهو منا أهل البيت. قالوا: أبو ذر ؟ قال: وعي علما عجز عنه. فسئل عن نفسه. قال: كنت إذا سألت أعطيت، وإذا سكت ابتديت.

- وقال مسروق: كان القضاء في الصحابة إلى ستة: عمر، وعلي، وابن مسعود، وأبي، وزيد، وأبي موسى.

- عن صفوان بن سليم، قال: لم يكن يفتي في المسجد زمن رسول الله صلى الله عليه وسلم، غير هؤلاء: عمر وعلي، ومعاذ وأبي موسى.

- أيوب، عن محمد، قال عمر: بالشام أربعون رجلا، ما منهم رجل كان يلي أمر الأمة إلا أجزأه، فأرسل إليهم. فجاء رهط، فيهم أبو موسى. فقال: إني أرسلك إلى قوم عسكر الشيطان بين أظهرهم. قال: فلا ترسلني، قال: إن بها جهادا ورباطا. فأرسله إلى البصرة.

- عن أنس: بعثني الأشعري إلى عمر، فقال لي: كيف تركت الأشعري؟ قلت: تركته يعلم الناس القرآن. فقال: أما إنه كيس ! ولا تسمعها إياه.

- عن أبي سلمة: كان عمر إذا جلس عنده موسى، ربما قال له: ذكرنا يا أباموسى فيقرأ.

- قال أبو عثمان النهدي: ما سمعت مزمارا ولا طنبورا ولا صنجا أحسن من صوت أبي موسى الأشعري، إن كان ليصلي بنا فنود أنه قرأ البقرة، من حسن صوته.

- عن مسروق، قال: خرجنا مع أبي موسى في غزاة، فجننا الليل في بستان خرب، فقام أبو موسى يصلي، وقرأ قراءة حسنة، وقال: اللهم، أنت المؤمن تحب المؤمن، وأنت المهيمن تحب المهيمن، وأنت السلام تحب السلام.

- وروى صالح بن موسى الطلحي، عن أبيه، قال: اجتهد الأشعري قبل موته اجتهادا شديدا، فقيل له: لو أمسكت ورفقت بنفسك ؟ قال: إن الخيل إذا أرسلت فقاربت رأس مجراها، أخرجت جميع ما عندها، والذي بقي من أجلي أقل من ذلك.

- عن أنس: أن أبا موسى كان له سراويل يلبسه مخافة أن يكتشف.

- عن أبي موسى: أن معاوية كتب إليه: أما بعد: فإن عمرو بن العاص قد بايعني على ما أريد، وأقسم بالله، لئن بايعتني على الذي بايعني، لأستعملن أحد ابنيك على الكوفة، والآخر على البصرة، ولا يغلق دونك باب، ولا تقضى دونك حاجة.

وقد كتبت إليك بخطي، فاكتب إلي بخط يدك. فكتب إليه: أما بعد: فإنك كتبت إلي في جسيم أمر الأمة، فماذا أقول لربي إذا قدمت عليه، وليس لي فيما عرضت من حاجة، والسلام عليك.

- قال أبو بردة: فلما ولي معاوية أتيته، فما أغلق دوني بابا، ولا كانت لي حاجة إلا قضيت.

- قلت: قد كان أبو موسى صواما قواما ربانيا زاهدا عابدا، ممن جمع العلم والعمل والجهاد وسلامة الصدر، لم تغيره الإمارة، ولا أغتر بالدنيا.

- روى الزبير بن الخريت، عن أبي لبيد، قال: ما كنا نشبه كلام أبي موسى إلا بالجزار الذي ما يخطئ المفصل.

عن أبي عمرو الشيباني، قال: قال أبو موسى: لأن يمتلئ منخري من ريح جيفة أحب إلى من أن يمتلئ من ريح امرأة.

- عن عبد الرحمن ابن مولى أم برثن، قال: قدم أبو موسى الأشعري وزياد على عمر رضي الله عنه. فرأى في يد زياد خاتما من ذهب، فقال: اتخذتم حلق الذهب، فقال أبو موسى، أما أنا فخاتمي من حديد. فقال عمر: ذاك أنتن، أو أخبث، من كان متختما فليتختم بخاتم من فضة.

- وقال أبو بردة: قال أبي: ائتني بكل شيء كتبته، فمحاه، ثم قال: احفظ كما حفظت.

- عن الحسن: قال: كان الحكمان: أبا موسى، وعمرا، وكان أحدهما يبتغي الدنيا، والآخر يبتغي الآخرة.

- عن أبي مجلز: أن أبا موسى قال: إني لأغتسل في البيت المظلم، فأحني ظهري حياء من ربي.

من أقواله رضى الله عنه:

• وعن أبي كبشة السدوسي قال: خطبنا أبو موسى الأشعري فقال: إن الجليس الصالح خير من الوحدة، والوحدة خير من الجليس السوء، ومثل الجليس الصالح كمثل صاحب العطر إلا يحذك يعبق بك من ريحه، ألا وإن مثل الجليس السوء كمثل صاحب الكير إلا يحرق ثيابك يعبق بك من ريحه، ألا وإنما سمي القلب من تقلبه، وإن مثل القلب كمثل ريشة بأرض فضاء تضربها الريح ظهرا لبطن، ألا وإن من ورائكم فتنا كقطع الليل المظلم، يصبح الرجل فيها مؤمنا ويمسي كافرا، والقاعد فيها خير من القائم، والقائم خير من الماشي، والماشي خير من الراكب، قالوا: فما تأمرنا؟ قال: كونوا أحلاس البيوت.

• وعن أبي كنانة عن أبي موسى الأشعري أنه جمع الذين قرأوا القرآن فإذا هم قريب من ثلثمائة فعظم القرآن وقال: إن هذا القرآن كائن لكم أجرا وكائن عليكم وزرا فاتبعوا القرآن ولا يتبعنكم القرآن، فإنه من اتبع القرآن هبط به على رياض الجنة، ومن تبعه القرآن زج في قفاه فقذفه في النار.

• وعن قسامة بن زهير قال: خطبنا أبو موسى فقال: أيها الناس، ابكوا فإن لم تبكوا فتباكوا، فإن أهل النار يبكون الدموع حتى تنقطع، ثم يبكون الدماء حتى لو أرست فيها السفن لجرت.

رواهما الإمام أحمد رحمه الله.

• وعن أبي بردة عن أبي موسى قال: خرجنا غازين في البحر والريح لنا طيبة والشراع لنا مرفوع، فسمعنا مناديا ينادي يا أهل السفينة قفوا أخبركم حتى والى بين سبعة أصوات، قال أبو موسى: فقمت على صدر السفينة فقلت: من أنت ومن أين أنت

- أو ما ترى أين نحن وهل نستطيع وقوفا؟ قال فأجابني الصوت: ألا أخبركم بقضاء قضاه الله على نفسه، قال: قلت بلى أخبرنا، قال: فإن الله قضى على نفسه أنه من عطش نفسه لله في يوم حار كان حقا على الله أن يرويه يوم القيامة، قال فكان أبو موسى يتوخى ذلك اليوم الحار الشديد الحر الذي يكاد ينسلخ فيه الإنسان فيصومه.
- وعن أبي إدريس قال: صام أبو موسى حتى عاد كأنه خلال، فقيل له لو أجممت نفسك فقال: هيهات، إنما يسبق من الخيل المضمرة، قال وربما خرج من منزله فيقول لامرأته: شدي رحلك فليس على جسر جهنم معبر.
- حدثنا ابن أبي عدي عن حميد عن أنس قال: قال رسول الله صلى الله عليه وسلم يقدم عليكم أقوام هم أرق منكم قلوبا. قال فقدم الأشعريون فيهم أبو موسى الأشعري فلما دنوا من المدينة كانوا يرتجزون يقولون غدا نلقى الأحبه محمدا وحزبه .
- حدثنا يحيى بن بشر حدثنا روح حدثنا عوف عن معاوية بن قرة قال حدثني أبو بردة بن أبي موسى الأشعري قال قال لي عبد الله بن عمر هل تدري ما قال أبي لأبيك. قال قلت لا قال فإن أبي قال لأبيك يا أبا موسى هل يسرك إسلامنا مع رسول الله صلى الله عليه وسلم وهجرتنا معه وجهادنا معه وعملنا كله معه وأن كل عمل عملناه بعده نجونا منه كفافا رأسا برأس فقال أبي لا و الله قد جاهدنا بعد رسول الله صلى الله عليه وسلموصلينا وصمنا وعملنا خيرا كثيرا وأسلم على أيدينا بشر كثير وإنا لنرجو ذلك فقال أبي لكني أنا والذي نفس عمر بيده لو أردت أن ننجو منه كفافا رأسا برأس فقلت إن أباك و الله خير من أبي

وفاته:

عن الضحاك بن عبد الرحمن قال: دعا أبو موسى فتيانه حين حضرته الوفاة فقال: اذهبوا فاحفروا وأوسعوا وأعمقوا، فجاؤوا فقالوا قد حفرنا وأوسعنا وأعمقنا فقال: و الله إنها لإحدى المنزلتين إما ليوسعن علي قبري حتى يكون كل زاوية منه أربعين ذراعا ثم ليفتحن لي باب إلى الجنة فلأنظرن إلى أزواجي ومنازلي وما أعد الله عز وجل لي من الكرامة ثم ليصيبني من ريحها وروحها حتى أبعث، ولئن كانت الأخرى ونعوذ بالله منها ليضيقن علي قبري حتى أكون في أضيق من القناة في الزج ثم ليفتحن لي باب من أبواب جهنم فلأنظرن إلى سلاسلي وأغلالي وقرنائي ثم ليصيبني من سمومها وحميمها حتى أبعث.

قال أصحاب السير: توفي أبو موسى سنة اثنتين وخمسين وقيل اثنتين وأربعين وقيل أربع وأربعين ودفن بمكة وقيل دفن بالثوية على ميلين من الكوفة

عمار بن ياسر

نسبه

هو عمار بن ياسر بن عامر الكناني المذحجي العنسي القحطاني، أبو اليقظان، حليف بني مخزوم. أحد السابقين في الإسلام والجهر به. صحابي من الولاة الشجعان ذوي الرأي. أسلم هو وأبوه ياسر وأمه سمية، فذاقوا العذاب من حلفائهم بني مخزوم، ومات أبوه في العذاب، وطعن أبو جهل أمه بحربة فقتلها حين كانت تعذب ،وهي أول شهيدة في الإسلام. هاجر إلى الحبشة وعاد إلى المدينة وأبلى بلاء حسنا في وقعة بدر ووقعة الخندق وغيرها. ولاه عمر بن الخطاب على الكوفة ثم عزله عنها، حارب مع علي بن أبي طالب في صفين وقتل في .معركتها، وكان عمره 94 سنة.

إسلامه:

أسلم قديما وكان من المستضعفين الذين يعذبون بمكة ليرجعوا عن دينهم. أحرقه المشركون بالنار وشهد بدرا ولم يشهدها ابن مؤمنين غيره وشهد أحد والمشاهد كلها مع رسول الله صلى الله عليه واله وسلم وسماه الطيب المطيب.

صفاته

عن عمرو بن ميمون قال: أحرق المشركون عمار بن ياسر بالنار، وكان رسول الله صلى الله عليه واله وسلم يمر به ويمرر يده على رأسه ويقول: يا نار كوني بردا وسلاما على عمار كما كنت على إبراهيم عليه السلام. وعن عثمان بن عفان قال: أقبلت أنا ورسول الله صلى الله عليه واله وسلم آخذ بيدي نتماشى في البطحاء حتى أتينا على أبي عمار وعمار وأمه وهم يعذبون. فقال ياسر: الدهر هكذا. فقال له النبي صلى الله عليه واله وسلم: اصبر اللهم أغفر لآل ياسر. قال: وقد فعلت .عن أبي عبيدة بن محمد بن عمار قال: أخذ المشركون عمار بن ياسر فلم يتركوه حتى سب رسول الله صلى الله عليه واله وسلم وذكر آلهتهم بخير. فلما أتى رسول الله صلى الله عليه واله وسلم قال: ما وراءك ؟ قال شر يا رسول الله، ما تركت، حتى نلت منك وذكرت آلهتهم بخير فقال رسول الله صلى الله عليه واله وسلم فكيف تجد قلبك ؟ قال أجد قلبي مطمئنا بالإيمان. قال: فان عادوا فعد. وعن ابن عباس أن النبي صلى الله عليه واله وسلم قال: إن عمار ملئ إيمانا من رأسه إلى قدمه .

وعن علي قال: جاء عمار يستأذن على النبي صلى الله عليه واله وسلم فقال: ائذنوا له، مرحبا بالطيب المطيب .وعن أنس بن مالك قال: قال رسول صلى الله عليه واله

وسلم: إن الجنة تشتاق إلى ثلاثة: علي وعمار وسلمان، وقال هذا حديث حسن غريب لا نعرفه إلا من حديث الحسن بن صالح. وعن خالد بن سمير قال كان عمار بن ياسر طويل الصمت، طويل الحزن والكآبة، وكان عامة كلامه عائذا بالله من فتنة

وعن عامر قال: سئل عمار عن مسألة فقال: هل كان هذا بعد ؟ قالوا: لا. قال فدعونا حتى يكون، فإذا كان تجشمناها لكم. وعن سعيد بن عبد الرحمن بن أبزى، عن أبيه، عن عمار ابن ياسر أنه قال: وهو يسر إلى صفين إلى جنب الفرات: اللهم لو علم أنه أرضى لك عني أن أرمي بنفسي من هذا الجبل فأتردى فأسقط فعلت، ولو اعلم أنه أرضى لك عني أن ألقي نفسي في الماء فأغرق نفسي فعلت، وإني لا أقاتل إلا أريد وجهك وأنا أرجو أن لا تخيبني وأنا أريد وجهك

قتال الإنس والجن

قال عمار بن ياسر: (قد قاتلت مع رسول الله -صلى الله عليه واله وسلم- الإنس والجن) فقيل له: (ما هذا ؟ قاتلت الإنس فكيف قاتلت الجن ؟) قال :(نزلنا مع رسول الله -صلى الله عليه واله وسلم- منزلا فأخذت قربتي، ودلوي لأستقي، فقال لي رسول الله -صلى الله عليه واله وسلم- :(أما أنه سيأتيك آت يمنعك من الماء)فلما كنت على رأس البئر إذا رجل أسود كأنه مرس فقال :(لا و الله لا تستقي منها ذنوبا واحدا)فأخذته فصرعته، ثم أخذت حجرا فكسرت به أنفه ووجهه، ثم ملأت قربتي فأتيت بها رسول الله -صلى الله عليه واله وسلم- فقال: (هل أتاك على الماء من أحد ؟) فقلت :(عبد أسود) فقال: (ماصنعت به ؟) فأخبرته فقال :(أتدري من هو ؟) قلت :(لا) قال: ذاك الشيطان، جاء يمنعك من الماء

حب الرسول لعمار

استقر المسلمون بعد الهجرة في المدينة، وأخذ عمار مكانه عاليا بين المسلمين، وكان الرسول -صلى الله عليه واله وسلم- يحبه حبا عظيما، يقول عنه -صلى الله عليه واله وسلم- (إن عمارا مليء إيمانا إلى مشاشه -تحت عظامه-) وحين كان الرسول -صلى الله عليه واله وسلم- وأصحابه يبنون المسجد بالمدينة إثر نزولهم ، إرتجز علي بن أبي طالب أنشودة راح يرددها ويرددها المسلمون معه ،وأخذ عمار يرددها ويرفع صوته ،وظن بعض أصحابه أن عمارا يعرض به، فغاضبه ببعض القول فغضب الرسول -صلى الله عليه واله وسلم- وقال :(ما لهم ولعمار يدعوهم الى الجنة ويدعونه الى النار، إن عمارا جلدة ما بين عيني وأنفي ؟).

95

وعن أبي سعيد قال: كنا نحمل في بناء المسجد لبنة لبنة، وعمار يحمل لبنتين لبنتين، فرآه النبي -صلى الله عليه واله وسلم- فجعل ينفض التراب عنه ويقول: (ويح عمار يدعوهم إلى الجنة ويدعونه إلى النار).

وحين وقع خلاف عابر بين خالد بن الوليد وعمار قال الرسول :(من عادى عمارا عاداه الله، ومن أبغض عمارا أبغضه الله)فسارع خالد إلى عمار معتذرا وطالبا بالصفح قال - عليه أفضل الصلاة والسلام-:(اشتاقت الجنة إلى ثلاثة: إلى علي، وعمار وبلال).

ولاية الكوفة:

لفضائله -عليه السلام - سارع عمر بن الخطاب واختاره واليا للكوفة وجعل ابن مسعود معه على بيت المال، وكتب الى أهلها مبشرا :

(إني أبعث إليكم عمار بن ياسر أميرا، وابن مسعود معلما ووزيرا، وإنهما لمن النجباء من أصحاب محمد ومن أهل بدر)يقول ابن أبي الهذيل وهو من معاصري عمار في الكوفة:(رأيت عمار بن ياسر وهو أمير الكوفة يشتري من قثائها، ثم يربطها بحبل ويحملها فوق ظهره ويمضي بها الى داره)كما ناداه أحد العامة يوما :(يا أجدع الأذن) فيجيبه الأمير: (خير أذني سببت، لقد أصيبت في سبيل الله)

كان الناس في مكة يعيشون في جهل وظلام .

يظلم القوي الضعيف ويسلبه حقه فلا ينصره أحد، وكان زعماء قبيلة قريش يشتغلون في التجارة، فكانت لهم رحلتان تجاريتان كل عام .

في فصل الصيف تذهب قوافلهم إلى الشام، وفي فصل الشتاء يتجهون إلى اليمن .

و أهل مكة فيهم فقراء وفيهم أثرياء، فالأثرياء يظلمون الفقراء ويقهرونهم، وبعض الفقراء يعيشون عبيدا لا يملكون شيئا حتى حريتهم .

و في ذلك الزمان عاش سيدنا محمد (صلى الله عليه وسلم)، كان يذهب إلى غار حراء، يفكر في مصير الناس، ويفكر في قومه وفي عبادتهم للأصنام والأوثان .

و ذات يوم وعندما بلغ سيدنا محمد من العمر أربعين سنة هبط عليه الوحي، يبشره بالإسلام رسالة الله سبحانه إلى الناس جميعا .

وعاد سيدنا محمد من الغار وهو يحمل معه رسالة الإسلام لكي يعيش الناس إخوانا متحابين .

أصغى الفقراء والمظلومون إلى نداء الإسلام فآمنوا به وامتلأت قلوبهم بحب الإسلام .

وسمع الظالمون من تجار قريش وأثريائها فحقدوا على سيدنا محمد (صلى الله عليه وسلم) وراحوا يكيدون للإسلام والمسلمين .

كان أبو جهل أكثر المشركين حقدا وكان يؤذي سيدنا محمدا صلى الله عليه وسلم كثيرا .

دار الأرقم:

كان سيدنا محمد (صلى الله عليه وسلم) يجتمع بالمؤمنين سرا في دار الأرقم، حتى لا ينكشف أمرهم فيتعرضون لانتقام أبي جهل وأبي سفيان وغيرهما من المشركين .

و ذات يوم جاء عمار بن ياسر فوجد رجلا واقفا عند الباب فقال :

ـ ماذا تفعل هنا يا صهيب ؟

أجاب صهيب :

ـ جئت أسمع كلام محمد. . وأنت ؟

قال عمار :

ـ وأنا أيضا جئت أسمع كلامه .

و دخل عمار وصهيب، وراحا يصغيان بخشوع إلى كلمات الله وآيات القرآن الكريم .

شعر عمار بالإيمان يملأ قلبه، كما تمتلئ السواقي بماء المطر .

و عندما أراد عمار وصهيب أن يخرجا قال سيدنا محمد صلى الله عليه وسلم :

ـ امكثا هنا إلى المساء .

كان رسول الله صلى الله عليه وسلم يخشى عليهما من انتقام قريش .

انتظر عمار حتى حل الظلام فخرج من دار الأرقم وأسرع نحو منزله .

كانت امه تنتظر عودته بقلق، وكذلك كان أبوه هو الآخر ينتظر عودته .

عندما دخل عمار، عمت الفرحة البيت الصغير. وراح عمار يحدث والديه عن الإسلام دين الله .

آل ياسر:

ينتمي عمار في نسبه إلى قبائل اليمن، ولكن ما الذي جاء به إلى مكة ؟

جاء والده (ياسر) مع أخويه الحارث ومالك يبحثون عن أخيهم الرابع الذي انقطعت أخباره .

بحثوا عنه في كل مكان، ثم جاءوا إلى مكة للبحث عنه فلم يعثروا على أثر له .

أراد الحارث ومالك العودة إلى اليمن، ولكن ياسرا فضل البقاء في مكة قرب بيت الله الحرام .

لجأ ياسر إلى قبيلة بني مخزوم وأصبح كأحد أفرادها وتزوج جارية اسمها سمية .
وتمر الأيام وتنجب سمية صبيا فسماه أبوه عمارا .
عمار
ولد عمار بن ياسر قبل عام الفيل بأربع سنين أي قبل ولادة سيدنا محمد صلى اللـه عليه وسلم الذي ولد في عام الفيل .
و عندما أصبح شابا، تعرف على سيدنا محمد صلى اللـه عليه وسلم وأصبح صديقا له .
كان يحب سيدنا محمدا صلى اللـه عليه وسلم لأخلاقه وأمانته وإنسانيته .
و ذات يوم كان يتمشى مع سيدنا محمد صلى اللـه عليه وسلم بين جبل الصفا وجبل المروة وكان عمره تسعا وعشرين سنة وعمر سيدنا محمد خمسا وعشرين سنة، جاءت هالة أخت خديجة بنت خويلد وتحدثت مع عمار حول فكرة زواج سيدنا محمد صلى اللـه عليه وسلم من خديجة، ووافق سيدنا محمد حيث تم الزواج المبارك .
و عندما بعث اللـه سيدنا محمدا برسالة الإسلام آمن عمار ووالده ياسر وامه سمية .
الانتقام:
سمع أبو جهل بإسلام عمار ووالديه فجن جنونه .
قاد أبو جهل جماعة من المشركين واتجهوا إلى منزل ياسر. كانت في أيديهم المشاعل فأحرقوا الدار واقتيد ياسر وعمار وسمية إلى الصحراء خارج مكة .
قيدوهم بالسلاسل، وبدأوا بتعذيبهم .
في البداية انهالوا عليهم بالسياط حتى سالت الدماء .
ثم جاءوا بمشاعل النار وراحوا يكوون أجسادهم .
و ظلت هذه الأسرة الصغيرة المؤمنة ثابتة على إيمانها .
جاء أبو جهل بالصخور ووضعها فوق صدورهم، كانوا يتنفسون بصعوبة ولكنهم ظلوا على إيمانهم .
حان وقت الظهر واشتدت حرارة الشمس فعاد أبو جهل والمشركون إلى مكة وتركوا الأسرة تحت أشعة الشمس الحارقة .
و في الأثناء مر سيدنا محمد صلى اللـه عليه وسلم ورآهم على هذه الحالة فبكى رحمة لهم وقال :
- صبرا يا آل ياسر إن موعدكم الجنة .
قالت سمية وقد ملأ قلبها الإيمان :
- أشهد انك رسول اللـه وأن وعدك الحق .

عاد الجلادون يتقدمهم أبو جهل وبيده حربة طويلة وبدأ يعذبهم بالحديد والنار .

فقد عمار وياسر وسمية وعيهم، فرشوهم بالماء، وعندما أفاقوا صاح أبو جهل بسمية:

ـ اذكري الآلهة بخير ومحمدا بسوء .

بصقت سمية في وجهه وقالت :

ـ بؤسا لك ولآلهتك .

شعر أبو جهل بالحقد، فرفع الحربة عاليا وسدد ضربة إلى بطنها وراح يمزق جسمها بالحربة حتى قتلها، فكانت سمية أول شهيدة في تاريخ الإسلام .

و اتجه أبو جهل إلى ياسر وراح يركله بقدمه على بطنه حتى قتله واستشهد ياسر تحت التعذيب الوحشي .

رأى عمار ما حل بوالديه فبكى. وانهال عليه أبو جهل والمشركون بالسياط وأنواع العذاب، وصاح أبو جهل :

ـ سوف أقتلك إذا لم تذكر آلهتنا بخير .

لم يتحمل عمار ذلك التعذيب الوحشي فقال :

ـ اعل هبل .

ذكر عمار آلهتهم بخير لكي يكفوا عن تعذيبه، عندها حلوا وثاقه وتركوه .

الإيمان في القلب

جاء عمار إلى سيدنا محمد يبكي، لم يكن يبكي من أجل والديه ولا من أجل نفسه وما رآه من عذاب، جاء يبكي لأنه ذكر الأوثان بخير .

واسى رسول الله عمارا باستشهاد والديه، وكان عمار ما يزال يبكي قائلا :

ـ لم يتركوني يا رسول الله حتى أكرهوني فذكرت آلهتهم بخير .

قال سيدنا محمد صلى الله عليه وسلم والرحمة تشع من عينيه :

ـ كيف تجد قلبك يا عمار ؟

ـ قلبي مطمئن بالإيمان يا رسول الله .

قال النبي صلى الله عليه وسلم :

ـ لا عليك يا عمار. لقد أنزل الله فيك " إلا من أكره وقلبه مطمئن بالإيمان " .

الهجرة

اشتدت محنة المسلمين في مكة، فأمر سيدنا محمد أصحابه بالهجرة إلى " يثرب "، وهاجر عمار مع من هاجر في سبيل الله .

99

و عندما هاجر سيدنا محمد صلى الله عليه وسلم عمت الفرحة المدينة المنورة وعاش المهاجرون مع إخوانهم الأنصار حياة طيبة تسودها المحبة والتعاون والاخاء .

كان أول شيء فكر فيه رسول الله صلى الله عليه وسلم هو بناء مسجد يعبد فيه المسلمون الله وحده، ويكون رمزا لعزة الإسلام وقلعة للامة الإسلامية .

شمر المسلمون عن سواعدهم وراحوا يعملون بحماس لبناء مسجد النبي صلى الله عليه وسلم .

كان بعضهم يحمل التراب، وبعض يصنع الآجر، وآخرون يحملون ما جف منه لبناء الجدران .

كان سيدنا محمد صلى الله عليه وسلم يعمل مع أصحابه، وكان عمار يعمل بنشاط وقد غطاه الغبار، كان كل فرد من المسلمين يحمل لبنة (طابوقة) واحدة، أما عمار فكان يحمل لبنتين، فقال له سيدنا محمد صلى الله عليه وسلم: لهم أجر ولك أجران .

و لكي يبث في قلوب إخوانه الحماس في العمل، كان يردد شعارا حماسيا :

ـ لا يستوي من يعمر المساجدا

يدأب فيها قائما وقاعدا

و من يرى عن الغبار حائدا

كان بعض الصحابة يتحاشى الغبار، فظن أن عمار يعنيه بهذا الشعر .

جاء عثمان إلى عمار وقال له مهددا :

ـ سوف أضرب أنفك بهذه العصا .

نظر عمار إليه ولم يقل شيئا .

سمع سيدنا محمد صلى الله عليه وسلم بذلك فتألم وجاء إلى عمار وقال :

ـ إن عمارا جلدة ما بين عيني وأنفي .

مسح سيدنا محمد عن وجه عمار الغبار، فامتلأ قلب الصحابي الجليل حبا للنبي الكريم.

الجهاد في سبيل الإسلام:

مرت الأيام والشهور وشاء الله سبحانه أن يثأر للمظلومين من الذين اضطهدوا للمسلمين في مكة ونهبوا أموالهم وصادروا حقوقهم .

وقعت معركة بدر، وكان عمار في طليعة المقاتلين، الذين خرجوا لاعتراض قافلة لقريش قادمة من الشام .

جاءت الأخبار للمشركين في مكة وقد ألفوا جيشا بقيادة أبي جهل وأنهم يتجهون نحو المدينة .

استشار النبي أصحابه، واستقر الرأي على مواجهة المشركين .

بعث سيدنا محمد عمار بن ياسر وعبد الله بن مسعود لجمع المعلومات عن عدد أفراد الجيش وعن عدتهم .

قام عمار بمهمته خير قيام وكان شجاعا جريئا فاقترب من قواتهم ليلا وطاف حول معسكرهم لجمع المعلومات .

عاد عمار ومعه صاحبه إلى سيدنا محمد صلى الله عليه وسلم قال عمار :

ـ إن القوم مذعورون خائفون، وأن الفرس يريد أن يصهل فيضربه صاحبه على وجهه، والسماء تسح عليهم بالمطر .

كانت المعلومات التي قدمها عمار حساسة جدا، فقد أشار إلى حالتهم المعنوية المتردية، وحالة الخوف المسيطرة عليهم، كما أشار إلى غزارة الأمطار وطبيعة الأرض والطين التي ستحد من قدرتهم على الحركة .

و في الصباح عندما استيقظ المشركون وجدوا آثارا غريبة فجاء " مبنه بن الحجاج " وكان عالما بالأثر، فصاح: واللات والعزى هذا أثر ابن سمية وابن ام عبد أي عبد الله بن مسعود .

المعركة

في صباح يوم السابع عشر من شهر رمضان سنة 2 هجرية وقعت معركة بدر الكبرى.. أول معركة في تاريخ الإسلام، ونصر الله المؤمنين على المشركين .

كان عمار يقاتل بحماس المسلم الذي يؤمن بالنصر أو الشهادة .

وعندما انهزم المشركون، شاهد عمار " أبا جهل " جثة هامدة، فتذكر تلك الأيام التي كان فيها أبو جهل يؤذي المسلمين ويعذب والديه الشهيدين ياسر وسمية. وها هي سيوف المظلومين تقتص من الظالمين .

رفع عمار عينيه إلى السماء وشكر الله سبحانه على نصره .

عمار مع الحق

بلغ عمار من العمر ستين سنة، ولكنه كان يفوق الشباب في حماسه من أجل الجهاد في سبيل الله .

كان عمار عميق الإيمان بالله شديد الحب لرسول الإنسانية سيدنا محمد صلى الله عليه وسلم وكان النبي صلى الله عليه وسلم هو الآخر يحب صديقه القديم الذي رافقه شبابه وآمن به ونصره ووقف إلى جانبه .

كان سيدنا محمد صلى الله عليه وسلم يشيد بمنزلة عمار في المناسبات، فمرة قال صلى الله عليه وسلم :

ـ عمار مع الحق والحق مع عمار يدور معه كيفما دار .

وفيه قال :

ـ طوبى لعمار تقتله الفئة الباغية .

ـ إن عمارا قد ملئ إيمانا إلى أخمص قدميه .

ـ يا عمار تقتلك الفئة الباغية وآخر زادك من الدنيا ضياح (إناء) من لبن .

وتمر الأيام والشهور والأعوام وعمار إلى جانب سيدنا محمد صلى الله عليه وسلم يجاهد في سبيل الله أعداء الإسلام والإنسانية .

وفاة النبي صلى الله عليه وسلم

في السنة الحادية عشر من الهجرة توفي سيدنا محمد صلى الله عليه وسلم فحزن المسلمون جميعا، وبكى عمار على رسول الله وصديقه القديم وتذكر أيام الشباب في مكة وأيام الجهاد .

و ظل عمار (رضوان الله عليه) وفيا لإسلامه مجاهدا في سبيل الدين، يقول كلمة الحق ولا يخاف أحدا إلا الله .

كان عمار يحب علي بن أبي طالب (عليه السلام) لأنه طالما سمع سيدنا محمدا يقول:

ـ يا علي لا يحبك إلا مؤمن ولا يبغضك إلا منافق .

ـ يا علي أنت مني بمنزلة هارون من موسى إلا انه لا نبي بعدي .

و في عودته من حجة الوداع رأى عمار (رضوان الله عليه) سيدنا محمدا صلى الله عليه وسلم يمسك بيد سيدنا علي بن أبي طالب ويرفعها عاليا ويقول :

ـ من كنت مولاه فهذا علي مولاه

اللهم وال من والاه وعاد من عاداه

و انصر من نصره واخذل من خذله

لهذا كان عمار يعتقد أن علي بن أبي طالب هو خليفة سيدنا محمد صلى الله عليه وسلم .

عندما تمت البيعة لأبي بكر وامتنع بعض الصحابة من المهاجرين والأنصار عن البيعة، امتنع عمار عن البيعة ووقف في جانب علي بن أبي طالب وفاطمة الزهراء بنت سيدنا محمد صلى الله عليه وسلم .

وبعد ستة أشهر، توفيت سيدة نساء العالمين واضطر الإمام علي للبيعة حفاظا على مصلحة الإسلام، وبايع عمار بن ياسر (رضوان الله عليه) اقتداء بالإمام .

الجهاد

انصرف عمار إلى حياة الجهاد فاشترك في معارك الفتح الإسلامي هنا وهناك. كما قاتل ببسالة في حروب الردة باليمامة .

عندما أصبح عمر بن الخطاب خليفة بعد أبي بكر، عينه واليا على الكوفة فأقام حكم الله ورأى الناس في سيرته العدل والرحمة والتواضع والزهد .

الشورى

في سنة 23 هجرية تعرض الخليفة عمر بن الخطاب إلى محاولة اغتيال .

جاء بعض المسلمين وذكروا عمر بأن يفكر في الخلافة من بعده .

رأى الخليفة أن تكون شورى بين ستة أشخاص هم علي بن أبي طالب (عليه السلام) وعثمان بن عفان وطلحة والزبير وعبد الرحمن بن عوف وسعد ابن أبي وقاص. وأمرهم بالاجتماع في أحد المنازل وانتخاب خليفة من بينهم خلال ثلاثة أيام.

كان عمار بن ياسر (رضوان الله عليه) يتمنى أن ينتخبوا عليا لجهاده الطويل وقرابته من سيدنا محمد وعلمه وفضله وسابقته في الإسلام .

مضى يوم ثم يومان وليس هناك من نتيجة .

كانت المنافسة بين علي بن أبي طالب وعثمان بن عفان .

اجتمع حول المنزل بعض الصحابة فيهم المقداد وعمار بن ياسر والعباس وغيرهم وكانوا يتمنون انتخاب علي، واجتمع بنو أمية وكانوا يريدون انتخاب عثمان. هتف عمار لكي يسمعه عبد الرحمن بن عوف :

ـ إن أردت أن لا يختلف المسلمون فبايع عليا .

فقال المقداد مؤيدا :

ـ صدق عمار إن بايعت عليا قلنا: سمعنا وأطعنا .

كان عبد الرحمن بن عوف يطمع بالخلافة ففكر لو أنه بايع عليا فانه لن يساومه عليها فيما بعد .

لهذا بايع عبد الرحمن عثمان حتى يردها عليه بعد وفاته .

و هكذا أصبح عثمان الخليفة الثالث .

خرج الإمام علي بعد أن قال لبعد الرحمن :

ـ ليس هذا أول يوم تظاهرتم فيه علينا " فصبر جميل و الله المستعان على ما تصفون " و الله ما وليت عثمان إلا ليرد الأمر إليك، و الله كل يوم هو في شأن .

شعر عمار بالحزن من أجل أهل البيت الذين هم أحق الناس بالخلافة لأن الله أذهب عنهم الرجس وطهرهم تطهيرا .

الانحراف

مرت ستة أعوام على خلافة عثمان .

شيئا فشيئا كان الخليفة يبتعد فيها عن الإسلام وعن سيرة سيدنا محمد صلى الله عليه وسلم وسيرة أبي بكر وعمر .

كان يعين أقرباءه ولاة على المدن، وكانوا أشخاصا سيئين ظالمين .

فمثلا عين الوليد بن عتبة وهو أخاه من أمة واليا على الكوفة، فكان يشرب الخمر ويأتي سكران إلى مسجد وجعل من مروان بن الحكم الحاكم الفعلي للبلاد، فهو الذي يأمر وينهى ويعين الولاة ويعزلهم، عزل الصحابي الجليل سلمان الفارسي عن ولاية المدائن وعين أحد أقربائه وعزل سعد بن أبي وقاص عن ولاية الكوفة وعين الوليد بن عقبة .

كان عثمان ينفق أموال المسلمين على أقربائه من بني أمية ويترك الناس الفقراء والمحتاجين يتألمون .

كلمة الحق

كان في بيت مال المسلمين حلي وجواهر، فجاء الخليفة عثمان وأخذها ووزعها على بناته ونسائه .

شعر المسلمون بالغضب، وراحوا يتحدثون عن سيرة عثمان البعيدة عن روح الإسلام.

لم يتراجع عثمان بل صعد المنبر وخطب قائلا :

ـ لنأخذن حاجتنا من هذا الفيء وإن رغمت أنوف أقوام وأقوام .

كان الإمام علي بن أبي طالب حاضرا فشعر بالحزن، وقام عمار بن ياسر وكان قد بلغ التسعين من عمره فقال كلمة الحق :

ـ أشهد الله أن أنفي أول راغم من ذلك .

اغتاظ الخليفة وصاح :

ـ أعلي يا بن ياسر تجترئ .

أشار عثمان إلى الحراس أن يمسكوا بعمار .

لم يحترم الحراس شيخوخته ولا صحبته من رسول اللـه. فجروه إلى غرفة عثمان، شدوا يديه ورجليه، وجاء الخليفة وراح يضربه على بطنه، حتى فقد وعيه، وجاء بعض المسلمين وحملوه إلى منزل أم سلمة زوجة سيدنا محمد صلى الله عليه وسلم .

كان عمار ما يزال فاقد الوعي وفاتته صلاة الظهر وصلاة العصر وصلاة المغرب. وعندما عاد إليه وعيه، أدى تلك الصلوات قضاء .

تذكر أيام التعذيب في مكة، كان يتحمل أضعاف ما قام به عثمان لأنه كان شابا أما اليـوم فقد أصبح شيخا كبيرا لا يقوى على تحمل الضرب .

تألمت أم سلمة لحاله فقال لها عمار بشجاعة المؤمن الصابر :

ـ ليس هذا بأول يوم أوذينا في اللـه .

نفي أبي ذر

ونفى الخليفة عثمان الصحابي الجليل أبا ذر الغفاري إلى منطقة " الربذة " وهي صحراء لا يقطنها أحد لمناخها القاسي .

ولم يكتف بهذا بل أصدر أمرا بمنع توديعه، ولكن بعض الصحابة تألموا لمـا قـام بـه عثمان وخرجوا لتوديع الصحابي الكبير أبي ذر .

خرج علي بن أبي طالب (عليه السلام) وسبطا سيدنا محمد صلى اللـه عليه وسلم الحسن (عليه السلام) والحسين (عليه السلام) وخرج أيضا عمار وودع أبا ذر قائلا :

ـ لا آنس اللـه من أوحشك، ولا آمن من أخافك. أما و اللـه لو أردت دنياهم لأمنوك، ولو رضيت أعمالهم لأحبوك .

ومضى أبو ذر ومعه زوجته وابنته إلى صحراء الربذة ليموت وحيدا .

وتذكر عمار حديثا سمعه من سيدنا محمد صلى اللـه عليه وسلم :

ـ يا أبا ذر تعيش وحدك وتموت وحدك .

الثورة

تصاعد غضب المسلمين بسبب سيرة عثمان وما يقوم ولاته من ظلم. وجـاءت الوفـود مـن كل مكان للاحتجاج، جاءوا من الكوفة ومن مصر والبصرة وغيرها من المدن .

و كان الصحابة في المدينة قد كتبوا إليهم: إن أردتم الجهاد فهلموا (تعالوا) إليه، فان دين محمد صلى اللـه عليه وسلم قد أفسده خليفتكم .

جاء الناس يشكون من الظلم، ولكن الخليفة لم يصغ إليهم وطردهم فذهبوا إلى علي بـن أبي طالب ابن عم سيدنا محمد ووصيه .

كان الإمام يتمنى الإصلاح وأن يعود عثمان إلى سيرة الإسلام .

فدخل عليه وحدثه وقال لـه: لا تكن أداة في يـد مـروان يسـوقك حيـث يريـد، ولا تـنس منزلتك من رسول اللـه .

وافق عثمان على أن يعلن توبته أمام النـاس فخـرج إلـيهم واعتـذر لهـم ووعـدهم بسـيرة يرضاها اللـه والمسلمون .

ولكن مروان كان مثل الأفعى فدخل عليه وغير رأيه وقال له :

ـ لا تكن ضعيفا أمام الناس وهددهم .

وكانت نائلة زوجـة عثمان تعـرف أن مـروان خبيـث يكرهـه المسـلمون فنصـحت زوجهـا وقالت له :

ـ أصغ إلى علي بن أبي طالب فان النـاس يحبونـه ويطيعونـه، ولا تطـع مـروان فهـو شـخص ليس له عند الناس قدر ولا هيبة ولا محبة .

لم يصغ عثمان لنصيحة الناصحين فكانت النتيجة أن ثار المسلمون عليه ولقـي مصرعه في قصره .

الإمام علي (عليه السلام)

اتجهت جماهير المسلمين الى منـزل الإمـام علي(عليـه السـلام) ودعتـه إلى تقلـد منصـب الخلافة .

رفض الإمام ذلك وقال لهم :

ـ ابحثوا عن رجل غيري .

و لكن الناس كانوا يدركون ان الإمام هو الرجل الوحيد الذي يستحق هذا المقـام، فـأصروا على موقفهم.وأخيرا وافق الإمام على تحمل هذه المسؤولية، حتى يسد الطريق على الطامعين بها.

العدالة

لقد ثار المسلمون من أجل العدالة، كانوا غاضبين مما حل بهم من الظلم، وكان الإمام علي رمز العدالة والحق .

لم يخيب الإمام أمل المسلمين، فأصـدر منـذ اليـوم الأول قرارا طرد بموجبه جميع الـولاة الظالمين الذين عينهم الخليفة السابق، وعين مكانهم ولاة صالحين معروفين بالتقوى والصلاح.

قام الإمام بعزل معاوية عن حكومة الشام، ولكن معاوية كان يخطط منذ سنين للاستيلاء على الشام ثم على بلاد الإسلام، فأعلن العصيان، ورفع شعار المطالبة بدم عثمان وهكذا وقعت حرب صفين على حدود سوريا مع العراق .

كان في جيش الإمام علي كثير من صحابة رسول اللـه صلى اللـه عليه وسلم وفي طليعتهم عمار بن ياسر ومالك الأشتر وعبد اللـه بن عباس وغيرهم .

و كان في جيش معاوية أعداء الإسلام من أمثال مروان بن الحكم وعمرو بن العاص وابـن أبي معيط والهاربون من عدل علي إلى دنيا معاوية .

تقتلك الفئة الباغية

كان المسلمون في العسكرين يرددون حديثا لسيدنا محمد صلى اللـه عليه وسلم خاطب فيه عمارا قبل أكثر من خمس وعشرين سنة :

ـ يا عمار تقتلك الفئة الباغية .

كان عمار في جيش الإمام علي، وكان آنذاك شيخا قد تجاوز التسعين من عمره، ومـع هـذا فقد كان يقاتل في حماس الشباب المؤمن .

رفع عينيه إلى السماء وقال :

ـ اللهم لو أعلم أن رضاك في أن أقذف بنفسي في هذا البحر " نهر الفرات " لفعلت . اللهم إني لا أعلم عملا هو أرضى لك من جهاد هؤلاء الفاسقين .

كان عمار مع الحق والحق مع عمار يدور معه حيثما دار، لهذا قال :

ـ و اللـه لو ضربونا (هزمونا) حتى يبلغوا بنا سعفات هجر لعلمت إنا على الحق وإنهـم على الباطل .

وعندما اشتعلت المعركة، خاطب عمار المقاتلين :

ـ من يبتغي (يريد) رضوان اللـه ربه ؟

فلبى دعوته بعض المؤمنين، وقادهم عمار باتجاه العـدو، وعنـدما شـاهد الصحابة عـمارا يتخطى الصفوف تبعوه .

كان عمار صائما، وكان يقاتل بحماس كبير .

وفي وسط المعركة شاهد عمار عمرو بن العاص فخاطبه قائلا :

ـ يا عمرو بعت دينك بمصر فتبا لك .

أي أن عمرو بن العاص وقف إلى جانب معاوية بعد أن وعده بحكومة مصر .

قال عمرو بن العاص بخبث :

ـ لا ولكن أطلب بدم عثمان .

قال عمار :

ـ أشهد انك لا تطلب بشيء من فعلك وجه اللـه .

وأراد أن ينصحه فقال :

ـ إذا لم تقتل اليوم تمت غدا، وإنما الأعمال بالنيات. فانظر لنفسك إذا اعطي النـاس عـلى قدر نياتهم .

ومضى عمار يقاتل الفئة الباغية .

الفتنة

كان المسلمون في فتنة لا يعرفون الحق من الباطل فكان عمار دليلهم، لأن سـيدنا محمـدا صلى اللـه عليه وسلم قال: تقتله الفئة الباغية .

لهذا كان عمرو بن العاص يخدع أهل الشام عندما يسألونه فيقول لهم :

ـ اصبروا لأنه سينحاز إلى جبهتنا .

وتمر أيام الحرب، وعمار يقاتل في جبهة الحق مع علي .

وذات يوم حمل عمار ومعه مجموعة من المـؤمنين وراح يقاتـل ببسـالة وهـو يتذكـر أيـام الجهاد مع سيدنا محمد صلى اللـه عليه وسلم في بدر وأحد وحنين ومعارك الإسلام الأخرى .

كان عمار صائما والمعارك مستمرة. وعندما غابت الشمس وحان وقت الإفطار، طلب عـمار ماء يفطر به لأنه كان ظامئا .

جاءه أحد الجنود بإناء مليء باللبن .

تبسم عمار وقال مستبشرا :

ـ ربما أرزق الشهادة هذه الليلة .

فسأله البعض عن السر فأجاب :

ـ لقد أخبرني حبيبي رسول اللـه قائلا: يا عمار تقتلك الفئة الباغية وآخـر زادك مـن الـدنيا ضياح من لبن .

شرب عمار (رضوان اللـه عليه) اللبن وتقدم يقاتل ويقاتل حتى هوى على الأرض شهيدا. كاد معاوية يطير من الفرح، وشعر الإمام عـلي بـالحزن والأسـف وترحم عليـه. وفي تلـك اللحظات أدرك الجميع من هي الفئة الباغية .

كان بعض الجنود في جيش معاوية ينتظرون انحياز عمار إلى معاوية كما ادعى ذلك عمرو بن العاص، ولكنهم رأوا عمار يقاتل حتى استشهد مع أمير المؤمنين علي (عليه السلام)، لهذا تسللوا في الظلام والتحقوا بجيش الإمام بعد أن عرفوا جبهة الحق .

النهاية

أحدث استشهاد عمار بن ياسر دويا في الجبهتين فارتفعت معنويات جيش أمير المؤمنين علي بن أبي طالب فيما هبطت معنويات جيش معاوية .

وفي تلك الليلة شن جيش الإمام هجوما كاسحا على جيش معاوية وكاد أن يحرز النصر النهائي .

فجاء عمرو بن العاص بحيلة جديدة حيث رفع جيش الشام المصاحف يطالبون بتحكيم كتاب الله .

توقفت المعارك وانسحب الجيشان من سهل صفين. وبقيت جثث الشهداء وفي طليعتهم الصحابي الكبير عمار بن ياسر الذي بلغ من العمر ستة وتسعين عاما .

واليوم عندما يزور المسلمون تلك البقعة من أرض الله يرون مزارا كبيرا لذلك الصحابي الذي قضى عمره في الجهاد من أجل الإسلام، وعرف المسلمون باستشهاده مع من كان الحق في تلك الحرب المريرة .

وفاته الشهيد:

حمل الإمام علي عمارا فوق صدره الى حيث صلى عليه والمسلمون معه، ثم دفنه في ثيابه، ووقف المسلمون على قبره يعجبون، فقبل قليل كان يغرد :(اليوم ألقى الأحبة محمدا وصحبه)... وتذكروا قول الرسول -صلى الله عليه واله وسلم- :(اشتاقت الجنة لعمار)

وقد قال عليا -عليه السلام - حين قتل عمار :(إن امرأ من المسلمين لم يعظم عليه قتل ابن ياسر وتدخل به عليه المصيبة الموجعة لغير رشيد، رحم الله عمارا يوم أسلم، ورحم الله عمارا يوم قتل، ورحم الله عمارا يوم يبعث حيا، لقد رأيت عمارا وما يذكر من أصحاب رسول الله -صلى الله عليه واله وسلم- أربعة إلا كان رابعا ولا خمسة إلا كان خامسا، وما كان أحد من قدماء أصحاب رسول الله -صلى الله عليه واله وسلم- يشك أن عمارا قد وجبت له الجنة في غير موطن، ولا اثنين، فهنيئا لعمار بالجنة، ولقد قيل: (إن عمارا مع الحق والحق معه، يدور عمار مع الحق أينما دار، وقاتل عمار في النار).

وعن عبد الـلـه بن سلمة قال: رأيت عمار بن ياسر يوم صفين شيخا آدم في يده الحربة وإنها لترعد، فنظر إلى عمرو بن العاصي معه الراية فقال: إن هذه الراية قد قاتلتها مع الرسول صلى الـلـه عليه واله وسلم ثلاث مرات وهذه الرابعة، و الـلـه لو ضربونا حتى يبلغونا شعاف هجر لعرفت أن صاحبنا على الحق وأنهم على الضلالة .وعن أبي سنان الدؤلي صاحب رسول الـلـه صلى الـلـه عليه واله وسلم قال رأيت عمار بن ياسر دعا بشراب فأتي بقدح من لبن فشرب منه ثم قال: صدق الـلـه ورسوله، اليوم ألقى الأحبة محمدا وحزبه، إن رسول الـلـه صلى الـلـه عليه واله وسلم قال: إن آخر شئ يرويه من الدنيا صبحة لبن ثم قال: و الـلـه لو هزمونا حتى يبلغونا شعاف هجر لعلمنا أنا على حق وأنهم على باطل .قال أهل السير قتل عمار بصفين مع علي بن أبي طالب عليه السلام م، قتله أبو الغادية، .ودفن في سنة سبع وثلاثين وهو ابن أربع وتسعين سنة.

جعفر بن أبي طالب

هو أحد أبطال الإسلام الذين ضحوا من اجل الدين والعقيدة كما ضحى أبوه طالب بن عبد المطلب وإخوته علي وعقيل وطالب.

ولد في مكة بعد عام الفيل بعشرين سنة، وهو من المسلمين الأوائل الذين جاهدوا في سبيل الـلـه وكان ثالث شخص آمن برسالة النبي صلى الـلـه عليه وسلم حتى قال فيه: (علي أصلي وجعفر فرعي) كما قال:(رأيت جعفر يطير في الجنة مع الملائكة).

وكان حاملا للأخلاق الحميدة والصفات الطيبة كصدق الحديث وحب الخير للناس ومساعدتهم والابتعاد عن الذنوب. وعندما أسلم سارعت قبيلة قريش إلى إيذاء المسلمين ومنع الآخرين من دخول الإسلام بالقوة رغم وجود أبي طالب وهو شيخ من شيوخ قريش إلا إن النبي صلى الـلـه عليه وسلم دعا قسما من المسلمين للهجرة إلى الحبشة. فهاجر منهم حوالي80 مسلما يقودهم جعفر بن أبي طالب، ولم تتركهم قريش عند هذا بل عملت على إرسال وفد يترأسه عمرو بن العاص وعمارة بن الوليد حاملين معهم هدايا إلى النجاشي ملك الحبشة وحاشيته يطلبون منه ان يسلمهم المسلمين.

وقالوا له: أن هؤلاء ديننا ورفضوا عبادة آلهتنا، نطلب منك أن تردهم إلينا.

ولم يتعجل ملك الحبشة الأمر، فبعث إلى جعفر بن أبي طالب يسأله فأجاب بقول بليغ:-

إن هؤلاء القوم ليس لهم علينا دين، ولا نحن عبيدهم. لقد أذونا فجئنا عندك طلبا للأمان بعد أن أملنا بالنبي صلى الـلـه عليه وسلم الذي امرنا بترك الظلم والحرام، وأن نحسن إلى ذي القربى ونأمر بالعدل والإحسان.

فقال النجاشي وكان من المسيحيين: بهذا أرسل الله تعالى عيسى(عليه السلام) ثم بكى بعد أن قرأ عليه جعفر شيئا من القرآن وقال: و الله هذا هو الحق، ونجى المسلمون من عذاب الكافرين وبقي جعفر وأصحابه في الحبشة حتى عادوا إلى المدينة في السنة السابعة للهجرة عندما فتح النبي صلى الله عليه وسلم خيبر وجاء معه سبعون رجلا من أهل الحبشة بعد أن أسلموا على يده، وفرح الرسول الكريم صلى الله عليه وسلم كثيرا بعودته بعد غياب طويل، وقد كافأه النبي صلى الله عليه وسلم بأن علمه صلاة خاصة سميت فيما بعد بصلاة جعفر الطيار بعد ان ظن الناس انه سيعطيه هدية من الذهب والفضة.

وكان لجعفر بن أبي طالب أولاد هم: عبد الله الذي ولد في الحبشة وهو أول مولود للمسلمين فيها، وقال فيه رسول الله صلى الله عليه وسلم: عبد الله يشبه خلقي وخلقي، ولم يبايع النبي صلى الله عليه وسلم من الأطفال إلا عبد الله والحسن والحسين وعبد الله بن عباس. ولجعفر ولدان آخران هما عون ومحمد ممن ولد في الحبشة أيضا.

وأرسله الرسول صلى الله عليه وسلم لقتال جيش الروم شرق نهر الأردن، وكان جيش العدو أكبر منهم بكثير. ومع ذلك قرر أن يقاتلهم لمنعهم من الهجوم على المدينة حتى استشهد في معركة مؤتة، بعد ان قطعوا يديه لذا عوضه الله تعالى بجناحين يطير بهما في الجنة فسمي بذلك جعفر الطيار، وكانت شهادته فاجعة كبيرة للمسلمين خاصة الرسول صلى الله عليه وسلم حيث حزن عليه كثيرا لأنه من قادته الأبطال فقد قال فيه:(رحم الله عمي أبا طالب لو ولد الناس كلهم لكانوا شجعانا).

عبد الرحمن بن عوف

عبد الرحمن بن عوف بن عبد عوف الزهري.

أحد العشرة، وأحد الستة في أهل الشورى، وأحد السابقين البدرين، القرشي، الزهري.

وهو احد الثمانية الذين بادروا إلى الإسلام، أسلم عبد الرحمن بن عوف على يد أبي بكر وعمره 22 سنة. وكان اسمه في الجاهلية عبد عمرو.

وقيل: عبد الكعبة فسماه النبي صلى الله عليه وسلم: عبد الرحمن.. أصيب يوم أحد فهتم، وجرح عشرين جراحة، بعضها في رجله فعرج.

من أصحاب الهجرتين

كان عبد الرحمن بن عوف من المسلمين الذي هاجروا إلى الحبشة ثم هاجر إلى المدينة عن إبراهيم بن عبد الرحمن بن عوف قال:

كنا نسير مع عثمان في طريق مكة،إذ رأى عبد الرحمن بن عوف، فقال عثمان: ما يستطيع أحد أن يعتد على هذا الشيخ فضلا في الهجرتين جميعا.

ولما هاجر إلى المدينة كان فقيرا لا شيء له، فآخى رسول الله صلى الله عليه وسلم -بينه وبين سعد بن الربيع، أحد النقباء، فعرض عليه أن يشاطره نعمته، وأن يطلق له أحسن زوجتيه.

فقال له: بارك الله لك في أهلك ومالك، ولكن دلني على السوق، فذهب، فباع واشترى، وربح، ثم لم ينشب أن صار معه دراهم، فتزوج امرأة على زنة نواة من ذهب.

فقال له النبي صلى الله عليه وسلم- وقد رأى له أثرا من صفرة:(أو لم ولو بشاة). وقد نما ماله وكثر وربحت تجارته.

كثرة ماله

قال رسول الله صلى الله عليه وسلم -دخلت الجنة فسمعت خشفة، فقلت: ما هذا؟

قيل: بلال.

إلى أن قال: فاستبطأت عبد الرحمن بن عوف، ثم جاء بعد الإياس.

فقلت: عبد الرحمن؟

فقال: بأبي وأمي يا رسول الله! ما خلصت إليك حتى ظننت أني لا أنظر إليك أبدا.

قال: وما ذاك؟

قال: من كثرة مالي أحاسب وأمحص.

عن إبراهيم بن عبد الرحمن بن عوف، عن أبيه:

أن رسول الله صلى الله عليه وسلم- قال:(يا ابن عوف! إنك من الأغنياء، ولن تدخل الجنة إلا زحفا، فأقرض الله- تعالى- يطلق لك قدميك).

قال: فما أقرض يا رسول الله؟

فأرسل إليه: (أتاني جبريل، فقال: مرة فليضف الضيف، وليغط في النائبة، وليطعم المسكين).

مناقبه وفضله

وبكل حال، فلو تأخر عبد الرحمن عن رفاقه في الحساب ودخل الجنة حبوا على سبيل الاستعارة، وضرب المثل، فإن منزلته في الجنة ليست بدون منزلة علي والزبير- رضي الله عن الكل-.

ومن مناقبه: أن النبي صلى الله عليه وسلم- شهد له بالجنة، وأنه من أهل بدر الذين قيل لهم:(اعملوا ما شئتم).

ومن أهل هذه الآية:(لقد رضي الله عن المؤمنين إذ يبايعونك تحت الشجرة).

وقد صلى رسول الله صلى الله عليه وسلم - وراءه.

في غزوة تبوك صلى الله عليه وسلم خلف عبد الرحمن بن عوف صلاة الفجر أدرك معه الركعة الثانية منها، وذلك ان رسول الله صلى الله عليه وسلم ذهب يتوضأ، ومعه المغيرة بن شعبة فأبطأ على الناس، فأقيمت الصلاة، فتقدم عبد الرحمن بن عوف، فلما سلم الناس أعظموا ما وقع.

فقال لهم رسول الله صلى الله عليه وسلم ((أحسنتم وأصبتم)).

وقد كان رضي الله عنه دائم الاتفاق في سبيل الله.

عن قتادة: في شرح الآية((الذين يلمزون المطوعين)).

قال: تصدق عبد الرحمن بن عوف بشطر ماله، أربعة آلاف دينار.

فقال أناس من المنافقين: إن عبد الرحمن لعظيم الرياء.

تصدق ابن عوف على عهد رسول الله صلى الله عليه وسلم- بشطر ماله أربعة آلاف، ثم تصدق بأربعين ألف دينار، وحمل على خمس مائة فرس في سبيل الله، ثم حمل على خمس مائة راحلة في سبيل الله، وكان عامه ماله من التجارة.

عن طلحة بن عبد الله بن عوف، قال:

كان أهل المدينة عيالا على عبد الرحمن بن عوف: ثلث يقرضهم ماله، وثلث يقضي دينهم، ويصل ثلثا. وقد كان رضي الله عنه لين الجانب حلو المعشر.

عن أبي هريرة، قال:كان بين خالد وعبد الرحمن بن عوف شيء.

فقال رسول الله صلى الله عليه وسلم-: (دعوا لي أصحابي، أو أصيحابي، فإن أحدكم لو أنفق مثل أحد ذهبا لم يدرك مد احدهم ولا نصيفه).

شكا عبد الرحمن بن عوف خالدا إلى رسول الله صلى الله عليه وسلم

فقال:(يا خالد! لا تؤذ رجلا من أهل بدر، فلو أنفقت مثل أحد ذهبا لم تدرك عمله).

قال: يقعون في، فأرد عليهم.

فقال النبي صلى الله عليه وسلم:(لا تؤذوا خالدا، فإنه سيف من سيوف الله، صبه الله على الكفار).

روى أنه كان بين طلحة وابن عوف تباعد، فمرض طلحة، فجاء عبد الرحمن يعوده.

فقال طلحة: أنت-و الله-يا أخي خير مني.

قال: لا تفعل يا أخي!

قال: بلى-و الله- لأنك لو مرضت ما عدتك.

عن عبد الرحمن بن عبد الله بن مجمع: أن عمر قال لأم كلثوم بنت عقبة، امرأة عبد الرحمن بن عوف: أقال لك رسول الله صلى الله عليه وسلم:(انكحي سيد المسلمين عبد الرحمن بن عوف؟).

قالت: نعم.

وقد كان رضي الله عنه متواضعا زاهدا في الدنيا

عن سعد بن الحسن، قال:

كان عبد الرحمن بن عوف لا يعرف من بين عبيده .

وروى أن رسول الله (صلى الله عليه وسلم) أعطى رهطا فيهم عبد الرحمن بن عوف، فلم يعطه، فخرج يبكي. فلقيه عمر، فقال: ما يبكيك ؟ فذكر له، وقال: أخشى ـ أن يكون منعه موجدة وجدها علي.

فأبلغ عمر رسول الله (صلى الله عليه وسلم) فقال: (لكني وكلته إلى إيمانه).

رعايته لأمهات المؤمنين .

عن أبي سلمة، عن أبي هريرة:

أن رسول الله صلى الله عليه وسلم- قال(خياركم خياركم لنسائي).

فأوصى لهن عبد الرحمن بحديقة قومت بأربع مئة ألف.

وروى أن عبد الرحمن باع أرضا له من عثمان بأربعين ألف دينار، فقسمه في فقراء بني زهرة، وفي المهاجرين،وأمهات المؤمنين.

قال المسور: فأتيت عائشة بنصيبها، فقال: من أرسل بهذا؟

قلت: عبد الرحمن.

قالت:أما إني سمعت رسول الله صلى الله عليه وسلم يقول(لا يحنو عليكن بعدي إلا الصابرون)، سقى الله ابن عوف من سلسبيل الجنة.

عن أبي سلمة:: عن عائشة، قالت:

جمع رسول الله صلى الله عليه وسلم -نساءه في مرضه، فقال:(سيحفظني فيكن الصابرون الصادقون).

الشورى

كان عبد الرحمن بن عوف من الستة أصحاب الشورى الذين جعل عمر الخلافة لهم من بعده قائلا:(لقد توفي رسول الله وهو عنهم راض).

ومن أفضل أعمال عبد الرحمن عزله نفسه من الأمر وقت الشورى، واختياره للأمة من أشار به أهل الحل والعقد، فنهض في ذلك أتم نهوض على جمع الأمة على عثمان،

ولو كان محابيا فيها لأخذها لنفسه، أو لولاها ابن عمه، وأقرب الجماعة إليه، سعد بن أبي وقاص.

عن سعيد: ان سعد بن أبي وقاص أرسل إلى عبد الرحمن رجلا وهو قائم يخطب:أن ارفع رأسك إلى أمر الناس،أي ادع إلى نفسك.

فقال عبد الرحمن: ثكلتك أمك! إنه لن يلي هذا الأمر أحد بعد عمر إلا لأمة الناس.

ولقد قال في ذلك (و الله لأن تؤخذ مدية، فتوضع في حلقي، ثم ينفذ بها إلى الجانب الآخر،أحب إلي من ذلك).

وروى أن عثمان اشتكى رعافا، فدعا حمران، فقال:اكتب لعبد الرحمن العهد من بعدي.

فكتب له، وانطلق حمران إلى عبد الرحمن، فقال: البشرى!

قال: وما ذاك؟

قال:إن عثمان قد كتب لك العهد من بعده.

فقام بين القبر والمنبر، فدعا، فقال: اللهم إن كان من توليه عثمان إياي هذا الأمر فأمتني قبله، فلم يمكث إلا ستة أشهر حتى قبضه الله.

وفاته

توفي رضي الله عنه في العام الثاني والثلاثين للهجرة وأرادت أم المؤمنين أن تخصه بشرف لم تخص به سواه، فعرضت عليه أن يدفن في حجرتها إلى جوار الرسول وأبو بكر وعمر، لكنه استحى ان يرفع نفسه إلى هذا الجوار، وطلب دفنه بجوار عثمان بن مظعون إذ تواثقا يوما أيهما مات بعد الآخر يدفن إلى جوار صاحبه.

وقد كان يقول:(إني أخاف أن أحبس عن أصحابي لكثرة ما كان لي من أموال)

غشي على عبد الرحمن بن عوف في وجعه حتى ظنوا أنه قد فاضت نفسه، حتى قاموا من عنده وجللوه، فأفاق يكبر، فكبر أهل البيت، ثم قال لهم: غشي علي آنفا؟

قالوا: نعم

قال: صدقتم! انطلق بي في غشيتي رجلان، أجد فيهما شدة وفظاظة، فقالا:

انطلق نحاكمك إلى العزيز الأمين، فانطلقا بي حتى لقيا رجلا.

قال:أين تذهبان بهذا؟

قالا: نحاكمه إلى العزيز الأمين.

فقال: ارجعا، فإنه من الذي كتب الله لهم السعادة والمغفرة وهم في بطون أمهاتهم، وإنه سيمتع به إلى ما شاء الله، فعاش بعد ذلك شهرا.

شرحبيل بن حسنة

هو شرحبيل بن عبد الله بن المطاع بن الغطريف الكندي. يعرف بشرحبيل بن حسنة، وهي أمه، وكانت من مهاجرات الحبشة مع ابنها شرحبيل. صحابي جليل القدر. غزا مع النبي صلى الله عليه وسلم وأوفده رسولا إلى مصر. جعله أبو بكر أحد الأمراء الأربعة الذين وجههم لفتح الشام وفتح الأردن كلها ما عدا طبرية فإن أهلها صالحوه. لما قدم عمر بن الخطاب إلى الجابية سينة18هـ عزله واستعمل معاوية بن أبي سفيان فقال شرحبيل: أعن سخط عزلتني يا أمير المؤمنين؟ قال: لا، ولكنني أردت رجلا أقوى من رجل. كان من الفرسان الذين سادوا الناس. توفي في طاعون عمواس.

وقد زعم موسى بن عقبة أن الهجرة الأولى إلى أرض الحبشة كانت حين دخل أبو طالب ومن حالفه مع رسول الله صلى الله عليه وسلم إلى الشعب وفي هذا نظر و الله أعلم. وزعم أن خروج جعفر بن أبي طالب إنما كان في الهجرة الثانية إليها وذلك بعد عود بعض من كان خرج أولا حين بلغهم ان المشركين أسلموا وصلوا فلما قدموا مكة- وكان فيمن قدم عثمان بن مظعون- فلم يجدوا ما اخبروا به من إسلام المشركين صحيحا فرجع من رجع منهم ومكث آخرون بمكة وخرج آخرون من المسلمين إلى أرض الحبشة وهي الهجرة الثانية كما سيأتي بيانه.

قال موسى بن عقبة وكان جعفر بن أبي طالب فيمن خرج ثانيا وما ذكره ابن إسحاق من خروجه في الرعيل الأول أظهر. كما سيأتي بيانه و الله أعلم - لكنه كان في زمرة ثانية من المهاجرين أولا وهو المقدم عليهم والمرتجم عنهم عند النجاشي وغيره كما سنورده مبسوطا ثم إن ابن إسحاق سرد الخارجين صحبة جعفر رضي الله عنهم وهم عمرو بن سعيد بن العاص. وامرأته فاطمة بنت صفوان بن أمية بن محرث بن شق الكناني وأخوه خالد. وامرأته أمينة بنت خلف بن أسعد الخزاعي- وولدت له بها سعيدا. وأمه التي تزوجها بعد ذلك الزبير فولدت له عمرا وخالدا- قال: وعبد الله بن جحش بن رئاب وأخوه عبيد الله ومعه امرأته أم حبيبة بنت أبي سفيان. وقيس بن عبد الله من بني أسد بن خزيمة وامرأته بركة بنت يسار مولاة أبي سفيان. ومعيقيب بن أبي فاطمة وهو من موالي آل سعيد بن العاص. قال ابن هشام وهو مكن دوس قال: وأبو موسى الأشعري عبد الله بن قيس حليف آل عتبة بن ربيعة- وسنتكلم معه في هذا - وعتبة بن غزوان. ويزيد بن

زمعة بن الأسود. وعمرو بن أمية بن الحارث بن أسد. وطليب بن عمير بن وهب بن أبي كثير بن عبد. وسويبط بن سعد بن حرملة. وجهم بن قيس العبدوي. ومعه امرأته أم حرملة بنت عبد الأسود بن خزيمة وولداه عمرو بن جهم. وخزيمة بن جهم. وأبو الروم بن عمير بن هاشم بن عبد مناف بن عبد الدار. وفراس بن النضر۔ بن الحارث بن كلدة. وعامر بن أبي وقاص أخو سعد والمطلب بن أزهر بن عبد عوف الزهري. وامرأته رملة بنت أبي عوف بن ضبيرة۔ وولدت له بها عبد الله۔ وعبد الله بن مسعود وأخوه عتبة والمقداد بن الأسود والحارث بن خالد بن صخر التيمي وامرأته ريطة بنت الحارث بن جبيلة. وولدت له بها موسى وعائشة وزينب وفاطمة ۔ وعمرو بن عثمان بن عمرو بن كعب بن سعد بن تيم بن مرة وشماس بن عثمان بن الشريد المخزومي ۔ قال: وإنما سمي شماسا لحسنه.وأصل اسمه عثمان بن عثمان. وهبار بن سفيان بن عبد الأسد المخزومي. وأخوه عبد الله وهشام بن أبي حذيفة بن المغيرة بن عبد الله بن عمر بن مخزوم. وسلمة بن هشام بن المغيرة. وعياش بن أبي ربيعة بن المغيرة. ومعتب بن عوف بن عامر۔ ويقال له: عيهامة۔ وهو من حلفاء بني مخزوم. قال وقدامة وعبد الله أخوا عثمان بن مظعون والسائب بن عثمان بن مظعون وحاطب بن الحارث بن معمر ومعه امرأته فاطمة بنت المجلل. وابناه منها محمد والحارث وأخوه حطاب وامرأته فكيهة بنت يسار وسفيان بن معمر بن حبيب وامرأته حسنة. وابناه منها جابر وجنادة وابنها من غيره وهو شرحبيل بن عبد الله أحد الغوث بن مزاحم بن تميم وهو الذي يقال له: شرحبيل بن حسنة وعثمان بن ربيعة بن أهبان بن وهب بن حذافة بن جمع وخنيس بن حذافة بن قيس بن عدي. وعبد الله بن الحارث بن قيس بن عدي بن سعد بن سهم. وهشام بن العاص بن وائل بن سعيد وقيس بن حذافة بن قيس بن عدي وأخوه عبد الله. وأبو قيس بن الحارث بن قيس بن عدي وإخوته الحارث ومعمر والسائب وبشر وسعيد أبناء الحارث بن قيس بن عدي لأمه وهو سعيد بن عمرة التميمي وعمير بن رئاب بن حذيفة بن مهشم بن سعيد بن سهم وحليف لبني سهم وهو محمية بن جزء الزبيدي ومعمر بن عبد الله ألعدوي. وعروة بن عبد العزى. وعدي بن فضلة بن عبد العزى. وابنه النعمان وعبد الله بن مخرمة ألعامري. وعبد الله بن سهيل بن عمرو. وسليط بن عمرو وأخوه السكران ومعه زوجته سودة بنت زمعة ومالك بن زمعة وامرأته عمرة بنت السعدي وحاطب بن عمرو ألعامري وحليفهم سعد بن خولة۔ وهو من اليمن۔ وأبو عبيدة عامر بن عبد الله بن الجراح الفهري وسهيل بن بيضاء. وهي أمه واسمها دعد بنت جحدم بن أمية بن ظرب بن

117

الحارث بن فهر- وهو سهيل بن وهب بن ربيعة بن هلال ابن أهيب بن ضبة بن الحارث. وعمرو بن أبي سرح بن ربيعة بن هلال بن مالك بن ضبة بن الحارث وعياض بن زهير بن أبي شداد بن ربيعة بن هلال بن مالك بن ضبة ويقال: بل ربيعة بن هلال بن مالك بن ضبة وعمرو بن الحارث بن زهير بن أبي شداد بن ربيعة. وعثمان بن عبد غنم بن زهير وسعد بن عبد قيس بن لقيط. وأخوه الحارث الفهريون.

قال ابن إسحاق: فكان جميع من لحق بأرض الحبشة وهاجر إليها من المسلمين- سوى أبنائهم الذين خرجوا بهم صغارا وولدوا بها- ثلاثة وثمانون رجلا إن كان عمار بن ياسر فيهم وهو يشك فيه.

قلت: وذكر ابن إسحاق أبا موسى الأشعري فيمن هاجر من مكة إلى أرض الحبشة غريب جدا.

وقد قال الإمام أحمد: حدثنا حسن بن موسى سمعت خديجا أخا زهير بن معاوية عن أبي إسحاق عن عبد الله بن عتبة عن أبي مسعود قال: بعثنا رسول الله صلى الله عليه وسلم إلى النجاشي ونحن نحو من ثمانين رجلا. فيهم عبد الله بن مسعود وجعفر. وعبد الله بن عرفطة. وعثمان بن مظعون. وأبو موسى. فأتوا النجاشي وبعثت قريش عمرو بن العاص وعمارة بن الوليد بهدية. فلما دخلا على النجاشي سجدا له ثم ابتدراه عن يمينه وعن شماله ثم قالا له إن نفرا من بني عمنا نزلوا أرضك ورغبوا عنا وعن ملتنا قال فأين هم؟ قالا: في أرضك فابعث إليهم فبث إليهم فقال جعفر: أنا خطيبكم اليوم فاتبعوه فسلم ولم يسجد فقالوا له: مالك لا تسجد للملك؟ قال: إنا لا نسجد إلا لله عز وجل قال: وما ذاك؟ قال: إن الله بعث إلينا رسولا ثم أمرنا أن لا نسجد لأحد إلا لله عز وجل وامرنا بالصلاة والزكاة. قال عمرو: فإنهم يخالفونك في عيسى بن مريم. قال: فما تقولون في عيسى بن مريم وأمه؟ قالوا: نقول كما قال الله هو كلمة الله وروحه ألقاها إلى العذراء البتول التي لم يمسها بشر ولم يفرضها ولد. قال: فرفع عودا من الأرض ثم قال: يا معشر الحبشة والقسيسين والرهبان و الله ما يزيدون على الذي نقول فيه ما يسوى هذا. مرحبا بكم وبمن جئتم من عنده أشهد أنه رسول الله وأنه الذي نجده في الإنجيل وإنه الرسول الذي بشر به عيسى بن مريم انزلوا حيث شئتم. و الله لولا ما أنا فيه من الملك لأتيته حتى أكون أنا أحمل نعليه. وأمر بهدية الآخرين فردت إليهما ثم تعجل عبد الله ابن مسعود حتى أدرك بدرا وزعم ان النبي صلى الله عليه وسلم استغفر له حين بلغه موته وهذا إسناد جيد قوي وسياق حسن.

وفيه ما يقتضي أن أبا موسى كان ممن هاجر من مكة إلى أرض الحبشة إن لم يكن ذكره مدرجا من بعض الرواة و الله اعلم.

مقتل مسيلمة الكذاب لعنه الله وأخزاه

لما رضي الصديق عن خالد بن الوليد وعذره بما اعتذر به. بعثه إلى قتال بني حنيفة باليمامة.وأوعب معه المسلمون وعلى الأنصار ثابت بن قيس بن شماس فسار لا يمر بأحد من المرتدين إلا نكل بهم، وقد اجتاز بخيول لأصحاب سجاح فشردهم وأمر بإخراجهم من جزيرة العرب، وأردف الصديق خالدا بسرية لتكون ردءا له من وراءه وقد كان بعث قبله إلى مسيلمة عكرمة بن أبي جهل.وشرحبيل بن حسنة، فلم يقاوما بني حنيفة، لأنهم في نحو من أربعين ألفا من المقاتلة، فعجل عكرمة قبل مجيء صاحبه شرحبيل، فناجزهم فنكب، فانتظر خالدا، فلما سمع مسيلمة بقدوم خالد، عسكر بمكان يقال له: عقرباء. في طرف اليمامة والريف وراء ظهورهم، وندب له الناس وحثهم، فحشد له أهل اليمامة وجعل على مجنبتي جيشه المحكم بن الطفيل، والرجال بن عنفوة بن نهشل، وكان الرجال هذا صديقه الذي يقول انه قد أشرك معه مسيلمة بن حبيب في الأمر. فكان هذا الملعون من أكبر ما أضل أهل اليمامة حتى اتبعوا مسيلمة. لعنهما الله، وقد كان الرجال هذا قد وفد إلى النبي صلى الله عليه وسلم وقرأ " البقرة" وجاء زمن الردة إلى أبي بكر فبعثه إلى أهل اليمامة يدعوهم إلى الله ويثبتهم على الإسلام، فارتد مع مسيلمة وشهد له بالنبوة.

قال سيف بن عمر عن طلحة، عن عكرمة، عن أبي هريرة: كنت يوما عند النبي صلى الله عليه وسلم في رهط معنا الرجال بن عنفوة، فقال: إن فيكم لرجلا ضرسه في النار أعظم من أحد فهلك القوم وبقيت أنا والرجال، وكنت متخوفا لها، حتى خرج الرجال مع مسيلمة وشهد له بالنبوة فكانت فتنة الرجال أعظم من فتنة مسيلمة، ورواه ابن إسحاق عن شيخ عن أبي هريرة.

واقترب خالد وقد جعل على المقدمة شرحبيل بن حسنة وعلى المجنبتين زيدا وأبا حذيفة وقد مرت المقدمة في الليل بنحو من أربعين، وقيل: ستين فارسا، عليهم مجاعة بن مرارة، وكان قد ذهب لأخذ ثأر له في بني تميم وبني عامر وهو راجع إلى قومه فأخذوهم فلما جئ بهم إلى خالد، سألهم عن خبرهم فاعتذروا إليه فلم يصدقهم، وأمر بضرب أعناقهم كلهم سوى مجاعة فإنه استبقاه مقيدا عنده: لعلمه بالحرب والمكيدة، وكان سيدا في بني حنيفة شريفا مطاعا. ويقال: إن خالدا لما عرضوا عليه قال لهم: ماذا تقولون يا بني حنيفة؟ قالوا: نقول: منا نبي ومنكم نبي. فقتلهم إلا واحدا اسمه سارية، فقال له أيها

الرجل، إن كنت تريد غدا بعدول هؤلاء خيرا او شرا فاستبقى هذا الرجل. يعني مجاعة بن مرارة. فاستبقاه خالد مقيدا، وجعله في الخيمة مع امرأته وقال: استوصي به خيرا، فلما تواجه الجيشان قال مسيلمة لقومه: اليوم يوم الغيرة، اليوم إن هزمتم تستردف النساء سبيات، وينكحن غير حظيات، فقاتلوا عن أحسابكم وامنعوا نساءكم، وتقدم المسلمون حتى نزل بهم خالد على كثيب يشرف على اليمامة فضرب به عسكره وراية المهاجرين مع سالم مولى أبي حذيفة، وراية الأنصار مع ثابت بن قيس بن شماس والعرب على راياتها ومجاعة بن مرارة مقيد في الخيمة مع أم تميم امرأة خالد، فاصطدم المسلمون والكفار فكانت للمسلمين جولة وانهزمت الأعراب حتى دخلت بنو حنيفة خيمة خالد بن الوليد، وهموا بقتل أم تميم، حتى أجارها مجاعة وقال: نعمت الحرة هذه، وقد قتل الرجال بن عنفوة لعنه الله في هذه الجولة، قتله زيد بن الخطاب، ثم تذامر الصحابة بينهم وقال ثابت بن قيس بن شماس: بئس ما عودتم أقرانكم. ونادوا من كل جانب: أخلصنا يا خالد، فخلصت ثلة من المهاجرين والأنصار وحمي البراء بن مالك وكان إذا رأى الحرب أخذته العرواء فيجلس على ظهره الرجال وينتفض حتى يبول في سراويله ثم يثور كما يثور الأسد، وقاتلت بنو حنيفة قتالا لم يعهد مثله وجعلت الصحابة يتواصون بينهم ويقولون: يا أصحاب سورة" البقرة" بطل السحر اليوم. وحفر ثابت بن قيس لقدميه في الأرض إلى أنصاف ساقيه، وهو حامل لواء الأنصار بعدها تحنطك وتكفن فلم يزل ثابتا حتى قتل هناك، وقال المهاجرون لسالم مولى أبي حذيفة: أتخشى أن نؤتى من قبلك؟ فقال: بئس حامل القرآن أنا إذا. وقال زيد بن الخطاب أيها الناس، عضوا على أضراسكم، واضربوا في عدوكم. وامضوا قدما. وقال: و الله لا أتكلم حتى يهزمهم الله أو ألقى الله فأكلمه بحجتي. فقتل شهيدا، رضي الله عنه. وقال أبو حذيفة: يا أهل القرآن، زينوا القرآن بالفعال، وحمل فيهم حتى أبعدهم وأصيب رضي الله عنه وحمل خالد بن الوليد حتى جاوزهم وسار بحيال مسيلمة وجعل يترقب أن يصل إليه فيقتله، ثم رجع ثم وثب بين الصفين ودعا إلى البراز، وقال:أنا ابن الوليد العود، أنا ابن عامر وزيد. ثم نادى بشعار المسلمين وكان شعارهم يومئذ: يا محمداه. وجعل لا يبرز لهم احد إلى قتله، ولا يدنو منه شيء إلى أكله ودارت رحى المسلمين، ثم اقترب من مسيلمة فعرض عليه النصف والرجوع إلى الحق، فجعل شيطان مسيلمة يلوي عنقه لا يقبل منه شيئا وكلما أراد مسيلمة يقارب من الأمر صرفه عنه شيطانه، فانصرف عنه خالد وقد ميز خالد المهاجرين من الأنصار من الأعراب وكل بني أب على رايتهم يقاتلون تحتها حتى يعرف الناس من أين

يؤتون وصبرت الصحابة في هذا الموطن صبرا لم يعهد مثله، ولم يزالوا يتقدمون إلى نحور عدوهم حتى فتح الله عليهم، وولى الكفار الأدبار، واتبعوهم يقتلون في أقفائهم، ويضعون السيوف في رقابهم حيث شاءوا، حتى ألجأوهم إلى حديقة الموت وقد أشار عليهم محكم اليمامة وهو محكم بن الطفيل لعنه الله بدخولها فدخلوها وفيها عدو الله مسيلمة، لعنه الله، وأدرك عبد الرحمن بن أبي بكر محكم بن الطفيل، فرماه بسهم في عنقه وهو يخطب فقتله، وأغلقت بنو حنيفة الحديقة عليهم، وأحاط بهم الصحابة وقال البراء بن مالك يا معشر المسلمين ألقوني عليهم في الحديقة. فاحتملوه فوق الجحف. ورفعوها بالرماح حتى ألقوه عليهم من فوق سورها،فلم يزل يقاتلهم دون بابها حتى فتحه ودخل المسلمون الحديقة من حيطانها وأبوابها يقتلون من فيها من المرتدة من أهل اليمامة حتى خلصوا إلى مسيلمة، لعنه الله، وإذا هو واقف في ثلمة جدار، كأنه جعل أورق، وهو مزبد متساند، لا يعقل من الغيظ، وكان إذا اعتراه شيطانه أزبد حتى يخرج الزبد من شدقيه، فتقدم إليه وحشي بن حرب مولى جبير بن مطعم قاتل حمزة، فرماه بحربته فأصابه وخرجت من الجانب الآخر، وسارع إليه أبو دجانة سماك بن خرشة، فضربه بالسيف فسقط، فنادت امرأة من القصر: وأمير المؤمنين، قتله العبد الأسود. فكان جملة من قتلوا في الحديقة وفي المعركة قريبا من عشرة آلاف مقاتل- وقيل: أحد وعشرون ألفا- وقتل من المسلمين ستمائة- وقيل: خمسمائة- فالله أعلم. وفيهم من سادات الصحابة وأعيان الناس من يذكر بعد، وخرج خالد ومعه مجاعة بن مرارة يرسف في قيوده. فجعل يريه القتلى ليعرفه بمسيلمة، فلما مروا بالرجال بن عنفوة قال له خالد: أهذا هو؟ قال: لا، و الله هذا خير منه، هذا الرجال بن عنفوة.

قال سيف بن عمر: ثم مروا بر ويجل أصفرأخينس فقال: هذا صاحبكم. فقال خالد: قبحكم الله على أتباعكم هذا، ثم بعث خالد الخيول حول اليمامة يلتقطون ما حول حصونها من مال وسبي ثم عزم على غزو الحصون ولم يكن بقي فيها إلى النساء والصبيان والشيوخ الكبار. فخدعة مجاعة فقال: إنها ملأى رجالا ومقاتلة فهلم فصالحني عنها. فصالحه خالد لما رأى بالمسلمين من الجهد، وقد كلوا من كثرة الحروب والقتال فقال: دعني حتى أذهب إليهم ليوافقوني على الصلح فقال: اذهب. فسار إليهم مجاعة فأمر النساء أن يلبسن الحديد ويبرزن على رؤوس الحصون فنظر خالد فإذا الشرفات ممتلئة من رؤوس الناس فظنهم كما قال مجاعة، فانتظم الصلح، فصالحهم على البيضاء والصفراء والحلقة والكراع ونصف الرقيق. وقيل لخالد إن مجاعة قد خدعك فقال له: يا مجاعة،

خدعتني. فقال: إنهم قومي وقد أفنيتهم، فلا تلمني على ذلك. ولما فرغ من قتال بني حنيفة، خطب إلى مجاعة ابنته وألح عليه، فزوجه إياها، ولما بلغ أبا بكر ذلك كتب إليه: إنك لفارغ القلب: تتزوج النساء وحول خبائك ألف ومائتان من المسلمين لم تجف دماؤهم؟! وبعد، فإذا جاءك كتابي هذا فالحق بمن معك من جموع المسلمين إلى العراق. وبعث بالكتاب مع أبي سعيد الخدري، وقال: لا تفارقه حتى تشخصه. فلما قرأ خالد الكتاب قال: هذا من عمل الأعسر عمر بن الخطاب ودعاهم خالد إلى الإسلام فأسلموا عن أخرهم ورجعوا إلى الحق ورد عليهم خالد بعض ما كان اخذ من السبي، وساق الباقين إلى الصديق وقد تسري علي بن أبي طالب بجارية منهم، وهي أن ابنه محمد الذي يقال له محمد بن الحنفية رضي الله عنه وقد قال ضرار بن الأزور في غزوة اليمامة هذه:-

وسئلت عنا جنوب لأخبرت — عشية سألت عقرباء وهله

سال بفرع ألواد حتى ترقرقت — حجارته فيه من القوم باه

نية لا تغني الرماح مكانها — ولا النبل إلا ألمشرفي المحة

إن تبتغي الكفار غير حليمة — جنوب فإني تابع الدين مع

ساهد إذ كان الجهاد غنيمة — ولله بالمرء المجاهد أعلاه

وقد قال خليفة بن خياط ومحمد بن جرير وخلق من السلف: كانت وقعة اليمامة في سنة إحدى عشرة وقال ابن قانع: في أخرها. وقال الواقدي وآخرون: كانت في سنة إحدى عشرة، والفراغ منها في سنة اثنتي عشرة. و الله اعلم.

ولما قدمت وفود بني حنيفة على الصديق قال لهم: أسمعونا شيئا من قرآن مسيلمة، فقالوا: أو تعفينا يا خليفة رسول الله؟ فقال: لا بد من ذلك. فقالوا: كان يقول: يا ضفدع بنت الضفدعين نقي لكم تنقين، لا الماء تكدرين، والشارب تمنعين، رأسك في الماء وذنبك في الطين، وكان يقول: والمبذرات زرعا، والحاصدات حصدا، والذاريات قمحا، والطاحنات طحنا، والخابزات خبزا، والثاردات ثردا، واللاقمات لقما، إهالة وسمنا، لقد فضلتم على أهل الوبر وما سبقكم أهل المدر، رفيقكم فامنعوه، والمعتر فآووه، والباغي فوائوه، وذكروا أشياء من هذه الخرافات التي يأنف من قولها الصبيان وهم يلعبون فيقال: إن الصديق قال لهم: ويحكم! أين كان يذهب بقولكم؟ إن هذا الكلام لم يخرج من إل. وكان يقول: والفيل، وما أدراك ما الفيل، له زلوم طويل، وكان يقول: والليل الدامس، والذئب الهامس، ما قطعت أسد من رطب ولا يابس، وتقدم قوله: لقد أنعم الله على الحبلى، أخرج منها نسمة تسعة، من بين صفاق وحشا، وأشياء من هذا الكلام السخيف

الركيك البارد السمج. وقد أورد أبو بكر بن الباقلاني رحمه الله في كتابه" إعجاز القرآن" أشياء من كلام هؤلاء الجهلة المتنبئين كمسيلمة وطليحة والأسود وسجاح وغيرهم، مما يدل على ضعف عقولهم وعقول من اتبعهم على ضلالهم ومحالهم. وقد روينا عن عمرو بن العاص انه وفد إلى مسيلمة في أيام جاهليته، فقال له مسيلمة: ماذا أنزل على صاحبكم في هذا الحين؟ فقال له عمرو لقد أنزل عليه سورة وجيزة بليغة. فقال: وما هي؟ قال: أنزل عليه والعصر إن الإنسان لفي خسر إلا الذين آمنوا وعملوا الصالحات وتواصوا بالحق وتواصوا بالصبر قال: ففكر مسيلمة ساعة، ثم رفع رأسه فقال: ولقد أنزل علي مثلها فقال له عمرو: وما هو؟ فقال مسيلمة: يا وبر يا وبر إنما أنت أذنان وصدر، وسائرك حقر نقر، ثم قال: كيف ترى يا عمرو. فقال له عمرو: و الله إنك لتعلم أني أعلم إنك لتكذب. وذكر علماء التاريخ أنه كان يتشبه بالنبي صلى الله عليه وسلم، بلغه ان رسول الله صلى الله عليه وسلم بصق في بشر، فغزر ماؤها، فبصق في بشر فغاض ماؤها بالكلية، وفي أخرى فصار ماؤها أجاجا، وتوضأ وسقى بوضوئه نخلا فيبست وهلكت، وأتي بولدان يبرك عليهم فجعل يمسح رؤوسهم، فمنهم من قرع رأسه، ومنهم من لثغ لسانه، ويقال: إنه دعا لرجل أصابه وجع في عينيه فمسحهما فعمي.

وقال سيف بن عمر، عن خليد بن ذفرة ألنمري، عن عمير بن طلحة، عن أبيه انه جاء إلى اليمامة فقال: أين مسيلمة؟ قالوا: مه، رسول الله. فقال: لا، حتى أراه. فلما جاءه قال: أنت مسيلمة؟ فقال: نعم. قال: من يأتيك؟ قال:رحمان. قال: أفي نور أم في ظلمة؟ فقال: في ظلمة. فقال: أشهد أنك كذاب وأن محمدا صادق. ولكن كذاب ربيعة أحب إلينا من صادق مضر- واتبعه هذا الأعرابي الجلف لعنه الله، حتى قتل معه يوم عقرباء. لا رحمه الله.

أنس بن مالك

كان أصحاب النبي صلى الله عليه وسلم يتنافسون في خدمة رسول الله صلى الله عليه وسلم تعبيرا عن صادق حبهم له، وتفانيا في طاعته ومرضاته، وإجلالا له وتخفيفا عنه، وإسهاما منهم في توفير سبل الراحة، ويرى كل منهم ان الشرف كل الشرف في خدمته وملازمته في حله وترحاله، والمتعة كل المتعة في الجلوس عنده والتحدث معه والنظر إلى وجهه الكريم.

وكانت أم أنس بن مالك بن النضر- من ضمضم سباقة إلى هذا الخير العظيم والشرف الرفيع، إذ أرسلت إلى رسول الله صلى الله عليه وسلم أفضل أولادها وأحبهم إليها وأكثرهم ذكاء وفطنة، ليكون خادما ملازما له لا يفارقه في ليل أو نهار.

لقد جاءت أمه إليه صلى الله عليه وسلم، وهي أم حرام مليكة بنت ملحان فقالت: يا رسول الله صلى الله عليه وسلم هذا أنس خادم لبيب يخدمك، فوهبته له فقبله، وسألته أن يدعو له فقال" اللهم أكثر ماله وولده وأدخله الجنة"[1] .

يقول أنس رضي الله عنه: لقد رأيت اثنتين وأنا أرجو الثالثة، فوا الله إن مالي لكثير حتى أن نخلي وكرمي ليثمر في السنة مرتين، وإن ولدي وولد ولدي ليتعادون على نحو المائة.

وفي رواية قال: حدثتني ابنتي آمنة أنه دفن لي من صلبي إلى حين مقدم الحجاج عشرون ومائة.

ولقد سعد أنس بصحبة النبي صلى الله عليه وسلم في عشر سنين، فما وجد منه شيئا أغضبه أو جرح مشاعره، ولا رأى منه إلا خيرا. قال رضي الله عنه: خدمت النبي صلى الله عليه وسلم عشر سنين، فوا الله ما قهرني[2].ولا انتهرني، ولا قال لي لشيء فعلته: لم فعلته، ولا لشيء تركته: لم تركته.

وكان من أدبه معه صلى الله عليه وسلم أنه إذا صام صام معه، وإذا أفطر أفطر معه، وكان يعرف حاجة النبي صلى الله عليه وسلم فيسرع إلى قضائها له قبل أن يطلبها، فإذا أمره بشيء او نهاه عنه لم يسأله لماذا أمرتني ولماذا نهيتني.

لقد كان لبيبا حقا، كما وصفته أمه، يرى ببصيرته أكثر مما يرى ببصره،لهذا حمل من اعلم ما لا يحمله أكابر الرجال من المقربين إلى رسول الله صلى الله عليه وسلم وذلك لكثرة ملازمته له في بيته وفي مسجده، وفي طريقه هنا وهناك، وفي غزواته كلها إلا بدرا على ما قيل. وقيل إنه شهد بدرا أيضا، وهو الراجح عندي،لأن غزوة بدر كانت في السنة الثانية للهجرة، وقد وهبته أمه في السنة الأولى، فلازمه فيها لخدمته لا للقتال، لأنه لم يكن قد بلغ الحلم بعد، فسنه يومئذ لم تتجاوز الثانية عشرة.

وذكر ابن كثير في البداية ان رجلا قال لأنس: أشهدت بدرا: فقال: وأين أغيب عن بدر لا أم لك؟!. قال عبد الله الأنصاري راوي الحديث: شهدها يخدم رسول الله صلى الله عليه وسلم.

ومضت السنوات العشر التي خدم فيها رسول الله صلى الله عليه وسلم وكأنها البرق الخاطف، وهذا هو الشأن في الأيام الطيبة التي يقضيها المرء هادئ النفس مستقر الحال صالح البال، لا يجد فيها ما ينغص عليه عيشه او يكر صفوة قلبه.

---

(1) رواه البخاري ومسلم والترمذي وغيرهم.

(2) أي نهرني وأنبني.

إنها أيام تمر وكأنها لم تكن، فلم يبق لأنس منها سوى الذكريات، يدعوها وتستدعيه، فلا يفارقها ولا تفارقه، ويعيش عليها، ويسعد بها حتى يلقى من يحب، فيسعد بلقاؤه مرة أخرى، فيقول ما كان يقوله بلال عند وفاته: غدا ألقى الأحبة: محمدا وصحبه.

يروي ابن سعد في الطبقات الكبرى عن المثنى بن سعيد الذراع قال: سمعت أنس بن مالك يقول: ما من ليلة إلا وأنا أرى فيها حبيبي رسول الله صلى الله عليه وسلم، ثم يبكي.

رجال أحبهم الرسول وبشرهم بالجنة

وصحب أنس بعد رسول الله صلى الله عليه وسلم أبا بكر وعمر، وعثمان وعليا رضي الله عنهم وكان في خدمتهم وطوع أمرهم: طاعة لله عز وجل وأداء للأمانة ووفاء بالعهد.

وكان أنس رجلا عابدا يكثر من الصلاة ويطيل القيام فيها، ويبكي وهو يقرأ القرآن.

قال أبو هريرة رضي الله عنه: ما رأيت أحدا أشبه صلاة برسول الله صلى الله عليه وسلم من ابن أم سليم- يعني أنس بن مالك.

وقال محمد بن سيرين: كان أحسن الناس صلاة في الحضر والسفر، وقال له أنس: خذ مني، فأنا أخذت من رسول الله صلى الله عليه وسلم عن الله عز وجل، ولست تجد أوثق مني.

وقال الزهري: دخلت على أنس بن مالك بدمشق، وهو يبكي، فقلت: ما يبكيك؟ قال: لا أعرف مما كان رسول الله صلى الله عليه وسلم وأصحابه إلا هذه الصلاة، وقد صنعتم فيها ما صنعتم.

وفي رواية: وهذه الصلاة قد ضيعت. يعني: ما كان يفعله خلفاء بني أمية من تأخير الصلاة إلى آخر وقتها الموسع، فقد كانوا يواظبون على التأخير إلا عمر بن عبد العزيز في أيام خلافته.

روى ابن سعد في الطبقات بمسنده عن الحريري أنه احرم بالحج في عام من الأعوام من ذات عرق فما سمعناه متكلما إلا بذكر الله عز وجل حتى أحل، ثم قال لي: يا ابن أخي، هكذا الإحرام.

وكان رضي الله عنه مجاب الدعوة، وما كان يدعو إلا بخير له أو أحد من المسلمين، فقد عطشت أرضه يوما- كما يروي ابن أبي الدنيا- فتوضأ وصلى ركعتين في البرية ثم عاد، فرؤى السحاب يلتئم ثم أمطر حتى خيل انه ملأ كل شيء فلما سكن المطر بعث أنس بعض أهله فقال: انظر أين بلغ المطر؟ فنظر فوجده لم يعد أرضه إلا يسيرا.

وقد عاش أنس بن مالك حياة طيبة، وعمر عمرا طويلا حافلا بالعمل الصالح والعطاء الجزيل.

قيل: إنه عاش مائة سنة وست، او مائة وثلاث، وكان من آخر أصحاب النبي صلى الله عليه وسلم وفاة. وخير الناس من طال أجله وحسن عمله.

وقد كانت وفاته في السنة الثالثة والتسعين للهجرة على الراجح من أقوال المؤرخين.

وقيل له في مرض الوفاة: ندعو لك الطبيب؟، فقال مقالة أبي بكر رضي الله عنه: الطبيب أمرضني-أي: الطبيب هو الله وقد أمرضني لأمر فيه خير لي، فلا حاجة لي بالطبيب، لأنه لن يغير من أمري شيئا، وهذا منتهى التوكل، وهو توكل الخواص، كما يقول ابن الجوزي في كتابه: صيد الخاطر، لا يبلغه عوام الناس ولا يكلفونه وإنما يكلفون الأخذ بالأسباب المؤدية إلى قضاء الحاجات، ومنها: طلب الطبيب من اجل تشخيص الداء ووصف الدواء.

ولكل مؤمن في الإيمان مقام، وأصحاب النبي صلى الله عليه وسلم في الذروة العليا، وخيارهم أكثرهم ملازمة للنبي صلى الله عليه وسلم وأعظمهم حبا له. وانس واحد من خيارهم، فهنيئا له بهذا العمر الذي عاشه في خدمة النبي صلى الله عليه وسلم وخدمة الخلفاء الراشدين المهديين من بعده، وهنيئا له جهاده لنفسه ولعدوه، وتفانيه في طاعة ربه.

لقد قال لمن حضر وفاته: لقنوني لا إله إلا الله، أي: أسمعوني هذه الكلمة، فهي أولى من كلامكن عندي مهما عظم خيره وعم نفعه، فلقنوه كلمة التوحيد فظل يكررها حتى مات عليها.

رضي الله عنه وأرضاه، اللهم أحينا على كلمة التوحيد وأمتنا عليها وابعثنا بها حتى نلقاك راضين مرضيين.

أبو هريرة الدوسي

حفظ أبو هريرة لامة الإسلام ما يزيد على خمسة آلاف وستمائة حديث من أحاديث رسول الله صلى الله عليه وسلم.

كان الناس يدعونه في الجاهلية عبد شمس فلما أكرمه الله بالإسلام سأله الرسول صلى الله عليه وسلم: ما أسمك فأجاب عبد شمس فقال عليه الصلاة والسلام بل عبد الرحمن فقال نعم عبد الرحمن بابي أنت وأمي يا رسول الله .أما كنيته بأبي هريرة فقد كان له في طفولته هرة يلعب بها فنسبوه إليها وسمي أبا هريرة وشاع حتى على أسمه أسلم أبو هريرة على يد الطفيل بن عمرو الدوسي وظل في ارض قومه دوس إلى ما بعد الهجرة بست سنين حيث وفد مع جموع من قومه على رسول الله صلى الله عليه وسلم بالمدينة. وقد أنقطع الفتى الدوسي لخدمة رسول الله صلى الله عليه وسلم وصحبته فاتخذ المسجد مقاما والنبي معلما وإماما إذ لم يكن

له في حياة النبي زوج ولا ولد وإنما كانت له أم عجوز أصرت على الشرك فكان لا يفتأ يدعوها إلى الإسلام إشفاقا عليها وبرا بها فتنف منه وتصده فيتركها والحزن عليها يفري فؤاده فريا .

وفي ذات يوم دعاها إلى الإيمان بالله ورسوله فقالت في النبي صلى الله عليه وسلم قولا أحزنه وأمضه. فمضى إلى الرسول صلى الله عليه وسلم وهو يبكي فقال له الرسول ما يبكيك فقال أني كنت لا أفتر عن دعوة أمي إلى الإسلام فتأبى علي وقد دعوتها اليوم فأسمعتني فيك ما أكره فادع الله عز وجل أن يميل قلب أمي للإسلام فدع لها النبي صلى الله عليه وسلم.قال أبو هريرة فمضيت إلى البيت فإذا الباب قد رد وسمعت خضخضة الماء فلما هممت بالدخول قالت أمي :

مكانك يا أبو هريرة ثم لبست ثوبها وقالت أدخل فدخلت فقالت أشهد أن لا اله إلا الله وأشهد أن محمد عبده ورسوله.فعدت إلى رسول الله وأنا أبكي من الفرح كما بكيت قبل ساعة من الحزن وقلت أبشر يا رسول الله فقد استجاب الله دعوتك وهدى أم أبي هريرة إلى الإسلام.

حياته

وقد عانى أبو هريرة بسبب انصرافه للعلم وانقطاعه لمجالس رسول الله ما لم يعانه من الجوع وخشونة العيش روى عن نفسه قال: أنه كان يشتد بي الجوع حتى أني كنت اسأل الرجل من أصحاب رسول الله صلى الله عليه وسلم عن آيه من القران وأنا أعلمها كي يصحبني معه إلى بيته فيطعمني وقد اشتد بي الجوع ذات يوم حتى شددت على بطني حجرا فقعدت في طريق الصحابة فمر بي أبو بكر فسألته عن أية في كتاب الله وما سألته إلا ليدعوني فما دعاني .

ثم مر بي عمر بن الخطاب فسألته عن آيه فلم يدعني أيضا حتى مر بي رسول الله صلى الله عليه وسلم فعرف ما بي من الجوع فقال: أبو هريرة قلت لبيك يا رسول الله وتبعته فدخلت معه البيت فوجد قدحا فيه لبن فقال لأهله :من أين لكم بهذا ؟ قالوا: أرسل به فلان إليك فقال

يا أبا هريرة أنطلق إلى أهل الصفة فادعهم فساءني إرساله إياي لدعوتهم وقلت في نفسي: ما يفعل هذا اللبن مع أهل الصفة ؟ وكنت أرجو أن أنال منه شربة أتقوى بها ثم اذهب إليهم أتيت أهل الصفة ودعوتهم فأقبلوا فلما جلسوا عند رسول الله قال: (خذ يا أبا هريرة فأعطهم) فجعلت أعطي الرجل فيشرب حتى يروى إلى أن شربوا جميعا فناولت

القدح لرسول الـلـه فرفع رأسه إلي مبتسما وقال: بقيت أنا وأنت قلت صدقت يا رسول الـلـه قال فأشرب فشربت ثم قال أشرب فشربت وما زال يقول اشرب فأشرب حتى قلت والذي بعثك بالحق لا أجد له مساغا فاخذ الإناء وشرب من الفضلة.

نشأته واسلامه

يتحدث عن نفسه - رضي الـلـه عنه- فيقول :(نشأت يتيما، وهاجرت مسكينا، وكنت أجيرا لبسرة بنت غزوان بطعام بطني، كنت أخدمهم اذا نزلوا، وأحدو لهم اذا ركبوا، وها أناذا وقد زوجنيها، فالحمد لله الذي جعل الدين قواما، وجعل أبا هريرة أماما) قدم الى النبي - صلى الـلـه عليه وسلم- سنة سبع للهجرة وهو بخيبر وأسلم، ومنذ رأى الرسول الكريم لم يفارقه لحظة وأصبح من العابدين الأوابين، يتناوب مع زوجته وابنته قيام الليل كله، فيقوم هو ثلثه، وتقوم زوجته ثلثه، وتقوم ابنته ثلثه، وهكذا لا تمر من الليل ساعة الا وفي بيت أبي هريرة عبادة وذكر وصلاة ابو هريرة اكثر من روى الحديث عن رسول الـلـه انه احد اعلام الصحابة الرواة الذين اسهموا في حفظ الشريعة ونشرها بين المسلمين كان اكثر من روى الحديث عن رسول الـلـه صلى الـلـه عليه وسلم وروى عنه ثمان مائة مسلم بين صحابي وتابع.

اسمه عبد الرحمن بن صخر من ولد ثعلبة بن سليم بن فهم ينتهي نسبه الى الازو اعظم واشهر قبائل العرب، وجعله النبي عريف اهل الصفة.

اذا اراد ان يجمعهم لطعام يطلب من ابي هريرة ان يجمعهم لانه اعرف بهم وبمنازلهم. وكان ابوهريرة يحب النبي حبا شديدا حدث ان رفع الرسول الدرة ليضرب بها اباهريرة فقال ابو هريرة لان يضربني بها احب الي من حمر النعم.

وكان ابو هريرة يقتدي بالنبي في كل اعماله ويحذر الناس من الانغماس في ملاذ الدنيا وشهواتها. لا يفرق في ذلك بين غني وفقير أو بين حاكم ومحكوم. يرشد الناس الى الحق والصواب.

مر ذات يوم بقوم يتوضأون فقال لهم اسبغوا الوضوء فاني سمعت ابا القاسم صلى الـلـه عليه وسلم يقول: ويل للاعقاب من النار

ومما يقوله ابو هريرة: ان اهل الصفة هم ضيوف الرحمن لا اهل لهم ولا مال. اذا أتى رسول الـلـه صلى الـلـه عليه وسلم ارسلها اليهم ولم يصب منها شيئا واذا جاءته هدية اصاب منها واشركهم فيها.

يقول امام التابعين سعيد بن المسيب: رأيت ابا هريرة يطوف بالسوق. ثم يأتي اهله فيقول: هل عندكم من شئ؟ فان قالوا: لا قال: اني صائم. كان زاهدا في الدنيا ويكتفي من الطعام بسد رمقه - فقد صبر على الفقر طويلا. حتى رزقه الـلـه مالا وفيرا- وكان دائما يذكر ايام فقره ويدعو الناس الى الصبر والشكر ومر ابو هريرة ذات يوم بقوم

يذبحون شاة. فدعوه الى تناول الطعام معهم فأبى وقال: ان رسول الله صلى الله عليه وسلم خرج من الدنيا وما شبع من خبز الشعير قط.

وكان رسول الله صلى الله عليه وسلم قد بعث ابا هريرة مع العلاء الحضرمي الى البحرين لينشرا الاسلام فيها ويفقها الناس في امور دينهم فأنجزا هذه المهمة خير انجاز.

ولما تولى عمر بن الخطاب رضي الله عنه الخلافة جعل ابا هريرة عاملا على البحرين وقد عينه معاوية بن ابي سفيان واليا على المدينة فترة من الزمن وكان يقول له: نعم الامير انت يا ابا هريرة. فقد كان وهو امير المدينة يمر في السوق حاملا الحطب عل ظهره حتى ان احد المسلمين عرض عليه ان يحمل عنه الحطب فرفض وقال لست افضل من احد فيكم.

الصحيفة الصحيحة

كان ابو هريرة يحفظ ما يقوله رسول الله صلى الله عليه وسلم عن ظهر قلب. كما كان يدعو الناس الى حفظ القرآن الكريم واحاديث الرسول عليه الصلاة والسلام.

وقد حفظ التاريخ وثيقة علمية قيمة تضمنت ما املاه ابو هريرة على تلميذه همام بن منبه احد اعلام التابعين التقاة الذين التفوا حول الصحابي الجليل ابي هريرة رضي الله عنه وهذه الوثيقة اطلق عليها (الصحيفة الصحيحة) وقد نقلها الامام احمد بتمامها في مسنده كما نقل الامام البخاري عددا كبيرا من احاديثها في صحيحه. وقد قال ابو هريرة رضي الله عنه: عن نفسه ما من احد من اصحاب النبي صلى الله عليه وسلم احفظ لحديثه مني- اللهم إلا عبدالله بن عمر فإنه كان يكتب اما انا فأسمع واحفظ ولا اكتب.

أبو هريرة رضي الله عنه .... الصحابي المفترى عليه

بعد أن حاول أعداء السنة التشكيك في عدالة الصحابة، كخطوة أولى لتمهيد السبيل، وفتح الباب للطعن والتشكيك في أفرادهم وآحادهم - طالما أن عدالتهم وديانتهم قد سقطت -، جاءوا إلى بعض الصحابة الذين عرفوا بكثرة الحديث والرواية عن النبي (صلى الله عليه وسلم) فوجهوا سهام النقد إليهم، ورموهم بكل نقيصة، سعيا منهم إلى نزع الثقة فيهم، وبالتالي إهدار جميع مروياتهم، وعدم اعتبار أي قيمة لكتب السنة التي أخرجت هذه الأحاديث، وأجمعت الأمة على تلقيها بالقبول، وهذا هو ما يريدون التوصل إليه .

ولا يوجد أحد من الصحابة تعرض لحملات جائرة مسعورة، بمثل ما تعرض له الصحابي الجليل أبو هريرة رضي الله عنه، وهي حملات ليست جديدة في الحقيقة، فقد أطلق بعض أهل الأهواء ألسنتهم فيه منذ القدم لتسويغ بدعتهم وانحرافهم، فنقل الإمام ابن قتيبة في كتابه " تأويل مختلف الحديث "، الكثير مما رمي به أبو هريرة في القديم من قبل

النظام والإسكافي وأمثالهما من أهل البدع والأهواء الذين لهم مواقف معروفه من أكثر الصحابة، حتى جاء بعض المستشرقين من أمثال " جولد زيهر "، فوقعوا على أقوال المتحاملين فأخذوا وزادوا، وأبدؤوا وأعادوا، ثم طلعوا علينا بآراء مبتسرة وأحكام جائرة، تلقفها بعض أبناء جلدتنا فأعادوا صياغتها وتعليبها، وقدموها للناس على أنها حقائق علمية، ونتائج موضوعية لم يسبق التوصل إليها

فأما " أحمد أمين " فقد وزع طعونه على أبي هريرة في مواضع متفرقة من " فجر الإسلام "، وكان حديثه عنه حديث المحترس المتلطف المحاذر من أن يجهر في حقه بما يعتقده من سوء، ولكن أسلوبه، وتحريفه لبعض الحقائق في تاريخ أبي هريرة، وحرصه على التشكيك في صدقه، وادعاء شك الصحابة فيه، والتركيز على عرض الأمور التي يسيء ظاهرها لأبي هريرة، وإغفال الجوانب الأخرى التي تبين مكانته بين الصحابة والتابعين، وأئمة الحديث، وثناءهم عليه، وإقرارهم له بالصدق والحفظ والإتقان، مما هو ألصق وأشد تعلقا بموضوع البحث أكثر من أي شيء آخر، كل ذلك أبان قصده، وكشف الستار عن مراده .

وأما " أبو رية " - عامله الله بما يستحق - فقد كان أفحش، وأسوأ أدبا من كل من تكلم في حق أبي هريرة من المعتزلة والرافضة، والمستشرقين قديما وحديثا، مما يدل على سوء نية وخبث طوية، حيث عرض لترجمته في كتابه " أضواء على السنة المحمدية "، فيما يربو على خمسين صفحة لم يدع منقصة، ولا مذمة إلا ألصقها به، وألف كتابا مستقلا ضمنه كل إفك وبهتان، وملأه بكل جارح من القول، وتهجم فيه على أبي هريرة وغيره من الصحابة، ورماهم بالكذب والاختلاق، وسمى كتابه " شيخ المضيرة أبو هريرة "، وهو عنوان يقطر حقدا وسخرية وتنقصا لصحابة رسول الله (صلى الله عليه وسلم)، وهذا الكتاب يرجع إليه ويعتمد عليه كل من لا خلاق له ممن يطعن في الصحابة ويسبهم، وتدور مطاعنه، في احتقاره، ازدراء شخصيته، واتهامه بعدم الإخلاص في إسلامه، وعدم الصدق في حديثه عن رسول الله (صلى الله عليه وسلم) وحبه لبطنه وللمال، وتشيعه لبني أمية إلى غير ذلك من الإفك والبهتان

وسنعرض لشيء من هذه المطاعن على جهة الإشارة، لا على جهة الحصر والاستقصاء، والوقوف عند التفصيلات والأمثلة، فذلك أمر يطول، وقد كفانا مؤنة ذلك الأئمة والعلماء الذين قيضهم الله عز وجل للدفاع عن هذا الصحابي الجليل، فردوا كل ما قيل في حقة من مطاعن وافتراءات، وكشفوا نوايا هؤلاء المغرضين، وبينوا الحق من الباطل، وميزوا الطيب من الخبيث، في بحوث ودراسات علمية معروفة ومتداولة، قائمة على النزاهة في البحث، بعيدة كل البعد عن الهوى والعصبية، ويمكن لكل طالب حق أن

يرجع إليها، ليعرف شهادة التاريخ الصادق، ورأي صحابة رسول اللـه، وعلماء التـابعين، وأئمة المسلمين، في هذا الصحابي الجليل، ويقارن بعد ذلك بـين هـذه الصـورة المشرقة، وبـين الصورة التي أراد هؤلاء أن يظهروه بها .

فقد غضوا مـن شـأنه، وطعنـوا في أصله ونسبه، مـدعين أنه لم يكـن معروفا في أوسـاط الصحابة، وأنه كان غامض الحسب، مغمور النسب، ولم يعـرف إلا بكنيته، بدلالة أن النـاس اختلفوا في اسمه واسم أبيه اختلافا كثيرا، مع أن الخلاف لا يتجاوز عند التحقيق ثلاثة أقوال كما قال الحافظ ابن حجر رحمه اللـه، ونحن نجد عشرات الصحابة اختلف في أسمائهم إلى أكثر من ذلك، وكثير منهم إنما اشتهروا بكناهم لا بأسمائهم، فلماذا هذا التشويش بالذات علـى أبي هريرة رضي اللـه عنه، ومتى كان الاختلاف في اسم الرجل يشينه أو يسقط من عدالته؟؟.

وزعموا أنه كان مغمورا، لم يذكر في طبقات الصحابة، وليست له أي فضيلة أو منقبة، مـع أن المعروف من ترجمته أنه كان ممن هاجر بين الحديبية والفتح في العام السابع من الهجرة، وأنه صاحب رسول اللـه (صلى اللـه عليه وسلم)، ولازمه ما يربو على ثلاث سـنين، ويكفيـه ذلك فضلا وشرفا، وقد دعا النبي (صلى اللـه عليه وسلم) لـه ولأمـه أن يحببهما إلى عبـاده المؤمنين كما في الصحيح، وكان عريف أهل الصفة، وهم أضياف الإسلام، وأحباب النبـي عليـه الصلاة والسلام، وقد ذكره الإمام مسلم فيمن لهم فضائل من الصحابة، وعقد له الإمام النووي بابا في شرحه على مسلم، وذكر الحاكم في مستدركه جملة صالحة من مناقبه اسـتغرقت بضـع صفحات، وأما البخاري فهو وإن لم يعقد له ترجمة خاصة، لكنـه ذكر فضائله ضـمن أبـواب كتابه، ومنها كتاب العلم .

وطعنوا في صدقه وديانته، وأنه إنما أسـلم حبـا في الـدنيا لا رغبـة في الـدين، وهـي دعـوى يكذبها كل من يطالع سيرته وترجمته، وما كان عليه رضي اللـه عنه، من التقشف والانقطاع إلى العلم والعبادة، وتبليغ أحاديثه صلى اللـه عليه وسلم.

ثم بحثوا عن كل عيب يمكن إلصاقه به، حتى ولو كان من الأمور التي لا يعاب المسلم بها، ولا تعلق لها بالحديث والرواية .

فعيروه بفقره وجوعـه، ومتـى كـان الفقر عيبـا يعـير بـه الإنسـان إلا في منطق المتعالين المتكبرين؟

وعيروه بأميته، وهل كانت أمية الصحابي سببا للطعن فيه في أي عصر من عصور الإسلام حتى تذكر من جملة المطاعن، ونحن نعلم أن الكتبة من الصحابة قليل لا يتجاوزون أصابع اليد الواحدة .

وجعلوا من لطافة أخلاقه، وطيب معشره مدخلا للنيل منه، فوصفوه بأنه كان مزاحا مهذارا، مع أنه خلق أكرمه الله به، وحببه به إلى الناس، ومتى كان المزاح المباح، والتلطف إلى الناس والتودد إليهم خلقا معيبا عند كرام الناس، وقد كان النبي (صلى الله عليه وسلم) أحسن الناس خلقا، ومع ذلك كان يمازح أصحابه ولا يقول إلا حقا، وكذلك كان الصحابة رضي الله عنهم، فما هو الحرج في المزاح إذا كان مباحا لا إسفاف فيه، ولا إيذاء لأحد، وفيه من المعاريض التي تدعو إلى إعمال الفكر والنظر، وكل الذي ثبت عن أبي هريرة رضي الله عنه، إنما هو من هذا القبيل، وأما المزاح الساقط، المشتمل على المجازفة ورديء القول والفعل، فحاشا وكلا أن يكون أبو هريرة مما عرف به .

ثم لماذا يركز على هذا الجانب فقط من ترجمة أبي هريرة، وتغفل الجوانب الأخرى التي عرف واشتهر بها بين الناس ورواها كل من ترجم له، أين هي أخبار عبادته وصيامه وقيامه، وتسبيحه وأوراده ؟!، أين هي أخبار كرمه وجوده، وزهده وتقشفه وإعراضه عن الدنيا ؟!، لماذا لا تذكر هذه الأمور عند التعرض له، لا شك أن وراء الأكمة ما وراءها .

ورموه أيضا بعدم الفقه وقلة الفهم، وهو محض افتراء على التاريخ، والواقع أنه كان من فقهاء الصحابة، ومن كبار أئمة الفتوى، كما يذكر ذلك أهل التراجم والطبقات فقد ذكره ابن سعد أنه ممن كانوا يفتون بالمدينة منذ مقتل عثمان إلى أن توفي رحمه الله، وهذا يعني أنه مكث يفتي الناس على ملأ من الصحابة والتابعين ثلاثة وعشرين عاما، وكان يعارض أجلاء الصحابة كابن عباس في بعض المسائل، وعده ابن حزم في فقهاء الصحابة، وكذا الحافظ بن حجر في الإصابة، وجمع تقي الدين السبكي جزءا في فتاوى أبي هريرة، وقال الإمام الذهبي في " تذكرة الحفاظ ": أبو هريرة الدوسي اليماني، الحافظ الفقيه، صاحب رسول الله صلى الله عليه وسلم كان من أوعية العلم، ومن كبار أئمة الفتوى، مع الجلالة والعبادة والتواضع، وعندما ذكر ابن القيم في " إعلام الموقعين " المفتين من الصحابة، وأنهم كانوا بين مكثر ومقل ومتوسط، ذكر أبا هريرة من المتوسطين مع أبي بكر الصديق، وأبي موسى الأشعري، ومعاذ بن جبل، وجابر بن عبد الله، وغيرهم من الصحابة رضي الله عنهم أجمعين، فمن زعم بعد ذلك أن أبا هريرة غير فقيه فهو العاري عن الفقه .

وقالوا: إنه لم يكن يكتب الحديث، بل كان يحدث من ذاكرته، مع أن ذلك شيء لم ينفرد به أبو هريرة رضي الله عنه، بل هو صنيع كل من روى الحديث من صحابة رسول الله صلى الله عليه وسلم عدا عبد الله بن عمرو بن العاص فقد كانت له صحيفة يكتب فيها.

وادعوا كذلك أنه، لم يكن يقتصر في تحديثه على ما سمعه من رسول الله صلى الله عليه وسلم مباشرة، بل كان يحدث عنه، بما أخبره به غيره، واعتبروا ذلك منه تدليسا، مع أن المعروف عند أهل العلم أن رواية الصحابي عن الصحابي وإسناده إلى النبي صلى الله عليه وسلم لا تسمى تدليسا، بل تسمى إرسالا، وقد أجمع أهل العلم على الاحتجاج بمرسل الصحابي وقبوله، وأن حكمه حكم المرفوع، لأن الصحابي لا يروي إلا عن صحابي مثله، والصحابة كلهم عدول، فكون أبي هريرة يرسل بعض الأحاديث التي سمعها من غيره من الصحابة هذا أمر لا يعيبه ولا ينقص من قدره، ولا يختص به وحده، فقد كان ذلك شأن كثير من الصحابة الذين لم يحضروا بعض مجالسه صلى الله عليه وسلم إما لاشتغالهم ببعض أمور المعاش، وإما لحداثة أسنانهم كابن عباس وغيره، وإما لتأخر إسلامهم، ويؤيد ذلك قول أنس بن مالك رضي الله عنه: " ما كل ما نحدثكم عن رسول الله صلى الله عليه وسلم سمعناه ولكن لم يكذب بعضنا بعضا "، كما أن الأحاديث التي أرسلها هي شيء يسير مقارنة بما سمعه مباشرة بدون واسطة، وقد تتبع الحافظ العراقي ما رواه عن غيره فجمع عشرين حديثا فيها ما لا يصح .

وانتقدوا أيضا كثرة أحاديثه - التي بلغت كما جاء في مسند بقي بن مخلد 5374- مع تأخر إسلامه حيث إنه لم يصحب النبي صلى الله عليه وسلم إلا ثلاث سنين، مدعين أن بعض الصحابة قد انتقدوه على إكثاره، وشكوا فيه .

وكل باحث متجرد يجزم بأن سبب هذه الكثرة إنما هي طول ملازمته للرسول صلى الله عليه وسلم في جميع أحواله، خلال هذه الفترة، مع ما حباه الله من قوة الحفظ والذاكرة، ببركة دعاء النبي صلى الله عليه وسلم، أضف إلى ذلك تفرغه التام من الشواغل والصوارف، فقد كان من فقراء الصحابة ومن أهل الصفة، ليس له أهل ولا ولد ولا مال، وكان يلازم النبي صلى الله عليه وسلم على ما يقيم به صلبه، ولا شك أن المتفرغ للشيء، المهتم به، المتتبع له، يجتمع له من أخباره، والعلم به في زمن يسير، ما لا يجتمع لمن لم يكن كذلك .

وبعد أن تفرق الصحابة في الأمصار على عهد الخلفاء الراشدين، رأى أن من الواجب عليه، أن يبلغ ما حفظه عن النبي (صلى الله عليه وسلم) إلى أمته، وخاف عاقبة الكتمان إن هو امتنع عن التحديث، فتفرغ للعلم والرواية والتحديث، وكان من الطبيعي أن يثير إكثار أبي هريرة من الحديث استغراب بعض التابعين، ولكن ما أن يبين لهم سبب ذلك، حتى يزول هذا الاستغراب والدهشة، فقد جاء في الصحيحين عن سعيد بن المسيب أن أبا هريرة رضي

الـلـه عنه قال: يقولون: إن أبا هريرة قد أكثر، و الـلـه الموعد، ويقولون ما بال المهـاجرين والأنصار لا يتحدثون مثل أحاديثه، وسأخبركم عن ذلك: إن إخواني من الأنصـار كـان يشـغلهم عمل أرضيهم، وإن إخواني من المهاجرين كان يشغلهم الصـفق بالأسـواق، وكنـت ألـزم رسـول الـلـه صلى الـلـه عليه وسلم على ملء بطني، فأشهد إذا غابوا، وأحفـظ إذا نسـوا، ولقـد قـال رسول الـلـه صلى الـلـه عليه وسلم يوما: (أيكـم يبسـط ثوبـه فيأخـذ مـن حـديثي هـذا ثـم يجمعه إلى صدره فإنه لم ينس شيئا سمعه)، فبسطت بردة علي، حتـى فـرغ مـن حديثـه، ثـم جمعتها إلى صدري، فما نسيت بعد ذلك اليوم شيئا حدثني به، ولـولا آيتـان أنـزلهما الـلـه في كتابه ما حدثت شيئا أبدا: " **إن الذين يكتمون ما أنزلنا من البينـات والهـدى مـن بعد مـا بيناه للناس في الكتاب أولئك يلعنهم الـلـه ويلعنهم اللاعنـون (159) إلا الـذين تـابوا وأصلحوا وبينوا فأولئك أتوب عليهم وأنا التواب الرحيم (160)** "[1].

ولا يوجد أبدا نص ثابت يفيد بأن الصحابة رضي الـلـه عنهم شكوا فيه، أو صرحوا كذبه، أو منعوا من الاستماع إليه، بل نصوص التاريخ الثابتة، كلها تقطـع بـإقرار الصـحابة لـه بـالحفظ، واعترافهم بأنه كان أكثرهم اطلاعا على الحديث، وربما استغرب أحدهم بعض أحاديثه، ولكنـه لا يلبث إلا أن يسلم له، ويقبل منه، ويعترف بإحاطته وحفظه ذكر ابن سـعد في الطبقـات أن أبا هريرة رضي الـلـه عنه حدث ذات مرة عن النبي صلى الـلـه عليـه وسـلم بحـديث (مـن شهد جنازة فله قيراط)، فقال ابن عمر: " انظر ما تحدث به يا أبا هريرة فإنك تكـثر الحـديث عن النبي صلى الـلـه عليه وسـلم فأخـذ بيـده فـذهب بـه إلى عائشـة، فقـال: أخبريـه كيـف سمعت رسول الـلـه صلى الـلـه عليه وسلم يقول، فصدقت أبا هريرة، فقال أبو هريرة: يا أبـا عبد الرحمن و الـلـه ما كان يشغلني عن النبي (صلى الـلـه عليـه وسـلم) غـرس الـودي، ولا الصفق بالأسواق، فقال: ابن عمر: " أنت أعلمنا يا أبا هريرة برسول الـلـه (صـلى الـلـه عليـه وسلم) وأحفظنا لحديثه " وأصله في الصحيح.

وأخرج ابن كثير في تاريخه عن أبي اليسر عن أبي عـامر قـال: كنـت عنـد طلحـة بـن عبيـد الـلـه، إذ دخل رجل فقال: يا أبا محمد، و الـلـه ما ندرى هذا اليماني أعلم برسول الـلـه منكم ؟ أم يقول على رسول الـلـه ما لم يسمع، أو ما لم يقل، فقال طلحة: " و الـلـه ما نشك أنـه قـد سمع من رسول الـلـه ما لم نسمع، وعلم ما لم نعلم، إنا كنا قوما أغنياء، لنـا بيوتـات وأهلـون، وكنا نأتى رسول الـلـه (صلى الـلـه عليه وسلم) طرفي النهار ثـم نرجـع، وكـان هـو مسـكينا لا مال له ولا أهل، وإنما كانت يده مع رسول الـلـه (صلى الـلـه عليه وسـلم) وكـان يـدور معـه حيث دار، فما نشك أنه قد علم ما لم نعلم، وسمع ما لم نسمع " وقد رواه الترمذى أيضا.

---

(1) البقرة: (158-159)

كل ذلك يؤكد على أن صدق أبي هريرة لم يكن أبدا محل نزاع أو شك عند الصحابة ولا من بعدهم من التابعين.

وأما ما ورد من أن عمر نهاه عن التحديث ، وقال له: " لتتركن الحديث عن رسول الله أو لألحقنك بأرض دوس "، فإنه على افتراض صحة هذه الرواية، فقد كان ذلك في ظرف معين، فعندما رأى أبو هريرة رضي الله عنه أن من الواجب عليه أن يحدث الناس بما سمعه من رسول الله (صلى الله عليه وسلم) خروجا من إثم كتمان العلم، ألجأه ذلك إلى أن يكثر من رواية الحديث، فربما سرد في المجلس الواحد الكثير من الأحاديث، وكان عمر رضي الله عنه، يرى أن يشتغل الناس بالقرآن ، وأن يقلوا الرواية عن رسول الله في غير أحاديث العمل، وأن لا يحدث الناس بأحاديث الرخص لئلا يتكلوا عليها، إلى غير ذلك من الأمور، ومن أجل ذلك قال لأبي هريرة ما قال، لأنه كان أكثر الصحابة رواية للأحاديث، فلم يقل ذلك تكذيبا له ولا شكا في حديثه - وقد ذكر هذا التوجيه الحافظ ابن كثير رحمه الله في البداية والنهاية، كما ذكر أنه أذن له في التحديث بعد ذلك. انظر سير أعلام النبلاء.

وهذا التوجيه إنما هو على فرض صحة هذه الرواية وثبوتها، ولكن دون ذلك - كما قال المعلمي في الأنوار الكاشفة - مفاوز وقفار تنقطع فيها أعناق المطي ، وقد ذكر ما يثبت عدم صحة الخبر.

وأما ما يروونه من أن عمر رضي الله عنه ضربه بالدرة، وقال له: " أكثرت يا أبا هريرة من الرواية، وأحر بك أن تكون كاذبا على رسول الله (صلى الله عليه وسلم)، فكل ذلك كذب مفضوح، لا يوجد في أي مصدر معتمد، وإنما هي أخبار مستقاة من مصادر أقل ما يقال عنها، إنها مصادر غير معتمدة في البحث العلمي، ككتب الأدب التي تروي التالف والساقط من الأخبار، أو كتب أهل الأهواء التي عرف أصحابها ببغض أبي هريرة والافتراء عليه، وليس لها أي قيمة علمية.

إذا فإكثار أبي هريرة من الرواية كان مرجعه إلى طول الملازمة ، وعدم الشواغل، والتفرغ للعلم والتعليم والفتيا، وتأخر الوفاة، وعدم الاشتغال بشؤون الحكم والولاية، فهل يجوز بعد ذلك أن تتخذ كثرة روايته، وحفظه للحديث مجالا للطعن في صدقه وأمانته؟

ولم تقف مطاعنهم عند هذا الحد، فقد افتروا عليه بأنه كان متشيعا لبني أمية، يأخذ من معاوية الأعطيات من أجل وضع الأحاديث في ذم علي رضي الله عنه، مع أن التاريخ والروايات والأخبار كلها تشهد بأن أبا هريرة رضي الله عنه كان محبا لآل البيت، يعرف قدرهم ومكانتهم من رسول الله (صلى الله عليه وسلم) ولم يناصبهم العداء قط، وهو الذي روى الكثير

في مناقبهم وفضائلهم، وبوجه خاص فضائل أمير المؤمنين علي رضي الله عنه، ومن أشهرها حديث الراية يوم خيبر، وروى في فضائل الحسن والحسين أكثر من حديث، وهو الذي كشف عن بطن الحسن رضي الله عنه، وقال: أرني أقبل منك حيث رأيت رسول الله صلى الله عليه وسلم يقبل، وكان أبو هريرة رضي الله عنه ممن نصر عثمان يوم الدار كما نصره علي وابنه الحسن والحسين.

بل إن الروايات التاريخية الصحيحة تدل على أنه رضي الله عنه كانت له مواقف صلبة مع بعض الولاة من بني أمية كما في موقفه مع مروان بن الحكم - الذي كان والي المدينة آنذاك، فقد اصطدم معه حين تدخل مروان في منع دفن الحسن عند الرسول (صلى الله عليه وسلم) وأغلظ له في الكلام قائلا: " تدخل فيما لا يعنيك "، ولما أراد أن يتخذ مروان من إكثار أبي هريرة للحديث، سبيلا إلى إسكاته أجابه بجواب صريح قوي، حتى تمنى مروان أنه لم يكن أثاره، وكانت بينهما وحشة استمرت إلى قرب وفاة أبي هريرة، وكان مما قاله: " إني أسلمت وهاجرت اختيارا وطوعا، وأحببت رسول الله (صلى الله عليه وسلم) حبا شديدا، وأنتم أهل الدار، وموضع الدعوة، أخرجتم الداعى من أرضه ، وآذيتموه وأصحابه، وتأخر إسلامكم عن إسلامي إلى الوقت المكروه إليكم، فندم مروان على كلامه له واتقاه .

وروى البخاري عن عمرو بن يحيى بن سعيد بن عمرو بن سعيد قال أخبرني جدي قال: كنت جالسا مع أبي هريرة في مسجد النبي (صلى الله عليه وسلم) بالمدينة ومعنا مروان قال أبو هريرة: سمعت الصادق المصدوق يقول: (هلاك أمتي على يدي غلمة من قريش) وفي رواية (غلمة سفهاء)، فقال أبو هريرة: " لو شئت أن أقول بني فلان، وبني فلان لفعلت، وكان ذلك كما قال الحافظ في الفتح في زمن معاوية رضي الله عنه، وفي ذلك تعريض ببعض أمراء بني أمية.

بل روي عنه ما هو أصرح من ذلك مما يدل على شجاعته، وعدم مداهنته، فثبت عنه أنه كان يتعوذ بالله من رأس الستين وإمارة الصبيان، ويشير إلى خلافة يزيد بن معاوية لأنها كانت سنة ستين للهجرة، واستجاب الله دعاء أبي هريرة فمات قبلها بسنة، كما ذكر ذلك الحافظ بن حجر في الفتح.

ولكنه مع ذلك كله كان منصرفا إلى بث السنة وخدمة العلم، أبى أن يخوض في الفتنة التي وقعت بين علي و معاوية رضي الله عنهما، كما أبى أن يخوضها عدد من كبار الصحابة، اجتهادا منهم بأن هذا هو الموقف الأسلم، والأبرأ للذمة.

فهل هذه مواقف رجل متهم في دينه وإسلامه، متشيع لبني أمية كما يريد أن يصوره الأفاكون المبطلون، عليهم من الله ما يستحقون.

ومما شغب به أهل الأهواء على أبي هريرة حديث الوعائين، وهو حديث أخرجه البخاري عنه وفيه يقول: " حفظت من رسول الله (صلى الله عليه وسلم) وعاءين فأما أحدهما فبثثته وأما الآخر فلو بثثته قطع هذا البلعوم .

فقالوا لو صح لترتب عليه أن يكون النبي (صلى الله عليه وسلم) قد كتم شيئا من الوحي عن جميع الصحابة سوى أبي هريرة وهذا لا يجوز بإجماع المسلمين، وكيف يخص أبا هريرة بعلم، دون سائر الصحابة ممن هم أرفع منه منزلة وقدرا.

وقد أجاب أهل العلم عن المقصود بهذا الحديث فقالوا: المراد بالوعائين نوعان من الأحاديث التي تلقاها عن النبي - صلى الله عليه وسلم-، فأما النوع الأول: فهو ما يتعلق بأحاديث الأحكام والآداب والمواعظ، وهذا هو الذي بلغه خشية إثم الكتمان، وأما الآخر فهو ما يتعلق بالفتن والملاحم وأشراط الساعة، وما سيقع للناس، والإشارة إلى ولاة السوء، مما لا يتوقف عليه شيء من أصول الدين أو فروعه، فهذا هو الذي آثر ألا يذكر الكثير منه حتى لا يكون فتنة للسامع، أو يسبب له التحديث به ضررا في نفسه أو ولده أو ماله.

ولعل مما يؤكد ذلك رواية ابن سعد في الطبقات والتي يقول فيها: " لو حدثتكم بكل ما في جوفي لرميتموني بالبعر، فقال الحسن: " صدق و الله، لو أخبرنا أن بيت الله يهدم ويحرق ما صدقه الناس.

وهذا هو الذي ذكره أهل العلم في توجيه هذا الأثر، قال الإمام ابن كثير في " البداية والنهاية ": " وهذا الوعاء الذي كان لا يتظاهر به، هو الفتن والملاحم، وما وقع بين الناس من الحروب والقتال ، وما سيقع، التي لو أخبر بها قبل كونها، لبادر كثير من الناس إلى تكذيبه، وردوا ما أخبر به من الحق•

وقال الحافظ ابن حجر رحمه الله في " فتح الباري" وحمل العلماء الوعاء الذي لم يبثه على الأحاديث التي فيها تبيين أسامي أمراء السوء وأحوالهم وزمنهم، وقد كان أبو هريرة يكنى عن بعضه ولا يصرح به، خوفا على نفسه منهم، كقوله: " أعوذ بالله من رأس الستين وإمارة الصبيان "، يشير إلى خلافة يزيد بن معاوية، لأنها كانت سنة ستين من الهجرة، واستجاب الله دعاء أبي هريرة فمات قبلها بسنة ثم قال: " ويؤيد ذلك أن الأحاديث المكتومة، لو كانت من الأحكام الشرعية ما وسعه كتمانها، لما ذكره في الحديث الأول من

الآية الدالة على ذم من كتم العلم، وقال غيره: " يحتمل أن يكون أراد مع الصنف المذكور ما يتعلق بأشراط الساعة، وتغير الأحوال والملاحم في آخر الزمان، فينكر ذلك من لم يألفه، ويعترض عليه من لا شعور له به " .

وأيا كان تأويل الحديث فليس فيه ما يدل على أن النبي (صلى الله عليه وسلم) خصه بشيء من ذلك دون غيره من الصحابة.

كل هذا نموذج مما قيل في هذا الصحابي الجليل، وهو يكاد يرجع في أصوله ومعناه إلى ما قاله الأقدمون من أهل الأهواء، بفارق واحد كما قال العلامة " أحمد شاكر " أن أولئك الأقدمين - زائغين كانوا أو ملحدين - كانوا علماء مطلعين، أكثرهم ممن أضله الله على علم، وأما هؤلاء المعاصرون فليس إلا الجهل والجرأة وترديد ألفاظ لا يفهمونها، بل هم فيها مقلدون متبعون لكل ناعق.

وقد تعرض الحاكم رحمه الله في المستدرك لكل من تكلم في أبي هريرة رضي الله عنه، وجعلهم أصنافا، وكأنما يرد على هؤلاء المعاصرين فقال رحمه الله: " وإنما يتكلم في أبي هريرة لدفع أخباره من قد أعمى الله قلوبهم، فلا يفهمون معاني الأخبار، إما معطل جهمي يسمع أخباره التي يرونها خلاف مذهبهم - الذي هو كفر - فيشتمون أبا هريرة ويرمونه بما الله تعالى قد نزهه عنه، تمويها على الرعاع والسفل، أن أخباره لا تثبت بها الحجة.

وإما خارجي يرى السيف على أمة محمد (صلى الله عليه وسلم) ولا يرى طاعة خليفة ولا إمام، إذا سمع أخبار أبي هريرة رضي الله عنه عن النبي (صلى الله عليه وسلم) خلاف مذهبهم الذي هو ضلال، لم يجد حيلة في دفع أخباره بحجة وبرهان، كان مفزعه الوقيعة في أبي هريرة.

أو قدري اعتزل الإسلام وأهله، وكفر أهل الإسلام الذين يتبعون الأقدار الماضية التي قدرها الله تعالى وقضاها قبل كسب العباد لها، إذا نظر إلى أخبار أبي هريرة التي قد رواها عن النبي (صلى الله عليه وسلم) في إثبات القدر لم يجد بحجة يريد صحة مقالته التي هي كفر وشرك، كانت حجته عند نفسه أن أخبار أبي هريرة لا يجوز الاحتجاج بها.

أو جاهل يتعاطى الفقه ويطلبه من غير مظانه، إذا سمع أخبار أبي هريرة فيما يخالف مذهب من قد اجتبى مذهبه وأخباره ، تقليدا بلا حجة ولا برهان، تكلم في أبي هريرة، ودفع أخباره التي تخالف مذهبه ، ويحتج بأخباره على مخالفيه، إذا كانت أخباره موافقة لمذهبه.

وقد أنكر بعض هذه الفرق على أبي هريرة أخبارا لم يفهموا معناها، أنا ذاكر بعضها بمشيئة الله تعالى ".

ثم أخذ الحاكم يذكر بعض الأحاديث التي استشكلت من أحاديث أبي هريرة ويجيب عنها.

فهذه كلمة الحق في رواية الإسلام أبي هريرة رضي الله عنه ، وهذا هو ما ذهب إليه أئمة الهدى، وأعلام التقى، وكبار فقهاء الإسلام ومحدثيه ، وإن صحابيا يظل يحدث الناس سبعا وأربعين سنة بعد وفاة النبي (صلى الله عليه وسلم) على مرأى ومسمع من كبار الصحابة والتابعين، ويبلغ الآخذون عنه ثمان مائة من أهل العلم، لا يعرف أن أحدا من الصحابة بلغ مبلغه في الآخذين عنه، وكلهم يجمع على جلالته والثقة به، وينطوي على ذلك تاريخ الإسلام أربعة عشر قرنا من الزمان ، وكلها شهادات حق وصدق في أحاديثه وأخباره، ليأتي اليوم من يشكك فيه، ويزعم أن المسلمين جميعا أئمة وأصحابا وتابعين ومحدثين كانوا مخدوعين فيه، ولم يعرفوه على حقيقته، وأنه كان يكذب ويفتري في الواقع، فأي إزراء واستخفاف بعقول هذه الأمة وعلومها ودينها أعظم من هذا، وصدق الله:

"فإنها لا تعمى الأبصار ولكن تعمى القلوب التي في الصدور"[1]

اماته للبحرين

وعاش -رضي الله عنه- عابدا ومجاهدا، لا يتخلف عن غزوة ولا عن طاعة، وفي خلافة عمر -رضي الله عنه- ولاه امارة البحرين، وكان عمر -رضي الله عنه- اذا ولى أحدا الخلافة راقب ماله، فاذا زاد ثراءه ساءله عنه وحاسبه ،وهذا ما حدث مع أبي هريرة، فقد ادخر مالا حلالا له، وعلم عمر بذلك فأرسل في طلبه، يقول أبو هريرة: قال لي عمر :

(يا عدو الله، وعدو كتابه، أسرقت مال الله) قلت :(ما أنا بعدو لله ولا عدو لكتابه لكني عدو من عاداهما، ولا أنا من يسرق مال الله) قال:

(فمن أين اجتمعت لك عشرة ألاف ؟)قلت:(خيل لي تناسلت، وعطايا تلاحقت) قال عمر :(فادفعها الى بيت مال المسلمين) ودفع أبو هريرة المال الى عمر ثم رفع يديه الى السماء وقال :(اللهم اغفر لأمير المؤمنين) وبعد حين دعا عمر أبا هريرة، وعرض عليه الولاية من جديد، فأباها واعتذر عنها، وعندما سأله عمر عن السبب قال :(حتى لا يشتم عرضي، ويؤخذ مالي، ويضرب ظهري) ثم قال :(وأخاف أن أقضي بغير علم، وأقول بغير حلم) .

_____

(1) الحج (46).

سرعة الحفظ وقوة الذاكرة

ان أبطال الحروب من الصحابة كثيرون، والفقهاء والدعاة والمعلمون كثيرون، ولكن كان هناك قلة من الكتاب، ولم يكونوا متفرغين لتدوين كل ما يقول الرسول - صلى الله عليه وسلم-، وعندما أسلم أبو هريرة لم يملك أرض يزرعها أو تجارة يتبعها، وانما يملك موهبة تكمن في ذاكرته، فهو سريع الحفظ قوي الذاكرة، فعزم على تعويض ما فاته بان يأخذ على عاتقه حفظ هذا التراث وينقله الى الأجيال القادمة... فهو يقول :

انكم لتقولون أكثر أبو هريرة في حديثه عن النبي صلى الله عليه وسلم، وتقولون ان المهاجرين الذين سبقوه الى الاسلام لا يحدثون هذه الأحاديث، ألا ان أصحابي من المهاجرين كانت تشغلهم صفقاتهم بالسوق، وان أصحابي من الأنصار كانت تشغلهم أرضهم، واني كنت امرءا مسكينا، أكثر مجالسة رسول الله، فأحضر- اذا غابوا، وأحفظ اذا نسوا، وان الرسول - صلى الله عليه وسلم- حدثنا يوما فقال :" من يبسط رداءه حتى يفرغ من حديثي ثم يقبضه اليه فلا ينسى شيئا كان قد سمعه مني "...فبسطت ثوبي فحدثني ثم ضممته الي فوا الله ما كنت نسيت شيئا سمعته منه.

مقدرته على الحفظ

أراد مروان بن الحكم يوما أن يختبر مقدرة أبي هريرة على الحفظ، فدعاه اليه ليحدثه عن رسول الله - صلى الله عليه وسلم- وأجلس كاتبا له وراء حجاب ليكتب كل ما يسمع من أبي هريرة، وبعد مرور عام، دعاه ثانية، وأخذ يستقرئه نفس الأحاديث التي كتبت، فما نسي- أبو هريرة منها شيئا...وكان -رضي الله عنه- يقول :(ما من أحد من أصحاب رسول الله أكثر حديثا عنه مني الا ما كان من عبد الله بن عمرو بن العاص، فانه كان يكتب ولا أكتب)...وقال عنه الامام الشافعي :(أبو هريرة أحفظ من روى الحديث في دهره)...وقال البخاري :(روى عن أبي هريرة نحو ثمان مائة أو أكثر من الصحابة والتابعين وأهل العلم)...

وفاته

وعندما كان يعوده المسلمين داعيين له بالشفاء، كان أبو هريرة شديد الشوق الى لقاء الله ويقول : (اللهم اني أحب لقاءك، فأحب لقائي) وعن ثماني وسبعين سنة مات في العام التاسع والخمسين للهجرة، وتبوأ جثمانه الكريم مكانا مباركا بين ساكني البقيع الأبرار، وعاد مشيعوه من جنازته وألسنتهم ترتل الكثير من الأحاديث التي حفظها لهم عن رسولهم الكريم.

حسان بن ثابت الأنصاري

هو حسان بن ثابت بن المنذر بن حرام.أما أمه فهي الفريعة بنت خنيس بن لوزان بن عبدود.

ولد حسان بن ثابت في منتصف العقد السابع من القرن السادس ميلادي وذلك حوالي 565م في المدينة. وينتسب إلى قبيلة بني النجار، التي تنتمي بدورها إلى الخزرج، فهو خزرجي من ناحية الأبوين لهذا كان قبل الإسلام متعصبا لقومه وكانت له نقائض معروفة مع شعراء الأوس.

كانت أسرته من الأسر المرموقة في الجاهلية والإسلام، ففي الجاهلية كان أبوه ثابت بن المنذر من أولي الرأي والمشورة، وقد حكمته الأوس والخزرج في حرب يوم سمير وقبلوا بالأحكام التي أصدرها بهذا الشأن. وهذا إن دل على شيء فإنما يدل على مكانة الرجل في قومه.

وقد شهد أخو الشاعر أوس بن ثابت بيعة العقبة، مع السبعين رجلا من الأنصار، والتي اعتبرها الكثيرون من المؤرخين نقطة تحول كبرى في صالح الدعوة الإسلامية.

وقد استفاد الشاعر من تلك الحياة الحافلة بالمباهج والأحداث، ففي الجاهلية كان يقف بالمرصاد لشعراء قبيلة الأوس التي كانت تناصب العداء لقبيلته ((الخزرج)) المدينة فحول العداء إلى إخاء والكره إلى محبة والفرقة إلى وحدة فاندثرت تلك الخصومات إلى حين لا رجعة.

وقد كان هذا الشاعر يغدو على الغساسنة ويمدحهم، لا طمعا في رفدهم وجوائزهم فقط، بل كان يرى لأن هناك ثمة صلة تربطه بهؤلاء الملوك، فقد كان ينزل في قصورهم، قال في قصيدة لمدحهم ويفخر بهم وبنفسه:

فهم أصلي فمن يفخر بهم ... يعرف الناس لفخر المفتخر
نحن أهل العز والمجـد معا ... غير أنكاس ولا ميل عسـر
فلـو كنـا وأفعالنـا معنا ... كـل قوم عندهم علم الخبر

والذي يقلب ديوان الشاعر يبدو له ما ذكرناه واضحا، فبعض القصائد كانت تحمل في طياتها ملامح البادية وكل سمات البداوة من خشونة الألفاظ وغريب المعاني وأخرى كانت تتسم بالليونة والرقة وكأنك تشم من خلال قراءتك لأبياتها نسائم تلك الحدائق الغناء التي كان ينزلها الشاعر عندما يزور ملوك الغساسنة، إذ كان-كما تقدم- ينزل في قصورهم متجولا في حدائقها ومتنسما شذى عطرها.

مدى تعلق شاعرنا بقومه، وبقبيلته على الخصوص

فكان إذا مدح المسلمين لم ينس قومه الأنصار من الأوس والخزرج الذي وجد فيهم الملجأ الوحيد والملاذ الفريد بعد انتقال الرسول صلى الله عليه وسلم إلى الرفيق الأعلى.

ففي قصيدة يمدح بها المسلمين ويخص الأنصار دون سواهم قال:

بأيديهم صوارم مرهفات ... وكل مجرب قاض الكعوب

بنو الأوس الغطارف وآزرنها ... بنو النجار في الدين الصليب

مصادر التي احتوت هذا الشاعر وهي:-

أ-كتب المغازي: لقد اهتم المسلمون بحياة الرسول، فدونوا عن حياته كل صغيرة وكبيرة وأول من ألف في المغازي هو إبان بن عثمان المتوفى سنة 105هـ كما بذكر ذلك حاجي خليفة في كشف الطنون.

كانت هذه المغازي تحتوي على الكثير من اشعار حسان، ثم جاء بعد إبان هذا ابن إسحاق فألف كتابا ضخما سماه ((المغازي)) كذلك لم يصلنا هذا الكتاب، بل وصلتنا منه من أشعار حسان في سيرة ابن هشام وتاريخ الطبري، وكان أكثر هذا الشعر من النوع الذي قيل في غزوات الرسول صلى الله عليه وسلم .

ب-الأنصار:لما كان الشاعر متعصبا للأنصار ولا يضحي بذكرهم في كل قصيدة يقولها، كان الأنصار كذلك مولعين بترديد شعر حسان ولأنه كان من الخزرج، فقد كانوا يحفظون له شعرا جاهليا وكثيرا من الأشعار الإسلامية.

لقد اختلط شعر هذا الشاعر بغيره، ونسب إليه النقالون كلاما لم يقله، ولولا أن أحيا الله في المدينة أحد الرواة الموثوق براويتهم لما استطعنا ان نعرف شعر حسان من غيره وهذا الراوي هو أبو زيد سعيد بن أوس بن ثابت الأنصاري المتوفى215هـ وقد اعتمد عليه ابن هشام عندما نقل إلى السيرة الكثير من أشعار حسان.

لقد اهتم المسلمون بأخبار حسان وبأخبار ابنه عبد الرحمن بن حسان فقد ذكر ابن النديم في الفهرست إن للزبير بن بكار كتابين من خطاب الكوفي هما، أخبار حسان، وأخبار عبد الرحمن بن حسان، اشتهر بالأمانة والصدق، لذا فان كتابة السابقين يعتبران من أهم المراجع القديمة في أخبار حسان وابنه عبد الرحمن.

ج-المحدثون: لقد نشط أهل الأحاديث ورواته في رواية أشعار حسان وخاصة ما تعلق منها بحياة الرسول صلى الله عليه وسلم ولقد اختلف أبو الفرج الأصفهاني روايات بعض هؤلاء

أمثال سعيد ابن المسيب، وابن أبي الزنار، وابن سيرين، وسعيد جبير وابن الزهري وغيرهم.

د-الرواة:وقد تناقل الرواة شعر حسان وكانوا يهتمون بحفظه ومن أولئك، أبو عمرو الشيباني- وهو راوية في الشعر موثوق براويته جمع أشعار ما يزيد على ثمانين قبيلة ومما جمعه أشعار الأوس والخزرج، ومما نسب إليه من شعر حسان قصائد مقطعات تبدأ بالأبيات التالية:

عفت ذات الأصابع فالجواد   إلى عذراء منزلها خلاء

والقصيدة التي تبدأ بالبيت:-

يا عيش جودي بدمع منك إسبال   ولا تملن من سح وإعوال

والقصيدة التي مطلعها

الله أكرمنا بنصرة نبيه   وبنا أقام دعاء الإسلام

أما أبو عبد الله بن محمد بن زياد، المعروف بابن الإعرابي، فهو نحوي وراوية أشعار، وقد نسبت إليه القصائد التي تبدأ بالأبيات التالية:

يا راكبا إما عرضت فبلغن   على النأي متى عبد شمس وما مشما

والقصيدة التي أولها:

قد رامني الشعراء فانقلبوا   مني بأنوف ساقط النصل

والقصيدة التي أولها:

إلا و الله مات دري هزيل   أملح ماء زمزم أم مشرب

لا شك ان حسان بن ثابت كانت له مكانة مرموقة في نفوس المسلمين باعتباره شاعر النبي صلى الله عليه وسلم واللسان الذي كان يذود عنه وعن المسلمين فإذا مدح هذا الشاعر شخصا سما في نفوس وعلت مكانته وإذا ما أشار إلى قبيلة رفعها، لأن دوره كان دورا خطيرا، وخاصة في حياة الرسول صلى الله عليه وسلم فلهذا تهافتت القبائل للتباهي بها بين القبائل تتلمس بين أشعاره وقصيدة أشار فيها إلى مكانتها في الإسلام.

ولقد نفى حفيدة سعيد بن عبد الرحمن بن حسان قصيدة نسبت إلى جده في هجاء أبي لهب، فقال: أليست هذه الأبيات نفس حسان ولا نكهة شعره والأبيات هي:

فلو كنت حرا من أكارم هاشم   وأشرافها فيها منعت المظالما

سما هاشم للمكرمات وللعلا   وغودرت في كاب من اللؤم جاثما

نماذج من شعره

وقال يرد على ابن الزبعري في يوم أحد على قصيدة قالها هذا الأخير متشفيا بما نال المسلمين في هذا اليوم من :

ليت أشياخي ببدر شهدوا　　جزع الخزرج من وقع الأسل
قد قتلنا القوم من أشياخهم　　وعدلناه ببدر فاعتدل

أما حسيان فرد عليه بالأبيات التالية:

ذهبت بابن الزبعري وقعة　　كان منا الفضل فيها لو عدل
ولقد نلتم ونلنا منكم　　وكذاك العرب أحيانا دول
إذ شدد ناشده صادقة　　فاجأكم إلى سفح الجبل
إذ تولون على أعقابكم　　هربا في الشعب أشباه النمل
وعلونا يوم بدر بالتقى　　طاعة الله وتصديق المرسل
وأبدنا من كريم سيد　　ماجد الجدين مقدام بطل
وشريف لشريف فاضل　　لا نباليه كذا وقع الأسل
حين أعلنتم بصوت كاذب　　وأبو سفيان، كي يعلو هبل
لم يفوتونا بشيء ساعة　　غير أن ولوا بجهل وفشل

روى أن أبا جهل كان يلبس ثيابا خضراء، ويطعم الناس في بيته يدخلهم من باب ويخرجهم من باب آخر.... فقال حسان فيه:

فأن تك مطعام العشيات من غنى　　فإنك حياد عن الحق مانع
وزادك ذم في الحياة وأن تحت　　فحظك ركن من جهنم واسع

وقال يبكي الرسول صلى الله عليه وسلم بعد انتقاله إلى الرفيق الأعلى:

بطيبة رسم للرسول ومعهد　　منيرو قد تعفو الرسوم وتهمد
ولا تنمحي الأبيات ما دار حرمة　　بها منير الهادي الذي كان يصعد
بها حجرات كان ينزل وسطها　　من الله نور يستضاء وبرحد
عرفت بها رسم الرسول وعهده　　وقبرا بها واراه في الرب ملحد
فبوركت يا قبر الرسول وبوركت　　بلاد ثوى فيها الرشيد المدد
وهل عولت يوما رزية هلك　　وراية يوم مات فيه محمد
وأحسن بلاد الحرم قائلها　　نصيه ما كانت من الوحي تعهد

وما فقد الماضون مثل محمد ... ولا مثله حتى القيامة يفقد

أقول ولا يلقى لقولي عائب ... من الناس إلا عازب العقل مبعد

وليس هواي نازعا عن هوائه ... لعلي به في جنة الخلد أخلد

قال في مدح الرسول صلى الله عليه وسلم

وأحسن منك لم ترقط قط عيني ... أجمل منك لم تلد النساء

خلقت مبرا من كل عيب ... أنك قد خلقت كما تشاء

و الله رجي لا نفارق ماجدا ... ف الخليفة سيد الأجداد

متكرما يدعوا إلى رب العلا ... ذل النصيحة رافع الأعماد

مثل الهلال مباركا دارحمة ... مح الحليقة طيب الأعواد

إن تتركون فإن ربي قادر ... مس يعود بفضله العواد

و الله ربي لا نفارق أمره ... ا دام عيش يرتجى لميعاد

لا نبتغي ربا سواه وناصرا ... تى نوافر ضحوه الميعاد

أول المسلمات

خديجة بنت خويلد

لا أعرف امرأة من العرب أو من غيرهم أشد فراسة من خديجة كانت خديجة على حظ من الجمال وعلى حظ من الثراء.... توفي عنها زوجها فتطلع عليها كثير من سادة مكة...ولكنها الرجاحة في عقلها كانت تستأني حتى تنظر أيهم ذلك الرجل الذي يملأ عينها ويلبي ما في نفسها من مثل كريمة وأخلاق سامية... ووضع الله في طريقها محمد بن عبد الله، شاب يتيم الأبوين فقير المال لكنه غني بأخلاقه وصفاته حتى دعاه قومه بالأمين....

خرج محمد في قافلة تجارية إلى الشام أمينا مع مال خديجة وكان معه في هذه الرحلة غلامها ميسرة فشاهد من خلقه وفضله ما أذهله... فقد كان فيه من الأخلاق والفضل فوق ما عرفه في سائر الرجال....

وعاد محمد بتجارة خديجة رابحا، وتحدث ميسرة إلى سيدته بما رآه ولمسه من أخلاق محمد، ورأت خديجة محمد واستمعت إليه حين جاء يحاسبها عن تجارتها....ورأت شابا جميلا يتدفق حيوية ويكاد النور يقفز من بين عينيه ولمست أخلاقا لم تعرفها لأحد سواه في قريش عن ما في قريش من أخلاق ومثل... فأعجبت به وتوقعت أن يكون له شأن... ورغبت بأن يكون لها في هذا الذي تنتظره من نصيب... فأرسلت إليه من تلمح له بأمر الزواج...

لقد تفرست خديجة في محمد بن عبد الله الخير، وتفرست فيه المستقبل الوضيء وتفرست فيه جلائل الأعمال وتفرست فيه أحداثا جساما يكون فيها سيدا وقائدا وعظيما... فأحبت أن تشارك هذا الفتى القرشي في كل ذلك وكان لها ما أرادت... فتزوجت منه وأحاطته بكل ما لديها من حنان ورقة ورعاية وهيأت له كل أسباب السعادة والطمأنينة وشجعته.

وبقي معها في سعادة وطمأنينة خمسة عشرة عاما حتى أتاه الوحي من رب العالمين.

فاجأ الوحي محمد بن عبد الله في غار حراء....

كان عليه السلام- يجلس في الغار متفكرا في خلق الله، متفكرا في هذا الكون من بناه.. متفكرا فيما عليه الناس من ضنك الحياة... كان الغار بعيدا عن العمران.. كان في رأس جبل يلفه السكون ويغلفه الهدوء وفجأة يسمع محمد من يقول له: اقرأ. وأصابته دهشة المفاجأة..اقرأ.

وقال بصوت خفيض مشوب بالرهبة...ما أنا بقارئ ....

ويأتيه الأمر..اقرأ..اقرأ بسم ربك الذي خلق.... وينطلق محمد من الغار مسرعا ترتجف فرائصه لما سمع... وقد خشي أن يكون قد أصابه شيء ووصل إلى بيته وهو على هذه السورة من الدهشة والذعر.

وتلقته خديجة بحنانها وعطفها... وقد أوى إلى فراشه وهو يقول دثروني زملوني... وتدثره خديجة وتزمله وتجلس إلى جانبه مستغربة ومستوضحة ويحدثها بما سمع.. ويحدثها بالذي يخشى منه إنه يخشى أن يكون قد أصابه شيء...

وتغمره خديجة بحنان عظيم..وتقول له بثقة التي تعرف زوجها وتثق به ثقة لا تحدد الله يرعانا يا أبا القاسم...أبشر يا بن عم وثبت فوالذي نفس خديجة بيده إني لما أرجو أن تكون نبي هذه الأمة و الله لا يخزيك الله أبدا إنك لتصل الرحم وتصدق الحديث، وتحمل الكل، وتقري الضيف، وتعين كل نوائب الحق).

إذن لقد كانت خديجة تتوقع ان يكون محمد النبي المنتظر الذي يتحدث عنه الناس، والذي تحدث عنه كثيرا أمامها ابن عمها: ورقة بن نوفل.

عائشة بنت أبي بكر

هي أم المؤمنين عائشة بنت أبي بكر الصديق - عبد الله بن عثمان، إحدى زوجات رسول الله صلى الله عليه وسلم، كناها الرسول بأم المؤمنين.

ولادتها ونسبها

ولدت السيدة عائشة-رضي الله عنها- قبل الهجرة بحوالي ثماني سنوات، أي في السنة الرابعة بعد البعثة.

وأبوها هو الصديق أبو بكر(عبد الله بن أبي قحافة بن عثمان بن عامر بن كعب بن سعد بن تيم القرشي)، صاحب رسول الله وأول من أسلم من الرجال وأول خليفة لرسول الله صلى الله عليه وسلم، أما أمها فهي السيدة أم رومان بنت عامر بن عويمر، من أشرف بيوت قريش وأعرقها في المكانة.

نشأتها

نشأت السيدة عائشة(أم المؤمنين)، في بيت عامر بالإيمان والتقوى هو بيت الصديق، وممتلئ بنور القرآن والهدى.

وقد شاركت السيدة عائشة رضي الله عنها-منذ صباها في نصرة الإسلام، فقد كانت تساعد أختها الكبرى أسماء في تجهيز الطعام للرسول صلى الله عليه وسلم وأبيها وهما في الغار عند الهجرة إلى المدينة المنورة.

هجرتها

بعد ان استقر مقام المسلمين في المدينة، أرسل أبو بكر الصديق إلى ابنه عبد الله بن أبي بكر يطلب منه أن يهاجر بأهل بيته(عائشة،أسماء،أم رومان)، فاستجاب ابنه ومضى بهم مهاجرا.

وفي الطريق هاج بعير عائشة فصاحت أم رومان: وابنتاه واعروساه، ولكن الله أنجاها، وأسرع الجميع لبعيرها لتسكن، وكان في ركب الهجرة السيدة فاطمة الزهراء والسيدة أم كلثوم بنتا رسول الله، وأم المؤمنين سودة بنت فرمعة.

ونزلت السيدة عائشة مع أهلها في دار بني الحارث من الخزرج، ونزل آل البيت في منزل حارثة بن النعمان.

زواج رسول الله منها

وبدأت مرحلة جديدة في حياة أم المؤمنين عائشة- رضي الله عنها- فقد خطبها رسول الله وهي بنت ست سنين، وتزوجها وهي بنت تسع سنين بعد الهجرة.

وكان بيت النبي الذي دخلت فيه أم المؤمنين حجرة واحدة من الطوب والطين ملحق بها حجرة مستورة بالطين، وكانت حجرة السيدة عائشة مواجها للشام.

ويروي أبو داوود عن عائشة، قولها(قدم رسول الله صلى الله عليه وسلم من غزوة تبوك أو خيبر وفي أيديها لقب، فهبت الريح، فكشفت ناحية الستر من بنات لعائشة(لعب)، فقال: ما هذا يا عائشة؟ قالت: بناتي! ورأى بينهن فرسا له جناحان من رقاع، فقال: ما هذا الذي أرى وسطهن؟ قالت: فرس! قال وما هذا الذي عليه، قالت جناحان! قال: فرس له جناحان! قالت: ما سمعت ان لسليمان خيل لها أجنحة؟ فضحك رسول الله.(سنن أبي داوود)

الزوجة الأثيرة

تتحدث روايات كثيرة عن حب النبي الكبير لعائشة، وتفضيله إياها على سائر زوجاته، فتقول على سبيل المثال سأل النبي مرة:(أي الناس أحب إليك؟ قال: عائشة)(صحيح مسلم، وحين(جعله نساؤه في حل:يؤثر من يشاء منهن على من يشاء. كان يؤثر عائشة وزينب))(متفق عليه) وكان يقول عنها:(كمل في الرجال كثير، ولم يكمل في النساء إلا ثلاث: مريم بنت عمران وآسية امرأة فرعون، وخديجة بنت خويلد، وفضل عائشة على النساء كفضل الثريد على الطعام)(صحيح البخاري)

مكانتها عند رسول الله

لم يكن حب الرسول صلى الله عليه وسلم للسيدة عائشة رضي الله عنها إلا امتدادا طبيعيا لحبه لأبيها رضي الله عنهما.

لم يكن زواجه منها لمجرد الشهوة ولم تكن دوافع الزواج بها المتعة الزوجية بقدر ما كانت غاية ذلك تكريم أبي بكر وإيثاره وإدناؤه إليه، وإنزال ابنته أكرم المنازل في بيت النبوة.

وعندما جاءت أم المؤمنين أم سلمة-رضي الله عنها- إلى النبي لتشتكي من أمر يتعلق بعائشة، قال لها النبي:(يا أم سلمة لا تؤذيني في عائشة، فإنه و الله ما نزل علي الوحي وأنا في لحاف امرأة منكن غيرها)(متفق عليه).

ولم يتزوج رسول الـلـه بكرا غيرها، وكانت منزلتها عنـده كبـيرة وفاضـت روحـه الكريمـة في حجرتها، وعاشت-رضي الـلـه عنها- حتى شهدت الفتنة الكبرى بعد مقتل عثمان بن علي-رضي الـلـه عنه- وحضرت معركة الجمل، وكانت قد خرجت للإصلاح.

ويذكر الزمخشري أن النبي:(كان يقسم بين نسائه فيعدل، ويقول هذه قسمتي فيما أملك، فلا تؤاخذني فيما تملك ولا املك-يعني المحبة-لأن عائشة كانت أحبهن إليه(سنن أبي داوود).

علمهــــا

وعاشت السيدة عائشة مع رسول الـلـه صلى الـلـه عليـه وسـلم إيمانيـة يمـلأ كيانهـا نـور التوحيد وسكينة الإيمان، وقد حازت رضي الـلـه عنها علما غزيرا صافيا من نبع النبـوة الـذي لا ينضب، جعلها من كبار المحدثين والفقهاء، فروي عنها مـن صـحيح الحـديث أكـثر مـن ألفـين ومائة حديث، فكانت بحـرا زاخـرا في الـدين وخزانـة حكمـة وتشريـع، وكانـت مدرسـة قائمـة بذاتها، حيثما سارت يسير في ركابها العلم.والفضل والتقى، فقد ورد عـن أبي مـوسى الأشـعري-رضي الـلـه عنه- قال: ما أشكل علينا-أصحاب رسول الـلـه-حديث قط، فسألنا عنـه عائشـة إلا وجدنا عندها منه علما.

وكان للسيدة عائشة-رضي الـلـه عنهـا- علـم بالشـعر والطـب بالإضـافة إلى علمهـا بالفقـه وشرائع الدين.

*ومن جميل ما أسدته السيدة عائشة للمسلمين أنها كانت سببا في نزول آيـة التـيمم، يـروى عنها أنها قالت: أقبلنا مع رسول الـلـه حتى إنا كنا يتربان(بلد يبعد عن المدينة عدة أميال وهـو بلد لا ماء به) وذلك وقت السحور، فانسلت قلادة من عنقي فوقعت، فأمر رسول الـه بالبقـاء لا لتماسها في الضوء حتى مطلع الفجر، وليس مع القوم ماء، فلقيت مـن أبي الـلــه علـيم بـه مـن التعنيف والتأفف، فقال: في كل سفر للمسلمين يلقون منك عناء وبلاء، فـانزل الـلــه الرخصـة في التيمم فتيمم القوم وصلا، قالت: يقول أبي حين جاء من الـلــه الرخصـة للمسـلمين: و الـلــه مـا علمت يا بنية إنك لمباركة!! ما جعل الـلـه للمسلمين في حبسك إيـاهم مـن البركـة واليسرـ!! وفي رواية قال: لها أسيد بن حضيم: جزاك الـلـه خيرا، فوا الـلـه ما نزل بك أمر تكرهينه قط إلا جعل الـلـه لك منه مخرجا، وجعل للمسلمين فيه بركة.

خلقها

واشتهرت-رضي الـلـه عنها- بحيائها وورعها، فقد قالت: كنت أدخل البيت الذي دفـن فيـه رسول الـلـه وأبي- رضي الـلـه عنه- واضعة ثوبي وأقول إنما هو زوجي وهو أبي، فلما

دفن عمر بن الخطاب معهما، و الله ما دخلته إلا مشدودة على ثيابي حياء من عمر - رضي الله عنه- وكانت من فرط حيائها تحتجب من الحسن والحسين في حين أن دخولهما على أزواج النبي حل لهما.

وكانت رضي الله عنها- كريمة، فيروى أن أم درة كانت تزورها، فقالت: بعث إلى السيدة عائشة بمال في وعاءين كبيرين من الخيش: ثمانين أو مائة ألف، فدعت بطبق وهي يومئذ صائمة، فجلست تقسم بين الناس، فأحست وما عندها من ذلك المال درهم، فلما أمست قالت: يا جارية هلمي إفطاري، فجاءتها بخبز وزيت، فقالت لها أم درة:أما استطعت مما قسمت اليوم ان تشتري لنا لحما بدرهم فنفطر به فقالت: لا تعنفيني، لو كنت ذكرتيني لفعلت.

من أقوالها

* التسموا الرزق في خبايا الأرض.

*لا تطلبوا ما عند الله من غير الله بما يسخط الله

*أفضل النساء التي لا تعرف عيب المقال، ولا لتهتدي لمكر الرجال، فارغة القلب إلا من الزينة لبعلها والإبقاء في الصيانة على أهلها.

* إن الله خلقا قلوبهم كقلوب الطير، كلما خفقت الريح، خفقت معها، فأف للجبناء

* كل شرف دونه لؤم، فاللؤم أولى به، وكل لؤم دونه شرف فالشرف أولى به.

* علموا أولادكم الشعر تعذب ألسنتهم.

* رأت رجلا متماوتا فقالت: ما هذا؟ فقيل لها: زاهد، قالت: كان عمر بن الخطاب زاهدا ولكنه كان إذا قال اسمع وإذا مشى أسرع وإذا ضرب في ذات الله أوجع.

عائشة بيت أبي بكر........... الفقيهة الزاهدة

كانت عائشة بنت أبي بكر مصلا رائعا للمرأة التي استطاعت ان تعطي لزوجها الحب والوفاء والإخلاص ولدينها القوة والعلم والفقه.

وهي صاحبة اكبر حادث وقع في الأمة الإسلامية حيث تعرض عرض النبي صلى الله عليه وسلم فيه للاتهام في محاولة من المنافقين واليهود لضرب عقيدة الإسلام في محمد وأهل بيته.. وكان حادث الإفك مثار تفكير كل المسلمين شهرا انقطع فيه الوحي عن محمد صلى الله عليه وسلم... وكانت تلك الشائعة تجربة شاقة وحمل النبي صلى الله عليه وسلم فيها آلاما لا تحتمل...ومرضت فيها عائشة.

حين توجه الزوج محمد صلى الله عليه وسلم على عائشة قال لها" أما بعد..فإنه بلغني عنك كذا وكذا فإن كنت بريئة فسيبرئك الله تعالى وإن كنت ألممت بذنب فاستغفري الله تعالى إليه فإن العبد

150

إذا اعترف بذنبه ثم تاب تاب الله عليه" ولم تزد عائشة إن قالت: ما أجد لي ولكم مثلا إلا أبا يوسف إذ قال:" فصبر جميل و الله المستعان على ما تصفون". ولأن عائشة ابنة أبي بكر.تثق في طهارتها وبراءتها فقد تحدثت للرسول بكل الاعتزاز والإيمان...

ونزل الوحي على النبي صلى الله عليه وسلم بسورة النور ببراءة عائشة الطاهرة فقالت لها أمها" قومي إلى رسول الله فاشكريه" فقالت: و الله لا أقوم إليه ولا أحمد إلا الله هو الذي أنزل براءتي..." فقد كان تأثر عائشة بالإفك بالغا واحتمت بجانب الله وعلى الرغم من ان النبي صلى الله عليه وسلم سمع بالإفك إلا انه لم يقبله من غير بينة ولم ينفه أيضا من غير بينة بل سأل من يستحق السؤال من المسلمين. غضبت عائشة غضب البريء المشكوك فيه وأنها لبريئة في نظر كل منصف يفهم أنها لا يمكن أن تعرض نفسها كشريفة للريبة أمام جيش كامل وفي وضح النهار مع رجل يتقي ما يتقيه المسلم في هذا المقام من غضب الله والنبي والمسلمين. أراد النبي لعائشة البراءة أمام الناس. عامة وأمام نفسه المحبة لها فقد كان الحادث مجاوزا عائشة إلى شخص الرسول صلى الله عليه وسلم بل تجاوز إلى صلته بربه ورسالته كلها فمن اشتركوا في ترويج الشائعة كانوا يهودا منافقين ومن لحظتها تبين مدى الخطر الذي يصيب الجماعة إذا انطلقت اللسنة في غير حساب تنهش أعراض المحصنات المؤمنات... وبيان الوزر من ذلك والعقاب عليه.

ولتكتب قصتها في التاريخ يمضي القرآن الكريم ليوضح لنا واجب التثبت أمام أي فرية بإتيان أربعة شهود كما هو الحكم الإسلامي: لولا جاؤوا عليه بأربعة شهداء فإذ لم يأتوا بالشهداء فاؤلئك عند الله هم الكاذبون فالقرآن يؤدبهم لتناقلهم هذا الأمر من دون تدبر وكان هينا على ألسنتهم.كآية شائعة عادية من دون أن يحسوا بالعواقب.

والحادثة جاءت لتوضح أن الذين يرمون أعراض المسلمات لعنهم الله فإن أفلتوا من عقاب الدنيا فإن عقابهم شديد في الآخرة: إن الذي يرمون المحصنات الغافلات المؤمنات لعنوا في الدنيا والآخرة ولهم عذاب عظيم، يوم تشهد عليهم ألسنتهم وأيديهم وأرجلهم بما كانوا يملون يومئذ. يوفيهم الله دينهم الحق ويعلمون أن الله هو الحق المبين.

تلك هي عائشة بينت أبي بكر التي خطبها الرسول في سن السادسة وتزوجها في التاسعة من عمرها ولم يعاملها معاملة الزوجات الكبيرات.

وكان سبب زواجه منها اعتزازه بوالدها أبي بكر الصديق ليرتفع بمكانته ويقوي علاقته به... وكانت تردد دائما:" لقد تزوجني الرسول بكرا". وما تزوج بكرا غيري ولقد حفت الملائكة بيتي واني لابنة خليفته وصديقه.... ونزل عذري عن السماء.. ولقد خلقت

طيبة عند طيب ولقد قبض محمد ورأسه في حجري وقبرته في بيتي ووعدت مغفرة ورزقا كريما".

وعندما خير الرسول صلى الله عليه وسلم أزواجه بينه وبين الحياة الدنيا وزينتها قال أمرا فلا عليك ان لا تعجلي حتى تستأ مري أبويك فقالت: له إني أريد الله ورسوله والدار الآخرة ثم فعل أزواج رسول الله صلى الله عليه وسلم مثل ما فعلت.

علم وتواضع

وكانت متواضعة والدليل على ذلك قولها:" و الله لوددت أني كنت شجرة و الله لوددت أن الله لم يكن خلقني شيئا قط". وقالت يوم وفاتها:" يا ليتني لم اخلق ولم أكن أحب أن أسمع أحدا اليوم يثني علي لوددت أني كنت نسيا منسيا".

وذكر الدكتور مصطفى مراد في كتابه صحابيات عن شدتها في دين الله: لقد كانت رضي الله عنها قوية في دين الله سبحانه وتعالى تأمر بالمعروف وتنهى عن المنكر وتغضب من أجل الله تقول أم علقمة بنت أبي علقمة رأيت حفصة بنت عبد الرحمن بن أبي بكر دخلت على عائشة وعليها خمار رقيق يشف عن جبينها فشقته عائشة عليها وقالت: أما تعلمين ما انزل الله في سورة النور؟ ثم دعت بخمار فكستها. عائشة الزاهدة جاءتها الدنيا فأعرضت عنها وأعطتها للفقراء والمساكين وبعث ابن الزبير إليها بمال في غراريته يكون مائة ألف فدعت بطبق وهي صائمة فجعلت تقسم في الناس فلما أمست قال يا جارية هاتي فطري فقالت يا أم المؤمنين ما استطعت فيما أنفقت ان تشتري بدرهم لحما تفطرين عليه فقالت: لا تعنفيني فقد ذكرتهم قبلي...

أما عن علمها فقد كانت تحفظ آلاف القصائد وتفوقت في اللغة العربية وروى الرواة عنها من الأحاديث النبوية عشرة ومائتين وألفي حديث وهي أكثر الصحابة رواية بعد أبي هريرة وعبد الله بن مر وأنس رضي الله عنهم. وذلك فوق علمها في الميراث حتى كان كبار الصحابة يسألونها عن أحكامه.

وإذ كانت عائشة الزوجة الوفية قد عرفت بالعلم والفقه فإنها امتازت أيضا رضي الله عنها بالذكاء والفهم وكثرة الرواية وكانت تفسر حديث رسول الله صلى الله عليه وسلم وهي بين يديه لمن لم يفهم فكانت كثيرة السؤال للعلم ولا يهدأ لها بال حتى ترضي طمأنينتها وتجلو لنفسها كل خفي مما يحيط بها فقد طرحت على رسول الله أسئلة حول كل ما يمر من موضوعات في الفقه والقرآن الكريم والأخبار والمغيبات وفيما يعرض من أحداث وخطوب. وهذا شأن المرء ذي الطبيعة العلمية كلما عظم حظه من المعرفة كثر تطلعه إلى ما فوقه أما

الجاهل فليس بمعنى أن يسأل فإذا أصاب من المعرفة حظا ما بطريق العرض كان أبعد الناس أن تطلب نفسه مزيدا من العلم... ودليل ذلك أن قائمة الذي عرفوا بنقد الروايات محدودة سجلت أسماء لامعة انعم الله عليهم بخصائص تدقيق النظر في النصوص وتفحص الظاهر والباطن واسم عائشة من تلك الأسماء لما قدمت من صحة النظر وصواب النقد وحضور الحفظ وجودة النقاش.

وفاتها

وفي ليلة الثلاثاء 17 من رمضان في السنة 57 من الهجرة توفيت أم المؤمنين السيدة عائشة وهي في سن السادسة والستين من عمرها، ودفنت في البقيع وسارت خلفها الجموع باكية عليها في ليلة مظلمة حزينة، فرضي الله عنها وأرضاها.

هذه هي السيدة عائشة بنت الصديق -رضي الله عنها- حبيبة رسول الله والتي بلغت منزلتها عند رسول الله مبلغا عظيما، فقد رضي الله عنها لرضا رسوله عنها، فعن عائشة قالت: قال رسول الله يوما (يا هذا جبريل يقرئك السلام) فقلت: "وعليه السلام ورحمة الله وبركاته" (متفق عليه)

فاطمة الزهراء رضي الله عنها وأرضاها

إن الله ليغضب لغضب فاطمة ويرضى لرضاها. فاطمة بضعة مني من آذاها فقد آذاني ومن أحبها فقد أحبني. فاطمة قلبي وروحي التي بين جنبي. فاطمة سيدة نساء العالمين[1].

هذه الشهادات وأمثالها تواترت في كتب الحديث والسيرة عن الرسول صلى الله عليه وسلم، والذي ينطق عن الهوى ولا يتأثر بنسب أو سبب ولا تأخذه لومة في الله لومة لائم.

مواقف من نبي الإسلام الذي ذاب في دعوته وكان للناس فيه أسوة فأصبحت خفقات قلبه نظرات عينه ولمسات يده وخطوات سعيه وإشعاعات فكره، قوله وفعله وتقريره، وجوده كله أصبح تعاليم الدين وأحكام الله ومصابيح الهداية وسبل النجاة.

أوسمة من خاتم الرسل على صدر فاطمة الزهراء، تزداد تألقا كلما مر الزمن وكلما تطورت المجتمعات وكلما لاحظنا المبدأ الأساس في الإسلام في كلامه لها (يا فاطمة اعملي لنفسك فإني لا اغني عنك من الله شيئا).

فاطمة الزهراء هذه مثال المرأة التي يريدها الله وقطعة من الإسلام المجسد في محمد وقدوة في حياتها للمرأة المسلمة وللإنسان المؤمن في كل زمان ومكان.

إن معرفة فاطمة فصل من كتاب الرسالة الإلهية ودراسة حياتها محاولة لفقه الإسلام وذخيرة قيمة للإنسان المعاصر.

---

(1) من اقوال الرسول (محمد عبد المجيد).

إيه فاطمة .... يا ثغرا تجلى بالعفاف فطاب رضا به، لقد عبق خط وصلك ببنت عمران يا ابنة المصطفى، فتلك مريم ما فرشت الأرض غلا من نتف الزنابق، وأنت النفحة الزهراء، ما نفثت الطيب إلا من مناهل الكوثر.

يا بتول، يا أم أبيك .... لقد كانت النبوة طفلك البكر، يا ابنة الجنة، هلا رسمت الطريق للوصول إلى عين الشمس ونبع الحياة لكي يتمكن مجتمعنا الذي يقرأ كتابك من تربية المرأة الفاطمية والرجل الفاطمي .

ليست قليلة تلك الشعلة التي التهبت بها شخصية هذه المرأة، فإن تكن سيدة نساء العالمين فمن هذا المعين تستقي، فهي ابنة نبي ربط حاضر الأجيال بماضيها ،ووصلها بكل زمان يأتي، بهذه الهالة القدسية اتشحت شخصية الزهراء آخذه عن أبيها عبء مسؤولية الأجيال، فهي التي انحصر فيها إرث النبوة بكل ما حققت النبوة، بكل ما ترتبط به صفات النبوة، بكل ما ترمي إليه أشواق النبوة .

وتزوجت رجلا كان زواجها منه تحقيقا للمخطط العظيم وتنزيلا لقدسية الكلمة، وكان زواجها استكمالا لمتانة ما أنيط بها، وما كان الحسن والحسين غير نتاج هذا الرباط الذي اكتملت به المشيئة .

هكذا ارتبط التاريخ برباط، وهكذا اتشحت فاطمة بقدسية هذا الرباط، هالة اتشحت بها سيدة نساء العالمين إزارا من نبوة، وإزارا من أمومة، وإزارا من إمامة .

و أخيرا هويت فاطمة، هوى معك الخصر النحيل، يا نحول السيف، يا نحول الرمح، يا نحول الشعاع في الشمس، يا نحول الشذا، يا نحول الإرهاف بالحس، يا ابنة المصطفى، يا ابنة ألمع جبين رفع الأرض على منكبيه واستنزل السماء على راحتيه، فهانت عليك الأرض. يا عجينة الطهر والعبير، ولم تبتسمي لها إلا بسمتين، بسمة في وجه أبيك على فراش النزاع يعدك بقرب الملتقى، وبسمة طاقت على ثغرك وأنت تجودين بالنفس الأخير.

و عشت الحب يا أنقى قلب لمسته عفة الحياة، فكان لك الزوج عظيم الأنوف، لف جيدك بالدراري وفرش تحت قدميك أزغاب المكارم. وعشت الطهر يا اطهر أم أنجبت ريحانتين لفتها بردة جديهما بوقار تخطى العتبات وغطى المدارج.

أسماء بنت أبي بكر

نسبها

إنها أسماء بنت أبي بكر عبد الله بن قحافة أم عبد الله، القرشية التميمية، المكية، ثم المدنية.مهاجرة جليلة وسيدة كبيرة بعقلها وعزة نفسها وقوة إرادتها ولدت سنة 27 قبل

الهجرة.وهي أكبر من أختها عائشة أم المؤمنين بعشر سنين. وهي شقيقة عبد الله بن أبي بكر وأمها قتيلة بنت عبدالعزى. لذلك أرى أنها من صديقة المؤمنات وسيرتها عطر للمجالس وأنس للمجالس ورحيق مختوم بالمسك رضي الله عنها. وقد جمعت بين صدق الإيمان وعمق النظرة والشجاعة ما جعلها مثلا طيبا بين نساء الإسلام، ولهذا استحقت أن تكون من النساء المبشرات بالجنة .

إسلامها

أسلمت أسماء رضي الله عنها قديما بمكة وكان إسلامها بعد سبعة عشر شخصا وكان عمرها آنذاك خمسة عشر سنة. وبايعت النبي صلى الله عليه وسلم وآمنت به إيمانا قويا. وقد شهدت أسماء عهد البعثة النبوية، وعايشت أحداثها، ولقد كان لأبيها شرف السبق إلى الإسلام.حتى أصبح يدعو إلي الله تعالى من يثق به وبجهود حتى اسلم على يديه عثمان بن عفان والزبير بن العوام وعبد الرحمن بن عوف وسعد بن أبي وقاص وطلحة بن عبيد الله.

وكان أبو بكر رجلا مألفا لقومه وكان أنسب قريش لقريش وأعلم قريش بأنسابها، وكان رجلا تاجرا ذا خلق كريم، وصاحب معروف.

تسميتها بذات النطاقين

لقد دخلت أسماء بنت أبي بكر التاريخ الإسلامي، من خلال نطاقها الذي شقته لرسول الله صلى الله عليه وسلم إلى شقين، فلما جاء قرار الهجرة وجب على رسول الله صلى الله عليه وسلم وأبي بكر الصديق- رضي الله عنه- الرحيل، ولم يخفى ذلك على قريش التي اقترح عليهم أبو جهل أن تقوم كل قبيلة باختيار شابا منها، ثم يهجمون على الرسول صلى الله عليه وسلم فيقتلوه بضربة رجل واحدة لتهدر دمائه الطاهرة وتضيع بين القبائل جميعا. وهكذا تسلل الرسول الكريم صلى الله عليه وسلم برفقة أبي بكر الصديق للاختباء في غار ثور، وسرعان ما علمت قريش بذلك فأرسلت فرقا للبحث عنه في جميع الاتجاهات، ولرحمة الله-عز وجل- وحبه للرسول صلى الله عليه وسلم سخر عنكبوتا لتنسج شباكها على باب الغار وحمامة لتبيض هناك، فأبعد ذلك شكوك المشركين في احتمال اختبائه صلى الله عليه وسلم الغار.

وهنا كان الدور المهم الذي قامت به أسماء بنت أبي بكر-رضي الله عنها- فقد كانت تحمل الطعام والشراب إليهما، فكانت رمزا للشجاعة والذكاء رغم صغر سنها لأنها كانت تمضي حاملة الزاد لهما في عتمة الليل دونا عن الخلق، ولم يفتها أن تضلل قريش ولا أي إشارة تقودهم إلى رسول الله صلى الله عليه وسلم وأبيها الصديق- رضي الله عنه- فكانت في كل مرة تصحب معها خادمها الذي يرعى الغنم، بحيث تسير من خلفها الأغنام لتطمس خطاها

فلا يعرف أحد بمكانهما. وفي الليلة التي وصل فيه عبد الله بن أريقط البكري خرج النبي- صلى الله عليه وسلم-وصاحبه استعدادا للرحيل، فحملت أسماء الزاد لتربطه بالناقة ولكنها لم تجد ما تربط به الزاد، ففكت نطاقها وشقته إلى نصفين ربطة سفرة الزاد بأحدهما وانتطقت بالآخر، وفي تلك اللحظة أطلق عليها الرسول الكريم صلى الله عليه وسلم لقب ذات النطاقين.

مكانتها

تمتعت أسماء بنت أبي بكر بين نساء قريش بمنزلة مرموقة، لمكانة أبيها فيها وشاركت أباها أعباءه في الدعوة إلى الله تعالى ونصرة رسول الله صلى الله عليه وسلم، ويظهر ذلك جليا حين كان أبوها الصديق يجهز للرسول صلى الله عليه وسلم متاع الهجرة، وما كان أحد يعلم بهجرة الرسول صلى الله عليه وسلم سوى أبي بكر وابنتيه أسماء وعائشة وعلي بن أبي طالب رضي الله عنهم.ومن هنا نعلم كبير ثقة رسول الله صلى الله عليه وسلم بهؤلاء حيث أطلعهم على أخص أسراره.

روايتها عن الرسول

روت أسماء رضي الله عنها خمسة وثمانين حديثا وفي رواية أخرى ستة وخمسين حديثا، اتفق البخاري ومسلم على أربعة عشر حديثا، وانفرد البخاري بأربعة وانفرد مسلم بمثلها، وفي رواية أخرج لأسماء من الأحاديث في الصحيحين اثنان وعشرون المتفق عليه منها ثلاثة عشر- والبخاري خمسة ولمسلم أربعة.

مـــواقف وأحـــــداث

كانت أسماء تأمر أبناءها وبناتها وأهلها بالصدقة تقول: أنفقوا، أو أنفقن، وتصدقن، ولا تنتظرن الفضل، فإنكن إن انتظرتن الفضل، لم تفضلن شيئا، وإن تصدقتن لم تجدن فقده. وكانت شاعرة ناثرة ذات منطق وبيان، فقالت في زوجها الزبير، لما قتله عمرو بن جرموز المجاشعي بوادي السباع، وهو منصرف من وقعة الجمل:

غدا ابن جرموز بفارس بهمة يوم الهياج وكان غير معرد

يا عمرو لو نبهته لو حدته لا طائشا رعش الجنان ولا اليد

وعن عبد الله بن عروة عن جدته أسماء قال: قلت لها: كيف كان أصحاب رسول الله صلى الله عليه وسلم يفعلون إذا قرىء عليهم القرآن؟ قالت: كانوا كما نعتهم الله، تدمع أعينهم، وتقشعر جلودهم. قال: فأن ناسا إذا قرىء عليهم القرآن خر أحدهم مغشيا عليه. قالت: أعوذ بالله من الشيطان.

وفي خلافة ابنها عبد الله أميرا للمؤمنين جاءت فحدثته بما سمعت عن رسول الله بشأن الكعبة فقال: إن أمي أسماء بنت أبي بكر الصديق حدثتني أن رسول الله صلى الله عليه وسلم قال

لعائشة: (لولا حداثة عهد قومك بالكفر، لرددت الكعبة على أساس إبراهيم، فأزيد في الكعبة من الحجر). فذهب عبد الله بعدها وأمر بحفر الأساس القديم، وجعل لها بابين، وضم حجر إسماعيل إليها، هكذا كانت تنصح أبنها ليعمل بأمر الله ورسوله.

وقد كانت امرأة جليلة تقية ورعة، جادة في الحياة، عندما قدم ولدها المنذر بن الزبير من العراق أرسل لها كسوة من ثياب رقاق شفافة تصف الجسد فرفضتها، فقال المنذر: يا أماه، إنه لا يشف، قالت: إنها إن لم تشف فإنها تصف. ومن جرأتها وجهادها خروجها مع زوجها وأبنها في غزوة اليرموك.

جهادها

تعرضت أسماء للأذى والاضطهاد في سبيل هجرة رسول الله صلى الله عليه وسلم وأبيها صديق. ذلك أنه لما خرج رسول الله صلى الله عليه وسلم وأبو بكر رضي الله عنه، أتانا نفر من قريش، فيهم أبو جهل بن هشام، فوقفوا على باب أبي بكر، فخرجت إليهم؛ فقالوا: أين أبوك يا بنت أبي بكر؟! قلت: لا أدري و الله أين هو ؟! قالت: فرفع أبو جهل يده، وكان

فاحشا خبيثا، فلطم خدي لطمة طرح منها قرطي!!.؟ فهذا يدل على قوة إيمانها وعلى بذل الجهد في سبيل الله كما يدل على الصبر حيث أن جهادها يعتبر ذروة الإسلام.

زواجها

تزوجت أسماء رضي الله عنها من الزبير في مكة وماله في الأرض ولا مملوك ولا أي شيء غير فرسه وهاجرت، وهي حامل بولده عبد الله في ذلك تقول: تزوجني الزبير وما له في الأرض مال ولا مملوك، ولا شيء غير فرسه فكنت أعلف فرسه وأكفيه مؤنته وأسوسه، وأدق لناضخه، وكنت أنقل النوى من أرض الزبير، وأدق النوى، أعجن ولم أكن أحسن أخبز، فكان يخبز جارات لي من الأنصار، وكن نسوة صدق.

وكانت رضي الله عنها تتحمل الكثير من العنت والتعب في سبيل خدمة زوجها، وهي صابرة، وكان الزبير رضي الله عنه شديدا عليها، فأتت أباها فشكت ذلك إلية، فقال يا بنية! اصبري فالتزمت وصية أبيها إلى أن كبر ابنها عبد الله، ثم طلقها الزبير فأقامت عند ابنها عبد الله. وروت أسماء عن النبي صلى الله عليه وسلم 58 حديثا، وفي رواية 56 حديثا. اتفق البخاري ومسلم على أربعة عشر حديثا. وانفرد البخاري بأربعة وانفرد مسلم بمثلها. وفي رواية أخرج لأسماء من الأحاديث في الصحيحين اثنان وعشرون المتفق عليه منها ثلاثة عشر. وللبخاري خمسة ولمسلم أربعة.

مقتل ابنها عبد الـلـه بن الزبير

بويع عبد الـلـه بن الزبير بالخلافة بعد موت يزيد بن معاوية بـن أبي سـفيان سـنة أربـع وستين، وبقي حتى قتل سنة ثلاث وسبعين، وحج بالناس كـل هـذه المدة وبنـى الكعبـة أيـام خلافته وكساها الحرير.

كانت جميع الأقطار الإسلامية قد بايعته بالخلافة، ولم يبق إلا مروان بن الحكم ومعه جزء صغير من بلاد الشام، لكن مروان بدأ يتوسع وخلفه ابنه عبد الملك فتوسع أكثر بينما تـنكمش خلافة عبدالله بن الزبير حتى لم يبق مع ابن الزبير إلا بلاد الحجاز، وقـد سـأل عبـد الملـك مـن حوله بعد أن أنهى ضم العراق إليه: من يكفيني أمر ابن الزبير في مكة فلـم يتجـرأ أحـد عـلى ذلك إلا الحجاج بن يوسف الثقفي وقال: أنا له يـا أمـير المـؤمنين فابعـث بي إليـه فـإني قاتلـه. فبعثه في جيش كثيف من أهل الشام، وكتب معه أمانا لأهل مكة إن هـم أطـاعوه، فخـرج في جمادى الأولى عام 72 للهجرة ولم يعرض على المدينة ونزل بالطـائف وصـار يرسـل السرـايا إلى عرفة ويلتقي بفرسان ابن الزبير، فيحدث قتـال ثـم يعـود كـل طـرف إلى مكانـه، ثـم اسـتأذن الحجاج من عبد الملك أن يدخل الحرم فيحاصر ابن الزبير فأذن له، وكـان حصـاره سـتة أشـهر وسبعة عشر يوما، إلا أن الناس قد خذلوه وصاروا يخرجون إلى أهل الشام مستسلمين طـالبين النجاة ومنهم ولداه حمزة وخبيب، ولم تكن أسماء بمنأى عن ذلك فهي تتابع الموقف، فذهب إليها عبد الـلـه فشكا إليها- وكانت قد فقدت بصرها - فقال لها: يا أماه خـذلني النـاس حتـى أهلي وولدي ولم يبق معي إلا اليسير من جندي، والنـاس يعطـونني مـا أردت مـن الـدنيا فـما رأيك؟ قالت: يا بني أنت أعلم بنفسك إن كنت تعلم أنم على حق وإليـه تـدعو فاصبر عليـه، فقد قتل عليه أصحابك، ولا تمكن رقبتك لغلمان بني أمية يلعبون بهـا، وان كنـت تـتعلم أنـك إنما أردت الدنيا، فبئس العبد أنت، أهلكت نفسك وأهلكت من معك وإن كنت على حق، فما وهن الدين إلى كم خلودك في الدنيا؟ القتل أحسن.

فدنا فقبل رأسها وقال: هذا و الـلـه رأيي، ولكن يا أماه أخاف أن يمثل بي بعد القتل قالت: يا بني إن الشاة لا يؤلمها السلخ بعد الذبح.

لقد أحيط به من كل مكان، والمنجنيق يضرب البيت الحرام، وهو يقاوم مع فئة قليلة مـن جنوده، والكثرة تغلب أشجع الشجعان مهما عظم، وليس الـرأي في الآخـر إلا رأي أسـماء فهـي التي ربته على الحق وأرضعته لبان الإيمان والعدل والجرأة في الحق وسداد الرأي.

ودخلوا على ابن الزبير في المسجد وقت الصلاة وقد التجأ إلى البيت وهم ينادون: يا بن ذات النطاقين، وتكاثروا عليه فشدخ بالحجارة فانصرع، وأكب عليه موليان له وأحدهما يقول: العبد يحمي ربه ويحتمي، حتى قتلوا جميعا وتفرق من كان معه من أصحابه وأمر به الحجاج فصلب منكسا بمكة، وكان مقتله يوم الثلاثاء لأربع عشرة ليلة خلت من جمادى الأولى سنة 73 للهجرة.

ولم يدفع لها الحجاج جثة ابنها رغم كل المطالب والضغوط، وبعد مدة جاء كتاب عبد الملك بن مروان أن يرفع إلى أهله، فأتي به أسماء فغسلته وطيبته ثم دفنته".

وفاتها

" لم تعش أسماء بعد ابنها سوى أيام معدودات، ففي رواية أنها عاشت ثلاثة أيام وفي رواية عشرة أيام وفي روايات أكثر قليلا لكن المتفق عليه أنها لم تعش بعد ابنها طويلا، وقد أوصت أسماء قبل موتها قائلة لأهلها: إذا أنا مت فأجمروا ثيابي وحنطوني ولا تجعلوا فوق كفني حنوطا ولا تتبعوني بنار"

" وقد عاشت أسماء رضي الله عنها دهرا طويلا فكانت إحدى الوثائق الصحيحة التي وعت أحداث قرن كامل، وكانت خاتمة المهاجرين والمهاجرات وفاة، كما نالت بالشمائل الكريمة البشارة بالجنة منذ فجر حياتها، ففي قصة الهجرة جادت أسماء بنطاقها ونفسها من أجل تأمين السعادة والطعام لرسول الله فقال لها صلى الله عليه وسلم: إن لك بهما نطاقين في الجنة"

نسيبة بنت كعب المازنية الأنصارية - رضي الله عنها -

نسب أم عمارة وفضلها

هي نسيبة بن كعب بن عمرو بن عوف بن مبذول بن عمرو بن غنم بن مازن ابن النجار[1]، وهي أنصارية من بني مازن، وكنيتها أم عمارة. وهي أم لحبيب وعبد الله ابني زيد بن عاصم[2]. ولما ظهر الإسلام أسلمت[3] وبايعت[4] وشهدت أحدا والحديبية وخيبر وحنينا وعمرة القضاة ويوم اليمامة[5]، وبيعة الرضوان[6].

(1) ابن الأثير،أسد الغابة، المجلد السابع،ص371
(2) السابق نفسه
(3) الزر كلي، الأعلام، الجزء الثامن،ص19
(4) ابن الجوزي، صفوة الصفوة، الجزء الثاني،ص63
(5) السابق نفسه
(6) ابن الأثير- أسد الغابة371

زواجهـــــــا

كانت تحت وهب الأسلمي، فولدت له حبيب، ومات وهب فتزوجها زيد بن عاصم المازني فولدت له عبد اللـه وهو الذي قتل مسيلمة الكذاب[1]، وفي رواية غزية بن عمرو المازني بعد ممات زيد[2]

روايتها للأحاديث ورواية الصحابة عنها ولها

روت أم عمارة عن الرسول (صلى اللـه عليه وسلم) عدة أحاديث منها قولـه: الصائم إذا أكل عنده صلت عليه الملائكة ورواه لها أبو نعيم في كتاب الحلية، والحديث ان الرسول صلى اللـه عليه وسلم نحر بدنه قياما وقال: رحم اللـه المحلقـين[3] فـإن ابـن منـده وأبـو نعـيم لم ينسباها، بل قالا: أم عمارة بنت كعب الأنصارية[4].

وروى عنها ابن ابنها عباد بن تميم بن زيد والحارث بـن عبـد اللــه بـن كعـب، وعكرمـة مولى ابن عباس أنها أتت رسول اللـه صلى اللـه عليه وسـلم فقالـت:" مـا أرى كـل شيء إلا للرجال وما أرى النساء يذكرون" فنزل (إن المسـلمين والمسلمات والمـؤمنين والمؤمنـات) الآيـة. وروى لها الترمذي والنسائي وابن ماجة[5].

مواقفها العظيمة في المعارك

في معركة أحد:

قال الواقدي: شهدت أم عمارة أحدا، مع زوجها غزية بن عمرو، ومع ولديها حبيـب وعبـد اللـه، خرجت تسقي، ومعها الشن- أي القربة الخلق - وقاتلت وأبلت بـلاء حسـنا وجرحـت اثني عشر جرحا. وكان ضمرة بن سعيد المازني يحدث عـن جدتـه، وكانـت قـد شـهدت أحـدا وقالت: سمعت رسول اللـه صلى اللـه عليه وسلم يقول:" لمقام نسيبة بنت كعب اليوم خير من مقام فلان وفلان".وكانت تراها يومئذ تقاتل أشد القتال، وإنها لحاجزة ثوبها عـلى وسـطها حتى جرحت ثلاثة عشر جرحا، وكانت تقول :إني لأنظر إلى ابن قئمة وهو يشربها على عاتقهـا وكان أعظم جراحها: فداوته سنة. ثم نادى منادي رسـول اللــه صلى اللـه عليـه وسـلم إلى حمراء الأسد[6]: فشدت عليها ثيابها فما استطاعت من نزف الدم- رضي اللـه عنها ورحمها[7].

ورحمها[7].

---

(1) العمري الموصلي، الروضة الفيحاء،ص265

(2) الزركلي، الإعلام:ص19

(3) ابن الأثير، أسد الغابة ص 371

(4) السابق نفسه

(5) عمر رضا كحالة: أعلام النساء، الجزء الخامس،ص175، الرسالة، لبنان.

(6) موضع على ثمانية أميال من المدينة عن يسار الطريق إذا أردت ذا الطبقة.

(7) ابن الذهبي، سير أعلام النبلاء، الجزء الثاني: ص279، الرسالة، لبنان.

وأتى عمر بن الخطاب- رضي اللـه عنه- بمروط فكان فيها مرط جيد واسع فقال بعضهم: إن هذا المرط لثملة كذا وكذا، فلو أرسلت به إلى زوجة عبد الله بن عمر صفية بنت أبي عبيدة.

وقال أحدهم: ابعث به إلى من هو أحق به منها، أم عمارة نسيبة بنت كعب فقد سمعت رسول اللـه صلى اللـه عليه وسلم يقول يوم أحد: ما التفت يمينا ولا شمالا إلا وأنا أراها تقاتل دوني[1] فبعث به إليها.

بيعة العقبـــة

عن محمد بن إسحاق قال: وحضرت البيعة امرأتان قد بايعتا: إحداهما نسيبة بنت كعب، وكانت تشهد الحرب مع رسول اللـه صلى اللـه عليه وسلم، شهدت معه أحدا وخرجت مع المسلمين بعد وفاة رسول اللـه صلى اللـه عليه وسلم في خلافة أبي بكر في الردة، فباشرت الحرب بنفسها حتى قتل اللـه مسيلمة، ورجعت وبها عشر جراحات من طعنة وجرحة[2].

حرب اليمامـة

شهدت أم عمارة قتال مسيلمة باليمامة، وذلك لما بعث خالد بن الوليد إلى اليمامة جاءت إلى أبي بكر فاستأذنته للخروج فقال: قد عرفنا بلاءك في الحرب فاخرجي على اسم اللـه، وأوصى خالد بن الوليد بها وكان مستوصيا بها، وقد جاهدت باليمامة اجل جهاد، وجرحت أحد عشر جرحا وقطعت يدها وقتل ولدها[3].

ومن هنا نلاحظ ثقة أم عمارة بنفسها وحبها للجهاد، إلى جانب الأثر الذي تركته أم عمارة في نفوس الصحابة.

أم عمارة من المبشرين بالجنة

لما أقبل ابن قميئة-لعنه اللـه- يريد قتل النبي صلى اللـه عليه وسلم كانت أم عمارة ممن اعترض له، فضربها على عاتقها ضربة صارت لها فيما بعد ذلك غور أجوف، وضربته هي ضربات فقال رسول اللـه صلى اللـه عليه وسلم لمقام نسيبة بنت كعب اليوم خير من مقام فلان وفلان. وقال:" ما التفت يمينا ولا شمالا إلا وأنا أراها تقاتل دوني". وقال لابنها عبد اللـه بن زيد: بارك اللـه عليكم من أهل بيت، مقام أمك خير من مقام فلان وفلان، ومقام ربيبك- أي زوج أمه- خير من مقام فلان وفلان، ومقامك خير من مقام فلان وفلان، رحمكم اللـه أهل بيت،

---

(1) كحالة: أعلام النساء، ص 174

(2) ابن الجوزي، صفة الصفوة، ص64

(3) كحالة، أعلام النساء، ص174

161

فقالت أم عمارة أدع الـلـه أن نرافقك في الجنة، فقال رسول الـلـه صلى الـلـه عليه وسلم: اللهم اجعلهم رفقائي في الجنة، فقالت ما أبالي ما أصابني من الدنيا[1]. اللهـم اجمعنـا وإيـاهم في الجنة، اللهم آمين.

وفاتها رضي الـلـه عنها

توفيت أم عمارة في خلافة عمر-رضي الـلـه عنهما[2]عام 13هـ أي مـا يقـارب 634م تعـد أم عمارة- الصحابية الجليلة الفاضلة المجاهدة الشجاعة-شخصية نادرة بين النساء قديما وحـديثا، فهي أهل للإقتداء بها، لما فيها من مميزات امتازت بها عن نساء عصرها وميزهـا رسـول الـلـه صلى الـلـه عليه وسلم- من شجاعة وصبر واحتساب الأجر من الـلـه تعالى، إلى جانـب زهـدها وعبادتها وحبها الشديد لله ولرسوله، فدعا لها رسـول الـلـه صلى الـلـه عليـه وسـلم بـالفوز بالجنة، ولا يكون ذلك إلا عندما يفوز المرء برضوان الـلـه تعالى ومن ثم رضوان أشرف الأنبيـاء والمرسلين صلى الـلـه عليه وسلم.

وأسأل الـلـه العظيم رب العرش العظيم أن ينفعنا وإياكم بما علمنا ويلهمنا رشدنا ويسدد خطانا، إنه هو سميع مجيب الدعاء.

الإمام أبو حنيفـــة

هو النعمان بن ثابت التميمي بالولاء، الكوفي: أبو حنيفة:إمام الحنفيـة وصـاحب المـذهب المشهور، الفقيه المجتهد المحقق،أحد الأئمة الأربعة.

قيل أصله من أبناء فارس، ولد عام 80هـ 699م، ونشأ بالكوفـة، وكـان يبيـع الخـز ويطلـب العلم في صباه، ثم انقطع للتدريس والإفتاء، وأراده عمر بن هبيرة"أمير العراقيين" على القضاء، فامتنع ورعا، وأراده المنصور العباسي بعد ذلك على القضاء ببغداد، فأبى، فحلف عليه، ليفعلن، فحلف أبو حنيفة انه لا يفعل، فحبسه إلى ان مات.

كان قوي الحجة، من أحسن الناس منطقا، قال الإمام مالك يصفه: رأيت رجلا لو كلمتـه في هذه السارية أن يجعلها ذهبا لقام بحجته.

وكان كريما في أخلاقه، جوادا حسن المنطق والصورة، جهوري الصوت، إذا حـدث انطلـق في القول وكان لكلامه دوي.

قال عنه الإمام الشافعي: الناس عيال في الفقه على أبي حنيفة.

---

(1) المقدبزي: أمناع الأسماء، الجزء الأول،ص148-149، الشؤون الدينية، قطر

(2) الموصلي، الروضة، الفيحاء،ص266

شيوخـــــه

مما لاشك فيه أن الإمام أبا حنيفة-رضي الـه عنـه- تلقـى عـن العديـد مـن شـيوخ عصـره، واستفاد منهم، وتثقف بكل الثقافات الإسلامية التي كانت في عصره، من حفظ القران الكـريم ودراسة الحديث والنحو والأدب، والشعر، والجدل، وأصول العقائد بوجه خاص، حتى كـان لـه فيها شأن عظيم، وصارت له طريقة خاصة في فهم أصول الدين، لكن الذي أثر في حيـاة الإمـام أبي حنيفة بوجه خاص إمامه حماد بن أبي سليمان، الذي تخرج عليه في الفقه واستمر معه إلى أن مات بعد ملازمته له ما يقرب من ثماني عشرة سنة حتى روي عنه انه قال:" قدمت البصرة فظننت أني لا أسأل عن شيء إلا أجبت عنه، فسألوني عـن أشـياء لم يكـن عنـدي فيهـا جـواب، فجعلت على نفسي إلا أفارق حمادا حتى يموت فصحبته ثماني عشرة سنة".

ولقد ورد في كتب المناقب أنه التقى ببعض الصحابة وروى عنهم بعض الأحاديـث وبـذلك يكون قد وصل إلى رتبة التابعين، ولم يخالف في ذلك أحد، فإن الرواة يكادون يجمعون على أن أبا حنيفة التقى ببعض الصحابة الذي عمروا وعاشوا إلى نهاية المائة الأولى، مـنهم عـلى سـبيل المثال: أنس بن مالك رضي الـلـه عنه، المتوفى سنة 93هـ وعبد الـلـه بن أبي أوفى، المتوفى سـنة 87هـ وأبو الطفيل عامر بن واثلة، المتوفى سنة 102هـ وهو آخر من مات من الصحابة.

تلاميـــذه

مما لا شك فيه أن إماما كأبي حنيفة رضي الـلـه عنه الذي كان يجلس للتـدريس والتعلـيم، ووصل إلى مرتبة المجتهدين، فلا بد ان يكون قد تخرج عليه الكثيرون، الأمر الذي يجعل حصرـ كلا تلاميذه عسيرا، ولكننا سنذكر منهم المشهورين الذين استطعنا الوقوف عليهم.

1. الإمام أبو يوسف:يعقوب بن إبراهيم بن حبيب الأنصاري الكوفي المولود سنة ثـلاث عشرـة ومائة،والمتوفى سنة 182هـ.
2. أبو عبد الـلـه محمد بن الحسن الشيباني، المولود سنة 132هـوالمتوفى سنة 189هـ.
3. الإمام زفر بن الهذيل، المولود سنة 110هـ، والمتوفى سنة 158هـ.
4. الحسن بن زياد الؤلؤي الكوفي المتوفى سنة 204هـ.

وكان لهؤلاء التلاميذ فضل كبير في نشر مذهب إمامهم رضي الـلـه عـنهم جميعـا، لا سـيما صاحباه أبو يوسف ومحمد.

مكانته العلمية

إن مكانة الإمام أبي حنيفة رضي الله عنه لا تخفى على أحد، فلقد كان قمة في التحصيل والاستنباط، ذا باع طويل في فهم الشريعة الإسلامية، حتى لقب بالإمام الأعظم، وفقيه العراق، وإمام أهل الرأي، والذي قال عنه عبد الله بن المبارك انه مخ العلم، ومن هنا كان لمذهب الإمام أبي حنيفة مكانة مرموقة، حيث هيأت له التجارة والاتصال بالأمصار المختلفة خبرة واسعة بالإضافة إلى علمه الأصيل وذكائه النادر، كل ذلك جعل الإمام أبي حنيفة يساير الأحداث التي تقع في أي مجتمع، حيث كان يضع الفقه الفرضي، فيتصور الحوادث ويستنبط لها الأحكام، وقال في ذلك:"إنا نستعد للبلاء قبل نزوله، فإذا ما وقع عرفنا الدخول فيه والخروج منه".

مذهبـــــه

لقد كان الإمام أبو حنيفة يعتمد في مذهبه على القرآن الكريم الذي هو المصدر الأول للتشريع الإسلامي، ثم على سنة رسول الله صلى الله عليه وسلم والإجماع والقياس والاستحسان وغير ذلك من المصادر المختلف فيها، وقد بين الإمام هذا المسلك بقوله:"آخذ بكتاب الله تعالى، فما لم أجد فبسنة رسول الله صلى الله عليه وسلم، فما لم أجد في كتاب الله تعالى ولا في سنة رسوله صلى الله عليه وسلم أخذت بقول أصحابه، آخذ بقول من شئت منهم، وأدع من شئت منهم، ولا أخرج من قولهم إلى قول غيرهم". فهذا يدل على طريقة استنباطه للأحكام الشرعية، ويبين انه كان يتخير من أقوال الصحابة ما يراه راجحا في نظره. فإذا ما جاء إلى التابعين فله أن يجتهد مثل ما اجتهدوا.

مؤلفاتـــــه

1. مسند في الحديث، جمعه تلاميذه.
2. الخارج في الفقه، وهو كتاب صغير رواه عنه تلميذه أبو يوسف.
3. وتنسب إليه رسالة"الفقه الأكبر".

أقوال الإمام أبي حنيفة رحمه الله في التوحيد

أولا: عقيدته في توحيد الله وبيان التوسل الشرعي وأبطال التوسل البدعي:

1. قال أبو حنيفة رحمه الله:[لا ينبغي لأحد أن يدعو الله إلا به والدعاء المأذون فيه المأمور به أستفيد من قوله تعالى: "ولله الأسماء الحسنى فادعوه بها وذروا الذين يلحدون في أسمائه سيجزون ما كانوا يعملون (180) "[1].

---

(1) سورة الأعراف آية 180

2. قال أبو حنيفة رحمه الله:[يكره ان يقول الداعي أسألك بحق فلان أو بحق أنبيائك ورسلك وبحق البيت الحرام والمشعر الحرام][1].

ثانيا:قوله في إثبات الصفات والرد على الجهمية:

1. قال أبو حنيفة رضي الله عنه:"لا يوصف الله تعالى بصفات المخلوقين وغضبه ورضاه صفتان من صفاته وهو قول أهل السنة والجماعة وهو يغضب ويرضى ولا يقال: غضبه عقوبته ورضاه ثوابه، وكما وصف نفسه أحد لم يلد ولم يولد ولم يكن له كفوا أحد، حي قادر سميع بصير عالم][2].

2. و قال: [لا يوصف الله تعالى بصفات المخلوقين] [3]

3. وقال: [ومن وصف الله تعالى بمعنى من معاني البشر فقد كفر] [4]

هذه طائفة متواضعة من أقواله رحمه الله وما يعتقده في مسائل أصول الدين وموقفه من الكلام والمتكلمين .

وفاته :

توفي رضي الله عنه سنة 150 هـ في السنة الأولى التي ولد فيها الإمام الشافعي رضي الله عنه، ودفن في مقابر الخيزران بعد أن صلى عليه الحسين بن عمارة رحمه الله تعالى رحمة واسعة، وجزاه عن الإسلام والمسلمين خير الجزاء .

الإمام مالك

اسمه ونسبه :

هو مالك بن أنس بن مالك بن عامر الأصبحي، كنيته أبو عبد الله وقد لقب بإمام دار الهجرة، وأمه هي عالية بنت شريك الأزدية وأعمامه هم أبو سهل نافع وأويس والربيع رو النضر أولاد أبي عامر

ولادته :

ولد بالمدينة سنة 93 هـ عام موت أنس خادم رسول الله صلى الله عليه وسلم ونشأ في صون ورفاهية وتجمل

---

(1) شرح العقيدة الطحاوية ص 234 وشرح الفقه الأكبر ص 198
(2) الفقه الأبسط ص56
(3) الفقه الأبسط ص56
(4) العقيدة الطحاوية بتعليق الألباني ص25

من صفاتـه

كان مالك طويلا عظيم الهامة أشـقر،أزرق العينـي، عظيم اللحيـة وكان متصـف بحسـن الخلق والرزانة وسرعة الحفظ والفهم منذ صباه وهو أحد الأئمـة الأربعـة أصحاب المـذاهب المتبعة.

وكان أيضا:

1. عرف عن الإمام مالك أنه قوي الحافظة،وجيد التحري في رواية الحديث مدققا في ذلك كل التدقيق، لا ينقل إلا عن الإثبات ولا يغتر بمظهر الراوي او هيئته.

قال الإمام مالك:[[لقد أدركت في هـذا المسجد (مسجد المدينة المنورة) سبعين ممـن يقول:قال فرن قال رسول اللـه صلى اللـه عليه وسلم فما أخذت عنهم شيئا وان أحدهم لـو أؤتمن على بيت مال لكان أمينا إلا ظانهم لم يكونوا من أهل هذا الشأن.]]

2. لم يرحل الإمام مالك في طلب الحديث مع أن الرحالة في ذلك الوقت كانت مـن السـمات المميزة لرجال الحديث، على أنه لم يخسر شيئا بعدم الرحلة، لكون المدينة المنورة كانت ملاذ العلماء ولم يخل محدث ممن رحلوا من المرور بها لزيارة القبر الشـريف ولتلمس العلم من مكانه والحديث من مصدره فالتقى الإمام مالك بأكثرهم واستفاد منهم.

3. عرف عن الإمام مالك احترامه للحديث وصاحب الحديث صلى اللـه عليه وسلم حيـث كان(رحمه اللـه) إذا أراد ان يحدث توضأ وسرح لحيته وجلس متمكنا في جلوسـه عـلى صدر فراشه في وقار وهيبة وحدث فقيل له في ذلك؟ فقال: أحب ان أعظم حديث رسـول اللـه صلى اللـه عليه وسلم، ولا أحدث إلا على طهارة متمكنا. وكان يكره أن يحـدث في الطريق أو وهو قائم أو يستعجل.

4. كان الإمام مالك جودا كريما سمح المحيا وكان مهيبا نبيلا محترم المجلس والجلسـاء حازمـا عن الدفاع عن الحق، يكره الجدال واللغـط ورفع الصـوت خاصة في مجلـس الحـديث، ومن كلماته:

الدنو من الباطل هلكة، والقول بالباطل بعد عن الحق، ولا خير في شيء وإن كثر من الدنيا بفساد دين المرء ومروءته.

5. كما كان الإمام مالك يتتبع الآثار النبوية ويميل إلى الأخذ بـرأي أهل المدينة ويتجنب أصحاب الأهواء وأهل الفرق ويأبى كل الإباء أي انحراف عن الدين

* قال الإمام مالك:أحب أن أفهم ما أحدث به عن رسول اللـه صلى اللـه عليه وسلم .

* عن ابن مبارك:كنت عند مالك وهو يحدثنا حديث رسول الله صلى الله عليه وسلم فلدغته حشرة كالعقرب ست عشرة مرة، ومالك يتغير لونه ويتصبر ولا يقطع الحديث، فلما فرغ من المجلس وتفرق الناس قلت له: لقد رأيت منك عجبا؟ فقال: نعم، إنما صبرت إجلالا لحديث رسول الله صلى الله عليه وسلم.

عصره ومواقف من حياته

أ-وقد عاش مالك حياته كلها بالمدينة المنورة مهبط الوحي ومقر التشريع وموطن جمهرة الصحابة ومحط رجال العلماء والفقهاء ولم يرحل من المدينة إلا إلى مكة حاجا. وقد تلقى مالك علومه على يد علماء المدينة وظل يأخذ وينهل من العلم حتى سن السابعة عشرة وقام بالتدريس بعد أن شهد له شيوخه بالحديث والفقه وقد قال مالك: ما جلست للفتوى حتى شهد لي سبعون شيخا أني أهل لذلك. ويعتبر الإمام إمام أهل الحجاز في عصره وإليه ينتهي فقه المدينة وقد اجمع العلماء على أمانته ودينه وورعه، قال الشافعي: مالك حجة الله على خلقه، وق قال عبد الرحمن بن مهدي: ما رأيت أحدا أتم عقلا أو أشد تقوى من مالك، وقد شهد له جميع الأئمة بالفضل حتى قالوا: لا يفتى ومالك في المدينة.

وقد قصده العلماء وطلاب العلم من كل قطر ليأخذوا عنه، لذا انتشر مذهبه في كثير من الأقطار على أيدي تلاميذه، الذي أخذوا عنه، وللإمام مالك كتاب (الموطأ) وقد ظل يحرره لمدة أربعين عاما جمع فيه عشرة آلاف حديث وبعد كتاب(الموطأ) من أكبر آثار الإمام مالك التي نقلت عنه، وقد طبع بروايتين أحدهما رواية(محمد بن الحسن الشيباني) وهو من أصحاب أبي حنيفة والثانية رواية(يحيى بن يحيى الليثي الأندلسي).

وبجانب (الموطأ) فالإمام مالك كتاب(المدونة) وقد احتوى على جميع آراء الإمام مالك المخرجة على أصوله وهو من أهم الكتب التي حفظت مذهبه.

وعن أبي هريرة رضي الله عنه ان النبي صلى الله عليه وسلم قال:" يوشك أن يضرب الناس أكباد الإبل يطلبون العلم فلا يجدون أحدا أعلم من عالم المدينة" وقد روي عن ابن عيينة انه سئل من عالم المدينة؟ فقال: إنه مالك بن أنس(رواه الإمام الترمذي في سننه).

وكان هارون الرشيد قد بعث للإمام مالك ليأتيه فيحدثه بعلمه فقال الإمام (العلم يؤتى) فقصد هارون الرشيد منزلة واستند إلى الجدار فقال مالك يا أمير المؤمنين من إجلال رسول الله إجلال العلم فجلس بين يديه فحدثه. وقد تعرض الإمام مالك لبعض المحن نتيجة بعض الفتاوى التي تغضب الحكام حيث أفتى بعدم لزوم طلاق المكره، وكانوا يكرهون الناس على الحلف بالطلاق عند البيعة فرأى الخليفة والحكام ان الفتوى تنقض

البيعة التي يبايعها من حلف بالطلاق، وبسبب ذلك ضرب بالسياط وانفكت ذراعه بسبب الضرب الذي أوقعه عليه (جعفر بن سليمان) وإلى المدينة وقد بنى مالك مذهبه على أصول وهي كتاب الله وسنة رسول الله صلى الله عليه وسلم .

ب-مواقف من حياته

روي ان مالكا كان يقول ما أجبت في الفتوى حتى سألت من هو اعلم مني هل تراني موضعا لذلك سألت ربيعة وسألت يحيى بن سعيد فأمراني بذلك فقلت فلو نهوك قال كنت أنتهي لا ينبغي للرجل ان يبذل نفسه حتى يسأل من هو أعلم منه.

وقال خلف: دخلت عليه فقلت ما ترى فإذا رؤيا بعثها بعض إخوته يقول: رأيت النبي صلى الله عليه وسلم في المنام في مسجد قد اجتمع الناس عليه فقال لهم إني قد خبأت تحت منبري طيبا او علما وأمرت مالكا ان يفرقه على الناس فانصرف الناس وهم يقولون إذا ينفذ مالك ما أمره به رسول الله صلى الله عليه وسلم ثم بكى فقمت عنه.

وروي ان المهدي قدم المدينة فبعث إلى مالك بألفي دينار او قال بثلاثة آلاف دينار ثم آتاه الربيع بعد ذلك فقال إن أمير المؤمنين يحب أن تعادله إلى مدينة السلام فقال قال النبي صلى الله عليه وسلم المدينة خير لهم ولو كانوا يعلمون والمال عندي على حاله.

وقدم المهدي المدينة مرة أخرى فبعث إلى مالك فأتاه فقال لهارون وموسى اسمعا منه فبعث إليه فلم يجبهما فأعلما المهدي فكلمة فقال يا أمير المؤمنين العلم يؤتى أهله فقال صدق مالك صيرا إليه فلما صارا إليه قال له مؤدبهما اقرأ علينا فقال إن أهل المدينة يقرؤون على العالم.

كما يقرأ الصبيان على المعلم فإذا أخطئوا أفتاهم فرجعوا إلى المهدي فبعث إلى مالك فكلمه فقال سمعت ابن شهاب يقول جمعنا هذا العم في الروضة من رجال وهم يا أمير المؤمنين سعيد بن المسيب وأبو سلمة وعروة والقاسم وسالم وخارجة بن زيد وسليمان بن يسار ونافع وعبد الرحمن بن هرمز ومن بعدهم أبو الزناد وربيعة ويحيى بن سعيد وابن شهاب كل هؤلاء يقرأ عليهم ولا يقرؤون فقال في هؤلاء قدوة صيروا إليه فاقرؤوا عليه ففعلوا.

يروي يحيى ابن خلف الطرسوسي وكان من ثقات المسلمين قال كنت عند مالك فدخل عليه رجل فقال يا أبا عبد الله ما تقول فيمن يقول القرآن مخلوق فقال مالك زنديق اقتلوه فقال يا أبا عبد الله إنما أحكي كلاما سمعته قال إنما سمعته منك وعظم هذا القول.

وعن قتيبة قال كنا إذا دخلنا على مالك خرج إلينا مزينا مكحلا مطيبا قد لبس من أحسن ثيابه وتصدر الحلقة ودعا بالمراوح فأعطى لكل منا مروحة .

وعن محمد بن عمر قال كان مالك يأتي المسجد فيشهد الصلوات والجمعة والجنائز ويعود المرضى ويجلس في المسجد فيجتمع إليه أصحابه ثم ترك الجلوس فكان يصلي وينصرف وترك شهود الجنائز ثم ترك ذلك كله والجمعة واحتمل الناس ذلك كله وكانوا أرغب ما كانوا فيه وربما كلم في ذلك فيقول ليس على يقدر أحد أن يتكلم بعذره.

وكان يجلس في نزله على ضجاع له ونو الأنصار والناس، وكان مجلسه مجلس وقار وحلم قال كان رجلا مهيبا نبيلا ليس في مجلسه شيء من ألمراء واللغط ولا رفع صوت وكان الغرباء يسألونه عن الحديث فلا يجيب إلا في الحديث بعد الحديث وربما أذن لبعضهم يقرأ عليه وكان له كاتب قد نسخ كتبه يقال له حبيب يقرأ للجماعة ولا ينظر أحد في كتابه ولا يستفهم هيبة لمالك وإجلالا له وكان حبيب إذا قرأ فأخطأ فتح عليه مالك وكان ذلك قليلا قال ابن وهب سمعت مالكا يقول ما أكثر أحد قط فأفلح.

وقيل لمالك لم لا تأخذ عن عمرو بن دينار قال: أتيته فوجدته يأخذون عنه قياما فأجللت حديث رسول الله صلى الله عليه وسلم أن آخذه قائما.

ويروى عن ابن وهب قال: سمعت مالكا يقول لرجل سأله عن القدر نعم قال الله تعالى: "ولو شئنا لآتينا كل نفس هداها "[السجدة:12]

وقال جعفر بن عبد الله قال كنا عند مالك فجاءه رجل فقال يا أبا عبد الله [الرحمن على العرش استوى"كيف استوى فما وجد مالك من شيء ما وجد من مسألته فنظر إلى الأرض وجعل ينكت بعود في يده حتى علاه الرضاء ثم رفع رأسه ورمى بالعود وقال والكيف منه غير معقول والاستواء منه غير مجهول والإيمان به واجب والسؤال عنه بدعة وأظنك صاحب بدعة وأمر به فأخرج].

وفي رواية أخرى قال: الرحمن على العرش استوى، كما وصف نفسه ولا يقال له كيف وكيف عنه مرفوع وأنت رجل سوء صاحب بدعة أخرجوهما رق مطروحة في منزله يمنة ويسره لمن يأتيه من قريش.

نشأته ومشائخه

بدأ الإمام مالك يطلب العلم صغيرا تحت تأثير البيئة التي نشأ فيها وتبعا لتوجيه أمه له، فقد حكى أنه كان يريد أن يتعلم الغناء فوجهته أمه إلى طلب العلم.

يقول الإمام مالك: حينما بلغت سن التعليم عممتني وقالت:اذهب فاكتب (تريد الحديث). ولعلها كانت تريد أن تسترجع فيه علم جده مالك.

انطلق يلتمس العلم وحرص على جمعه وتفرغ له ولازم العديد من كبار العلماء. لعل أشدهم أثرا في تكوين عقليته العلمية التي عرف بها هو أبو بكر بن عبد الله بن يزيد المعروف بابن هرمز المتوفى سنة 148هـ.

فقد روي عن مالك أنه قال: [[كنت آتي ابن هرمز من بكرة فما أخرج من بيته حتى الليل.]]

يقضي معه اليوم كله من الصباح إلى المساء سبع سنوات او ثماني، وكان ابن هرمز يجله ويخصه بما لا يخص به غيره لكثرة ملازمته له ولما ربط بينهما من حب وتآلف ووداد.

وأخذ الإمام مالك عن الإمام محمد بن مسلم بن شهاب الزهري وهو أول من دون الحديث ومن أشهر شيوخ المدينة المنورة وقد روى عنه الإمام مالك في موطنه 132 حديثا بعضها مرسل.

كما أخذ عن الإمام الشيعي جعفر الصادق من آل البيت وأخرج له في موطنه 9 أحاديث منها 5 متصلة بسند واحد طويل هو حديث جابر في الحج والأربعة منقطعة.

وكذلك روى عن نافع مولى ابن عمر، هشام بن عروة، محمد ابن المنكدر، يحيى بن سعيد الأنصاري، سعيد بن أبي سعيد المقبري وغيرهم، وقد بلغ شيوخه على ما قيل 300 من التابعين و600 من أتباع التابعين.

من أشهر تلاميــذه

* أبو عبد الله عبد الرحمن بن القاسم المصري.
* أبو محمد عبد الله بن وهب بن مسلم.
* أشهب بن عبد العزيز القيسي.
* محمد بن إدريس الشافعي.

من أبرز المؤلفات في هذا المذهب

* الموطأ للإمام مالك.
* المدونة وهي آراء الإمام مالك الفقهية جمعها ودونها سحنون بن سعيد التنوخي.
* بداية المجتهد ونهاية المقتصد لمحمد بن احمد بن رشد القرطبي.

مختصر خليل:أهم مختصر عند المالكية وله شروح كثيرة.

قصة الموطأ

يروي أبو مصعب فيقول: سمعت مالكا يقول دخلت على أبي جعفر أمير المؤمنين وقد نزل على فرش له وإذا على بساطه دابتان ما تروثان ولا تبولان وجاء صبي يخرج ثم يرجع فقال لي أتدري من هذا قلت لا قال هذا ابني وإنما يفزع من هيبتك ثم سألني عن

أشياء منها حلال ومنها حرام ثم قال لي أنت و الـلـه أعقل النـاس اعلـم النـاس قلـت لا و الـلـه يا أمير المؤمنين قال بلى ولكنك تكتم ثم قال و الـلـه لئن بقيت لأكتبن قولك كما تكتب المصاحف ولأبعثن به إلى الآفاق فلأحملنهم عليه. فقال مالك: لا تفعـل يـا أمـير المـؤمنين، فـإن أصحاب رسول الـلـه تفرقوا في الأمصار وإن تفعل تكن فتنة!!!

قال الإمام الشافعي: ما ظهر على الأرض كتاب بعد كتاب ا لله أصح مـن كتـاب مالـك، وفي رواية أكثر صوابا وفي رواية أنفع، قال البخاري:" أصح الأسانيد كلها: مالـك عـن نـافع عـن ابـن عمر" وكثيرا ما ورد هذا الإسناد في الموطأ، قال القاضي أبو بكر العربي في شرح الترمـذي: الموطـأ هو الأصل واللباب وكتاب البخـاري هـو الأصـل الثـاني في هـذا البـاب، وعلـيهما بنـى الجميـع كمسلم والترمذي.

عن ابن عيينة قال مالك عالم أهل الحجاز وهو حجة زمانه.

وقال الشافعي:إذا ذكر العلماء فمالك النجم.

وعن ابن عيينة أيضا قال كان مالك لا يبلغ من الحديث إلا صحيحا ولا يحدث إلا عن ثقـة ما أرى المدينة إلى ستخرب بعد موته يعني من العلم.

-روي عن وهيب وكان من أبصر الناس بالحديث والرجال أنه قـدم المدينـة قـال فلـم أرى أحدا إلا تعرف وتنكر إلا مالكا ويحيى بن سعيد الأنصاري.

وفاة الإمام مالـك

قال القعنبي سمعتهم يقولون عمر مالك تسعا وثمانين سنة مات سنة تسع وسبعين ومائـة وقال إسماعيل بن أبي أويس مرض مالك فسألت بعض أهلنا عما قال عند المـوت قـالوا تشـهد ثم قال" لله الأمر من قبـل ومـن بعـد ويومئـذ يفـرح المؤمنـون (4) " [الـروم:4]. وتـوفي صبيحة أربع عشرة من ربيع الأول سنة تسع وسبعين ومائة فصلى عليه الأمير عبـد الـلـه بـن محمد بن إبراهيم بن محمد بن علي بن عبد الـلـه بن عباس الهاشمي.

الإمام الشافعــــي

المولود:150هـ - 767م .

المتوفى:204هـ - 820م

بشارة النبي صلى الـلـه عليه وسلم: قال رسول الـلـه صلى الـلـه عليـه وسـلم عـن علـي وابن عباس:" اللهم اهد قريشا فـإن العـالم مـنهم يسـع طبـاق الأرض في آخـرين". رواه أحمـد والترمذي وقال حسن.

وقال صلى الـلـه عليه وسلم:"لا تسبوا قريشا فإن عالمها يملأ الأرض علما"، وقال ابن حجـر الهيثمي حديث حسن له طرق عديدة.

اسمه ونسبه وتاريخ ميلاده

هو محمد بن إدريس الشافعي، ولد بالاتفاق عام 150 هجرية أي في العام الذي توفي فيه أبو حنيفة وقد غالى البعض فقال في اليوم نفسه الذي مات فيه أبو حنيفة، والصحيح الذي ذهب إليه الجمهور أنه ولد في غزة في فلسطين، والده قرشي ويلتقي نسبه م رسول اللـه صلى اللـه عليه وسلم في عبد مناف جده صلى اللـه عليه وسلم. أما أمه فمن قبيلة أخرى، من قبيلة الأسد وهي قبيلة عربية أصيلة ولكنها ليست قرشية، ولد الشافعي في أسرة فقيرة جدا، وبعد ولادته بعامين توفي أبوه فقررت أمه العودة بابنها محمد إلى مكة لأنه قرشي حتى لا يضيع نسبه ولأن له سهم من ذوي القربى.

ولكن هذا المال الذي كانت تأخذه من سهم ذوي القربى كان قليلا وقليلا جدا، فعانت هي ووليدها محمد حرمانا وفقرا، ولكن الأم كانت قوية الشخصية راسخة الإيمان، على جانب من العلم والحفظ، فأرادت لولدها أن يتعلم ويحفظ فدفعت به إلى مكان في مكة يقرئ الصبيان، ولكن الأم لم تجد أجر المعلم، فكان الشيخ المقرئ يهمل ويقصر في تعليم الصبي المتعطش إلى العلم والمعرفة ولكن كان المعلم إذا علم صبيا شيئا، تلقف الشافعي ذلك الكلام ثم إذا قام المعلم من مكانه ليقضي شأنه أخذ محمد مكانه وراح يعلم الصبيان تلك الأشياء، ورآه المعلم يفعل ذلك، فارتاحت نفسه ونظر إلى أن الشافعي يكفيه من أمر الصبيان أكثر من الأجرة التي يطمع بها منه فترك طلب الأجرة واستمرت هذه الحال مع الشافعي حتى حفظ القرآن وهو دون العاشرة من عمره ومنهم من قال وهو ابن سبع سنين.

عرف الشافعي بشجو صوته في القراءة، قال بـن نصر: كنـا إذا أردنا ان نبكي قال بعضنا لبعضك قوموا إلى هذا الفتى المطلبي يقرأ القرآن، فإذا أتيناه(يصلي في الحرم) استفتح القرآن حتى يتساقط الناس ويكثر عجيجهم بالبكاء من حسن صوته فإذا رأى ذلك أمسك من القراءة.

تحصيله وطلبه للعلـم

كانت أمه قد وجهته لإتقان القراءة والتلاوة والتفسير على شيوخ المسجد الحرام ولم يكد يبلغ الثالثة عشرة من عمره حتى أتقن ذلك إتقانا جيدا ملفتا للنظر. ثم اتجه الشافعي إلى علم الحديث فلزم حلقة سفيان بن عيينة ومسلم بن خالد الزنجي في المسجد الحرام، وكان الورق غالي الثمن باهظ التكاليف والشافعي وأمه في قلة وفقر فكيف يفعل في التدوين؟ يروى أنه كان يلتقط العظام العريضة فيكتب عليها أو يذهب إلى الديوان فيجمع

الأوراق المهملة التي يلقى بها فيستوهبها ويكتب على ظهرها. هذه المعاناة وفقته إلى أن يعتمد على الحفظ فتكونت لديه حافظة قويه ساعدته مستقبلا على حفظ كل ما يسمع وما يلقى إليه من علم ومعرفة.

وبذكائه وملاحظته أدرك الشافعي أن لغة قريش قد دخلتها ألفاظ غريبة ولم يعد لسانها هو اللسان العربي السليم في فصاحته وبيانه، وعلم انه لا يستطيع أن يجيد علوم القرآن والحديث واستخراج الأحكام من النصوص إلا إذا أتقن اللغة العربية الصحيحة، وكان يحضرـ في المسجد الحرام دروس إمام مصر الليث بن سعد حين يأتي حاجا أو معتمرا وكان يوصي مستمعيه أن يتقنوا اللغة وأسرارها وأن يتعلموا خاصة كلام هذيل وهم قبيلة في البادية وان يحفظوا أشعارهم لأن هذيل أفصح العرب. انطلق الشافعي إلى مضارب هذه القبيلة فأقام في ظهرانيهم ولازمهم عشرة أعوام عكف خلالها على دراسة اللغة وآدابها وحفظ الشعر(حفظ أكثر من عشرة آلاف بيت) كما تعلم الرماية والفروسية وبرع فيهما. وروى الشافعي عن نفسه فقال: كانت همتي في شيئين، في الرمي والعلم فصرت في الرمي بحيث أصيب عشرة كممـن عشرة". وسكت عن موضوع العلم تواضعا علما انه في العلم أكثر من ذلك، عاد إلى مكة وهـو يحمل ثروة هائلة مـن شعر وأدب العرب حتى قال الأصمعي-راوية ا لعرب المشهور-" صححت أشعار الهذليين على فتى من قريش يقال له محمد بن إدريس". وأصبح الشافعي حجة عصره في اللغة، وعاد إلى مكة ليتعلم عند علمائها من أتباع عبد اللـه بن عباس وجعفر الصادق.

وكان الإمام سفيان بن عيينة إذا جاءه شيء من التفسير أو الفتيا التفت إلى الشافعي فقال: سلوا هذا الغلام.

وكان الشافعي يوما يحضر مجلس ابن عيينة فحدث ابن عيينة بحديث أن رسول اللـه صلى اللـه عليه وسلم كان معتكفا، فأتته صفية، فلما ذهبت ترجع مشيـ النبي صلى اللـه عليه وسلم معها فأبصره رجل من الأنصار فقال له رسول اللـه صلى اللـه عليه وسلم: "إنها صفية،إن الشيطان يجري من الإنسان مجرى الدم". فقال ابن عيينة: ما فقه هذا الحديث يا أبا عبد اللـه؟ فقال الشافعي: لو كان القوم اتهموا رسول اللـه صلى اللـه عليه وسلم لكانوا بتهمتهم إياه كفارا ولكن رسول اللـه صلى اللـه عليه وسلم أدب من بعده فقال إذا كنت هكذا فافعلوا هكذا حتى لا يظن بكم، لا أن النبي صلى اللـه عليه وسلم- وهو أمين اللـه في وحيه- يتهم، فقال ابن عيينة: جزاك اللـه خيرا يا أبا عبد اللـه ما يجيئنا منك إلا ما نحبه، ولا عجب في ذلك فقد كان يعمل ويهتدي وفق توجيهات أمه البارة التي كانتا عالمة، حافظة وفقيهة، فقد استدعيت مرة للشهادة أما قاضي مكة ومعها امرأة أخرى وأراد القاضي ان يفرق

بينها وبين المرأة الأخرى في الشهادة ليسمع كلا منهما على حدة، فاعترضت وطلبت إلى القاضي أن تكون شهادتها وشهادة المرأة الأخرى بحضور كليهما واستدلت على ذلك بقوله تعالى أن تضل إحداهما فتذكر إحداهما الأخرى " [البقرة:282]

وأجازه شيخ الحرم الإمام مسلم بن خالد الزنجي وكان أول من أجازه فقال له وهو غلام: أنت يا أبا عبد الله و الله لقد آن لك أن تفتي. ولكن الشافعي مع هذا رفض أن يفتي وكيف يفعل ذلك وهو يعتبر أن سلم العلم ما زال طويلا، وكيف يفعل ذلك والإمام مالك في المدينة وقد سمع من حديثه عندما جاء حاجا إلى بيت الله الحرام؟!!

وأدرك الشافعي ما عند مالك من علم واسع وأحب لقاءه ولكنه تهيب ان يرحل إليه قبل أن يأخذ من علومه شيئا، فأقبل على الموطأ فحفظه غيبا ولم يكن يملك ثمنه فاستعاره وحفظه. وخشي أن لا يستقبله الإمام مالك لحداثة سنه فلقد اشتهر عن مالك أنه رغم سماحته وطيب خلقه كان صارما في العمل ولا يبيح وقته للناس ولا يستقبل من يطرق بابه خلال راحته في داره. ولكن الشافعي الشاب المتوقد المتوهج المتعطش إلى غرف العلم لا يشبع نهمه الجلوس في حلقات درس مالك في المسجد ولكنه يريد أن يتفرد بلقاؤه، فتوسطت له أمه عند والى مكة، فأرسل معه رسالة إلى والي المدينة، فلما وصلت ا لرسالة إلى والي المدينة وقرأها قال: يا فتى إن مشيي من جوف مكة إلى جوف المدينة راحلا أهون علي المشي- إلى باب مالك، فلست أرى الذل حتى أقف على بابه!

فقال الشافعي:أصلح الله الأمير،إن رأى الأمير يوجه إليه ليحضر، فقال الأمير:هيهات، ليت أني لو ركبت أنا ومن معي وأصابنا من تراب العتيق(حي يسكنه مالك) نلنا بعض حاجتنا، وواعده على الذهاب إلى مالك في وقت العصر، ويروي الشافعي فيقول: وركبنا جميعا، فوا الله لكان كما قال، لقد أصابنا من تراب العتيق فتقدم رجل منا فقرع الباب فخرجت إلينا جارية سوداء فقال لها الأمير: قولي لمولاك أني بالباب، فدخلت ثم خرجت فقالت:إن مولاي يقرئك السلام ويقول إن كان لديك مسألة فأرفقها في رقعة يخرج أليك الجواب وأن كان للحديث فقد عرفت يوم المجلس فانصرف، فقال لها الأمير: قولي له أن معي كتاب والي مكة إليه في حاجة.

فدخلت وخرجت وإذا بمالك قد خرج وعليه المهابة والوقار وهو شيخ طويل مسنون اللحية، فرفع الوالي إلى الإمام مالك فطفق يقرأه فلما بلغ إلى هذا:" إن هذا رجل يهمني أمره وحاله فتحدثه....وتفعل...وتصنع...فرمى مالك الكتاب من يده ثم قال: سبحان الله او صار علم رسول الله صلى الله عليه وسلم يؤخذ بالرسائل؟!!! قال الشافعي: فرأيت الوالي قد تهيب أن يكلمه فتقدمت وقلت: أصلحك الله....إني رجل مطلبي من بني المطلب وحدثته

عن حالتي وقضيتي فلما سمع كلامي نظر ألي وكان لمالك فراسة فقال: ما اسمك؟ قلت:محمد، فقال:" يا محمد أنه سيكون لك شأن وأي شأن،إن الله تعالى قد ألقى على قلبك نورا فلا تطفئه بالمعصية.إذا جاء الغد تجئ مصطحبا معك ما تقرأ به". وطلب منه أن يأتي بمن يقرأ له الموطأ لصغر سنه ولكن الشافعي جاءه في اليوم الثاني ومعه الموطأ وبدأ يقرأ عن ظهر غيب والكتاب في يده، وكلما قرأ قليلا تهيب مالكا وأراد أن يقطع ولكن أعجب مالك حسن قراءته وإعرابه فقال:زد يا فتى، حتى قرأ عليه الموطأ في أيام يسيرة، قال مالك عنه: ما يأتيني فرشي أفهممن هذا الغلام، وقال إن يك يفلح فهذا الغلام.

ولازم الشافعي مالكا تسعة أعوام ولم ينقطع عنه إلا لزيارة أمه أو لرحلة علمية وكان قد ذهب في بعض الرحلات إلى العراق وحصل ثروة من علم أبي حنيفة، وتلقى الشافعي علومه من مالك ومن باقي علماء المدينة، وكانت المدينة أجل بلد حافظ على الطابع الإسلامي الأصيل، وأكثر الصحابة كانوا فيها، ليث فيها نحو عشرة آلاف، ثم ماتوا فيها وتفر في سائر الأقطار نحو ألفين، وما كان يوثق بعلم العالم في جميع أقطار الخلافة الإسلامية إلا ان يؤم المدينة، يختلف إلى علمائها ويروي عن حفاظها.

وفي إحدى رحلات الشافعي العلمية غاب عن المدينة زهاء عامين وكان دائم السؤال عن شيخه مالك، ويوم عاد دخل الحرم النبوي وتهيأ للجلوس في حلقة مالك وما هي إلا لحظات حتى وصل مالك وفاح ريح الطيب في أرجاء المسجد وجلس مالك على كرسي أعد له وأخذ يلقي المسائل على التلاميذ المتحلقين حوله ومن بينهم وفي زحمتهم الشافعي الذي لا يكاد يراه مالك، سكت الحاضرون ولم يجيبوا على مسائل مالك فتضايق الشافعي ثم أوحى بالجواب إلى الذي بجواره وكذلك بجواب آخر وآخر، مالك يلقي المسألة وجار الشافعي يجيب، ثم سأله مالك متعجبا: من أين لك هذا العلم؟ فقال إن بجانبي شابا يقول لي الجواب وإذا هو الشافعي فتلقاه مالك بالترحاب والحفاوة والسرور وقال له: أتمم أنت هذا الباب وهذه إجازة من مالك للشافعي بالفتيا. فلما كان عام 179 توفي مالك وبكاه الشافعي بكاء حارا. وكان الشافعي يعاني من الفقر ولا يبالي في سبيل إقباله على العلم والدراسة فلما توفي مالك شعر بفراغ فالتفت يبحث عن عمل وكان قد وصل إلى قمة الشباب، فيبحث له بعض القرشيين عن عمل في اليمن بواسطة والي اليمن، فأعطي عملا جيدا في نجران دون مستوى المحافظ بشيء قليل.

اتهامه بخيانة الخلافة العباسية

في اليمن تنامت ثروة الإمام الشافعي العلمية بالتعرف على فقه إمام مصر الليث بن سعد كان تلامذته منتشرين هناك، ولكن والي مدينة نجران تحفظ عليه فوشى إلى هارون

الرشيد بشأنه وشأن عدد من الناس معه كان مجموعهم عشرة وكانت الخلافة العباسية آنذاك تحسب حسابا للشيعة لا سيما العلويين- أي أسرة وذرية سيدنا علي رضي الله عنه- ذلك لأن الخلافة العباسية قامت على سواعد الشيعة أي المتشيعين والمناصرين لعلي رضي تعالى عنه وأرضاه، إلا أن العباسيين تنكروا لهم بعد قيام الخلافة، لذا كانت الخلافة العباسية دائما تخشى من ثورة العلويين عليهم، وكان والي نجران قد اتهم الشافعي بأنه يحرض العلويين على الثورة، وسبق إلى هارون الرشيد مكبلا بتهمة خيانة الدولة وكانت عقوبة هذه الخيانة القتل، دخل الشافعي ثابت الفؤاد على الخليفة ينتظر الحكم عليه وهو يردد:" الله يا لطيف...أسألك اللطف فيما جرت به المقادير". قال الشافعي للخليفة: السلام عليك يا أمير المؤمنين وبركاته (دون أن يلفظ ورحمة الله). فرد عليه الرشيد: وعليك السلام ورحمة الله وبركاته، ثم أضاف فقال: بدأت بسنة لم تؤمر بإقامتها. ورردنا عليك فريضة قامت بذاتها ومن العجب ان تتكلم في مجلسي بغير أمر أو إذني، فقال الشافعي:إن الله تعالى قال:" وعد الله الذين أمنوا منكم وعملوا الصالحات ليستخلفنهم في الأرض كما استخلف الذين من قبلهم وليمكنن لهم دينهم الذي ارتضى لهم وليبدلنهم من بعد خوفهم أمنا". وهو الذي إذا وعد وفى، فقد مكنك في أرضه وأمنني بعد خوفي... حيث ردت علي السلام بقولك وعليك رحمة الله، فقد شملتني رحمة الله بفضلك، فقال الرشيد وما عذرك بعد ان ظهر أن صاحبك- يعني الثائر العلوي-طغى علينا وبغي واتبعه الأرذلون وكنت أنت الرئيس عليهم؟ فقال الشافعي: أما وقد استنطقتني يا أمير المؤمنين فسأتكلم بالعدل والإنصاف ولكن الكلام مع ثقل الحديد صعب، فإن جدت علي بفكه أفصحت عن نفسي وإن كانت الأخرى فيدك العليا ويدي السفلى و الله غني حميد، فأمر الرشيد بفك الحديد عنه وأجلسه فقال الشافعي: حاشا الله ان أكون ذلك الرجل، ولكن قال تعالى: "**يا أيها الذين آمنوا إن جاءكم فاسق بنبأ فتبينوا أن تصيبوا قوما بجهالة فتصبحوا على ما فعلتم نادمين (6)**"[الحجرات:6] .

لقد أفك المبلغ فيما بلغك. وأن لي حرمة الإسلام وذمة النسب وكفى بهما وسيلة وما أنا بطالبي ولا علوي وإنما أدخلت في القوم بغيا علي.أنا محمد بن إدريس، وأنا طالب علم، فقال الرشيد: أنت محمد بن إدريس؟ قال: نعم، ثم التفت إلى محمد بن الحسن الشيباني وسأله: يا محمد ما يقول هذا؟ أهو كما يقول؟ قال محمد بن الحسن:إن له من اعلم أقوى من الرحم).وكأن الله تعالى وضع هذه المحنة التي انزلق فيها الشافعي من أن يعيده عز وجل من عمل الدنيا إلى عمل الآخرة وهذا واضح جدا وعسى أن تكرهوا شيئا

وهو خير لكم وعسى أن تحبوا شيئا وهو شر لكم ولكن هذه الحقيقة لا تظهر إلا أخرا عندما يكون الإنسان في طور المفاخرة وأما في طور الحكم الإلهي فيكون كالغائص في جوف البحر لا يعلم إلا من وثق بعلم الله سلفا.

لذا ينبغي للمسلم أن يراجع نفسه كل فترة من الزمن ويحاول أن يتذكر ما هي الأشياء التي حصلت معه في الماضي وظنها حينذاك شرا وإذا بها مع مر السنين الخير كله، ذلك يفيد الإنسان بزيادة ثقته بالله تعالى وإن أكثر المعاصي والإحباطات إنما هي ناتجة عن عدم الثقة بالله وعدم المشاهدة له دائما عز وجل(ثقة عن اليقين).

موقف الشافعي من الإمامة والخلافة

كان الشافعي على عقيدة جمهور أهل السنة والجماعة وكان يستدل على أن أولى الناس بالخلافة هو أبو بكر رضي الله عنه بعد رسول الله صلى الله عليه وسلم،أن امرأة جاءت إلى النبي صلى الله عليه وسلم تسأله في أمر فقال لها ارجعي فيما بعد، فقالت: فإن لم أجدك؟ فأمرها النبي صلى الله عليه وسلم أن تأتي أبا بكر، أي إن ذهبت وعادت وكان الرسول صلى الله عليه وسلم قد توفي فعليها ان تأتي إلى أبي بكر.

إقامته في العراق

وبقي الشافعي في العراق فتعرف على محمد بن الحسن ووطد صلته به وعاد وتفرغ للعلم وترك الدنيا والعمل فيها.

يقول الشافعي:"أخذت من محمد بن الحسن وقر بعير(أي حمل بعير) من سماعه عن أبي حنيفة،أي لو جمعت العلم الذي أخذته منه في كتب فإن هذه الكتب تبلغ حمل بعير وكل ما فيها ليس قيه شيء من عندي، كله أخذته سماعا من محمد بن الحسن". انظروا إلى تواضع الشافعي الذي ما حال بينه وبين هذه الكلمات المكانة العالية التي تبوأها قد تقدم ربما على محمد بن الحسن وهو المجتهد المطلق ما قال في نفسه ماذا سيقول عني الناس لو سمعوا أني تلميذ محمد بن الحسن، وهذا من باب ذكر فضل أهل الفضل، وقد ملأ الشافعي كتابه" الرسالة" مناقشات طريفة جدا بينه وبين محمد بن الحسن الشيباني ملئت علما. وكان محمد بن الحسن يقدره تقديرا عظيما ولا يؤثر على مجلسه مع الإمام الشافعي أي مجلس، وقد حصل أن اتفق يوما أن الإمام الشافعي كان ذات مرة متجها إلى بيت محمد ابن الحسن ليتدارس معه العلم وليأخذ منه ولمن محمد بن الحسن كان متجها إلى الموعد الذي كان قد ارتبط به مع الخليفة، فآثر مجلس الشافعي وتخلف عن مجلس الخليفة.

لبث الشافعي في العراق زهاء عامين عاد بعدها إلى مكة وأخذ يدرس في الحرم المكي، وهذه فترة ازدهار علمه، منذ هذا العهد بدأ الشافعي يصب كل تفكيره ويعمل كل فهمه

177

في تدوين الفقه وأصوله أي بدأ في تدوين موازين الاجتهاد وأصول الاستنباط الأحكام من نصوص القرآن والسنة حتى تجتمع العقول المختلفة على هذه الموازين، فالقرآن والسنة كل منهما ملئ بالحكام ولكن كيف نفهمها، ما هي قواعد الفهم، ما هي قواعد الدلالة العربية التي على أساسها نستنبط الأحكام من القرآن ومن السنة؟ هذا ما بدأ يشغل بال الشافعي فوضع خطط لهذا العلم وهو علم جديد لم يكن موجودا من قبل هو"علم أصول الفقه".

بقي الشافعي في مكة تسع سنوات يجمع هذه القواعد ويدونها وينسخها وقبل ذهابه إلى مكة كان قد زار مسجد الإمام الأعظم أبي حنيفة وهناك صلى الفجر على مذهب الإمام (أي أبو حنيفة) مخالفا مذهبه في الحركات والقنوت وما إلى ذلك، ولما سئل عن ذلك قال: إني فعلته أدبا مع الإمام أبي حنيفة أن أخالفه في حضرته، انظروا إلى أدب علمائنا بعضهم مع بعض.

تأليفه لكتابه"الرسالة" وأهميته:

أصبح من عادة الشافعي ان يجلس في الحرم عند بئر زمزم حيث كان يجلس الصحابي الجليل شيخ المفسرين عبد الله بن عباس رضي الله عنهما.

وبدأ يؤلف في مكة كتابه"الرسالة" وكان صيته العلمي في هذا الوقت يطبق الآفاق في مختلف أنحاء البلاد ومقاطعات الدولة الإسلامية الشاسعة، فيأتيه طلاب العلم والمعرفة من أقصى الأماكن وكان من هؤلاء أحمد بن حنبل الذي كان تلميذا للإمام ابن عيينة إمام الحديث في عصره في المسجد الحرام. وابن عيينة كان يروي جل أحاديثه.

عن الزهري وهو أعلى الأسانيد، فكان الناس يغشون مجلسه، ولكن الإمام احمد لما علم بمجلس الشافعي وسمع منه ترك مجلس ابن عيينة وأصبح يغشى مجلس الشافعي فلما سئل عن ذلك قال:إنك إن فاتك الحديث بعلو تجده بنزول ولا يضرك ذلك أما إن فإنك قل هذا الفتى -يقصد الشافعي- فإني أخاف ان لا تجده إلى يوم القيامة، ما رأيت أحدا أفقه بكتاب الله تعالى من هذا الفتى القرشي، وكان احمد يقول: كان الفقه مقفلا على أهله حتى فتحه الله للإمام الشافعي. وقال الحسن بن محمد الزعفراني: كنا نحضر- مجلس بشر- المريسي- المعتزلي القدري المناظر البارع وكنا لا نقدر على مناظرته فسألنا احمد بن حنبل فدلنا على الشافعي، فسألناه شيئا كتبه فأعطانا كتاب اليمين مع الشاهد فدرسته في ليلتين ثم غدوت على بشر المريسي وتخطيت إليه فلما رآني قال: ما جاء بك يا صاحب الحديث؟ قال الحسن الزعفراني: ذرني من هذا، ما هو الدليل على إبطال اليمين مع

الشاهد؟ فناظرته فقطعته فقال: ليس هذا من كيسكم، هذا من كلام رجل رأيته بمكة معه نصف عقل أهل الدنيا. وكان بشر المريسي لما رأى الشافعي المفتي في مكة يحدث قال لأصحابه المعتزلة:إني لا أخاف عليكم من أحد ولكني أخاف عليكم من هذا الفتى فإن معه نصف عقل أهل الدنيا.

والذي يدعو إلى الإعجاب أن يكون الشافعي كتب هذه الرسالة في أصول الفقه وهو شاب وكان قد طلبها منه إمام المحدثين في بغداد لكي يستفيد منها هو وغيره من كبار العلماء في كيفية فهم النصوص. ولما كتب الشافعي الرسالة ووصلت إلى إمام المحدثين في بغداد، جل يتعجب ويقول: لو كانت أقل لنفهم.

وقال الإمام المزني: قرأت الرسالة خمسمائة مرة، ما من إلا واستفدت منها فائدة جديدة. وفي رواية عنه قال: أنا أنظر في الرسالة من خمسين سنة، ما اعلم أني نظرت فيها مرة إلا واستفدت شيئا لم أكن عرفته. كتاب"الرسالة" هو مقدمة ضخمة لكتابه"الأم" مثل مقدمة ابن خلدون لكتابه" تاريخ الأمم والملوك" ومقدمة ابن خلدون ليست كتابا مستقلا وإنما هي مقدمة لموسوعة تاريخية ولأهمية هذه المقدمة طبعت طبعا مستقلا وأفردت باسم مستقل وأصبحت مقدمة ابن خلدون اسم مستقل تماما وكذلك كتاب"الرسالة" فهو في أصله عبارة عن مقدمة كبيرة وواسعة جدا لكتاب "الأم" وهو عبارة عن سبعة أجزاء،إلا أن" الرسالة" فيما بعد أفردت بالطباعة وأصبحت عبارة عن كتاب مستقل لنه يحوي علما مستقلا، وقد تضمن ما يلي:-

أولا: بيان أن أي علم شرعي لا بد ان يدور على فلك نص مأخوذ من الكتاب أو السنة، ثم أكد أهمية وحجية حديث الحاد (وحديث الآحاد هو الحديث الذي يرويه صحابي واحد او اثنين او ثلاثة عن النبي صلى الله عليه وسلم) وقد ذكرنا طرقا من ذلك من قبل، واستدل على حجية الآحاد بأدلة كثيرة منها:.

- أن الله تعالى حينما أنزل في القرآن الكريم تحويل القبلة من المسجد الأقصى ـ إلى مكة المكرمة، جاء صحابي وأخبر الصحابة الذي كانوا يصلون في مسجد ذي القبلتين فاستداروا وهم في الصلاة، فإذا أخذوا بخبر الواحد!.

- حينما انزل الله تعالى آية تحريم الخمر، أخبر صحابي باقي الصحابة بذلك، فانتهوا وألقوا خمورهم.

- إن النبي صلى الله عليه وسلم بعث معاذ رضي الله عنه إلى اليمن ليبلغ عنه ولقد أخذ عنه أهل اليمن.

إن الله عز وجل قد أمرنا أن نأخذ بقول الشاهدين وهما من الآحاد.

وهذا الأمر أي حجية حديث الآحاد لم يخالف فيه أحد من الأئمة الأربعة وإنما اختلفوا في نسخ الآحاد للقرآن أي هل ينسخ حديث الآحاد حكم آية من كتاب الله تعالى وهل يخصص هذه الآية أم لا؟.

وكان قد ظهر في عصر الشافعي من يدعي انه يأخذ بالقرآن الكريم وحده ويدع العمل بالحديث الآحاد وهم من الزنادقة، فرد عليهم الشافعي ردا مفحما وسمي بذلك"نصر ـ السنة النبوية".

ثم عقد الشافعي بابا سماه"الدلالات"أي كيف تدل النصوص على معانيها سواء كان المفهوم الموافق أو المفهوم المخالف وكيف نستخرج قواعد القياس على نص في كتاب الله تعالى.

وأوضح البيان،أي كيف يمكن ان يكون القرآن بعضه بيانا لبعض وأن النص قد يكون عاما وقد يكون خاصا وقد يكون مطلقا وقد يكون مقيدا. والنص المطلق يمكن أن يأتي نص آخر في المعنى ذاته فيقيده ويفسره.

وأوضح أيضا فيما إذا كان يمكن للسنة ان تخصص القرآن أو أن تقيده وهل يصح العكس.

باختصار كتاب"الرسالة"هو عبارة عن مفاتيح لكيفية فهم الأحكام من النصوص. وقد كان المجتمع آنذاك يفتقر إلى هذا العلم ولم يكتب فيه أحد قبلا، صحيح أن الإمام أبو حنيفة والإمام مالك كل منهما بنى فقهه على أصول ومبادئ ولكن هذه المبادئ لم تسجل ولم يصرح بها كلها بل إن تلامذتهما هم الذين استنبطوا الأصول من فروع المسائل. والذي أعان الشافعي على هذا العلم علم استنباط الحكام من النصوص فضلا عن كونه عالما بالفقه والحديث وبلوغه درجة قصوى من الذكاء، هو أنه عاش في البادية عشر ـ سنوات حيث أخذ الطبيعة العربية والسليقة العربية من ينبوعها، فكان يعلم كيف يفهم الرجل العربي الجملة وكيف يأخذ المعنى إثر المعنى من الجملة الواحدة، ومما يجعل من الشافعي حجة في اللغة.

عودة الشافعي إلى العراق

عاد الشافعي إلى العراق وأقبل العلماء جميعا من شتى المذاهب على كتاب "الرسالة" وأعجبوا به أيما إعجاب وكان الشافعي يشرح ويناقش هذه القواعد، وكان الشافعي يضرب في طول البلاد وعرضها في سبيل ان ينقل علم الحجاز إلى العراق وبالعكس ويجمع الكل تحت مظلة هذه القواعد، فلقد تنبه إلى ثغرات علماء العراق وهي أنهم كلما

فقدوا النص استنجدوا بالرأي واستحسنوا ومالوا إلى ما تطمئن إليه نفوسهم ولكن على أي أساس؟ وعلى أي قاعدة ؟ وما هو المقياس الذي يوضح الرأي المتفق مع شرع الله تعالى وحكمه والرأي المتنكر عن شرع الله تعالى وحكمه ؟لا يوجد!إذا هذه هي الثغرة التي يعاني منها أهل العراق، أما أهل الحجاز فلاحظ أنهم يأخذون بالنص دون أن يتوغلوا في فهم طرق دلالته وقوانين هذه الدلالة،إذا رأوا نصا في كتاب الله تعالى أو سنة النبي صلى الله عليه وسلم تصوروا ضرورة تطبيق هذا النص دون التأمل في كيفيته وأسلوبه، وهذه هي ثغرتهم، فكان كتاب الرسالة سدا لثغرة أهل الحديث فتقبله المسلمون في جميع أنحاء البلاد وأقبلوا عليه، ويقول الشافعي في هذا الموضوع: صحيح أننا لا نخرج عن دائرة النص ولكن هناك فرق بين من لا يغوص في أعماق النص ولا يتعمق به وبين من يبحث ويتفكر ويتعلم ويتعمق ويستنبط معان عديدة فيجد أن مسافة النتص 10 أمتار من حيث المعنى، وضرب على ذلك أمثلة عديدة فقال:

-أن الله عز وجل خاطب عباده في كتابه بألفاظ عامة وأراد منها الخاص وخاطب عباده بألفاظ خاصة وأراد منها العموم، مثال على ذلك: قوله عز وجل:" الذين قال لهم الناس إن الناس قد جمعوا لكم فاخشوهم"إنما أريد بالناس رجل واحد هو أبو سفيان، فيكون هنا اللفظ عام يراد منه الخاص.

مثال على الخاص الذي يراد منه العام: قال الله تعالى" يا أيها النبي إذا طلقتم النساء فطلقوهن لعدتهن وأحصوا العدة " [الطلاق:1]، فهو خطاب للنبي صلى الله عليه وسلم وحده ولكن المقصود به عموم الناس.

من هنا كثر إعجاب الإمام الشافعي فعن صالح بن أحمد بن حنبل قال: جاء الشافعي يوما إلى أبي يعوده-وكان عليلا- فوثب أبي إليه فقبل ما بين عينيه، ثم أجلسه في مكانه وجلس بين يديه، قال فجعل يسأله ساعة، فلما وثب الشافعي ليركب قام أبي فأخذ بركابه ومشى معه، فبلغ يحيى بن معين هذا الخبر فوجه إلى أبي: يا أبا عبد الله، يا سبحان الله! اضطرك الأمر إلى ان تمشي إلى جانب بغله الشافعي؟ فقال له أبي: وأنت يا أبا زكريا لو مشيت من الجانب الآخر لانتفعت به، قال: ثم قال أبي: من أراد الفقه فلشم ذنب هذه البغلة، وقال الفضل بن زياد: قال احمد بن حنبل: هذا الذي ترون كله أو عامته من الشافعي، ما بت مدة أربعين سنة غلا وأدعو الله للشافعي. قلت وهذا من شيم أهل الفضل يعرفون الفضل لأصحابه.

وكان الشافعي بالمقابل يحب ويجل الإمام احمد كثيرا وكان يجلس بين يديه يتعلم منه الحديث ويقول له إذا صح عندك الحديث. وكان الإمام أحمد يحدث ابنته كثيرا عن الشافعي وعن تقواه وعلمه وفي يوم نزل الشافعي ضيفا عند أحمد ولعل ذلك كان في رحلة الشافعي الأخيرة له إلى بغداد، فأعطاه غرفة لينام فيها. وكان الإمام أحمد كثير التعبد والتنسك فأخذت ابنته تراقب الشافعي كيف تكون عبادته ومتى يستيقظ من الليل وأيهما أكثر تعبدا والدها أم الشافعي، فلاحظت أن غرفة الشافعي بقيت مظلمة إلى قبيل أذان الفجر بينما الإمام أحمد كان يقوم أكثر الليل وفي الصباح قالت لأبيها: أهذا هو الشافعي الذي حدثتني عنه؟ فلم يجبها الإمام احمد ودخل على الشافعي فقال له: كيف كانت ليلتك يا أبا عبد الله؟ فقال له: لقد فكرت الليلة في بضع آيات من كتاب الله تعالى ورواية في حديث النبي صلى الله عليه وسلم، فاستخرجت منها أحكاما كثيرة- وفي رواية فوق الستين حكما- فقال الإمام احمد لابنته: لضجعة واحدة من الإمام الشافعي خير من صلاة أبيك الليل كله!

هذا يصور لنا كيف كان أدب وتعظيم أئمة المسلمين بعضهم لبعض ونظر كل واحد منهم إلى الآخر على أنه إمام وحجة، أما اليوم فللأسف كثير ممن يدعون حب إمام من الأئمة يسفهون أو ينتقدون إماما آخر، وقد أنبأنا النبي صلى الله عليه وسلم عن هذا الداء الخطير وانه من أشراط الساعة أن يلعن آخر هذه الأمة أولها.

أسفاره وزيارته مصر

لقد طاف الشافعي في أفاق العالم الإسلامي، ولم يترك بقعة إلا زارها من الحجاز حتى أقصى الشرق والشمال ولكنه لم يأت مصر بعد، ومصر مهد عريق في الحضارة والعلم وهي في الوقت عينه مجتمع علماء فحول وفضلا عن ذلك هي مدرسة إمامه وشيخه الليث بن سعد، وبينما إمامنا العظيم في تطلعه هذا إذ جاءته دعوة كريمة لزيارة مصر فوافقت هوى قلبه ونفسه وكانت الدعوة من أحد تلامذته ومحبيه، الفقيه العالم، والتاجر الواسع الثراء، "ابن عبد الحكم". فشد الشافعي رحاله على الفور وكان وداع الناس والعلماء خاصة له في بغداد مؤثرا جدا. كانوا يبكون ويحاولون إقناعه بالبقاء خصوصا الإمام أحمد.

وامتدت إقامة الشافعي في مصر خمس سنوات حيث استقبل استقبالا حافلا من مختلف الطبقات إذ سبقه صيته إلى هناك وحاول الكثيرون أن يستفيدوا من ضيافتهم له فعرضوا عليه الإقامة عندهم من الوالي حتى أقل الناس شأنا ولكن الشافعي أثر التشبه برسول الله صلى الله عليه وسلم حين هاجر إلى المدينة المنورة فنزل عند أقارب أمه.

وكان أول ما فعله الشافعي أن قام بزيارة قبر الإمام الليث بن سعد ووقف عند القبر خاشعا يردد ويقول: لله درك يا إمام.....لقد حزت أربع خصال لم يكملن لعالم: العلم والعمل والزهد والكرم.

لقاؤه السيدة نفيسة وأخذه عنها العلم

كانت السيدة نفيسة رضي الله عنها حفيدة الحسن بن علي والحسين بن علي رضي الله عنهم موئل علم ودين وتقوى، تقيم في مصر، وكان الشافعي يعرف مقدارها ومكانتها. فاستأذن في زيارتها فأذنت له ورحبت به وأعجبها عقله وورعه وسمع منها ما لم يكن قد وصل إليه من حديث رسول الله صلى الله عليه وسلم.

تدريسه وتأليفه لكتابه"الأم"

كان الشافعي جامعة علم في شتى الفنون، فكان يجلس في جامع تاج الجوامع في مصر بعد صلاة الفجر ويبدأ بالقرآن وعلومه فيأتيه علماء التفسير وعلوم القرآن الفطاحل ليتعلموا منه، فإذا انتهى تحول إلى الحديث فيأتيه علماء الحديث ليتعلموا منه وإذا فرغ انتقل إلى علوم اللغة وآدابها فيأتيه علماؤها يدرسون عنه وهكذا.

وفي مصر أعاد الشافعي النظر في"الرسالة" فحدد تأليفها-و"الرسالة" التي بين أيدي الناس اليوم هي " الرسالة" المؤلفة في مصر- كما أعاد النظر في كتابه "الحجة" فألف بدله كتاب"الأم" وهو مجموع لكتب كثيرة ألفها الشافعي في مصر. وهذا الكتاب هو المعروف والمشهور في أيامنا، وتراجع الشافعي عن بعض مسائله الفرعية في العراق وأفتى بغيرها من هنا إذ قيل اليوم في المذهب الشافعي القديم فإنما يراد به أقوال في العراق المجموعة في كتابه"الحجة" وإذا قيل مذهب الشافعي الجديد فيراد به أقواله في مصر المجموعة في كتابه "الأم"، وابتكر الشافعي كتبا - كما يقول الإمام النووي- لم يسبق إليها، منها: أصول الفقه وكتاب" القسامة" وكتاب "الحرية" وكتاب"أهل البغي" وغيرها.

فائـــدة

الفتوى اليوم هي على المذهب الجديد إلا في بعض المسائل التي لا تتجاوز العشرين مسالة حيث يفتى فيها بالقول القديم.

أدب الشافعي مع مخالفي مذهبه وعدم تعصبه

الشافعي رضي الله عنه إن وجد نفسه يخالف في بعض آرائه الإمام مالك، لم يكن يعرض لذلك ولم يكن يناقشه ولم يكن يتحدث حتى لا يضع نفسه من أستاذه موضع المناقش أو الراد على رأيه ولكن في الوقت نفسه يخالف بأدب، إلى أن بلغه أن في المغرب

أناسا وصل بهم التقديس الأعمى للإمام مالك، فصاغ الشافعي هنا في هذا الوقت المتأخر من حياته"خلاف مالك" أي" خلافاتي مع مالك" وقال إن الإمام مالك بشر يصيب ويخطأ وهو أي الشافعي بشر يصيب ويخطأ وبدأ يناقش مسائل يرى خلافا فيها مع مالك. وفي كثير من الأحيان ذهب كثير من الأئمة العظام ضحية عصبية تلامذتهم وهذا في التاريخ كثير. قد يكون الإمام عظيما لكن له تلامذة يتعصبون ويتشنجون.

من هنا كان الشافعي ينادي مرارا وتكرارا: إذا صح الحديث فهو مذهبي يعني إن صح حديث لم أكن قد سمعت به وأفتيت بخلافه ووصل إليكم وفقهتم المعنى فإن هذا هو مذهبي.إذا هذا القول ليس موجها إلى عامة الناس وإنما هو موجه إلى فقهاء مذهبه وتلامذته وأصحابه، يعني مثلا قد يأتي من يعترض وبالفعل فقد آتى في هذا الزمن كثير من اعترض على الشافعي، يقول مثلا إن النبي صلى الله عليه وسلم قال في الحديث الصحيح:"من لحم جزور فليتوضأ"، والشافعي يقول إذا صح الحديث فهو مذهبي، نقول ليس مطلق حديث وقع عليه إنسان يستطيع ان ينطبق عليه مقولة الشافعي إذ ينبغي أولا ان يكون من أهل النظر والاجتهاد، ثانيا أن يرى هل اطلع على هذا الحديث الشافعي أو أصحابه أو فقهاء المذهب من بعد وكيف فسروه؟ ولقد رد الشافعية على هذا الحديث فقالوا هذه واقعة حال والواقعة أن رسول الله صلى الله عليه وسلم كان جالسا مع بعض أصحابه وقد أكلوا لحم جزور وخرجت رائحة كريهة من أحد الحاضرين ثم حان وقت الصلاة ومن البديهي أن الذي سيذهب للوضوء سيعلم حاله، فرسول الله صلى الله عليه وسلم الأديب الرفيع الذوق قال رفعا للحرج عن هذا الصحابي: من أكل لحم جزور فليتوضأ. هذه واقعة حال ووقائع الأحوال لا تصلح للاستدلال. ثم لو صح أن لحم الجزور ينقض الوضوء، فمن المعلوم أن أهل مكة والمدينة لا يأكلون في ذلك الوقت من اللحوم إلا لحم الإبل ولو صح أنه يقض الوضوء لعلم ذلك وشاع ولكن لم ينقل إلا عن هذا الصحابي وفي هذه الحالة.

وكان الشافعي يدعو إلى عدم التعصب في أمر من الأمور لن الشيطان دائما يتربص بالمسلمين على الأطراف التي تشكل الإفراط أو التفريط فكلما ابتعد الإنسان عن القصد في الطريق تخطفه الشيطان وإنه لا يستطيع أن يتخطفه إلا إذا خرج عن الجادة الوسطى كما قال تعالى:"إن هذا صراطي مستقيما فاتبعوه ولا تتبعوا السبل فتفرق بكم عن سبيله".

علم أصول الفقه وتعريفه

علم أصول الفقه إجمالا هو الميزان العربي الذي تزان به فهوم الفقهاء بنصوص الكتاب والسنة. وهذا العلم ينقسم إلى ثلاثة أقسام.

- قسم يسمى:"الدلالات".
- قسم يسمى:"البيان".
- قسم يسمى:"صفات المجتهد وكيفية الاجتهاد".

فقسم الدلالات عبارة عن كيف يفهم العربي الكلام العربي، مثلا نقول الأمر (افعل،اقرأ، اكتب) يدل على الوجوب والنهي يدل على طلب الترك الجازم ويدل على الحرمة، اللفظ يدل بمعناه الإيجابي دلالة منطوق ويدل بمعناه السلبي دلالة مفهوم مخالف، هذه كلها دلالات والكلمة تتفاوت حسب قوة الدلالات على المعنى عبر سلم من الدرجات فأقوى دلالة على المعنى اسمها"النص"، في الدرجة الثانية يأتي ما يسمى"بالظاهر"، وفي الدرجة الثالثة" المجمل"، وفي الرابعة المتشابه". النص كيف يفهم والظاهر كيف يؤول... هذا خلاصة قسم الدلالات.

القسم الثاني وهو قسم "البيان" أي كيف يأتي نص في القرآن الكريم بيانا لنص آخر، وكيف يأتي نص من القرآن بيانا لحديث من السنة، وكيف يأتي حديث من السنة بيانا لنص من القرآن أي شرحا له، كثيرا ما يأتي نص من القرآن عاما محتملا فيأتي نص آخر واضح وضع النقاط فيه على الحروف فيفسر هذا النص الذي يسمى الخاص على العام عن طريق ما يسمى بالتخصيص او التقييد او التأويل أو النسخ، وهذا خلاصة القسم الثاني.

أما القسم الثالث وهو "الاجتهاد": ما الاجتهاد؟ وبأي الأحكام نجتهد؟ القاعدة نقول أنه لا اجتهاد في معرض النص وإذا لم يكن هناك نص ولكن هناك إجماع أيضا لا اجتهاد وإذا كان الاجتهاد واردا فما هي شروطه يا ترى؟ وما هي شروط المجتهد أي ما هي الشروط التي ينبغي أن تتوفر فيه من علم ودراية وذوق وفقه وما إلى ذلك حتى يستطيع ان يجتهد؟ كل هذه الأسئلة تكمن إجابتها في هذا القسم.

هل هناك خلاف في أصول الفقه بين العلماء

الحقيقة أن هناك خلاف بين الأئمة في بعض الفروع أما في أصول الفقه فالخلاف قليل جدا جدا. الإمام الشافعي عندما دون هذا العلم وافقه العلماء الذين كانوا في عصره، فكل من المالكية والحنابلة والشافعية طبقوا هذه القواعد التي دونها الشافعي، لذلك لا يوجد عندنا كتب أصول فقه للمالكية والحنابلة، فقط الحنفية هم الذين خالفوا الشافعي في مسائل في أصول الفقه، لذلك عندما ندرس أي كتاب في أصول الفقه نجد أن هذه

185

الأصول تأخذ أحد طرفين طريقة الأئمة الثلاثة مالك والشافعي وأحمد وتسمى طريقة المتكلمين وطريقة الحنفية.

ملاحظـــــة

هنا قد يرد إشكال ألا وهو إن كان الإمام الشافعي هو الذي وضع قواعد أصول الفقه بمعنى أن الفقه الذي تفرع من هذه الأصول يمكن أن نعتبره فقها وضعه الشافعي وبالتالي لا تثبت البينة على أن الفقه هو حكم الله عز وجل وشرعه المنزل، هذا من جهة ومن جهة أخرى هناك إشكال آخر أثاره بعض المستشرقين يقول فيه: من أين جاء الإمام الشافعي بقواعد أصول الفقه؟ لعله ابتدعها من عنده!.

الجــــواب

إن هنالك فرقا دقيقا ولكن هاما جدا بين قولنا إن الإمام الشافعي وضع علم أصول الفقه وبين قولنا إنه دون علم أصول الفقه، ا لشافعي لم يخترع ولا قاعدة واحدة من قواعد أصول الفقه إطلاقا بحكم أن الشافعي حجة وإماما في اللغة عكف على أساليب العرب وكيفية فهمهم للكلام والمعاني التي تستخلص من العبارات فاستخرج منها قواعد العرب واصطلاحات اللغة العربية في الفهم النطق استخرج من ذلك قواعد دونها ولفت إليها أنظار الفقهاء والمحدثين، ولكي نقرب الصورة أكثر نضرب المثال التالي:إن أول من دون علم اللغة العربية هو أبو الأسود الدؤلي، فهل لأحد أن يقول إذن أن أبو الأسود الدؤلي اخترع اللغة العربية؟!! فأبو الأسود الدؤلي إذا كان وضع قواعدها فهذا لا يعني انه اخترعها. نحن جميعا نعلم أن اللغة العربية كانت موجودة من قبل أبي الأسود بكثير وان الناس كانوا يرفعون الفاعل وينصبون المفعول به ويجرون المضاف إليه وما إلى ذلك قبل الدؤلي بقرون ولكن الذي حصل أن أبا الأسود عند بعبقريته الفذة إلى النطق العربي وتتبعه فوجد أن العرب دائما ترفع الفاعل وما إلى ذلك، فقعد له قوانين وقواعد حتى يستطيع من لا يجيد العربية بالسليقة أن ينطق النطق السليم، والكلام نفسه يطبق على الشافعي وعلم أصول الفقه، فالشافعي مثلا وجد أن العرب إذا سمعوا جملة ما تدرك لها معناها الإيجابي وتأخذ بالاعتبار معناها السلبي، مثال على ذلك عندما تسمع العرب حديث "مطل الغني ظلم"(أي إذا كان المدين مليئا غنيا وماطل في دفع الدين المترتب عليه فهو ظالم) العرب قبل الفقهاء فهموا من هذا الكلام أن مطل لفقير ليس بظلم وهذا ما سماه الشافعي"المفهوم المخالف". إذا هو لم يخترع هذا وإنما تتبع لغة العرب وقعدها.

منهج الشافعي العلمي

أخذ الشافعي بالمصالح المرسلة والاستصلاح ولكن لم يسمها بهذا الاسم وأدخلها ضمن ا لقياس وشرحه شرحا موسعا. وكذلك كان الشافعي يأخذ بالعرف مثل مالك ولكن كل لدرجة ما.

يروي إنه في أحد الأيام، في مجلس مالك، كان فيه الشافعي، جاء رجل يستفتي مالكا، يقول أنه ابتاع طائرا من رجل أقسم البائع بالله تعالى وفي رواية بالطلاق أن طائره هذا لا يفتأ عن التغريد، فلما أخذه الشاري وجده يغرد حينا ويسكت حينا، فسأل مالكا فقال له: لك حق خيار العيب(أي أنه لك الحق في رده بسبب عيب فيه) وقد حنث في يمينه أو على الرواية الأخرى وقع الطلاق. وكان الشافعي جالسا في ذلك المجلس ولكنه لم يتكلم أدبا مع شيخه مالك، فلما ذهب الرجل لحق به وسأله: طائرك يغرد في اليوم أكثر أو يسكت أكثر؟ قال الرجل: بل يغرد أكثر، فقال له الشافعي:إذا البيع صحيح وليس لك خيار العيب ولم يحنث وفي تلك الرواية لم يقع الطلاق، فجاء الرجل إلى مالك، فلما ناقشه الشافعي قال له: يا سيدي: الألفاظ التي ننطق بها إما نضعها في ميزان العرف الشرعي إن وجد(مثل الطلاق والعتق...) لكن إن فقد العرف الشرعي عندئذ نشرحه بالعرف اللغوي الدارج بين الناس وإن فقد العرف اللغوي الدارج بين الناس نعود لإلى اللغة العربية في جذورها وأمهاتها. ونحن نعود في هذا إلى كلام رسول الله صلى الله عليه وسلم فقد روينا عن المصطفى عليه صلى الله عليه وسلم أن امرأة جاءت تستشيره في رجلين قد خطباها فأيهما تتزوج، فقال لها النبي صلى الله عليه وسلم :أما فلان فلا يشع العصا عن عاتقه وأما فلان فصعلوك(أي لا يليق بك من حيث المستوى الاجتماعي وغيره). قال الشافعي: فقوله صلى الله عليه وسلم لا يضع العصا عن عاتقه كناية عن كثرة السفر وقد علمت أنه يصلي فيضع العصا عن عاتقه ويأكل ويضعها عن عاتقه وينام ويغتسل وفي كل ذلك يضع العصا عن عاتقه ورسول الله صلى الله عليه وسلم صادق فيما يقول،إذا هذه الكلمة سارت مسار العرف الدارج وهنا (أي في مسألة الطائر) عرف في السوق لو قال البائع هذا الطائر لا يفتأ عن التغريد (يعني أن أكثر أوقاته التغريد).

وكان الشافعي يتمسك بالأحاديث الصحيحة ويعرض عن الأخبار الواهية والموضوعة واعتنى بذلك عناية فائقة، قال الشافعي ذاكرا فضل الله تعالى عليه: ما كذبت قط وما حلفت قط بالله تعالى صادقا ولا كاذبا. قال أبو زرعة: ما عند الشافعي حديث قط فيع غلط.

وقد وضع الشافعي في فن مصطلح الحديث مصطلحات كثيرة، لم يسبق إليها مثل: الاتصال والشاذ والثقة والفرق بين حدثنا وأخبرنا....

من عباداته ونوافلــه

كان يقسم ليله إلى ثلاثة أجزاء:ثلث ينام وثلث يكتب وثلث يصلي، وكان يختم القرآن في كل شهر ثلاثين مرة وفي رمضان ستين ختمة، ومن نوافل الشافعي كثرة صلاته على النبي صلى الله عليه وسلم وكان يخص على ذلك أصحابه وتلاميذه ومن يحضره، وكان أسخى الناس على الدينار والدرهم والطعام لا يدخل على مكة حتى يتصدق بما معه.

مرضه ووفاتــه

كان الشافعي من الأئمة العاملين فرابط فترة في مصر في الثغور وهي المواضع التي يخشى- هجوم العدو منها على بلد مسلم، وفي آخر حياته ظهرت عليه علة البواسير وكان يظن أن هذه العلة إنما نشأت بسبب استعماله اللبان- وكان يستعمله للحفظ- وبسبب هذه العلة ما انقطع عنه النزيف وربما ركب فسأل الدم من عقبيه، وكان لا يبرح الطست تحته وفيه لبدة محشوة، وما لقي أحد من السقم ما لقي.

والعجيب في الأمر بل يكاد يكون معجزا أن تكون هذه حال الشافعي ويترك في مدة أربعة سنوات كلها سقم من اجتهاده الجديد ما يملأ آلاف الورق مع مواصلة الدروس والأبحاث والمناظرات والمطالعات في الليل والنهار، وكأن هذا الدأب والنشاط في العلم هو دواؤه الوحيد الشافي! وألح على الشافعي المرض وأذابه السقم ووقف الموت ببابه ينتظر انتهاء الأجل، وفي هذه الحال، عند آخر عهده بالدنيا وأول عهده بالآخرة، دخل عليه تلميذه المزني فقال: كيف أصبحت؟ قال: أصبحت من الدنيا راحلا وللإخوان مفارقا ولكأس المنبه شاربا وعلى الله جل ذكره واردا و الله ما أدري روحي تصير إلى الجنة فأهنئها أو إلى النار فأعزيها ! ثم بكى وأنشأ يقول:

ولما قسى قلبي وضاقت مذاهبي جعلت الرجا مني لعفوك سلما
تعاظنـي ذنبي فلما قرنته بعفـوك ربي كان عفـوك أعظمـا
وما زلت ذا عفو عن الذنب لم تزل تجود وتعفو منـة وتكرمـا

ودفن الشافعي رحمة الله تعالى عليه في القاهرة في أول شعبان، يوم الجمعة سنة 204 هجري، مات وكان له ولدان ذكران وبنت وكان قد تزوج من امرأة واحدة.

من وصاياه وأقوالــه

- ما تقرب إلى الله عز وجل بعد أداء الفرائض بأفضل من طلب العلم.
- طلب العلم أفضل من صلاة النافلة.
- من ضحك منه في مسألة لم ينسها أبدا.

- من حضر مجلس العلم بلا محبرة وورق كان كمن حضر الطاحون بغير قمح.

- ما نظرت أحدا قط إلا أحببت أن يوفق أو يسدد أو يعان ويكون له رعاية من الله تعالى وحفظ، وما نظرت أحدا إلا ولم أبال بين الله تعالى الحق على لساني أو لسانه.

نحن كلما رأينا سيرة إمام قلنا و الله هذا أحق بالإتباع ولكما سمعنا دليله قلنا و الله هذا لهو الدليل المقنع! نعم كلهم أحق بالإتباع ولكهم عندهم أدلتهم المقنعة فلذلك ورحمة من الله تعالى بنا جاز لنا ان نتبع من شئنا منهم والحمد لله رب العالمين.

مقتطفات من ديوان الإمام الشافعي

كتمان الأسرار

إذا المرء أفشى سره بلسانه ولام عليه غيره فهو أحمق
إذا ضاق صدر المرء عن سر نفسه فصدر الذي يستودع السر أضيق

حمل النفس على ما يزينها

صن النفس واحملها على ما يزينها تعش سالما والقول فيك جميل
ولا تولين الناس إلا تجملا نبا بك دهر أو جفاك خليل
وإن ضاق رزق اليوم فاصبر إلى غد عسى نكبات الدهر عنك تزول
ولا خير في ود امرئ متلون إذا الريح مالت، مال حيث تميل
وما أكثر الإخوان حين تعدهم ولكنهم في النائبات قليل

تعريف الفقيه والرئيس والغني

إن الفقيه هو الفقيه بفعله ليس الفقيه بنطقه ومقاله
وكذا الرئيس هو الرئيس بخلقه ليس الرئيس بقومه ورجاله
وكذا الغني هو الغني بحاله ليس الغني بملكه وبماله

القناعة

رأيت القناعة رأس الغنى
فصرت بأذيالها متمسك
فلا ذا يراني على بابه ولا ذا يراني به منهمك
فصرت غنيا بلا درهم أمر على الناس شبه الملك

مكارم الأخلاق

لما عفوت ولم أحقد على أحد أرحت نفسي من هم العداوات
إني أحيى عدوي عند رؤيته أدفع الشر عني بالتحيات

وأظهر البشر للإنسان أبغضه كما أن قد خشي قلبي محبات

الناس داء ودواء الناس قربهم وفي اعتزالهم قطع المودات

تأتي العزة بالقناعـة

أمت مطامعي فأرحت نفسي فإن النفس ما طمعت تهون

وأحييت القنوع وكان ميتا ففي إحيائه عرض مصون

إذا طمع بحل بلقب عبد علته مهانة وعلاه هون

الإعراض عن الجاهـل

أعرض عن الجاهل السفيه فكل ما قال فهو فيه

ما ضر بحر الفرات يوما إن خاض بعض الكلاب فيه

كتب إلى أبويطي وهو في السجن: حسن خلقك مع الغرباء ووطن نفسك لهم فإني كثيرا ما سمعت الشافعي يقول:

أهين لهم نفسي وأكرمها بهم

ولا تكرم النفس التي لا تهينها

توقير الرجـــال

ومن هاب الرجال تهيبه ومن حقر الرجال فلن يهابا

ومن قضت الرجال له حقوقا ومن يعص الرجال فما أصابا

السماحة وحسن الخلق

إذا سبني نذل تزايدت رفعة وما الغيب إلا أن أكون مسابيه

ولو لم تكن نفسي علي عزيزة مكنتها من كل نذل تحاربه

ولو أنني أسعى لنفعي وجدتني كثير التواني للذي أنا طالبه

ولكنني أسعى لأنفع صاحبي وعار على الشبعان إن جاع صاحبه

***

يخاطبني السفيه بك قبح

فأكره أن أكون له مجيبا

يزيد سفاهة فأزيد حلما كعود زاده الإحراق طيبا

الفضـــل

أرى الغر في الدنيا إذا كان فاضلا ترقى على رؤوس الرجال ويخطب

وإن كان مثلي لا فضيلة عنده يقاس بطفل في الشوارع يلعب

قال الربيع بن سلمان يقول الشافعي

على كل حال أنت بالفضل آخذ وما الفضل إلا للذي يتفضل

الزهد ومصير الظالمين

بلوت بني الدنيا فلم أر فيهم سوى من غدا والبخل ماء إهابه

فجردت من عمد القناعة صارما قطعت رجائي منهم بذبابة

فلا ذا يراني واقفا في طريقه ولا ذا يراني قاعدا عند بابه

غني بلا مال عن الناس كلهم وليس الغني إلا عن الشيء لآبه

إذا ما ظالم استحسن الظلم مذهبا ولح عتوا في قبيح اكتسابه

فكله إلى صرف الليالي فإنها ستدعو له ما لم يكن في حسابه

فكم قد رأينا ظالما متمردا يرى النجم رتيها تحت ظل ركابه

فعما قليل وهو في غفلاته أناخت صروف الحادثات بيانه

وجوزي بالأمر الذي كان فاعلا وصب عليه الله سوط عذابه

السكوت سلامه

قالوا اسكت وقد خوصمت قلت لهم إن الجواب لباب الشر مفتاح

والصمت عن جاهل أو أحمق شرف وفيه أيضا لصون العرض إصلاح

أما ترى الأسد تخشى وهي صامتة؟ والكلب يخشى لعمري وهو نباح

الصمت خير من حشو الكلام

لا خير غي حشو الكلام إذا اهتدت إلى عيونه

والصمت أجمل بالفتى من منطق في غير حينه

وعلى الفتى لطباعه سمة تلوح على جبينه

فضل السكوت

وجدت شكوتي متجرا فلزمته إذا لم أجد ريحا فلست بخاسر

ما الصمت إلا في الرجال متاجر وتاجره يعلو على كل تاجر

ومما تمثل به الإمام

إذا نطق السفيه فلا تجبه فخير من إجابته السكوت

فإن كلمته فرجت عنه وإن خليته كمدا يموت

الاعتزاز بالنفس

ما حك جلدك مثل ظفرك فتول أنت جميع أمرك

191

وإذا قصدت لحاجة فاقصد لمعترف بقدرك

الإنسان وحظه

المرء يحظى ثم يعلو ذكره حتى يزين بالذي لم يفل

وترى الشقي إذا تكامل عيبه يشقى وينحل كل ما لم يعمل

الإيثار والجـــــود

أجود بموجود ولو بت طاويا على الجوع كشحا والحشا يتألم

وأظهر أسباب الغنى بين رفقتي لمخافهم حالي وإني لمعدم

وبيني وبين اللـه أشكو فاقتي حقيقا فإن اللـه بالحال أعلم

الجـــــــــود

إذا لم تجودوا والأمور بكم تمضي وقد ملكت أيديكم البسط والفيضا

فماذا يرجى منكم إن عزلتم وعضتكم الدنيا بأنيابها عضا

وتسترجع الأيام وهبتكم ومن عادة الأيام تسترجع القرضا

حقوق الناس

أرى راحة للحق عند قضائه ويثقل يوما إن تركت على عمد

وحسبك حظا ان ترى غير كاذب وقولك لم أعلم وذلك من الجهد

ومن يقض حق الجار بعد ابن عمه وصاحبه على القرب والبعد

يعش سيدا يستعذب الناس ذكره وإن نابه حق أتوه على قصد

منتهى الجـــــود

يا لهف نفسي على مال أفرقه على المقلين من أهل المروات

إن اعتذاري إلى من جاء يسألني ما ليس عندي لمن إحدى المصيبات

فساد طبائع الناس

ألم يبق في الناس إلا المكر والملق شوك،إذا لمسوا، زهر إذا رمقوا

فإن دعتك ضرورات لعشرتهم فكن جحيما لعل الشوك يحترق

حصيد البدع

لم يبرح الناس حتى أحدثوا بدعا في الدين بالرأي لم يبعث بها الرسل

حتى استخف بدين اللـه أكثرهم وفي الذي حملوا من حقه شغل

الأمراض من ثلاث

ثلاث هن مهلكة الأناما وداعية الصحيح إلى السقام

دوام مدامة ودوام وطء وإدخال الطعام على الطعام

مدارة الحساد

وداريت كل الناس لكن حاسد بمداراته عزت وعز منالها
وكيف يداري المرء حاسد نعمة إذا كان لا يرضيه إلا زوالها

المنـة

رأيتك تكويني بميسم منة كأنك شر من أسرار تكويني
فدعني من المن فلقمة مم العيش تكفيني إلى يوم تكفيني

شح الأنفس

وانطلقت الدراهم بعد صمت
أناسا بعد ما كانوا سكوتا
فما عطفوا على أحد بفضل ولا عرفوا لمكرمة ثبوتا.

الإمام أحمد بن حنبـــل

(نسبه)

هو أحمد بن حنبل بن هلال الذهلي الشيباني المزوزي ولـد في بغـداد وتنقـل بـين الحجـاز واليمن ودمشق، سمع من كبار المحدثين ونال قسطا وافرا من العلم والمعرفة، حتى قال الإمام الشافعي:"خرجت من بغداد فما خفت بها رجلا أفضل ولا أعلم ولا أفقه من ابن حنبل".

فهو إذن إمام أئمة الإسلام

وعن إبراهيم الحربي، قال: "رأيت احمد ابن حنبل، فرأيت كأن اللـه جمع له علم الأولـين والآخرين

من كل صنف يقول ما يشاء ويمسك عما يشاء". ولم يكن ابـن حنبـل يخـوض في شيء مـما يخوض فيه الناس من أمر الدنيا.

مذهبـه

مذهب ابن حنبل من أكثر المذاهب السنية محافظة على النصوص وابتعادا عن الرأي. لـذا تمسك بالنص القرآني ثم بالبينة ثم بإجماع الصحابة، ولم يقبل بالقياس إلا في حالات نادرة.

محنتــــه

اعتقد المأمون برأي المعتزلة في مسألة خلق القرآن وطلب من ولاته في الأمصار عزل القضاة الذين لا يقولون برأيهم

وقد رأى أحمد ابن حنبل أن رأي المعتزلة يحول الله سبحانه وتعالى إلى فكرة مجردة لا يمكن تعقلها فدافع ابن حنبل عن الذات الإلهية ورفض قبول رأي المعتزلة، فيما أكثر العلماء والأئمة أظهروا قبولهم برأي المعتزلة خوفا من المأمون وولاته.

ألقي القبض على الإمام أحمد ليؤخذ إلى الخليفة المأمون، وطلب الإمام من الله أن لا يلقاه،لأن المأمون توعد بقتل الإمام أحمد.

وفي طريقه إليه، وصل خبر وفاة المأمون، فتم رد الإمام أحمد إلى بغداد وحبس وولي الخلافة المعتصم، الذي امتحن الإمام، وتم تعرضه للضرب بين يديه.

وقد ظل محبوسا طيلة ثمانية وعشرين شهرا، ولما تولى الخلافة الواثق، وهو أبو جعفر هارون بن المعتصم، أمر الإمام أن يختفي، فاختفى إلى أن توفي الواثق.

وحين وصل المتوكل ابن الواثق إلى السلطة، خالف ما كان عليه المأمون والمعتصم والواثق من الاعتقاد بخلق القرآن، ونهى عن الجدل في ذلك، وأكرم المتوكل الإمام أحمد ابن حنبل، وأرسل إليه العطايا، ولكن الإمام رفض قبول عطايا الخليفة.

وفاتـــه

توفي الإمام يوم الجمعة سنة إحدى وأربعين ومائتين للهجرة، وله من العمر سبع وسبعون سنة، وقد اجتمع الناس يوم جنازته حتى ملئوا الشوارع. وحضر جنازته من الرجال مائة ألف ومن النساء ستين ألفا، غير من كان في الطرق وعلى السطوح، وقيل أكثر من ذلك.

وقد دفن الإمام أحمد ابن حنبل في بغداد، وقيل أنه أسلم يوم مماته عشرون ألفا من اليهود والنصارى والمجوس، وأن جميع الطوائف حزنت عليه، وانه كانت له كرا مات كثيرة وواضحة.

فعن ابنه عبد الله، قال :رأيت أبي حرج على النمل أن تخرج من داره، ثم رأيت النمل قد خرجت نملا أسود، فلم أرها بعد ذلك.

وعن الإمام أبي الفرج الجوزي،قال: لما وقع الغريق ببغداد سنة أربع وخمسين وخمسمائة وغرقت كتبي، سلم لي مجلد فيه ورقات من خط الإمام احمد ابن حنبل.

الإمام ابن حنبل بين فكي التاريخ

كانت وقفة الإمام أحمد ابن حنبل في وجه الظلم وفي وجه حملة تحريف الدين الإسلامي وفي وجه هرطقة المعتزلة وتخبطهم في علوم وخفايا الدين وقفة عظيمة، وقد صمد الإمام بالرغم من التعذيب والضرب بالسياط والحبس والملاحقة والإغراء.

من أشعاره وهو في السجن

لعمرك ما يهوى لأحمد نكبة

من الناس إلا ناقص العقل مغور

هو المحنة اليوم الذي يبتلى به

فيعتبر السني فينا ويسبر

شجي في حلوق الملحدين وقرة

لأعين أهل النسك عف مشمر

لريحانة القراء تبغون عثرة

وكلكم من جيفة الكلب أقذر

فيا أيها الساعي ليدرك شأوه

رويدك عن إدراكه ستقصر

وقال عنه الشافعي:-

أضحى ابن حنبل حجة مبرورة

وبحب احمد يرف المتنسك

وإذا رأيت لأحمد منتقصا

فاعلم بأن ستوره ستهتك

مؤلفاتــه

-المسند-ويحوي أكثر من أربعين ألف حديث.

-الناسخ والمنسوخ.

-العلل.

-السنن في الفقه.

خلاصــــة

كان الإمام أحمد عليما بالأحاديث الأمر الـذي وفر لـه ثروة هائلـة في العـلم مكنتـه مـن الاستنباط. وقد وسع باب القياس مما جعل الحكام أقرب إلى مرامي الشارع ومقاصده

المستوحاة من أعمال الرسول وأقوله وكانت هناك حاجة ماسة إلى أحكامه، لأن العرب تفرقوا بين الأمصار التي فتحوها وفيها أمم وشعوب مختلفة. وقد قدم الإمام أحمد الحديث على الرأي والقياس ولو كان ضعيفا. كما أنه أكمل مشوار الشافعي من ناحية تعظيم دور السنة في البناء الفقهي.

وكانت شخصية الإمام احمد رمزا للصمود والثبات على الإيمان الراسخ ورفض الأفكار الدخيلة على الإسلام والعقيدة الإسلامية.

ابن حـــزم

اسمه علي بن أحمد بن سعيد بن حزم بن غالب بن صالح بن سفيان بن يزيد، وكنيته أبو محمد، وهي التي كان يعبر بها في كتبه، وشهرته ابن حزم.

لا يكاد الباحث الدارس يجد عالما عظيما قد عرف وقت ميلاده بطريق التعيين، ولكن يعرف وقت وفاته بالتعيين،لأنه ولد مغمورا ومات مشهورا، فكان وقت الولادة غير معلوم على وجه التحقيق، وقت الوفاة كان معلوما وإن ابن حزم غير ذلك على غير ذلك فقد عرف وقت ولادته، وعين لا بالسنة فقط، بل بالشهر واليوم، وجزء اليوم الذي ولد فيه، وذلك لنه كتب تاريخ ميلاده لأحد معاصريه في رسالة أرسلها إليه، فقد كتب إلى القاضي صاعد انه ولد في آخر يوم من أيام رمضان في سنة 384هـ وكانت ولادته في تلك الليلة بعد الفجر وقبل طلوع الشمس

علا ابن حزم بعلمه، ولم يعل بنسبه، ولقد كان من أسرة لها شأن في الوزارة في حكم الأندلس وكان هو وزيرا لبعض الأمراء، ولكنه رأى الشرف والسلامة والعزة في ان ينصرف إلى العلم، فعلا بالعلم ودوى في التاريخ اسمه إماما في الفقه، ومؤرخا وكاتبا وشاعرا.

وقد ذكر انه ينتمي إلى أسرة فارسية، وذلك أن جده زيد كان فارسيا وكان مولى ليزيد ابن أبي سفيان أخي معاوية الذي ولاه أبو بكر إمرة الجيش الأول الذي ذهب لفتح الشام وعلى ذلك فهو قرشي بالولاء وفارسي بالجنس، وإنه لذلك الولاء كان يتعصب لبني أمية ويعادي من عاداهم ويوالي من ولاهم، وإن ذلك من الوفاء الذي كان في معان ابن حزم وكان متغلغلا في صميم نفسه حتى إنه أخص سجاياه وأشرف ما عرف به.

ويهمنا أيضا ابتداء إسلام أسرته، أكانوا على النصرانية حتى أسلم جده الأدنى سعيد أم أن أسرته عريقة غي الإسلام وقد انتقلوا مسلمين من المشرق مع الأمويين؟.إن ذلك بلا ريب مبني على قضية أصله فإنه إذا كان أصله فارسيا وولاء حده ليزيد ابن أبي

سفيان، فإن إسلامه يكون قديما،إذ يكون جده الذي عقد الولاء كان مسلما، كما هو الشأن في عقد الولاء، وذلك ولاء الموالاة، يتفق فيه اثنان أحدهما عربي مسلم والآخر أعجمي مسلم على أن يعقل العربي عنه إذا جنى ويرثه إذا مات، ويكون منهم بمقتضي هذا الولاء. وعلى ذلك يكون المسلم الأول في أسرته هو جده الأعلى يزيد، وعلى ذلك يكون إسلام أسرته يرجع إلى عهد عمر بن الخطاب رضي الله عنه.

نشأتــــه

نشأ ابن حزم في بيت عز ومال وجاه عريض وكان يعتز ببيته، ويعتز بأنه طلب العلم لا يبغي منه مالا ولاجاها، بل يبغي به النور، ويروي قي هذا أنه تناظر مع الباجي شارح الموطأ، فقال الباجي"أنا أعظم منك همة في طلب العلم،لأنك طلبته وأنت معان عليه، فتسهر بمشكاة الذهب وطلبته وأنا أسهر بقنديل بائت السوق،فقال له ابن حزم:هكذا الكلام عليك لا لك، لأنك، إنما طلبت العلم وأنت في هذه الحال رجاء تبديلها بمثل حالي وأنا طلبته في حال ما تعلمته وما ذكرته، فلم أرج به إلا علو القدر العلمي في الدنيا والآخرة". ونشأ ابن حزم ربيب النعمة فاستحفظ القرآن، ويقول أنه حفظه في بيته حفظه إياه النساء من الجواري والقريبات، وإنه ليذكر ذلك في كتابه طوق الحمامة فيقول:

((لقد شاهدت النساء، وعلمت أن من أسرارهن مالا يكاد يعلمه غيري لأني ربيت في حجورهن ونشأت بين أيديهن ولم أعرف غيرهن، ولا جالست الرجال إلا وأنا في جل الشباب وحين تفيل وجهي وهن علمنني القرآن، وروينني كثيرا من الأشعار، ودربنني في الخط، ولم يكن كدي وإكمال ذهني منذ أول فهمي، وأنا في سن الطفولة جدا،إلا تعرف أخبارهن والبحث عن أسبابهن وتحصيل ذ1لك، وأنا لا أنس شيئا مما أراه منهن، وأصل ذلك غيرة شديدة طبعت عليها، وسوء ظن في جهتهن فطرت به، فأشرفت من أسبابهن على غير قليل)).

سقمنا هذا الكلام الذي سجله ابن حزم في تلك الرسالة الفريدة في بابها،لأنه يبين لنا نشأته الأولى، وأنه تربى في أحضان النساء تربيته الأولى فأرهفن حسه وأنه في نشأته لنا نشأته الأولى تعلم الكتابة وتدرب على الخط ليكون خطه جميل. وانه حفظ أشعارا كثيرة وأن النساء هن اللائي تولين تلقينه ذلك كله وقد قال أنهن علمنه القرآن ولم يقل إني حفظته لأنه يظهر أنه كن يحفظنه ويشرحن له بعض ما أشتمل عليه من قصص وأخبار.

تثقف ابن حزم في فلك الحياة الهنيئة بما يتثقف به الناشيء في وسط بيوت الأمراء والوزراء فحفظ القرآن وتعلمه، وحفظ قدرا من الشعر ينطق لسانه، واتجه إلى أفاضل الشيوخ يغترف من مناهلهم العذبة ويقتدي بأخلاقهم الفاضلة.

طلبه للفقه والعلم

تعلم ابن حزم في حياته الأولى ما يتعلمه أبناء الأكابر من كبار الدولة في حفظ الأشعار وحفظ القرآن، والخط والكتابة، وكان ذلك على أيدي النساء كما ذكرنا.

ولم يكتف أبوه بذلك بل جعل له رجلا تقيا وقورا حصورا يلازمه ويجلسه في مجلس الشيوخ يستمع إليهم، ويتلقى عليهم ما تدركه سنه، ذلك الرجل هو أبو الحسين بن علي الفارسي وقد تلقى مع ذلك في هذا الوقت العلم على أحمد بن الجسور.وروى عنه الحديث فقد جاء في كتاب طوق الحمامة ما نصه." وحدثنا احمد بن الجسور، عن احمد بن مطرف عن عبيد ا لله بن يحيى عن أبيه عن مالك عن حبيب بن عبد الرحمن الأنصاري عن حفص بن عاصم أن رسول الله صلى الله عليه وسلم قال:"سبعة يظلهم الله بظله يوم لا ظل إلا ظله،إمام عادل، وشاب نشأ في عبادة الله عز وجل، ورجل قلبه معلق بالمسجد، إذا خرج منه يعود إليه، ورجلان تحابا في الله اجتمعا على ذلك وتفرقا عليه، ورجل ذكر الله خاليا ففاضت عيناه، ورجل دعته امرأة ذات حسب فقال إني أخاف الله، ورجل تصدق صدقة فأخفى حتى لا تعلم شماله ما تنفق يمينه".

كما ذكر أنه روى عن الهمذاني، سنة 401، فيقول حدثنا الهمذاني في مسجد القمري من قرطبة سنة 401 فرواية هذا الحديث تبين لنا أن ابن حزم روى عن أحمد بن الجسور وأحمد بن ا لجسور توفي سنة 401، وإذن فإن ابن حزم تلقى الحديث وطلبه قبل أن يبلغ السابعة عشرة وأن سياق حياته كلها يدل على ذلك، فقد كان يذهب مع مربيه أبي الحسين الفارسي، ويحضر مجالس العلماء.

وطلب ابن حزم علوم الدين أيضا في صدر حياته وسار به أبوه في طريق ا لعلم، ولكن ياقوت يقول في معجم الأدباء راويا عن أبي حمد بن العربي ما نصه:

((أخبرني الشيخ الإمام أبو محمد علي بن سعيد بن حزم أن سبب تعلمه الفقه أنه شهد جنازة لرجل كبير من إخوان أبيه فدخل المسجد قبل صلاة العصر، والخلق فيه فجلس ولم يركع، فقال له أستاذه يعني الذي رباه بإشارة أن قم فصل تحية المسجد، فلم يفهم فقال بعض المجاورين له:أبلغ هذه السن، ولا تعلم أن تحية المسجد واجبة، وكان قد بلغ حينئذ ستة وعشرون عاما، فقمت وركعت وفهمت إشارة الأستاذ إلي بذلك.قال:

فلما انصرفنا من الصلاة على الجنازة إلى المسجد مشاركة للأحياء من قرابة الميت دخلت المسجد فبادرت بالركوع فقيل لي اجلس إجلس ليس هذا وقت صلاة، فانصرفت عن الميت وقد خزيت ولحقني ما هانت علي به نفسي وقلت للأستاذ: دلني على دار الشيخ الفقيه المشار أبي عبد الله بن دحون فدلني فقصدته من ذلك المشهد وأعلمته بما جرى فيه وسألته الابتداء بقراءة العلم، واسترشد ته، فدلني على كتاب الموطأ لمالك بن انس رضي الله عنهن فبدأت به عليه قراءته من اليوم التالي لذلك اليوم ثم تتابعت قراءتي عليه، وعلى غيره نحو ثلاثة أعوام، وبدأت المناظرة)).

هذا الخبر لا يتفق من حيث حد السن المذكورة فيه مع السياق التاريخي الذي ذكرناه، ومثله ما روى عن أبي محمد بن العربي أيضا عن ابن حزم إذ قال:"إني بلغت هذه السن أي سن ست وعشرين سنة وأنا لا أدري كيف أجبر الصلاة".

طلب ابن حزم العلم قبل السياسة وانصرف إليه كليا، وإن كانت حياته إبان ذلك غير قادرة ولا ثابتة فهو ينتقل من قرطبة للتخريب الذي أصابها إلى المرية ثم يقبض ليه ويسجن ثم ينتقل لإلى بلنسية ثم إلى القيروان وهكذا يعيش في ترحال غير مستقر لا يقضي وقته في بلد إلا في الدرس والإطلاع والبحث والتنقيب.

ومهما يكن فإنه لم ينصرف انصرافا كليا إلى الفقه في صلاحياته العلمية، بل كان يدل الحديث والأدب والأخبار وبعض العلوم العقلية والفلسفية ومع ذلك كان يناظر ويجادل ولقد قال الذهبي في كتابه (تذكرة الحفاظ) عن بعض معاصريه"بينما عن ببلنسية، ندرس المذهب (أي مذهب مالك) إذا بأبي محمد بن حزم يسمعنا ويتعجب، ثم سأل الحاضرين عن شيء من الفقه أجيب عنه فاعترض فيه. فقال له بعض الحاضرين، هذا ليس من منتحلاتك، فقام وقعد، ودخل منزله، فعكف ووكف منه وابل، فما كف وما كان بعد أشهر حتى قصدنا ذلك الموضع فناظر أحسن مناظرة قال فيها:أنا أتبع الحق وأجتهد، ولا أتقيد بمذهب"

عمله في السياسة

كان أحمد بن سعيد والد علي بن حزم وزيرا من وزراء المنصور العامري الذي استبد بالسلطان من هشام المؤيد الخليفة الأموي. ولذا قال ياقوت في معجم الأدباء: كان أبو عمرو أحمد بن سعيد بن حزم أحد العلماء من وزراء المنصور محمد بن أبي عامر، ووزراء ابنه المظفر بعده والمدبرين لدولتهما، ونرى أحمد والد ابن حزم كان من أنصار الدولة العامرية عاون المنصور العامري حتى إذا توفي سنة 392هـعاون من بعده ابنه المظفر حتى إذا كانت الاضطرابات التي ابتدأت عام 398 أخذ يعتزل الأمر، وينصرف عن السياسة

وقد أطربت الأمور في قرطبة للانتقال من منازله الجديدة في شرق قرطبة إلى منازله القديمة في غربها، ثم مات سنة 402 في وسط هذه الاضطرابات المستمرة بسبب النزاع في البيت الأموي، والحرب المستمرة بين المتنافسين فقي الملك منهم، حتى لقد دفعتهم المنازعة بينهم أن يستعينوا بالنصارى الذي يتربصون بهم جميعا الدوائر فاستعان الفريقان بهم، بل لقد مالأهم فريق ممالأ آثمة فترك لهم فتوح قشتالة حتى انتصر فيها المنصور العامري لتخذيلهم عن معاونة غيره وهكذا خسر الفريقان وخسر ومعهم الإسلام واكتسب خصومه كسبا أخذوه رخيصا بثمن بخس، وهو ان يسكتوا وقد اخذ نصرا للمسلمين بالمهج والأرواح.

قال ابن حيان في علم ابن حزم، "كان أبو محمد حامل فنون من حديث وفقه وجدل ونسب وما يتعلق بأذيال الدب ومع المشاركة في كثير من أنواع التعاليم القديمة من المنطق والفلسفة وله في بعض تلك الفنون كتب كثيرة غير أنه لم يخل فيها من غلك وسقط. لجرأته على التصور على الفنون".

هذه كلمة ابن حيان فيه وتدل على أن الآفاق العلمية التي خلق فيها ابن حزم كانت واسعة فلم يكن فقيها فقط، ولم يكتف بأن يضم إلى اللغة مادته وهو الحديث بل ساور العلوم الإسلامية كلها سواء أكانت العلوم التي تعتمد على النقل أم العلوم التي تعتمد على العقل، وأضاف إلى ذلك علوم الأدب وعلوم الفلسفة وكان له في المنطق اجتهاد فقد وضع مقاييسه على مخباره العقلي ولم يكتب فيها بالإتباع المنطق المشائين. بل وازن فيه واختبر فهو لم يكن مقصورا على علوم النقل كما رأيت بل تجاوز الآفاق إلى علوم العقل وكان له فوق ذلك علم بالتاريخ مستفيض.

يعتمد ابن حزم على العقل في إثبات التوحيد وصدق النبوة ووجه الإعجاز وتيقن ان ما أشتمل عليه هو أمر الله تعالى ونهيه وإباحته وإذنه ولكن بعد ذلك يعتمد على النص، يأخذ به ظاهرا وباطنا، ولا يحاول التخلص من أحكامه لا بتأويل ولا بتعليل، فهو]اخذ بظاهر النصوص الشرعية سواء أكان ذلك في العقائد أم في الحكام العملية فلا يحاول تأويل ظواهر النصوص، فإذا قال سبحانه وتعالى ((الرحمن على العرش استوى)) قرر أن لله عرشا يليق بذاته العلية، من غير محاولة لتأويل، وكذلك إذا قرر القرآن حكما شرعيا وجب الانقياد له من غير محاولة تعليل، فإن نصوص القرآن والأحاديث النبوية أوامر اللطيف الخبير، تطاع لذاتها، لعللها، وإذا كان التأويل في الغيبيات لا يجوز، والتعليل في الأحكام الشرعية غير جائز فالظواهر هي المفيدة، ولا اعتبار لسواه،لأن الشرع الإسلامي هو ما أشتمل عليه القرآن الكريم، وما قررته السنة النبوية وبينته، ولم يقبض الرسول صلى الله عليه وسلم إلى ربه إلا بعد ان بلغ رسالته، و الله سبحانه وتعالى يقول:(ما فرطنا ي الكتاب من شيء) ويقول سبحانه ((اليوم أكملت لكم دينكم وأتممت عليكم نعمتي ورضيت لكم الإسلام

دينا)) ويقول سبحانه ((أيحسب الإنسان ان يترك سدى)) والرأي في الدين الله تعالى والقياس فيه ينافي تلك المبادئ المقررة.

أصول ابن حزم

1.القرآن الكريم

قال ابن حزم: (الأصول التي لا يعرف شيء من الشارع إلا منها أربعة وهي: نص القرآن، ونص كلام رسول الله صلى الله عليه وسلم الذي إنما هو عن الله تعالى مما صح عنه عليه السلام، ونقله الثقات، أو التواتر وإجماع جميع علماء الأئمة ودليل منها لا يحتمل إلا وجها واحدا).

هذه مصادر الفقه الإسلامي عند ابن حزم، والقرآن هو مصدر هذه المصادر لأنه المعجزة الكبرى التي ثبتت بها الرسالة المحمدية، وثبت بهذه الرسالة انه مكن عند الله، وان كل ما أشتمل عليه هو من عند الله وإن هذا القرآن بيان أن السنة حجة- يجب الأخذ بها وإتباعها وهو الذي أثقبت حجية الإجماع.

وأن كما ثبت انه دليل بهذه العناصر الثلاثة يكون حجة أيضا ولذا يقرر ابن حزم أن القرآن هو الأصل لهذه الشريعة الذي عرف به كل أصل سواه، ويقول في ذلك ((وجدنا في القرآن إلزامنا الطاعة لما أمرنا به ربنا تعالى فيه، ولما امرنا به نبيه صلى الله عليه وسلم مما نقله عنه الثقات، او جاء بتواتر اجمع جميع علماء المسلمين على نقله عنه صلى الله عليه وسلم، فوجدناه تعالى قد ساوى بين هذه الجمل الثلاث في وجوب طاعتها علينا فنظرنا فيها فوجدنا منها جملا إذا اجتمعت قام منها حكم منصوص على معناه فكان ذلك كأنه وجه رابع إلى أنه غير خارج عن الأصول التي ذكرنا، وذلك نحو قوله صلى الله عليه وسلم: (كل مسكر خمر وكل خمر حرام) فأنتج ذلك ان كل مسكر حرام، فهذا منصوص على معنا نضا جليا ضروريا.

2.السنة.

3.الإجماع.

4.الاستصحاب.

وهذه هي أصول ابن حزم الأربع الصحيحة العادلة.

الإمام البخاري- رحمه الله -

هو أبو عبد الله محمد بـن أبي الحسـن إسـماعيل بـن إبراهيم بـن المغيـرة ابـن بردزبـة الجعفري البخاري.

ولد يوم الجمعة، بعد صلاة الجمعة، في 13 شوال سنة 94 ومائة.

بعض صفاته الخلقية

1. نحيف الجسم معتدل القامة ليس بالطويل ولا بالقصير.

2. في صغره ذهبت عيناه، ورد الله تعالى له بصره، لكثرة بكاء ودعاء أمه له.

بعض صفاته الخلقية

7. أبيا عزيز النفس.	2. الورع.	1. الزهد.
8. يكظم الغيظ ويسامح ويعفو.	4. الشجاعة.	3. كريما جوادا.
9. كان شديد الحفظ على لسانه.	6. في غاية الحياء.	5. السخاء.

10. من ورعه وزهده أنه كان لا يجالس الأمراء.

* كان من أقواله:" الحامد والذام عندي واحد أو هما سواء.

* كان يختم القرآن الكريم(41) مرة في شهر رمضان المبارك.

* كان لا يخطئ سهمه بهدف.

* إيمانه قول وعمل، وهذا لا بد أن ينبني على علم.

* كان رحمة الله مستجاب الدعوة كشأن العباد الصالحين.

* نبوغه وحفظه وإتقانه وذكاؤه.

* كتابه [التاريخ] صنفه وهو في عمر : 18سنة

* كان يحفظ ما يسمع فورا، وهذا عند طلب العلم في البصرة.

قصة تثبت مدى حفظه

لما علم أهل بغداد بقدوم البخاري قاموا بعمد إلى تغيير مئة حديث في أسانيدهـا وطرقهـا، ثم أعدوا المجلس وأحضروا أصحاب الأحاديث، وحضر البخاري وذكروا له عشرة من الأحاديـث المقلوبة، فقال لهم:"لا أعرفه" عن كل حديث، فلما فرغوا التفت إليهم وذكر لكل واحد مـنهم خطأه وصححه.

حفظ ترتيب الأحاديث المقلوبة ثم صححها وعدلها

فسبحان الله!.....

حفظ الخطأ بالترتيب ثم صححه، فأرجع كل إسناد إلى متنه وكل متن إلى إسناده.

حفاظ الدنيا أربعـة:-

1. البخاري
2. أبو زرعة
3. المديني
4. مسلم الحجاج

البخاري:أثبت وأحفظ الناس إطلاقا.

سأل البخاري عن دواء للحفظ فقال:

((ذهنه الرجل مداومة الحفظ))

أي الرغبة والحرص ومداومة النظر في الكتب.

أمير أهل الحديث الإمام البخاري

الإمام الجليل والمحدث العظيم محمد بن إسماعيل البخاري أمير أهل الحديث وصاحب أصح كتاب بعد كتاب اللـه تعالى، يقول البخاري: صنفت الحديث في ست عشرة سنة وجعلته حجة فيما بيني وبين اللـه تعالى.

ولم يشهد تاريخ الإسلام مثله في قوة الحفظ ودقة الرواية والصبر على البحث مع قلة الإمكانات، حتى أصبح منارة في الحديث وفاق تلامذته وشيوخه على السواء.

ويقول عنه أحد العلماء:لا أعلم أني رأيت مثله كأنه لم يخلق إلا للحديث.

فمع سيرة البخاري ومواقف من حياته

نسبه ومولـده

هو أبو عبد اللـه محمد بن إسماعيل بن إبراهيم بن المغيرة بـن بردزبة البخاري وكلمة بردزبة تعني بلغة بخارى"الزراع".

أسلم جده المغيرة علـى يـدي اليمان الجعفـي والي بخارى وكان مجوسيا وطلب والده إسماعيل بن إبراهيم العلم والتقى بعدد من كبار العلماء، وروى إسحاق بـن أحمد بـن خلف أنه سمع البخاري يقول سمع أبي من مالك بن أنس ورأى حماد بن زيد وصافح ابـن المبارك بكلتا يديه.

ولد أبو عبد اللـه في يوم الجمعة الرابع من شوال سنة أربع وتسعين.

ويروى أن محمد بن إسماعيل عمي في صغره فرأت والدته في المنام إبراهيم الخليل عليـه السلام فقال لها يا هذه قد رد اللـه على ابنك بصره لكثرة بكائك أو كثرة دعائك شك البلخـي فأصبحت وقد رد اللـه عليه بصره،.

قوة حفظه وذاكرتـه

ووهب اللـه للبخاري منذ طفولته قوة في الذكاء والحفظ من خلال ذاكرة قوية تحدى بها أقوى الاختبارات التي تعرض لها في عدة مواقف.

يقول محمد بن أبي حاتم: قلت لأبي عبد اللـه: كيف كـان بـدء أمـرك قـال ألهمـت حفـظ الحديث وأنا في الكتاب فقلت كم كان سنك فقال عشر سنين أو أقل ثم خرجـت مـن الكتـاب بعد العشر فجعلت أختلف إلى الداخلي وغيره فقال يوما فيما كان يقرأ للناس سـفيان عـن أبي الزبير عن إبراهيم، فقلت له: إن أبا الزبير لم يرو عـن إبـراهيم فـانتهرني فقلـت لـه ارجـع إلى الأصل، فدخل فنظر فيه ثم خرج فقال لي: كيف هو يا غلام؟ قلت: هـو الـزبير بـن عـدي بـن إبراهيم.

فأخذ القلم مني وأحكم(أصلح) كتابه وقال: صدقت.

فقيل للبخاري ابن كم كنت حين رددت عليه قال ابن إحدى عشرة سنة.

ولما بلغ البخاري ست عشرة سنة كان قد حفظ كتب ابن المبارك ووكيع.

وقال محمد بن أبي حاتم الوراق سمعت حاشد بن إسماعيل وآخـر يقـولان كـان أبـو عبـد اللـه البخاري يختلف معنا إلى مشايخ البصرة وهو غلام فلا يكتـب حتـى أتى عـلى ذلـك أيـام فكنا نقول له إنك تختلف معنا ولا تكتب فما تصنع فقال لنا يوما بعد ستة عشر يومـا إنكـما قد أكثرتما علي وألحتما فاعرضا على ما كتبتما فأخرجنا إليه ما كان عندنا فـزاد عـلى خمسـة عشر ألف حديث فقرأها كلها عن ظهر قلب حتى جعلنـا نحكـم كتبنـا مـن حفظـه ثـم قـال أتدرون أني أختلف هدرا وأضيع أيامي فعرفنا أنه لا يتقدمه أحد.

وقال ابن عدي حدثني محمد بن احمد القومسي سـمعت محمـد ابـن خميرويـة سـمعت محمد بن إسماعيل يقول أحفظ مائة ألف حديث صحيح وأحفـظ مـائتي ألـف حـديث غـير صحيح.

قال وسمعت أبا بكر الكلواذاني يقول ما رأيت مثل محمد بن إسماعيل كان يأخـذ الكتـاب من العلماء فيطلع عليه إطلاعه عامة أطراف الأحاديث بمرة.

طلبه للحديـــث

رحل البخاري بين عدة بلدان طلبا للحديث الشريف ولينهل من كبار علماء وشيوخ عصره في بخارى وغيرها.

وروى عن البخاري أنه كان يقول قبل موته: كتبت عن ألـف وثمـانين رجـلا لـيس فـيهم إلا صاحب حديث كانوا يقولون الإيمان قول وعمل يزيد وينقص.

ونعود إلى البخاري غفي رحلته في طلب العلم ونبدأها من مسقط رأسه بخارى فقد سمع بها من الجعفي المسندي ومحمد بن سلام البيكندي وجماعة ليسوا من كبار شيوخه ثم رحل إلى بلخ وسمع هناك من مكبن بن إبراهيم وهو من كبار شيوخه وسمع بمرو من عبدان بن عثمان وعلي بن الحسن بن شفيق وصدقة بن الفضل. وسمع بنيسابور من يحيى وجماعة من العلماء وبالري من إبراهيم بن موسى.

وفي أواخر سنة 210هـ قدم البخاري العراق وتنقل بين مدنها ليسمع من شيوخها وعلمائها. وقال البخاري دخلت بغداد آخر ثمان مرات في كل ذلك أجالس أحمد بن حنبل فقال لي في آخر ما ودعته يا أبا عبد الله تدع العلم الناس وتصير إلى خرسان قال فأنا الآن أذكر قوله.

ثم رحل إلى مكة وسمع هناك من أبي عبد الرحمن المقرئ وخلاد بن يحيى وحسان بن حسان البصري وأبي الوليد احمد بن محمد الأزرقي والحميدي.

وسمع بالمدينة من عبد العزيز الأويسي وأيوب بن سليمان بن بلال وإسماعيل بن أبي أويس.

وأكمل رحلته في العالم الإسلامي آنذاك فذهب إلى مصر ثم ذهب إلى الشام وسمع من أبي اليمان وآدم بن أبي إياس وعلي بن عياش بن شعيب وقد سمع من أبي المغيرة عبد القدوس وأحمد بن خالد الوهبي ومحمد بن يوسف الفرابي وأبي مسهر وآخرين.

مؤلفات البخاري

عد العلماء كتاب الجامع الصحيح المعروف بـ" صحيح البخاري" أصح كتاب بعد كتاب الله، ويقول عنه علماء الحديث" هو أعلى الكتب الستة سندا إلى النبي صلى الله عليه وسلم في شيء كثير من الأحاديث وذلك لأن أبا عبد الله أسن الجماعة وأقدمهم لقيا للكبار أخذ عن جماعة يروي الأئمة الخمسة عنهم"

ويقول في قصة تأليفه "الجامع الصحيح": كنت عند إسحاق بن راهوية فقال بعض أصحابنا لو جمعتم كتابا مختصرا لسنن النبي فوقع ذلك في قلبي فأخذت في جمع هذا الكتاب".

ويقول في بعض الروايات:

- أخرجت هذا الكتاب من زهاء ست مائة ألف حديث.
- ما وضعت في كتابي الصحيح حديثا إلا اغتسلت قبل ذلك وصليت ركعتين.
- ما أدخلت في هذا الكتاب إلا ما صح وتركت من الصحاح كي لا يطول الكتاب.

ويروي البخاري أنه بدأ التأليف وعمره (18) سنة فيقول:-

"في ثمان عشرة جعلت أصنف قضايا الصحابة والتابعين وأقاويلهم وذلك أيام عبيد الله بن موسى، وصنفت كتاب التاريخ إذ ذاك عند قبر رسول الله في الليالي المقمرة وقل اسم في التاريخ إلا وله قصة إلا أني كرهت تطويل الكتاب، وكنت اختلف إلى الفقهاء بمرو وأنا صبي فإذا جئت استحي أن أسلم عليهم فقال لي مؤدب من أهلها كم كتبت اليوم فقلت: اثنين وأردت بذلك حديثين فضحك من حضر المجلس فقال شيخ منهم لا تضحكوا فلعله يضحك منكم يوما".

وقال أبو جعفر محمد بن أبي حاتم قلت لأبي عبد الله تحفظ جميع ما أدخلت في المصنف فقال لا يخفى علي جميع ما فيه. وسمعته يقول صنفت جميع كتبي ثلاث مرات.

دقته واجتهاده

ظل البخاري ستة عشر عاما يجمع الأحاديث الصحاح في دقة متناهية، وعمل دؤوب، وصبر على البحث وتحرى الصواب قلما توافرت لباحث قبله أو بعده حتى اليوم، وكان بعد كل هذا لا يدون الحديث إلا بعد أن يغتسل ويصلي ركعتين.

يروي أحد تلامذته انه بات عنده ذات ليلة فأحصى عليه أنه قام وأسرج يستذكر أشياء يعلقها في ليله ثمان عشرة مرة.

وقال محمد بن أبي حاتم الوراق كان أبو عبد الله إذا كنت معه في سفر يجمعنا بيت واحد إلا في القيظ أحيانا فكنت أراه يقوم في ليلة واحدة خمس عشرة مرة إلى عشرين مرة في كل ذلك يأخذ القداحة فيوري نارا ويسرج ثم يخرج أحاديث فيعلم عليها.

وروي عن البخاري أنه قال: لم تكن كتابتي للحديث كما كتب هؤلاء كنت إذا كتبت عن رجل سألته عن اسمه وكنيته ونسبته وحمله الحديث إن كان الرجل فهما، فإن لم يكن سألته أن يخرج إلى أصله ونسخته فأما الآخرون لا يبالون ما يكتبون وكيف يكتبون.

وكان العباس الدوري يقول: ما رأيت أحدا يحسن طلب الحديث مثل محمد بن إسماعيل كان لا يدع أصلا ولا فرعا إلا قلعه ثم قال لنا لا تدعوا من كلامه شيئا إلا كتبتموه.

تفوقه على أقرانه في الحديث

ظهر نبوغ البخاري مبكرا فتفوق على أقرانه، وصاروا يتتلمذون على يديه، ويحتفون به في البلدان.

فقد روي ان أهل المعرفة من البصريين يعدون خلقه في طلب الحديث وهو شاب حتى يغلبوه على نفسه ويجلسوه في بعض الطريق فيجتمع عليه ألوف أكثرهم ممن يكتب عنه وكان شابا لم يخرج وجهه.وروى عن يوسف بن موسى المروروذي يقول كنت بالبصرة في جامعها إذ سمعت مناديا ينادي يا أهل العلم قد قدم محمد بن إسماعيل البخاري فقاموا في طلبه وكنت معهم فرأينا رجلا شابا يصلي خلف الاسطوانة فلما فرغ من الصلاة أحدقوا به وسألوه ان يعقد لهم مجلس الإملاء فأجابهم فلما كان الغد اجتمع قريب من كذا كذا ألف فجلس للإملاء وقال يا أهل البصرة أنا شاب وقد سألتموني أن أحدكم وسأحدثكم بأحاديث عن أهل بلدكم تستفيدون منها.

وقال أبو أحمد عبد الله بن عدي الحافظ سمعت عدة مشايخ يحكون أن محمد بن إسماعيل البخاري قدم بغداد فسمع به أصحاب الحديث فاجتمعوا وعمدوا إلى مائة حديث فقلبوا متونها وأسانيدها وجعلوا متن هذا لإسناد هذا وإسناد هذا لمتن هذا ودفعوا إلى كل واحد عشرة أحاديث ليلقوها على البخاري في المجلس فاجتمع الناس وانتدب أحدهم فسأل البخاري عن حديث من عشرته فقال لا أعرفه وسأله عن آخر فقال لا اعرفه وكذلك حتى فرغ من عشرته فكان الفقهاء يلتفت بعضهم إلى بعض ويقولون الرجل فهم. ومن كان لا يدري قضي على البخاري بالعجز ثم انتدب آخر ففعل كما فعل الأول والبخاري يقول لا أعرفه ثم الثالث وإلى تمام العشرة أنفس وهو لا يزيدهم على ما أعرفه. فلما علم أنهم قد فرغوا التفت إلى الأول منهم فقال أما حديثك الأول فكذا والثاني كذا والثالث كذا إلى العشرة فرد كل متن إلى إسناده وفعل بالآخرين مثل ذلك فأقر له الناس بالحفظ فكان ابن صاعد إذا ذكره يقول الكبش النطاح.

وروي عن أبي الأزهر قال كان بسمرقند أربعمائة ممن يطلبون الحديث فاجتمعوا سبعة أيام وأحبوا مغالطة البخاري فأدخلوا إسناد الشام في إسناد العراق وإسناد اليمن في إسناد الحرمين فما تعلقوا منه بسقطة لا في الإسناد ولا في المتن.

وقال أحيد بن أبي جعفر والي بخارى وقال محمد بن إسماعيل يوما رب حديث سمعته بالبصرة كتبته بالشام ورب حديث سمعته بالشام كتبته بمصر۔ فقلت له: يا أبا عبد الله بكماله قال: فسكت.

من كلمات البخاري لا أعلم شيئا يحتاج إليه إلا وهو في الكتاب والسنة.

ما جلست للحديث حتى عرفت الصحيح من السقيم وحتى نظرت في عامة كتب الرأي وحتى دخلت البصرة خمس مرات او نحوها فما تركت بها حديثا صحيحا إلا كتبته إلا ما يظهر لي.

ما أردت أن أتكلم بكلام فيه ذكر الدنيا إلا بدأت بحمد الله والثناء عليه.

مواقف من حياة البخاري

وقال بكر بن منير سمعت أبا عبد الله البخاري يقول أرجو ان ألقى الله ولا يحاسبني أني اغتبت أحدا قلت صدق رحمه الله ومن نظر في كلامه في الجرح والتعديل علم ورعه في الكلام في الناس وإنصافه فيمن يضعفه فإنه أكثر ما يقول: منكر الحديث، سكتوا عنه، فيه نظر ونحو هذا. وقال أن يقول فلان في حديثه نظر فهو متهم وآه وهذا معنى قوله لا يحاسبني الله أني اغتبت أحدا وهذا هو و الله غاية الورع.يقول محمد بن أبي حاتم: كان أبو عبد الله يصلي في وقت السحر ثلاث عشرة ركعة وكان لا يوقظني في كل ما يقوم فقلت أراك تحمل على نفسك ولم توقظني قال أنت شاب ولا أحب أن أفسد عليك نومك.

"يروي البخاري فيقول كنت بنيسابور اجلس في الجامع فذهب عمرو بن زرارة وإسحاق بن راهويه على يعقوب بن عبد الله والي نيسابور بمكاني فاعتذر إليهم وقال مذهبنا إذا رفع إلينا غريب لم نعرفه حبسناه حتى يظهر لنا أمره فقال له بعضهم: بلغني أنه قال لك لا تحسن تصلي فكيف تجلس فقال لو قيل لي شيء من هذا ما كنت أقوم من ذلك المجلس حتى أروي عشرة آلاف حديث في الصلاة خاصة.وذات يوم ناظر أبو بكر البخاري في أحاديث سفيان فعرفها كلها ثم أقبل محمد عليه فأغرب عليه مائتي حديث فكان أبو بكر بعد ذلك يقول ذاك الفتى البازل والبازل الجمل المسن إلا انه يريد هاهنا البصير بالعلم الشجاع.

قال محمد بن أبي حاتم سمعت البخاري يقول دخلت بلخ فسألني أصحاب الحديث أن أملي عليهم لكل من كتبت عنه حديثا فأمليت ألف حديث لألف رجل ممن كتبت عنهم.

قال أبو جعفر سمعت أبا عمر سليم بن مجاهد يقول كنت عند محمد بن سلام البيكتدي فقال لو جئت قبل لرأيت صبيا يحفظ سبعين ألف حديث قال فخرجت في طلبه حتى لحقته قال أنت الذي يقول إني أحفظ سبعين ألف حديث قال نعم وأكثر ولا أجيئك بحديث من الصحابة والتابعين إلا عرفتك مولد أكثرهم ووفاتهم ومساكنهم ولست أروي حديثا من حديث الصحابة أو التابعين إلا ولي من ذلك أصل أحفظه حفظا عن كتاب الله وسنة رسوله صلى الله عليه وسلم.

قال محمد بن يعقوب بن الأخرم: سمعت أصحابنا يقولون لما قدم البخاري نيسابور استقبلته أربعة آلاف رجل ركبانا على الخيل سوى من ركب بغلا أو حمارا وسوى الرجالة.

ورعـــــه

قال محمد بن أبي حاتم ركبنا يوما إلى الرمي، فجعلنا نرمي وأصاب سهم أبي عبد الله البخاري وتد القنطرة الذي على نهر واردة فانشق الوتد فلما رآه أبو عبد الله نزل عن دابته فأخرج السهم من الوتد وترك الرمي وقال لنا ارجعوا ورجعنا معه إلى المنزل. فقال لي يا أبا جعفر لي إليك حاجة مهمة قالها وهو يتنفس الصعداء، وقال لمن معنا اذهبوا مع أبي جعفر حتى تعينوه على ما سألته فقلت أية حاجة هي. قال لي: تضمن قضاءها؟ قلت نعم على الرأس والعين. قال: ينبغي أن تصير إلى صاحب القنطرة فتقول له إنا قد أخللنا بالوتد فنحب أن تأذن لنا في إقامة بدله أو تأخذ ثمنه وتجعلنا في حل مما كان منا، وكان صاحب القنطرة حميد بن الأخضر الفربري. فقال لي أبلغ أبا عبد الله ا لسلام وقل له أنت في حل مما كان منك وجميع ملكي لك الفداء وإن قلت نفسي- أكون قد كذبت،غير أني لم أكن أحب ان تحتشمني في وتد أو في ملكي فأبلغته رسالته فتهلل وجهه واستنار وأظهر سرورا وقرأ في ذلك اليوم على الغرباء نحوا من خمسمائة حديث وتصدق بثلاث مائة درهم.

وقال ابن أبي حاتم ورأيته استلقى على قفاه يوما ونحن بفربر في تصنيفه كتاب التفسير وأتعب نفسه ذلك اليوم في كثرة إخراج الحديث فقلت له إني أراك تقول إني ما أثبت شيئا بغير علم قط منذ عقلت فما الفائدة في الاستلقاء قال أتعبنا أنفسنا اليوم وهذا ثغر من الثغور خشيت ان يحدث حدث من أمر العد فأحببت ان أستريح وآخذ أهبة فإن فاجئنا العدو كان بنا حراك.

وضيفه بعض أصحابه في بستان له وضيفنا معه فلما جلسنا أعجب صاحب البستان بستانه وذلك انه كان عمل مجالس فيه وأجرى الماء في أنهاره فقال له يا أبا عبد الله كيف ترى فقال هذه الحياة الدنيا.

وقال أحمد بن حفص:دخلت على أبي الحسن يعني إسماعيل والد أبي عبد الله عند موته فقال لا أعلم عن مالي درهما من حرام ولا درهما من شبهة قال أحمد فتصاغرت إلى نفسي- عند ذلك ثم قال أبو عبد الله أصدق ما يكون الرجل عند الموت.

وكان الحسن بن محمد السمرقندي يقول كان محمد بن إسماعيل مخصوصا بثلاث خصال مع ما كان فيه من الخصال المحمودة كان قليل الكلام وكان لا يطمع فيما عند الناس وكان لا يشتغل بأمور الناس كل شغله كان في العلم.

عمله بالتجارة

وعمل البخاري بالتجارة فكان مثالا للتاجر الصدوق الذي لا يغش ولا ينقض نيته مهما كانت المغريات.روي انه حملت إلى البخاري بضاعة أنفذها إليه ابنه احمد فاجتمع بعض التجار إليه فطلوها بربح خمسة آلاف درهم فقال انصرفوا الليلة فجاءه من الغد تجار آخرون فطلبوا منه البضاعة بربح عشرة آلاف فقال إني نويت بيعها للذين أتوا البارحة.

ثناء الأئمة عليه

قال أبو إسحاق السرماري:من أراد أن ينظر إلى فقيه بحقه وصدقه فلينظر إلى محمد بن إسماعيل.

قال أبو جعفر سمعت يحيى بن جعفر يقول لو قدرت ان أزيد في عمر محمد بن إسماعيل من عمري لفعلت فإن موتي يكون موت رجل واحد وموته ذهاب العلم.

وكان نعيم بن حماد يقول: محمد بن إسماعيل فقيه هذه الأمة.

قال مصعب الزهري محمد بن إسماعيل أفقه عندنا وأبصر بالحديث.

وروي عن إسحاق بن راهويه أنه كان يقول اكتبوا عن هذا الشاب يعني البخاري فلو كان في زمن الحسن لاحتاج إليه الناس لمعرفته بالحديث وفقهه.

وكان علي بن حجر يقول أخرجت خراسان ثلاثة أبو زرعة ومحمد بن إسماعيل وعبد الله بن عبد الرحمن الدارمي ومحمد عندي أبصرهم وأعلمهم وأفقههم.

وقال محمد بن أبي حاتم سمعت إبراهيم بن خالد المروزي يقول رأيت أبا عمار الحسين بن حريث يثني على أبي عبد الله البخاري ويقول لا أعلم أني رأيت مثله كأنه لم يخلق إلا للحديث.

وقال محمد حدثني حاتم بن مالك الوراق قال سمعت علماء مكة يقولون محمد بن إسماعيل إمامنا وفقيهنا وفقيه خراسان.

وقال أبو الطيب حاتم بن منصور يقول محمد بن إسماعيل آية من آيات الله في بصره ونفاذه من العلم.

وقال سليم بن مجاهد يقول لو ان وكيعا وابن عيينة وابن المبارك كانوا في الأحياء لاحتاجوا إلى محمد بن إسماعيل.وروي عن قتيبة بن سعيد أنه قال لو كان محمد في الصحابة لكان آية. نظرت في الحديث ونظرت في الرأي وجالست الفقهاء والزهاد والعباد ما رأيت منذ عقلت مثل محمد بن إسماعيل.

وقال الإمام أحمد بن حنبل: لم يجئنا من خراسان مثل محمد بن إسماعيل.

وقال أبو عبد الله الحاكم: محمد بن إسماعيل البخاري إمام أهل الحديث.

قال أبو بكر محمد بن إسحاق بن خزيمة: ما رأيت تحت أديم السماء أعلم بحديث رسول الله وأحفظ له من محمد بن إسماعيل.

قال محمد بن حمدون بن رستم سمعت مسلم بن الحجاج وجاء إلى البخاري فقال دعني أقبل رجليك يا أستاذ الأستاذين وسيد المحدثين وطبيب الحديث في علله.

وقال سعيد بن جعفر: سمعت العلماء يقولون ما في الدنيا مثل محمد بن إسماعيل في المعرفة والصلاح.

من كرم البخاري وسماحته

قال محمد بن أبي حاتم كانت له قطعة أرض يؤجرها كل سنة بسبع مائة درهم فكان ذلك المؤجر ربما حمل منها إلى أبي عبد الله قثاه أو قثاتين لأن أبا عبد الله كان معجبا بالقثاء النضيج وكان يؤثره على البطيخ أحيانا فكان يهب للرجل مائة درهم كل سنة لحمله القثاء إليه أحيانا.

قال وسمعته يقول كنت أستغل كل شهر خمس مائة درهم فأنفقت كل ذلك في طلب العلم فقلت كم بين من ينفق على هذا الوجه وبين من كانوا خلوا من المال فجمع وكسب بالعلم حتى اجتمع له فقال أبو عبد الله "وما عند الله خير وأبقى "[1]

وكان يتصدق بالكثير يأخذ بيده صاحب الحاجة من أهل الحديث فيناوله ما بين العشرين إلى الثلاثين وأقل وأكثر من غير أن يشعر بذلك أحد وكان لا يفارقه كيسه.

ويقول عبد الله بن محمد الصارفي: كنت عند أبي عبد الله البخاري في منزله فجاءته جارية وأرادت دخول المنزل فعثرت على محبرة بين يديه فقال لها: كيف تمشين؟ قالت إذا لم يكن طريق كيف امشي فبسط يديه وقال لها اذهبي فقد أعتقتك. قال فقيل له فيما بعد يا أبا عبد الله أغضبتك الجارية قال إن كانت أغضبتني فإني أرضيت نفسي بما فعلت.

محنة البخاري

تعرض البخاري للامتحان والابتلاء،وكثيرا ما تعرض العلماء الصادقون للمحن فصبروا على ما أوذوا في سبيل الله، ولقد حسد البعض البخاري لما له من مكانة عند العلماء وطلاب العلم وجماهير المسلمين في كل البلاد الإسلامية، فأثاروا حوله الشائعات

---

(1) الشورى (36).

بأنه يقول بخلق القرآن، ولذلك قصة يرويها أبو احمد بن دي فيقول: ذكر لي جماعة من المشايخ أن محمد بن إسماعيل البخاري لما ورد نيسابور اجتمع الناس عليه فحسده بعض من كان في ذلك الوقت من مشايخ نيسابور لما رأوا إقبال الناس إليه واجتماعهم عليه. فقال لأصحاب الحديث: إن محمد بن إسماعيل يقول اللفظ بالقرآن مخلوق فامتحنوه في المجلس فلما حضر الناس مجلس البخاري قام إليه رجل فقال يا أبا عبد الله ما تقول في اللفظ بالقرآن مخلوق هو أم غير مخلوق فأعرض عنه البخاري ولم يجبه، فقال الرجل يا أبا عبد الله فأعاد عليه القول فأعرض عنه، ثم قال في الثالثة فالتفت إليه البخاري وقال القرآن كلام الله غير مخلوق وأفعال العباد مخلوقة والامتحان بدعة فشغب الرجل وشغب الناس وتفرقوا عنه وقعد البخاري في منزله. وقالوا له بعد ذلك تراجع عن هذا القول حتى نعود إليك قال لا أفعل إلا أن تجيئوا بحجة فيما تقولون أقوى من حجتي وأعجبني ممن محمد بن إسماعيل ثباته، وكان يقول أما أفعال العباد فمخلوقة فقد حدثنا علي بن عبد الله حدثنا مروان بن معاوية حدثنا أبو مالك عن ربعي عن حذيفة قال: قال النبي صلى الله عليه وسلم: إن الله يصنع كل صانع وصنعته.

وبه قال وسمعت عبد الله بن سعيد يقول سمعت يحيى بن سعيد يقول ما زلت أسمع أصحابنا يقولون إن أفعال العباد مخلوقة قال البخاري حركاتهم وأصواتهم واكتسابهم وكتابتهم مخلوقة فأما القرآن المتلو المبين المثبت في المصاحف المسطور المكتوب الموعى في القلوب فهو كلام الله ليس بمخلوق قال الله تعالى:" بل هو آيات بينات في صدور الذين أوتوا العلم "[1].

وقال البخاري: القرآن كلام الله غير مخلوق ومن قال مخلوق فهو كافر.

وقال أيضا: من زعم من أهل نيسابور وقومس والري وهمذان وحلوان وبغداد والكوفة والبصرة ومكة والمدينة أني قلت لفظي بالقرآن مخلوق فهو كذاب فإني لم أقله إلا أني قلت أفعال العباد مخلوقة.

وقال أحمد بن سلمة: دخلت على البخاري فقلت: يا أبا عبد الله هذا رجل مقبول بخراسان خصوصا في هذه المدينة وقد لج في هذا الحديث حتى لا يقدر أحد منا أن يكلمه فيه فما ترى فقبض على لحيته ثم قال:-" وأفوض أمري إلى الله إن الله بصير بالعباد

---

(1) العنكبوت (49).

(44)"[1] اللهم إنك تعلم أني لم أرد المقام بنيسابور أشرا ولا بطرأ ولا طلبا للرئاسة إنما أبت على نفسي في الرجوع إلى وطني لغلبة المخالفين وقد قصدني هذا الرجل حسدا لما آتاني الله لا غير ثم قال لي يا أحمد إني خارج غدا لتتخلصوا من حديثه لأجلي. فأخبرت جماعة أصحابنا فوا الله ما شيعه غيري كنت معه حين خرج من البلد وأقام على باب البلد ثلاثة أيام لإصلاح أمره.

وقال محمد بن أبي حاتم أتى رجل عبد الله البخاري فقال يا أبا عبد الله إن فلانا يكفرك فقال: قال النبي صلى الله عليه وسلم :"إذا قال الرجل لأخيه يا كافر فقد باء به أحدهما". وكان كمثير من أصحابه يقولون له إن بعض الناس يقع فيك فيقول"" إن كيد الشيطان كان ضعيفا (76) "[2]، ويتلو أيضا "ولا يحيق المكر السيئ إلا بأهله "[3] فقال له عبد المجيد بن إبراهيم كيف لا تدعو الله على هؤلاء الذي يظلمونك ويتناولونك ويبهتونك، فقال: قال النبي صلى الله عليه وسلم "اصبروا حتى تلقوني على الحوض" وقال صلى الله عليه وسلم "من دعا على ظالمه فقد انتصر".

محنته مع أمير بخارى

روى احمد بن منصور الشيرازي قال سمعت بعض أصحابنا يقول لما قدم أبو عبد الله بخارى نصبت له القباب على فرسخ من البلد واستقبله عامة أهل البلد حتى لم يبق أحد إلا استقبله ونثر عليه الدنانير والدراهم والسكر الكثير فبقي أياما قال فكتب بعد ذلك محمد بن يحيى الذهلي إلى خالد بن أحمد أمير بخارى إن هذا الرجل قد أظهر خلاف السنة فقرأ كتابه على أهل بخارى فقالوا لا نفارقه فأمره الأمير بالخروج من البلد فخرج.

قال أحمد بن منصور فحكى لي بعض أصحابنا عن إبراهيم بن معقل النسفي قال رأيت محمد بن إسماعيل في اليوم الذي أخرج فيه من بخارى فتقدمت إليه فقلت يا أبا عبد الله كيف ترى هذا اليوم من اليوم الذي نثر عليك فيه ما نثر فقال لا أبالي إذا سلم ديني.

وروي عن بكر بن منير بن خليد بن عسكر انه قال: بعث الأمير خالد بن أحمد الذهلي والي بخارى إلى محمد بن إسماعيل أن احمل إلي كتاب الجامع والتاريخ وغيرهما لأسمع منك فقال لرسوله أنا لا أذل العلم ولا احمله إلى أبواب الناس فإن كانت لك إلى شيء منه حاجة فاحضر في مسجدي أو في داري وإن لم يعجبك هذا فإنك سلطان فامنعني من

---

(1) غافر (44).

(2) النساء (76).

(3) فاطر (43).

المجلس ليكون لي عذر عند الله يوم القيامة لأني لا أكتم العلم لقول النبي صلى الله عليه وسلم "من سئل عن علم فكتمه ألجم بلجام من نار" فكان سبب الوحشة بينهما هذا.

وفاة البخاري

توفي البخاري- رحمه الله- ليلة عيد الفطر سنة ست وخمسين وقد بلغ اثنتين وستين سنة، وروي في قصة وفاته عدة روايات منها:-

قال محمد بن أبي حاتم سمعت أبا منصور غالب بن جبريل وهو الذي نزل عليه أبو عبد الله يقول: إنه أقام عندنا أياما فمرض واشتد به المرض. فلما وافى تهيأ للركوب فلبس خفيه وتعمم فلما مشى قدر عشرين خطوة او نحوها وأنا أخذ بعضده ورجل آخذ معي يقوده إلى الدابة ليركبها فقال رحمه الله أرسلوني فقد ضعفت فدعا بدعوات ثم اضطجع فقضى رحمه الله فسال منه العرق شيء لا يوصف فما سكن منه العرق إلى ان أدرجناه في ثيابه وكان فيما قال لنا وأوصى إلينا أن كفنوني في ثلاثة أثواب بيض ليس فيها قميص ولا عمامة ففلنا ذلك فلما دفناه فاح من تراب قبره رائحة غالية أطيب من المسك فدام ذلك أياما ثم علت سواري بيض في السماء مستطيلة بحذاء قبره فجعل الناس يختلفون ويتعجبون وأما التراب فإنهم كانوا يرفعون عن القبر حتى ظهر القبر ولم نكن نقدر على حفظ القبر بالحراس وغلبنا على أنفسنا فنصبنا على ا القبر خشبا مشبكا لم يكن أحد يقدر على ا لوصول إلى القبر فكانوا يرفعون ما حول القبر من التراب ولم يكونوا يخلصون إلى القبر وأما ريح الطيب فإنه تداوم أياما كثيرة حتى تحدث أهل البلدة وتعجبوا من ذلك وظهر عند مخالفيه أمره بعد وفاته وخرج بعض مخالفيه إلى قبره وأظهروا التوبة والندامة مما كانوا شرعوا فيه من مذموم المذهب قال محمد بن أبي حاتم ولم يعش أبو منصور غالب بن جبريل بعده إلا ا القليل وأوصى أن يدفن جنبه.

وقال محمد بن محمد بن مكي الجرجاني سمعت عبد الواحد بن آدم الطواويسي- يقول رأيت النبي صلى الله عليه وسلم في النوم ومعه جماعة من أصحابه وهو واقف في موضع فسلمت عليه فرد علي السلام فقلت ما وقوفك يا رسول الله قال أنتظر محمد بن إسماعيل البخاري فلما كان بعد أيام بلغني موته فنظرت فإذا قد مات في الساعة التي رأيت النبي صلى الله عليه وسلم فيها.رحم الله الإمام البخاري رحمة واسعة وجزاه الله خير عن الإسلام والمسلمين وعن حديث رسول الله صلى الله عليه وسلم.

الإمام مسلم

نسبه

هو الإمام أبو الحسن مسلم بن الحجاج بن مسلم القشيري النيسابوري، قال ابن الأثير في اللباب في تهذيب الأنساب: القشيري بضم القاف وفتح الشين وسكون الياء تحتها نقطتان وفي آخرها راء، هذه النسبة إلى قشير بن كعب بن ربيعة بن عامر بن صعصعة قبيلة كبيرة ينسب إليها كثير من العلماء فذكر جماعة من هؤلاء ومنهم الإمام مسلم، ونسبة الإمام مسلم هذه نسبة أصل بخلاف الإمام البخاري فإن نسبته إلى الجعفيين نسبة ولاء ولهذا لما ذكر الإمام أبو عمر بن الصلاح في كتابه علوم الحديث أن أول من ألف في الصحيح الإمام البخاري ثم الإمام مسلم قال: "أول من صنف الصحيح البخاري أبو عبد الله محمد بن إسماعيل الجعفي مولاهم وتلاه أبو الحسين مسلم بن الحجاج النيسابوري القشيري من أنفسهم".

ولادته

ولد الإمام مسلم سنة أربع ومائتين كما في خلاصة تهذيب الكمال للخزرجي وتهذيب التهذيب وتقريبه للحافظ ابن حجر العسقلاني، وكذا في البداية والنهاية لابن كثير، قال بعد أن ذكر وفاته سنة إحدى وستين ومائتين: وكان مولده في السنة التي توفي فيها الشافعي وهي سنة أبع ومائتين فكان عمره سبعا وخمسين سنة رحمه الله تعالى، ونقل ابن خلكان في كتابه وفيات الأعيان عن كتاب (علماء الأمصار) لأبي عبد الله النيسابوري الحاكم أن مسلما توفي بنيسابور لخمس بقين من شهر رجب الفرد سنة إحدى وستين ومائتين وهو ابن خمسة وخمسين سنة ثم قال: فتكون ولادته في سنة ست ومائتين.

رحلته في طلب العلم وسماعه الحديث

بدأ سماع الحديث سنة ثماني عشرة ومائتين كما في تذكرة الحفاظ للذهبي، وقد رحل لطلبه إلى العراق والحجاز والشام ومصر، وروى عن جماعة كثيرين أذكر فيما يلي عشرة من الذين أكثر من السماع منهم والرواية عنهم في صحيحه مع بيان عدد ما رواه عن كل منهم كما نقل ذلك الحافظ ابن حجر في تراجمهم في كتابه تهذيب التهذيب:

1- أبو بكر ابن أبي شيبة: 1540 حديثا.
2- أبو خيثمة زهير بن حرب: 1281 حديثا.
3- محمد بن المثني الملقب الزمن: 772 حديثا.
4- قتيبة بن سعيد: 668 حديثا.

5- محمد بن عبد الله بن نمير: 573 حديثا.

6- أبو كريب محمد بن العلاء ابن كريب: 556 حديثا.

7- محمد بن بشار الملقب بندارا: 460 حديثا.

8- محمد بن رافع النيسابوري: 362 حديثا.

9- محمد بن حاتم الملقب السمين: 300 حديثا.

10- علي بن حجر السعدي: 118 حديثا.

وهؤلاء العشرة من شيوخ مسلم روى البخاري في صحيحه مباشرة عن تسعة منهم فهم جميعا من شيوخ الشيخين معا إلا محمد بن حاتم فلم يرو عنه البخاري في صحيحه لا بواسطة ولا بغيرها، وقد قال الإمام أبو عمرو بن الصلاح في كتابه علوم الحديث: ومسلم مع أنه أخذ عن البخاري واستفاد منه فإنه يشارك البخاري في كثير من شيوخه.

تلمذته على الإمام البخاري

يعتبر الإمام البخاري من شيوخ مسلم البارزين الذين لهم دور كبير في إفادته وتمكنه في معرفة الحديث النبوي والتثبت في نقل الصحيح. قال الحافظ أبو بكر الخطيب البغدادي في ترجمة الإمام مسلم في كتابه تاريخ بغداد، قلت: "إنما قفا مسلم طريق البخاري ونظر في علمه وحذا حذوه، ولما ورد البخاري نيسابور في آخر أمره لازمه مسلم وداوم الاختلاف إليه"، وقال الحافظ ابن حجر في شرحه لنخبة الفكر في معرض ترجيح صحيح البخاري على صحيح مسلم:" هذا على اتفاق العلماء على أن البخاري كان أجل من مسلم وأعرف بصناعة الحديث منه وإن مسلما تلميذه وخريجه ولم يزل يستفيد منه ويتبع آثاره حتى قال الدارقطني: "لولا البخاري لما راح مسلم ولا جاء". انتهى.

ومع كون الإمام مسلم تتلمذ على الإمام البخاري ولازمه واستفاد منه لم يرو عنه في صحيحه شيئا ويبدو و الله تعالى أعلم أن مسلما رحمه الله فعل ذلك لأمرين:

الأول: الرغبة في علو الإسناد وذلك أن مسلما شارك البخاري في كثير من شيوخه فلو روى عنه ما رواه عنهم لطال السند بزيادة راو لكنه رغبة منه في علو الإسناد وقربه من رسول الله صلى الله عليه وسلم روى مباشرة عن هؤلاء الشيوخ تلك الأحاديث التي رواها البخاري عنهم.

الثاني: أن الإمام مسلما رحمه الله ساءه ما حصل من بعض العلماء من مزج الأحاديث الضعيفة بالأحاديث الصحيحة وعدم التمييز بينهما، فوجه عنايته في تجريد الصحيح من

غيره كما أوضح ذلك في مقدمة صحيحه، وإذا فما كان عند البخاري من الأحاديث قد كفاه مؤونته لأنه قد عنى بجمع الحديث الصحيح مع شدة الاحتياط وزيادة التثبت.

تلاميذه

وللإمام مسلم تلاميذ كثيرون سمعوا منه، كما في تهذيب التهذيب منهم: أبو الفضل أحمد بن سلمة وإبراهيم بن أبي طالب وأبو عمرو الخفاف وحسين بن محمد القباني وأبو عمرو المستملي وصالح بن محمد الحافظ وعلي بن الحسن الهلالي ومحمد بن عبد الوهاب الفراء - وهما من شيوخه - وعلي بن الحسين بن الجنيد وابن خزيمة وابن صاعد ومحمد بن عبد بن حميد وغيرهم.

وروى عنه الترمذي في جامعه حديثا واحدا أخرجه في كتاب الصيام باب ما جاء في إحصاء هلال شعبان لرمضان فقال: حدثنا مسلم بن حجاج حدثنا يحي بن يحي حدثنا أبو معاوية عن محمد بن عمرو عن أبي سلمة عن أبي هريرة رضي الله عنه قال: قال رسول الله صلى الله عليه وسلم:" أحصوا هلال شعبان لرمضان".

قال العراقي -كما نقله عنه المباركفوري في تحفة الأحوذي-: "لم يرو المصنف في كتابه شيئا عن مسلم صاحب الصحيح إلا هذا الحديث، وهو من رواية الأقران فإنهما اشتركا في كثير من شيوخهما". وقد أشار إليه الحافظ ابن حجر في تهذيب التهذيب وقال: "ما له في جامع الترمذي غيره". وقال الخزرجي في خلاصة تهذيب الكمال: "وعنه الترمذي فرد حديث". انتهى.

وقد رمز في الخلاصة وتهذيب التهذيب وتقريبه عند الترجمة لمسلم لكونه من رجال الترمذي وذلك من أجل هذا الحديث الواحد الذي أخرجه عنه.

نماذج من ثناء العلماء عليه رحمه الله

تحدث العلماء عن فضل الإمام مسلم واعترفوا له بقوة المعرفة وعلو المنزلة. قال فيه شيخه محمد بن عبد الوهاب الفراء: "كان مسلم من علماء الناس وأوعية العلم ما علمته إلا خيرا". وقال ابن الأخرم: "إنما أخرجت مدينتنا هذه من رجال الحديث ثلاثة هم: محمد بن يحي وإبراهيم بن أبي طالب ومسلم". وقال ابن عقدة: "قلما يقع الغلط لمسلم في الرجال لأنه كتب الحديث على وجهه". وقال أبو بكر ابن الجارودي: "حدثنا مسلم بن الحجاج وكان من أوعية العلم". وقال مسلمة بن قاسم: "ثقة جليل القدر من الأئمة". وقال ابن أبي حاتم: "كتبت عنه، وكان ثقة من الحفاظ له معرفة في الحديث وسئل عنه أبي فقال صدوق"، وقال بندار: "الحفاظ أربعة أبو زرعة ومحمد بن إسماعيل والدارمي ومسلم". وقال إسحاق

بن منصور لمسلم: "لن نعدم الخير ما أبقاك الـلـه للمسلمين". وقال أحمد بن سلمة: "رأيت أبا زرعة وأبا حاتم يقدمان مسلم بن الحجاج في معرفة الصحيح على مشايخ عصرهما". وقال النووي: "وأجمعوا على جلالته وإمامته وعلو مرتبته وحذقه في هذه الصنعة وتقدمه فيها وتضلعه منها". وقال أيضا: "واعلم أن مسلما رحمه الـلـه أحد أعلام أئمة هذا الشأن وكبار المبرزين فيه وأهل الحفظ والإتقان والرحالين في طلبه إلى أئمة الأقطار والبلدان والمعترف له بالتقدم فيه بلا خلاف عند أهل الحذق والعرفان والرجوع إلى كتابه والمعتمد عليه في كل زمان".

وقال الذهبي في العبر: "أبو الحسين النيسابوري الحافظ أحد أركان الحديث".

مؤلفاته

قال النووي في تهذيب الأسماء واللغات: "وصنف مسلم رحمه الـلـه كتبا كثيرة.

1- منها هذا الكتاب الصحيح الذي من الـلـه الكريم -وله الحمد والنعمة والفضل والمنة- به على المسلمين أبقى لمسلم به ذكرا جميلا وثناء حسنا إلى يوم الدين مع ما أعد لـه من الأجر الجزيل في دار القرار وعم نفعه المسلمين قاطبة.

2- ومنها الكتاب المسند الكبير على أسماء الرجال.

3- وكتاب الجامع الكبير على الأبواب.

4- وكتاب العلل.

5- وكتاب أوهام المحدثين.

6- وكتاب التمييز.

7- وكتاب من ليس له إلا راو واحد.

8- وكتاب طبقات التابعين.

9- وكتاب المخضرمين. وغير ذلك". انتهى.

وذكر الحافظ الذهبي في تذكرة الحفاظ نقلا عن الحاكم عشرين مؤلفا لمسلم هي بالإضافة إلى ما تقدم:

1- كتاب الأسماء والكنى.

2- كتاب الأفراد.

3- كتاب الأقران.

4- كتاب سؤالات أحمد بن حنبل.

5- كتاب حديث عمرو بن شعيب.

6- كتاب الانتفاع بأهب السباع.

7- كتاب مشايخ مالك.

8- كتاب مشائخ الثوري.

9- كتاب مشائخ شعبة.

10- كتاب أولاد الصحابة.

11- كتاب أفراد الشاميين.

مهنته

وكان الإمام مسلم رحمه الله بزازا كما في تهذيب التهذيب. وقال الذهبي في كتابه العبر: "وكان صاحب تجارة وكان محسن نيسابور وله أملاك وثروة.

عناية العلماء بترجمته ونقل أخباره رحمه الله

وقد عنى الكاتبون في التاريخ وترجم الرجال بترجمة الإمام مسلم رحمه الله وتحدثوا عنه بما هو حقيق به من ثناء جميل وذكر حسن، وعلى سبيل المثال أذكر عشرة من أصحاب المؤلفات الذين توجوا مؤلفاتهم بترجمة الإمام مسلم رحمه الله مع ذكر تاريخ وفياتهم واسم الكتاب المطبوع المشتمل على ترجمة الإمام مسلم وعدد صفحات الترجمة في كل كتاب وتعيين الصفحة الأولى منها. أذكر ذلك تسهيلا لمن يريد الوقوف على بعض ما كتب هذا الإمام الذي خلد الله ذكره بما وفقه له من تدوين الأحاديث الصحيحة الثابتة عن رسول الله صلوات الله وسلامه عليه وذلك في الجدول المبين في الصفحة التالية.

اسم المؤلف	تاريخ وفاته	اسم الكتاب	عدد صفحات الترجمة	الصفحة	تاريخ الطبع ومكانه
الخطيب البغدادي	463هـ	تاريخ بغداد	4	100جزء13	1349هـ مصر
القاضي محمد بن أبي يعلى	526هـ	طبقات الحنابلة	2	337 جزء 1	مطبعة السنة المحمدية بمصر
الإمام النووي	676هـ	تهذيب الأسماء واللغات	3	89 جزء2	الطبعة المنيرية بمصر
ابن خلكان	671هـ	وفيات الأعيان	2	280 جزء 4	1367هـ مصر
الحافظ الذهبي	748هـ	تذكرة الحفاظ	2	165 جزء2	حيدر آباد بالهند
ابن كثير	774هـ	البداية والنهاية	2	33 جزء 11	مطبعة السعادة بمصر
ابن حجر العسقلاني	852هـ	تهذيب التهذيب	2	126 جزء10	1326هـ حيدر آباد بالهند
العليمي الحنبلي	928هـ	المنهج الأحمد	1	146 جزء1	1383هـ مصر
ابن العماد الحنبلي	1089هـ	شذرات الذهب	1	144 جزء2	1350هـ مصر
صديق حسن خان	1307هـ	التاج المكلل	2	130 جزء 00	1382هـ الهند

سبب تأليفه

ذكر الإمام مسلم رحمه الله في مقدمة صحيحه سبب تأليفه هذا الكتاب المبارك وملخصه أن شخصا رغب تعرف جملة الأخبار المأثورة عن رسول الله صلى الله عليه وسلمفي سنن الدين وأحكامه وما كان منها في الثواب والعقاب والترغيب والترهيب وغير ذلك من صنوف الأشياء بالأسانيد التي بها نقلت وتداولها أهل العلم فيما بينهم وسأل الإمام مسلما تلخيصها له في التأليف بلا تكرار يكثر ليتمكن من التفهم فيها والاستنباط منها، ولأهمية

هذا المطلوب وما يترتب عليه من منفعة موجودة وعاقبة محمودة له خصوصا وللمسلمين عموما أقدم على جمع هذه الدرر خالصة نقية من الشوائب وزاده رغبة في القيام بهذه المهمة الجليلة ما رآه من بعض العلماء من نشر الأخبار الضعيفة وعدم التمييز بين السليم والسقيم وما ينجم عن ذلك من أضرار لا سيما على العوام الذين لا يدركون الفرق بينها.

قال رحمه الله: "وبعد، يرحمك الله فلولا الذي رأينا من سوء صنيع كثير ممن نصب نفسه محدثا فيما يلزمهم من طرح الأحاديث الضعيفة والروايات المنكرة وتركهم الاقتصار على الأحاديث الصحيحة المشهورة مما نقله الثقات المعرفون بالصدق والأمانة بعد معرفتهم وإقرارهم بألسنتهم أن كثيرا مما يقذفون به إلى الأغبياء من الناس ومستنكر ومنقول عن قوم غير مرضيين ممن ذم الرواية عنهم أئمة أهل الحديث، مثل مالك بن أنس وشعبة بن الحجاج وسفيان عيينة ويحي بن سعيد القطان وعبد الرحمن بن مهدي وغيرهم من الأئمة لما سهل علينا الانتصاب لما سألت عن التمييز والتحصيل ولكن من أجل ما أعلمناك من نشر القوم الأخبار المنكرة بالأسانيد الضعاف المجهولة وقذفهم بها إلى العوام الذين لا يعرفون عيوبها خف على قلوبنا إجابتك إلى ما سألت".

مدى عنايته في تأليفه

قال الإمام مسلم رحمه الله في مقدمة صحيحه: "وأعلم وفقك الله تعالى أن الواجب على كل أحد عرف التمييز بين صحيح الروايات وسقيمها وثقات الناقلين لها من المتهمين أن لا يروى منها إلا ما عرف صحة مخارجه والستارة في ناقليه وأن ينقى منها ما كان منها عن أهل التهم والمعاندين من أهل البدع". انتهى.

هذه الحقيقة التي أثبتها الإمام مسلم في مقدمة صحيحه وأرشد إليها هي المنهج الذي سلكه في تأليف صحيحه فقد بذل وسعه وشغل وقته في جمعه وترتيبه، ومن الأدلة على ذلك ما جاء عنه وعن غيره مما يوضح ذلك.

فروى الخطيب البغدادي بإسناده إلى محمد الماسرجسي قال: سمعت مسلم بن الحجاج يقول: "صنفت هذا المسند الصحيح من ثلاثمائة ألف حديث مسموعة" ".

وقال الذهبي في تذكرة الحفاظ" :قال ابن الشرقي سمعت مسلما يقول: "ما وضعت في كتابي هذا المسند إلا بحجة وما أسقطت منه شيئا إلا بحجة".

وقد مكث في تأليف هذا الكتاب المبارك خمسة عشرة سنة قضاها في التحري والتثبت والعناية التامة بهذا المصدر الأساسي لمعرفة الحديث الصحيح جمعا وترتيبا وساعده في كتابته بعض تلاميذه طوال هذه المدة.

قال أحمد بن سلمة تلميذ الإمام مسلم- كما في تذكرة الحفاظ-: "كتبت مع مسلم رحمه الله في صحيحه خمس عشرة سنة وهو اثنا عشر ألف حديث".

ولم يكتف الإمام مسلم رحمه الله بما بذله من جهود عظيمة في تأليفه بل أخذ في عرضه على جهابذة المحدثين واستشارتهم فيه، فقد نقل النووي في مقدمة شرحه لصحيح مسلم عن مكي بن عبدان أحد حفاظ نيسابور قوله:

سمعت مسلما يقول: "عرضت كتابي هذا على أبي زرعة الرازي فكل ما أشار أن له علة تركته وكل ما قال إنه صحيح وليس له علة خرجته"، وهذا من الإمام مسلم رحمه الله غاية في الاحتياط والتثبت من جهة وفي التواضع وقصد الصواب من جهة أخرى، ونتيجة لهذه العناية التامة التي تجلت في تلك الأدلة انشرح صدر الإمام مسلم لهذا النتاج القيم وارتاحت نفسه لذلك فأخذ يرغب الناس فيه ويؤكد أنه عمدة يعول عليه في معرفة الصحيح من الأخبار يتضح ذلك مما نقله النووي عن مكي بن عبدان أيضا حيث قال: "سمعت مسلم بن الحجاج يقول: "لو أن أهل الحديث يكتبون مائتي سنة الحديث فمدارهم على هذا المسند" ـ يعني صحيحه.

منزلته بين كتب السنة

صحيح مسلم يأتي في الدرجة الثانية بعد صحيح البخاري فهو ثاني كتابين هما أصح الكتب بعد كتاب الله تعالى. قال النووي في مقدمة شرحه لصحيح مسلم":

وأصح مصنف في الحديث بل في العلم مطلقا الصحيحان للإمامين القدوتين أبي عبد الله محمد بن إسماعيل البخاري وأبي الحسين مسلم بن الحجاج القشيري رضي الله عنهما، فلم يوجد لهما نظير في المؤلفات". وقال أيضا: "اتفق العلماء رحمهم الله على أن أصح الكتب بعد القرآن العزيز الصحيحان البخاري ومسلم، وتلقتهما الأمة بالقبول، وكتاب البخاري أصحهما وأكثرهما فوائد ومعارف ظاهرة وغامضة". انتهى.

هذه هي منزلة صحيح مسلم بين كتب السنة فهو في أعلى درجات الصحيح لا يتقدمه في ذلك سوى صحيح البخاري، ونقل عن أبي علي النيسابوري شيخ الحاكم قوله: "ما تحت أديم السماء كتاب أصح من كتاب مسلم بن الحجاج.." وقد يفهم من هذه العبارة

تقديمه على صحيح البخاري وذلك خلاف ما صرح به العلماء من ترجيح صحيح البخاري عليه لتوفر أسباب الترجيح فيه وقد أجيب عن هذه العبارة بثلاثة أجوبة:

الأول: للحافظ الذهبي في تذكرة الحفاظ قال بعد ذكر عبارة أبي علي النيسابوري هـذه: "قلت: لعل أبا علي ما وصل إليه صحيح البخاري" واستبعد هذا الحافظ بـن حجـر في مقدمـة فتح الباري.

الثاني: لجماعة منهم أبو عمرو بن الصلاح في كتابه علوم الحـديث أن ذلك محمـول عـلى سرد الصحيح فيه دون أن يمزج بمثل ما في صحيح البخاري مـما ليس عـلى شرطه، ولا يحمل على الأصحية.

الثالث: للحافظ ابن احجر في شرحه لنخبة الفكر وحاصله أن عبارة أبي علي هـذه تقتضي- أن صحيح مسلم في أعلى درجات الصحيح وأنه لا يفوقه كتاب، أما أن يساويه كتـاب كصـحيح البخاري فذلك لا تنفيه هذه العبارة.

والحاصل أن صحيح مسلم في قمة الصحيح بعد صحيح البخاري كما صرح بـذلك أهـل العلم ولم يفصح أحد بترجيح صحيح مسلم على صحيح البخاري فيما يتعلق بالصحة.

ثناء العلماء عليه وتلقيهم له ولصحيح البخاري بالقبول

لقي صحيح البخاري وصحيح مسلم قبولا لم يحصل لكتاب آخر وذلك نتيجة للعناية التامة التي بذلها الشيخان في هذين الكتابين الجليلين من التثبت والاحتياط في تجريـد الصحيـح مـن غيره فلا عجب إذا انطلقت الألسنة بالإشادة بشأنهما وإبراز ما لهما من خصائص ومزايا وقد ذكرت بعض النقول في ذلك في المقال السابق عن الإمام البخاري وكتابه الجامع الصحيح.

وأذكر هنا بعض ما يتعلق في صحيح مسلم:

قال النووي في مقدمة شرحه لصحيح مسلم: "ومـن حقـق نظـره في صحيح مسلم رحمه الله واطلع على ما أودعه في أسانيده وترتيبه وحسن سياقه وبديع طريقتـه مـن نفائس التحقيـق وجـواهر التـدقيق وأنـواع الـورع والاحتيـاط والتحـري في الروايـة وتلخيـص الطـرق واختصارها وضبط متفرقها وانتشارها وكثرة إطلاعه واتساع روايته وغـير ذلك مـما فيه مـن المحاسن والأعجوبات واللطائف الظاهرات والخفيات علم أنه إمام لا يلحقه مـن بعد عصـره وقل من يساويه بل يدانيه من أهل وقته ودهره، وذلك فضل اللـه يؤتيه مـن يشاء و اللـه ذو الفضل العظيم".

وقال الحافظ ابن حجر في تهذيب التهذيب: "قلت: حصل لمسلم في كتابه حظ عظيم مفرط لم يحصل لأحد مثله بحيث أن بعض الناس كان يفضله على صحيح محمد بن إسماعيل وذلك لما اختص به من جمع الطرق وجودة السياق والمحافظة على أداء الألفاظ من غير تقطيع ولا رواية بمعنى وقد نسج على منواله خلق من النيسابوريين فلم يبلغوا شأوه وحفظت منهم أكثر من عشرين إماما ممن صنف المستخرج على مسلم، فسبحان المعطي الوهاب".

مقدمة صحيح مسلم

وقد وضع الإمام مسلم رحمه الله بين يدي صحيحه مقدمة قيمة عظيمة الشأن جليلة القدر تنبئ عن جلالة قدر واضعها وحسن نيته وحرصه على تدوين السنة النبوية نقية من الشوائب وقد صدر هذه المقدمة ببيان السبب الباعث له على تأليفه هذا الكتاب وإن أصل ذلك سؤال وقد زاده رغبة في الإجابة عليه ما رآه من قيام بعض العلماء بجمع الحديث دون تمييز بين صحيح وضعيف ثم أوضح أنه لا يصير إلى التكرار في ذكر الحديث إلا لحاجة من زيادة معنى في متن أو فائدة اسنادية، ثم ذكر أنه يعنى أولا وقبل كل شيء بذكر رواية أهل الضبط والاتقان ثم يتبعها برواية من هم أقل من أولئك ممن يشملهم اسم الستر والصدق وتعاطي العلم، ثم ذكر أن ما كان من الأخبار عن قوم متهمين أو كان الغالب على حديثهم المنكر والغلط لا يعبا به ولا يعرج عليه.

ثم عقب ذلك بذكر وجوب الرواية عن الثقات وترك الكذابين والتحذير من الكذب على رسول الله صلى الله عليه وسلم والتغليظ فيه، وساق الأدلة على ذلك ثم أورد الأدلة على النهي عن الحديث بكل ما سمع وعلى النهي عن الرواية عن الضعفاء والاحتياط في تحملها، ويلي ذلك كلامه عن الإسناد وأنه من الدين وأن الرواية لا تكون إلا عن الثقات وإن جرح الرواة بما هو فيهم جائز بل واجب، وإنه ليس من الغيبة المحرمة بل من الذب عن الشريعة المكرمة، وأفاض في ذكر الأدلة والنقول عن المحدثين في ذلك. وختم هذه المقدمة بالكلام على صحة الحديث المعنعن، وأوضح أن المبحث الذي عليه المحدثون الاكتفاء بمعاصرة الراوي لمن يروي عنه دون اشتراط معرفة تلاق بينهما ما لم يكن الذي روى بالعنعنة مدلسا وأكثر من لوم من يشترط ذلك.

ولا شك أن من اشترط التلاقي بين الراوي ومن روى عنه كالبخاري مثلا قد أخذ في الاحتياط وزيادة التثبت واشتراطه ذلك يرفع من شأن كتابه، وأن من لم يشترط ذلك

كالإمام مسلم لا يحط ذلك من شأن كتابه ولا يقدح فيه، وإنما هو التفاوت في درجات الصحة ومن أجل هذا ترجح صحيح البخاري على صحيح مسلم.

تبويبه

لما قام الإمام مسلم رحمه الله بجمع كتابه الجامع الصحيح راعى في جمعه أن تكون كل مجموعة من الأحاديث تتعلق في موضوع واحد على حدة، لكنه لم يضع لها تراجم أبواب كما صنع الإمام البخاري في صحيحه، وهو في الحقيقة في حكم المبوب وإنما فعل ذلك مسلم و الله أعلم لئلا يزيد بها حجم الكتاب من جهة وليشحذ القارئ ذهنه في استنباط الترجمة من جهة أخرى، قال النووي في مقدمة شرحه لصحيح مسلم: "ثم إن مسلما رحمه الله رتب كتابه على أبواب فهو في حكم المبوب في الحقيقة ولكنه لم يذكر تراجم الأبواب فيه لئلا يزداد بذلك حجم الكتاب أو لغير ذلك"، ثم قال: "قلت: وقد ترجم جماعة أبوابه بتراجم بعضها جيد وبعضها ليس بجيد إما لقصور في عبارة الترجمة وإما لركاكة لفظها وإما لغير ذلك وأنا إن شاء الله أحرص على التعبير عنها بعبارات تليق بها في مواطنها و الله أعلم".

عدد أحاديثه

ذكر النووي في التقريب أن عدة أحاديث صحيح مسلم نحو أربعة آلاف بإسقاط المكرر وقال العراقي في نكته على بن الصلاح: "ولم يذكر - يعني النووي - عدته بالمكرر وهو يزيد على عدة كتاب البخاري لكثرة طرقه وقد رأيت عن أبي الفضل أحمد بن سلمة أنه اثنا عشر ألف حديث". انتهى. وقد عد أحاديثه الشيخ محمد فؤاد عبد الباقي من المعاصرين وبلغت عنده بدون المكرر ثلاثة آلاف وثلاثة وثلاثين حديثا وقال: "وهو عمل ما سبقني إليه أحد من جميع المشتغلين بهذا الصحيح إذ كان جل جهدهم أن يطلقوا عددا ما ورقما تخمينا وارتجالا لا يرتكز على أساس سليم، فجئت أنا بهذا الحصر كي أضع حدا حاسما فاصلا لهذا الاضطراب والبلبلة ولله الحمد".

شرط مسلم فيه

نقل النووي في مقدمة شرحه لصحيح مسلم عن بن الصلاح أنه قال: "شرط مسلم رحمه الله تعالى في صحيحه أن يكون الحديث متصل الإسناد بنقل الثقة عن الثقة من أوله إلى منتهاه سالما من الشذوذ والعلة".

وقال الحافظ بن حجر في شرحه لنخبة الفكر في أثناء تعداد مراتب الصحيح: "ثم يقدم في الأرجحية من حيث الأصحية ما وافقه شرطهما لأن المراد به رواتهما مع باقي شروط الصحيح".

ويتضح من مقدمة صحيحه أنه يقسم الأحاديث ثلاثة أقسام:

الأول: ما رواه الحفاظ المتقنون.

والثاني: ما رواه المستورون المتوسطون في الحفظ والإتقان.

والثالث: ما رواه الضعفاء والمتروكون وأنه إذا فرغ من القسم الأول أتبعه الثاني.

وأما الثالث فلا يعرج عليه كما نص في آخر مقدمة صحيحه على اكتفائه بمعاصرة الراوي لمن يروي عنه إذا روى بالعنعنة ما لم يكن الراوي بالعنعنة موصوفا بالتدليس.

التعليقات في صحيح مسلم

التعليق هو حذف راو أو أكثر من أول السند ولو إلى آخر الإسناد وهو كثير في صحيح البخاري بخلاف صحيح مسلم فإنه قليل جدا بلغت جملته فيه أربعة عشر ـ موضعا ذكرها النووي في مقدمة شرحه لصحيح مسلم. وقال نقلا عن أبي عمرو بن الصلاح: "وليس شيء من هذا والحمد لله مخرجا لما وجد فيه من حيز الصحيح بل هي موصولة من جهات صحيحة لا سيما ما كان منها مذكورا على وجه المتابعة ففي نفس الكتاب وصلها فاكتفى بكون ذلك معروفا عند أهل الحديث".

ثناء العلماء على الرواة المخرج لهم في صحيح مسلم وانتقاد بعض الحفاظ بعضهم والجواب على ذلك:

قال الحافظ ابن حجر في شرحه لنخبة الفكر: "ورواتهما ـ يعني الصحيحين ـ قد حصل الاتفاق على القول بتعديلهم بطريق اللزوم فهم مقدمون على غيرهم في رواياتهم، وهذا أصل لا يخرج عنه إلا بدليل"، وقال في مقدمة الفتح: "وقد كان الشيخ أبو الحسن المقدسي يقول في الرجل الذي خرج عنه في الصحيح: هذا جاز القنطرة، يعني بذلك أنه لا يلتفت إلى ما قيل فيه".

وقد تكلم في بعض الرواة الذين خرج لهم مسلم وعدتهم مائة وستون رجلا وذلك الكلام لا يقدح في صحيحه ولا يحط من شأنه لأنه:

أولا ـ قد يكون القدح غير مؤثر.

قال الخطيب البغدادي كما في مقدمة شرح صحيح مسلم للنووي: "ما احتج البخاري ومسلم به من جماعة علم الطعن فيهم من غيرهم محمول على أنه لم يثبت الطعن المؤثر

مفسر السبب". وقال الذهبي في جزء جمعه في الثقات الذين تكلم فيهم بما لا يوجب ردهم ما نصه:

وقد كتبت في مصنفي الميزان عددا كثيرا من الثقات الذين احتج البخاري ومسلم وغيرهما بهم لكون الرجل منهم قد دون اسمه في مصنفات الجرح وما أوردتهم لضعف فيهم عندي بل ليعرف ذلك وما زال يمر بي الرجل الثبت وفيه مقال من لا يعبأ به ..." إلى آخر كلامه رحمه الله.

ثانيا: وإن كان القدح مؤثرا حمل الإخراج عنه في الصحيح على:

1- أن يكون ذلك واقعا في المتابعات والشواهد لا في الأصول. قال النووي في مقدمة شرحه لصحيح مسلم نقلا عن ابن الصلاح: "وذلك بأن يذكر الحديث أولا بإسناد نظيف رجاله ثقات ويجعله أصلا ثم يتبعه بإسناد آخر أو أسانيد فيها بعض الضعفاء على وجه التأكيد بالمتابعة أو لزيادة فيه تنبه على فائدة فيما قدمه".

2- أن يكون ضعف الرجل المحتج به في الصحيح طارئا عليه بعد أن أخذ صاحب الصحيح عنه كالاختلاط فروايته عنه زمن استقامته لا يؤثر فيها ما طرأ عليه من الاختلاط.

3- أن يكون صاحب الصحيح تجنب ما أنكر على الرجل المتكلم فيه. قال الحافظ ابن حجر في الفتح في شرحه لحديث إعادة النبي صلى الله عليه وسلم الكلمة ثلاثا لتفهم عنه قال: "وقد تقرر أن البخاري حيث يخرج لبعض من فيه مقال لا يخرج شيئا مما أنكر عليه". انتهى. ومثله مسلم في ذلك وقال النووي في مقدمة شرحه لصحيح مسلم" :واعلم أن ما كان في الصحيحين عن المدلسين بعن ونحوها فمحمول على ثبوت السماع من جهة أخرى وقد جاء كثير منه في الصحيح بالطريقين جميعا".

انتقاد الحفاظ بعض الأحاديث في صحيح مسلم والجواب عن ذلك

ذكر ابن حجر في مقدمة الفتح أن الدارقطني وغيره من الحفاظ انتقدوا على الصحيحن مائتين وعشرة أحاديث اشتركا في اثنين وثلاثين حديثا وانفرد البخاري عن مسلم بثمانية وسبعين حديثا، وانفرد مسلم عن البخاري بمائة حديث، وقد تولى الحافظ ابن حجر في مقدمة الفتح الإجابة عن الانتقاد الموجه إلى الأحاديث التي اشتركا فيها والأحاديث التي انفرد بها البخاري عن مسلم وعدتها مائة وعشرة أحاديث.

أما الأحاديث التي انفرد بها مسلم فقد أجاب عنها النووي في شرحه لصحيح مسلم في مواضعها وأكثرها الانتقاد فيه غير مسلم والإيراد عليه غير وارد، وما لا جواب عنه منها

نزر يسير لا يعد شيئا في جنب الآلاف من الأحاديث الصحيحة التي اشتمل عليها صحيحه.

وهذه الانتقادات القليلة التي توصل إليها جهابذة النقاد مع أن أكثرها غير وارد إن دلت على شيء فإنما تدل على عظم شأن هذا الكتاب المبارك وأنه في أعلى درجات الصحيح، وتدل على جلالة قدر جامعه وشدة احتياطه وتحريه وأنه وفق فيما قصد إليه من جمع لصحيح نقيا خالصا، فإن تصدى الإمام الدارقطني وغيره من النقاد وتتبعهم الصحيح حديثا وهم من هم في دقة الإدراك وسعة الاطلاع ثم تكون نهاية المطاف ونتيجة التمحيص والتنقيب على هذا الوصف.

أقول إن ذلك يعطي الدليل الواضح على عظم قدره وعلو منزلته، وتلك شهادة من فرسان هذا الميدان على أنه بالمكان الأعلى والوصف الأسمى، وذلك يوضح لنا أيضا السر في إقبال العلماء عليه وتلقيهم له ولصحيح البخاري بالقبول.

عناية العلماء بصحيح مسلم

وكما اعتنى علماء الأمة الإسلامية بصحيح البخاري الذي هو أصح كتاب بعد كتاب الله عز وجل فقد كانت عنايتهم عظيمة بصحيح مسلم الذي هو أصح كتاب يليه. فقد شرحه شارحون واختصره مختصرون وألف في رجاله مؤلفون واستخرج عليه مستخرجون، وعنايتهم بهذين الكتابين جاءت على قدر منزلة كل منهما، فهي بالنسبة لصحيح البخاري بالدرجة الأولى وبالنسبة لصحيح مسلم بالدرجة الثانية، فالكتب التي ألفت في صحيح مسلم كثيرة وأكثر منها المؤلفات المتعلقة بصحيح البخاري، ومع كثرة شروح صحيح مسلم ليس فيها ما يقرب من الكتاب العظيم الذي وفق الله لوضعه الحافظ ابن حجر العسقلاني في شرح البخاري الذي أسماه

((فتح الباري)) وأشهر شروحه وأكثرها رواجا في هذا العصر شرح الإمام النووي وهو شرح يغلب عليه الاختصار، وأكثر عنياته فيه في ضبط الألفاظ والتنبيه على لطائف الإسناد مع الإشارة إلى بيان فقه الحديث أحيانا.

وممن عني بصحيح مسلم عناية تامة من المعاصرين الشيخ محمد فؤاد عبد الباقي، فقد بذل جهدا مشكورا في ترقيمه وتنويع فهارسه حتى كان الوصول إلى المطلوب فيه سهلا ميسورا لا يحوج الناظر إلى عناء ومشقة وخصص لهذه الفهارس مجلدا حافلا بأنواع شتى من الوسائل المؤدية إلى الوقوف على ما في هذا الكتاب المبارك بيسر وسهولة.

وقد طبع صحيح مسلم في أربع مجلدات وتلك الفهارس في مجلد، وما أحوج طالب العلم إلى اقتناء هذه الفهارس التي هي في الحقيقة مفتاح لصحيح مسلم.

خصائص صحيح مسلم والموازنة بينه وبين صحيح البخاري

ينفرد صحيح مسلم بخصائص يتميز بها عن صحيح البخاري، ويوجد في صحيح البخاري من الخصائص والميزات ما لا يشاركه صحيح مسلم فيه ويتفقان في أمور ترفع من شأن الكتابين معا ويسموان بها إلى منتهى الصحة والإجادة والإتقان ونشير فيما يلي إلى نماذج من ذلك:-

فيتفقان في أنهما معا في أعلى درجات الصحيح مع تفوق صحيح البخاري على صحيح مسلم في ذلك.

ويتفقان في أن العلماء تلقوهما بالقبول واعتبروهما أصح الكتب بعد كتاب الله العزيز. ويتفقان في أن مؤلفيهما رحمهما الله سلكا في تأليفهما طرقا بالغة في الاحتياط والتثبت مع الأمانة التامة في العزو، ومن أمثلة ذلك أنهما يتقيدان غاية التقيد فيما يتلقيانه من شيوخهما في الأسانيد والمتون، وإذا كان الأمر يستدعي إيضاحا وبيانا قاما بذلك على وجه يتميز به ذلك. وقد عقد النووي في مقدمة شرحه لصحيح مسلم فصلا خاصا بذلك قال فيه: "ليس للراوي أن يزيد في نسب غير شيخه ولا صفته على ما سمعه من شيخه لئلا يكون كاذبا على شيخه، فإن أراد تعريفه وإيضاحه وزوال اللبس المتطرق إليه لمشابهة غيره فطريقه أن يقول: قال حدثني فلان. يعني ابن فلان .. أو .. الفلاني .. أو .. هو ابن فلان .. أو .. الفلاني .. أو نحو ذلك فهذا جائز حسن قد استعمله الأئمة وقد أكثر البخاري ومسلم منه في الصحيحين غاية الإكثار حتى أن كثيرا من أسانيدهما يقع في الإسناد الواحد منها موضعان أو أكثر".

وينفرد صحيح مسلم بجمع طرق الحديث في مكان واحد غالبا مما جعل الوقوف على المطلوب فيه سهلا ميسورا. وإنما قلت - غالبا - لأنه قد وقع فيه ذكر بعض الأحاديث في أكثر من موضع.

وهذه الميزة لا توجد في صحيح البخاري إلا أنه وجد فيه بدلا منها ميزة كبرى وهي إيضاح ما اشتملت عليه الأحاديث من الفوائد الفقهية مع دقة الاستنباط وبألخص عبارة مما جعل صحيحه كتاب رواية ودراية معا. ومن أجل تحصيل هذا المطلب العظيم عمد البخاري رحمه الله إلى تفريق الحديث وتكرراه في أكثر من موضع مستدلا به في كل موضع بما يناسبه.

وينفرد صحيح مسلم بأن مسلما رحمه الله إذا أسند الحديث فيه إلى جماعة من شيوخه عين من له اللفظ منهم غالبا، فيقول: "حدثنا فلان وفلان واللفظ لفلان" أو قال: "فلان حدثنا فلان" ومن أمثلة ذلك قوله في باب الصلوات الخمس والجمعة إلى الجمعة ورمضان إلى رمضان مكفرات لما بينهن ما اجتنبت الكبائر: حدثنا يحي بن أيوب وقتيبة بن سعيد وعلي بن حجر كلهم عن إسماعيل.

قال ابن أيوب حدثنا إسماعيل بن جعفر. وقوله في باب استحباب إطالة الغرة والتحجيل في الوضوء: حدثنا سويد بن سعيد وابن أبي عمر جميعا عن مروان الفزاري، قال ابن أبي عمر: حدثنا مروان، وقوله في الحديث الذي يليه: وحدثنا أبو كريب وواصل بن عبد الأعلى واللفظ لواصل قالا حدثنا ابن فضيل. وقوله في باب الاستنجاء بالماء من التبرز: وحدثني زهير بن حرب وأبو كريب واللفظ لزهير حدثنا إسماعيل يعني ابن علية.

أما الإمام البخاري فقد ذكر الحافظ ابن حجر العسقلاني في كتابه فتح الباري عند الكلام على حديث جابر بن عبد الله في الخمس الذي أوتيها صلى الله عليه وسلم وهو الحديث الثاني في كتاب التيمم من صحيح البخاري ذكر الحافظ أنه إذا روى الحديث عن غير واحد فاللفظ للأخير، قال رحمه الله: "وقد ظهر بالاستقراء من صنيع البخاري أنه إذا أورد الحديث عن غير واحد فإن اللفظ يكون للأخير و الله أعلم".

وينفرد صحيح مسلم بأن مسلما رحمه الله صدره بمقدمة اشتملت على جمل من علوم الحديث وقد تقدم بيان ما تضمنته على سبيل الإجمال، أما الإمام البخاري فلم يضع بين يدي صحيحه مقدمة بل افتتحه ببدأ الوحي إلى رسول الله صلى الله عليه وسلم.. وينفرد صحيح مسلم بكثرة استعمال التحويل في الأسانيد وذلك لجمعه طرق الحديث المتعلقة بموضوع معين في موضع واحد ويوجد التحويل في الأسانيد قليلا في صحيح البخاري.

وينفر صحيح مسلم بقلة التعليق فيه إذ بلغت جملة ما فيه من ذلك أربعة عشر موضعا كما تقدمت الإشارة إلى ذلك، وقد أكثر الإمام البخاري من استعماله في صحيحه.

وينفرد صحيح مسلم بأن مسلما رحمه الله اقتصر فيه على الأحاديث المسندة إلى رسول الله صلى الله عليه وسلم دون أقوال الصحابة وغيرهم بخلاف البخاري رحمه الله فقد أورد أقوالهم ومعلوم أنها ليست من شرط كتابه وإنما ذلك للإيضاح والبيان لأنه يجمع في كتابه بين الرواية والدراية.

ليس كل الصحيح موجودا في الصحيحين وحدهما

صحيح البخاري وصحيح مسلم اشتملا على قدر كبير من الحديث الصحيح، وهذا القدر الذي اشتملا عليه ليس هو كل شيء في الحديث الصحيح، فإن الصحيح كما أنه موجود فيهما فهو موجود خارجهما في الكتب المؤلفة في الحديث النبوي كالموطأ وصحيح

ابن خزيمة وصحيح ابن حبان ومستدرك الحاكم وجامع الترمذي وسنن أبي داود والنسائي وابن ماجه والدارمي والدارقطني والبيهقي وغيرها. وهو أمر واضح غاية الوضوح فلم ينقل عن البخاري ومسلم أنهما استوعبا الصحيح في صحيحهما أو قصدا استيعابه وإنما جاء عنهما التصريح بخلاف ذلك. قال أبو عمرو ابن الصلاح في كتابه علوم الحديث: "لم يستوعبا - يعني البخاري ومسلما - الصحيح في صحيحهما ولا التزما ذلك، فقد روينا عن البخاري أنه قال: "ما أدخلت في كتابي الجامع إلا ما صح وتركت من الصحيح لحال الطول". وروينا عن مسلم أنه قال: "ليس كل شيء عندي صحيح وضعته ههنا - يعني في كتابه الصحيح - إنما وضعت ههنا ما أجمعوا عليه ..." وقال الحافظ ابن حجر في مقدمة فتح الباري: "روى الإسماعيلي عنه ـ يعني البخاري ـ قال: "لم أخرج في هذا الكتاب إلا صحيح وما تركت من الصحيح أكثر".

وقال النووي في مقدمة شرحه لصحيح مسلم بعد أن ذكر التزام جماعة لهما إخراج أحاديث على شرطيهما لم يخرجاها في كتابيهما قال: "وهذا الإلزام ليس بلازم في الحقيقة فإنهما لم يلتزما استيعاب الصحيح بل صح عنهما تصريحهما بأنهما لم يستوعباه وإنما قصدا جمع جمل من الصحيح كما يقصد المصنف في الفقه جمع جمل من مسائله لا أنه يحصر ـ جميع مسائله" انتهى.

ومما يوضح عدم استيعاب البخاري الصحيح وعدم التزامه بذلك أيضا أنه جاء عن البخاري أنه قال: "أحفظ مائة ألف حديث صحيح ومائتي حديث غير صحيح". مع أن جملة ما في صحيحه من الأحاديث المسندة إلى رسول الله صلى الله عليه وسلم بما في ذلك الأحاديث المعلقة لا تبلغ عشرة آلاف حديث. وأيضا استدراك الحاكم على البخاري ومسلم أحاديث على شرطيهما أو شرط واحد منهما لم يخرجاها وهي أحاديث كثيرة جدا، وأيضا فإن العلماء قسموا الصحيح إلى سبع مراتب مرتبة حسب القوة على النحو التالي:

1- صحيح اتفقا على إخراجه البخاري ومسلم.
2- صحيح انفرد بإخراجه البخاري عن مسلم.
3- صحيح انفرد به مسلم عن البخاري.
4- صحيح على شرطهما معا ولم يخرجاه.
5- صحيح على شرط البخاري ولم يخرجه.
6- صحيح على شرط مسلم ولم يخرجه.
7- صحيح لم يخرجاه ولم يكن على شرطهما معا وعلى شرط واحد .

وهذه المراتب السبع للصحيح ذكرها أبو عمرو ابن الصلاح في علوم الحديث والحافظ ابن حجر في شرحه لنخبة الفكر وغيرهما، وليس في الصحيحين في هذه المراتب إلا الثلاث الأولى أما الأربعة الباقية فلا وجود لها إلا خارج الصحيحين ولم يزل من دأب العلماء في جميع العصور الاحتجاج بالأحاديث الصحيحة - بل والحسنة - الموجودة خارج الصحيحين والعمل بها مطلقا واعتبار ما دلت عليه دون إعراض عنهما أو تعرض للحط من شأنها والتقليل من قيمتها، فلا يليق بمسلم يحب الخير لنفسه ودفع الضر عنها أن يتوقف أدنى توقف في أن سبيلهم هذا هو الحق وغيره هو الباطل والضلال المبين "**ربنا لا تزغ قلوبنا بعد إذ هديتنا وهب لنا من لدنك رحمة إنك أنت الوهاب"**

الحديث المتفق عليه

يرفع من شأن الحديث كونه مخرجا من أحد الصحيحين فإن كان مخرجا فيهما معا كانت منزلته أعلى وشأنه أكبر وأمره أعظم وهذا النوع هو المرتبة الأولى من المراتب السبع للحديث الصحيح التي مر ذكرها، وقد درج المشتغلون بالسنة من أهل الحديث وغيرهم على التعبير عن هذا النوع بقولهم" :متفق عليه"، أو، "أخرجاه.

ولا أعلم أحد يطلق " متفق عليه " إلا على اتفاق البخاري ومسلم وحدهما ما عدى المجد ابن تيمية جد شيخ الإسلام ابن تيمية في كتابه منتقى الأخبار الذي شرحه الشوكاني في كتابه ((نيل الأوطار)) فإنه يعني بقوله فيه "متفق عليه " اتفاق البخاري ومسلم وأحمد. ويعبر عما رواه الشيخان وحدهما " أخرجاه .

وكون الحديث المتفق عليه في قمة الصحيح أمر معلوم عند المحدثين. قال أبو عمرو ابن الصلاح في كتابه علوم الحديث بعد أن ذكر مراتب الصحيح السبع المشار إليها.

"هذه الأمهات أقسامه وأعلاها الأول وهو الذي يقول فيه أهل الحديث كثيرا "صحيح متفق عليه ". يطلقون ذلك ويعنون به اتفاق البخاري ومسلم لا اتفاق الأمة عليه، لكن اتفاق الأمة عليه لازم وحاصل معه لاتفاق الأمة على تلقي ما اتفقا عليه بالقبول وهذا القسم مقطوع بصحته والعلم اليقيني والنظري واقع به". انتهى.

وقد أفرد هذا النوع المتفق عليه بالتأليف وأشمل هذه الكتب وأدقها تحريرا كتاب ((اللؤلؤ والمرجان فيما اتفق عليه الشيخان)) للشيخ محمد فؤاد عبد الباقي، ذكر أنه فرغ من جمعه عام 1367هـ وهو مطبوع في ثلاثة مجلدات وقد بلغت أحاديثه 1906 من الحديث المتفق عليه. وقد رتبه على ترتيب صحيح مسلم فيثبت فيه الحديث بلفظ مسلم ويشير إلى أقرب ألفاظ الحديث عند البخاري الذي اتفق فيه مع مسلم إذا كان مكررا

فيذكر الكتاب عند البخاري ورقمه والباب الذي فيه الحديث من ذلك الكتاب ورقم الباب.

ومن كتبه: كتاب الطبقات وكتاب الجامع وكتاب الأسماء، وغيره من مطبوع ومخطوط.

توفي في مدينة نصر آباد، قرب نيسابور سنة 261 هـ عن 57 عاما. رحمه الله رحمة واسعة .

وفاته ومدة عمره

توفي الإمام مسلم رحمه الله عشية يوم الأحد ودفن يوم الاثنين لخمس بقين من رجب سنة إحدى وستين ومائتين. دفن بنصر أباد ظاهر نيسابور، ومدة عمره قيل خمس وخمسون سنة وقيل سبع وخمسون رحمه الله.

الإمام الترمذي

اسمه ونسبه ومولده

هو أبو عيسى (1) محمد بن عيسى بن سورة بن موسى بن الضحاك السلمي (2) الضرير البوغي الترمذي، الحافظ المشهور.

اتفق على هذا النسب في أكثر الروايات وهو الذي رجحه الأئمة العلماء وحكي في نسبه أقوال منها:-

- ما ذكره السمعاني في الأنساب (محمد بن عيسى بن سورة بن الشداد).

- ما ذكره ابن حجر في التهذيب (محمد بن عيسى بن سورة بن موسى بن الضحاك وقيل ابن السكن السلمي أبو عيسى الترمذي).

- وذكره المربي في تهذيب الكمال (محمد بن عيسى بن يزيد بن سورة بن السكن).

- وهنالك العديد من الأقوال، والرأي الأرجح يقول: مولده في قرية "بوغ" ثم انتقل إلى مدينة (ترمذ) إلى أن توفاه الله.

بلدة الترمذي "ترمذ"

امتدت جملة الاختلافات عن سيرة الحافظ الترمذي إلى نطق كلمة (ترمذ) وينسب إليها الحافظ الترمذي أبو عيسى في مولده ومماته وهذه المدينة من أشهر المدن التي خرج منها

---

(1) السلمي: منسوب إلى بني سليم، بالتصغير، قبيلة من غيلان و(سورة): في الأصل تعني ((الحدة)).
(2) كنيته: أبو عيسى/ واسمه محمد. واسم أبيه عيسى. واسم جده: سورة.

233

جماعة كثيرة من العلماء لذا تعتبر هذه المدينة من أمهات المدن وهي على المجرى الأعلى لنهر جيحون على مسيرة ستة فراسخ من بلخ.

وهناك بعض العلماء اختلفوا في ضبط كلمة ترمذ فكان بعضهم يقول فتح التاء او كسرها وقد أثبتها ابن خلكان في وفيات الأعيان وهو الصحيح، بكسر التاء والميم جميعا..

قرية "بوغ" التي ولد بها

كتب أبو الأشبال أحمد محمد بن شاكر: من المحتمل أن يكون من أهل هذه القرية فينسب إليها أو لمدينتها وهو الأقرب أو يبعد أن يكون من أهل البلدة فينسب إلى قرية من قراها من غير أن تكون له بها صلة.

عصره

ولد الإمام الترمذي سنة 209هـ أيام خلافة أبي جعفر عبد الله المأمون، وتوفي سنة 279هـ أيام خلافة أبي العباس أحمد المعتضد. أي أن الترمذي عاصر الخلافة العباسية خلال فترتيها الأولى والثانية، فهو واحد من أعلام ومشاهير ذلك العصر، ورغم ذلك لا نجد عن سيرته الذاتية ما يكفي شهرته أو علمه ولا تعرف عن حياته إلا قليلا. وذلك لا بد من معرفة- ولو لمحة موجزة- عن العصر الذي عاش فيه، لأن كل عصر له انعكاساته على العلم والعلماء، فكما يقال: إن الإنسان ابن بيئته، فهو أيضا ابن عصره. ومن هنا نعلم بأن زمن الترمذي كان عاملا هاما وحاسما في تكوين شخصيته وأفكاره واتجاهاته العلمية والروحية وأيضا انعكاسات من عايشهم وتتلمذ على أيديهم وسمع منهم خلال مسيرة حياته..فمن المؤكد انه تأثر بهم وأثر فيهم.

وإذا تكلمنا عن نشأة الترمذي فلا نغفل دور العصر العباسي الأول الهام في تكوينه، على الرغم من ان الترمذي ونضجه العلمي كانا في العصر العباسي الثاني، فإنه نشأ وتعلم وتأثر من علوم السابقين له في العصر الأول. هذا العصر الذي شهد حركة علمية ونهضة ثقافية واسعة. منها حركة التصنيف التي تعتبر أدق من التدوين. ويرجع الفضل لهذا الاتجاه: بتوجيه العلماء من قبل أبي جعفر المنصور. فمثلا نرى الإمام مالك قد صنف كتابه ((الموطأ)) وأثر عنه قوله: و الله لقد علمني المنصور التصنيف.

ثم جاء عهد المأمون (هذا الذي ولد ونشأ فيه الترمذي) وهو من أرقى عهود العالم في العصر العباسي، ويعتبر أيضا من أزهى عصور التاريخ العربي من الناحية الفكرية.

فقد رأى المأمون بأن السعادة الحقيقية لشعبه لا تأتي إلا عن طريق التربية والتهذيب ونشر العلم وتشجيع القائمين بأمره، ولذلك رفع مرتبة العلماء والمشتغلين بالعلم، وفتح المدارس والكليات في جميع النواحي والأقاليم.

ومن مفاخر هذا العصر: أنه عاش فيه أئمة الفقه الأربعة وهم أبو حنيفة (510هـ)، ومالك (179هـ)، والشافعي (204هـ)، وأحمد بن حنبل (241هـ).

فرغم الضعف السياسي العسكري الذي شهدته الدولة العباسية خلال عهدها الثاني إلا أنها لم تتأثر أو تتوقف مسيرتها الحضارية عن المضي- قدما نحو الرقي بالعلوم عامة والإسلامية خاصة، لأنها تنمو وتزدهر بالمسيرة الحضارية للدولة العباسية التي بدأ غرسها من خلال العصر العباسي الأول وأكملت نموها وازدهارها في العصر العباسي الثاني، الذي شهد مؤلفات المصنفين الستة المشهورين في علم الحديث... ويعد الترمذي أحد الأئمة الستة الذي بغوا بالحديث وهم:

* البخاري: أبو عبد الله محمد بن إسماعيل.
* مسلم: أبو الحسين بن الحجاج القشيري.
* أبو داوود: سليمان الأشعث السجستاني.
* الترمذي: أبو عيسى محمد بن عيسى.
* النسائي: أبو عبد الرحمن أحمد بن شعيب.
* ابن ماجه: أبو عبد الله محمد بن يزيد.

أساتذة الترمذي وشيوخه

أدرك الترمذي كثيرا من قدماء الشيوخ، وسمع منهم، وروى عنهم، وكان يطوف البلدان بحثا في طلب الحديث والاستقصاء للصحيح منه، ومنهم((نذكر سبعة فقط)).

1. قتيبة بن سعيد الثقفي أبو رجاء: ولد سنة 150 ومات سنة 240هـ
2. أبو مصعب محمد بن أبي بكر الزهري: ولد سنة 150 ومات سنة 242هـ
3. إبراهيم بن عبد الله الهروي: ولد سنة 178 ومات سنة 244هـ
4. عبد الله بن معاوية الجمحي: مات سنة 243، وقد جاوز المائة .
5. أحمد بن محمد بن حنبل: ولد سنة 164 ومات سنة 241هـ
6. أبو عبد الله محمد بن إسماعيل البخاري: ولد سنة 194 ومات سنة 256هـ
7. أبو داوود بن الأشعث السجستاني: ولد سنة 202 ومات سنة 275هـ

من روى عنه:

1. أبو حامد أحمد بن عبد الله بن داوود المروزي التاجر.
2. الهيثم بن كليب (الشاشي).
3. أحمد بن يوسف النسفي.

4. أبو الحارث أسد بن حمدوية.

5. حماد بن شاكر.

6. محمد بن إسماعيل السمرقندي.

وهناك خلق كثير غيرهم روى عن الترمذي.

كتب الترمذي:-

كتب الترمذي في موضوعات شتى، في الزهد والأسماء والكنى والفقه والتاريخ، ولم يصلنا – فيما يبدو- شيء منها.

* قال أبو سعد الإدريسي: كان احد الأئمة الذين يقتدى بهم في علم الحديث، صنف كتاب [العليل] و[الجامع] و[التواريخ] تصنيف رجل عالم متقن كان يضرب به المثل في الحفظ.

* وللإمام الترمذي كتاب اسمه ((الشمائل المحمدية والفضائل المصطفوية)): وهو مجموعة من الأحاديث في ذات النبي صلى الله عليه وسلم وشمائله، واختارها الترمذي من الجامع الصحيح وغيره من كتب السنة والسيرة النبوية الشريفة.

قالوا عن الترمذي:-

* قال أبو الفضل البيلماني، سمعت نصر بن محمد يقول: سمعت محمد ابن عيسى الترمذي يقول: قال لي محمد بن إسماعيل البخاري: ((انتفعت بك أكثر مما انتفعت بي)).

* قال الحاكم سمعت عمر بن مالك يقول: مات البخاري فلم يخلف بخراسان مثل أبي عيسى في العلم والحفظ والورع والزهد، بكى حتى عمي وبقي على هذا الحال سنينا.

* قال أبو الفلاح في شذرات الذهب: وكان مبرزا على الأقران آية في الحفظ والإتقان. ((رحمه الله تعالى وأسكنه فسيح جنانه)).

أبي داود

وهو سليمان بن الأشعث بن شداد بن عمرو بن إسحاق بن بشير الأزدي السجستاني، نسبة إلى سجستان. أبو داود. إمام أهل الحديث في عصره. صاحب كتاب السنن في الحديث، وهو أحد الكتب الستة المعتمدة.ولد سنة (202) ورحل إلى بغداد وتفقه بالإمام أحمد بن حنبل ولازمه وكان يشبهه، ورحل إلى الحجاز والعراق وخراسان والشام ومصر والثغور، وروى عنه النسائي والترمذي وغيرهما. كان في الدرجة العليا من النسك والصلاح. جمع في كتابه السنن ما يقرب من (5300) حديث .

وقد طلب منه الأمير أبو أحمد طلحة (الموفق العباسي) أن يلبي له ثلاث خلال: أولها أن ينتقل إلى البصرة فيتخذها وطنا له لترحل إليه طلبة العلم فتعمر البلد به. وثانيها أن يروي لأولاده السنن ، وثالثها أن يفرد لأولاده مجلسا خاصا، فإن أولاد الخلفاء لا يجلسون مع العامة. فقال له داود: أما الأولى فنعم والثانية فنعم وأما الثالثة فلا سبيل إليها، لأن الناس في العلم سواء، فكان أولاد الموفق العباسي يحضرون ويجلسون وبينهم وبين العامة ستر. استقر بالبصرة وبها توفي سنة 275 هـ عن 73 سنة. رحمه الله رحمة واسعة .

النسائي

نسبه ونشأته

هو الإمام الحافظ الثبت شيخ الإسلام ناقد الحديث أبو عبد الرحمن أحمد بن شعيب بن علي بن سنان بن بحر الخراساني النسائي صاحب السنن.

ولد بنسا في سنة 215هـ وطلب العلم في صغره فارتحل إلى قتيبة في سنة 230هـ فأقام عنده بمدينة بغلان سنة فأكثر عنه، ومن شيوخه إسحاق بن راهويه وهشام بن عمار ويروي عن رفقائه.

مكانته العلمية

كان من بحور العلم مع الفهم والإتقان والبصر ونقد الرجال وحسن التأليف رحل في طلب العلم في خراسان والحجاز ومصر والعراق والجزيرة والشام والثغور ثم استوطن مصر- ورحل الحفاظ إليه ولم يبق له نظير في هذا الشأن.

حدث عنه أبو بشر الدولابي وأبو جعفر الطحاوي وأبو علي النيسابوري وغيرهم كثير.

قال الحافظ ابن طاهر سألت سعد بن علي الزنجاني عن رجل فوثقه فقلت قد ضعفه النسائي فقال يا بني إن لأبي عبد الرحمن شرطا في الرجال أشد من شرط البخاري ومسلم قلت صدق فإنه لين جماعة من رجال صحيحي البخاري ومسلم.

قال الحاكم كلام النسائي على فقه الحديث كثير ومن نظر في سننه تحير في حسن كلامه، وقال ابن الأثير في أول جامع الأصول كان شافعيا له مناسك على مذهب الشافعي وكان ورعا متحريا قيل إنه أتى الحارث بن مسكين في زي أنكره عليه قلنسوة وقباء وكان الحارث خائفا من أمور تتعلق بالسلطان فخاف أن يكون عينا عليه فمنعه

237

فكان يجيء فيقعد خلف الباب ويسمع ولذلك ما قال حدثنا الحارث وإنما يقول قال الحارث بن مسكين قراءة عليه وأنا أسمع.

قال مأمون المصري المحدث خرجنا إلى طرسوس مع النسائي سنة الفداء فاجتمع جماعة من الأئمة عبد الله بن أحمد بن حنبل ومحمد بن إبراهيم مربع وأبو الآذان فتشاوروا من ينتقي لهم على الشيوخ فأجمعوا على أبي عبد الرحمن النسائي وكتبوا كلهم بانتخابه.

وقال أبو طالب أحمد بن نصر الحافظ من يصبر على ما يصبر عليه النسائي عنده حديث ابن لهيعة ترجمة ترجمة يعني عن قتيبة عن ابن لهيعة قال فما حدث بها.

مناقبه وفضائله

قال محمد بن المظفر الحافظ سمعت مشايخنا بمصر يصفون اجتهاد النسائي في العبادة بالليل والنهار وأنه خرج إلى الفداء مع أمير مصر فوصف من شهامته وإقامته السنن المأثورة في فداء المسلمين واحترازه عن مجالس السلطان الذي خرج معه والانبساط في المأكل وأنه لم يزل ذلك دأبه إلى أن استشهد بدمشق من جهة الخوارج.

ثناء العلماء عليه

قال الحافظ أبو علي النيسابوري:الإمام في الحديث بلا مدافعة أبو عبد الرحمن النسائي.

وقال أبو الحسن الدار قطني أبو عبد الرحمن مقدم على كل من يذكر بهذا العلم من أهل عصره.

وقال الدار قطني كان أبو بكر بن الحداد الشافعي كثير الحديث ولم يحدث عن غير النسائي وقال رضيت به حجة بيني وبين الله تعالى.

قال أبو سعيد ابن يونس في تاريخه كان أبو عبد الرحمن النسائي إماما حافظا ثبتا.

قال أبو عبد الله بن منده الذين أخرجوا الصحيح وميزوا الثابت من المعلول والخطأ من الصواب أربعة البخاري ومسلم وأبو داود وأبو عبد الرحمن النسائي.

تراث النسائي

ترك النسائي مجموعة من الكتب أهمها كتاب السنن وهو الذي عرف به وجاء في سير أعلام النبلاء عن كتبه الأخرى " قد صنف مسند علي وكتابا حافلا في الكنى وأما كتاب خصائص علي فهو داخل في سننه الكبير وكذلك كتاب عمل اليوم والليلة وهو مجلد هو من جملة السنن الكبير في بعض النسخ وله كتاب التفسير في مجلد وكتاب الضعفاء وأشياء والذي وقع لنا من سننه هو الكتاب المجتنى منه انتخاب أبي بكر بن السني سمعته ملفقا

من جماعة سمعوه من ابن باقا بروايته عن أبي زرعة المقدسي سماعا لمعظمه وإجازة لفوت له محدد في الأصل.

وفاته

روى أبو عبد الله بن مندة عن حمزة العقبي المصري وغيره أن النسائي خرج من مصر في آخر عمره إلى دمشق فسئل بها عن معاوية وما جاء في فضائله فقال لا يرضى رأسا برأس حتى يفضل قال فما زالوا يدفعون في حضنيه حتى أخرج من المسجد ثم حمل إلى مكة فتوفي بها كذا قال وصوابه إلى الرملة.

وقال الدار قطني خرج حاجا فامتحن بدمشق وأدرك الشهادة فقال احملوني إلى مكة فحمل وتوفي بها وهو مدفون بين الصفا والمروة وكانت وفاته في شعبان سنة 303هـ قال وكان أفقه مشايخ مصر في عصره وأعلمهم بالحديث والرجال

ابن ماجة

هو أبو عبد الله محمد بن يزيد بن ماجة الربعي بالولاء القزويني الحافظ الكبير المفسر، ولد سنة (209هـ) وتوفي سنة (273هـ).

قال أبو يعلى الخليلي الحافظ: ابن ماجه ثقة كبير متفق عليه، محتج به، له معرفة وحفظ

.

فتحت قزوين في خلافة عثمان بن عفان، وأصبح البراء بن عازب الصحابي الجليل أول وال عليها سنة (24هـ - 644م) ومنذ ذلك الحين دخلها الإسلام، واستوطنها الفاتحون العرب، وتسرب إليها اللسان العربي، وما كاد يطل القرن الثالث الهجري حتى اكتسبت قزوين شهرة كبيرة في فن الحديث، وبرز فيه عدد كبير من المحدثين، مثل: الحافظ علي بن محمد أبي الحسن الطنافسي المتوفى سنة (233هـ - 847م)، والحافظ عمرو بن رافع البجلي المتوفى سنة (237هـ - 851م)، وإسماعيل بن توبة المتوفى سنة (247هـ -861م)، وابن ماجه صاحب السنن موضع حديثنا.

وبلغ من مكانة قزوين واتساع الحركة العلمية فيها أن خصها بعض أبنائها بالتأريخ لها، وترجمة أعيانها وعلمائها، ومن أشهر هذه الكتب: التدوين في أخبار قزوين للحافظ الرافعي المتوفى سنة (622هـ -1225م).

استقبلت قزوين مولد أبي عبد الله محمد بن يزيد الربعي، المعروف بابن ماجه سنة (209هـ - 824م) وكانت آنذاك حاضرة من حواضر العلم تموج بالحركة والنشاط العلمي، وتزخر بحلقات العلماء والفقهاء، شأنها في ذلك شأن المراكز العلمية الأخرى

ذات الإشعاع الحضاري، مثل: بغداد، والكوفة، والبصرة، ومرو، وأصفهان، وكانت الدولة العباسية تعيش أزهى فتراتها قوة وحضارة، وكان رجل المرحلة، ورائد النهضة ومفجر الطاقات.

في هذا الجو العلمي عاش ابن ماجه حياته الأولى؛ فحفظ القرآن الكريم، وتردد على حلقات المحدثين التي امتلأت بها مساجد قزوين، حتى حصل قدرا كبيرا من الحديث ثم تطلع إلى الرحلة في طلب الحديث، وكانت من تقاليد العصر- التي التزمها كبار المحدثين لملاقاة الشيوخ، استنادا إلى نصوص الحديث التي تحث على طلب العلم، مثل قوله صلى الله عليه وسلم: "من سلك طريقا يلتمس فيه علما سهل الله له طريقا إلى الجنة"، وقد صدر الإمام البخاري كتاب العلم في صحيحه بباب الخروج في طلب العلم، وجاء في مقدمة الباب: "ورحل جابر بن عبد الله مسيرة شهر إلى عبد الله بن أنيس في حديث واحد". وبلغ من أهمية الرحلة في طلب الحديث أن وضع فيها مؤلفات تضم الأصول والإرشادات التي على طالب العلم المرتحل أن يتتبعها، ويلتزم بها.

الرحلة في طلب الحديث

ولم يشذ ابن ماجه عن هذا التقليد العلمي المتبع، فخرج سنة (230هـ - 844م) وهو في الثانية والعشرين من عمره في طلب الحديث ومشافهة الشيوخ والتلقي عليهم، فرحل إلى خراسان، والبصرة والكوفة، وبغداد ودمشق، ومكة والمدينة، ومصر، ومن شيوخه إبراهيم بن المنذر تلميذ البخاري المتوفى سنة (236هـ - 850م)، والحافظ الحلواني أبو محمد حسن بن علي بن محمد الخلال، والحافظ الزبير بن بطار، وسلمة بن شبيب، والحافظ يعقوب بن حميد، وإسماعيل بن موسى الفزاري، وحرملة بن يحيي، وزهير بن حرب.

وبعد رحلة شاقة استغرقت أكثر من خمسة عشر عاما عاد ابن ماجه إلى قزوين، واستقر بها، منصرفا إلى التأليف والتصنيف، ورواية الحديث بعد أن طارت شهرته، وقصده الطلاب من كل مكان، من أمثال: إبراهيم بن دينار الجرشي، وإسحاق بن محمد القزويني، وسليمان بن يزيد القزويني، وابن الحسن بن قطان، وأبي بكر حامد الأبهري وغيرهم.

مؤلفاته

كان ابن ماجه موضع ثقة معاصريه وتقديرهم، معدودا في كبار الأئمة وفحول المحدثين، فيصفه صاحب كتاب التدوين في تاريخ قزوين بأنه "إمام من أئمة المسلمين، كبير متقن، مقبول باتفاق". ويقول عنه الذهبي: "إنه حافظ صدوق واسع العلم". ولم تكن شهادة

المؤرخين له بالسبق والتقدم إلا لسعة علمه ولما ترك من كتب ومصنفات، غير أن معظمها قد امتدت إليه يد الإهمال والنسيان، فضاع مع ما ضاع من ذخائر تراثنا العظيم، فكان له تفسير للقرآن وصفه ابن كثير في كتابه البداية بأنه تفسير حافل، وأشار إليه السيوطي في كتابه "الإتقان في علوم القرآن"، وله أيضا كتاب في التاريخ ظل موجودا بعد وفاته مدة طويلة، فقد شاهده الحافظ ابن طاهر المقدسي المتوفى سنة (507هـ - 1113م)، ورأى عليه تعليقا بخط جعفر بن إدريس تلميذ ابن ماجه، وقال عنه ابن كثير بأنه تاريخ كامل، ووصفه ابن خلكان بأنه تاريخ مليح.

سنن ابن ماجه

غير أن كتابه "السنن" هو ما بقي من كتبه، وقد طبقت شهرته الآفاق، وبه عرف ابن ماجه، واحتل مكانته المعروفة بين كبار الحفاظ والمحدثين، وقد عد الكتاب رابع كتب السنن المعروفة، وهي سنن أبي داود والترمذي والنسائي وابن ماجه، ومتمم للكتب الستة التي تشمل إلى ما سبق صحيح البخاري ومسلم، وهي المراجع الأصول للسنة النبوية.

والمتقدمون من العلماء كانوا يعدون هذه الكتب الأصول خمسة ليس من بينها سنن ابن ماجه، غير أن المتأخرين أدخلوها ضمن الكتب الستة المعتمدة، وأول من جعلها كذلك هو الإمام الحافظ ابن طاهر المقدسي، الذي وضع كتابا في شروط الأئمة الستة، وآخر في أطراف الكتب الستة، أي في جميع الأحاديث التي تشتمل عليها، وبعد ذلك اتفق معه في الرأي جميع الأئمة.

وكان العلماء قد بحثوا أي المصنفين يكون السادس بين كتب الصحاح: موطأ الإمام مالك أم سنن ابن ماجه، ويجيب على هذا العلامة المحدث عبد الغني النابلسي المتوفى سنة (1143هـ - 1730م)، فيقول في مقدمة كتابه: "ذخائر المواريث في الدلالة على موضع الحديث": "وقد اختلف في السادس، فعند المشارقة هو كتاب السنن لأبي عبد الله محمد بن ماجه القزويني، وعند المغاربة الموطأ للإمام مالك بن أنس، ولكن عامة المتأخرين اتفقوا على أن سنن ابن ماجه هو أولى من الموطأ، وهو السادس في الصحاح". وقال السخاوي: "وقدموه على الموطأ لكثرة زوائده على الخمسة بخلاف الموطأ".

رتبة سنن ابن ماجة

قال الصنعاني عن ابن ماجة: وكان أحد الأعلام، وألف السنن، وليست لها رتبة ما ألف من قبله، لأن فيها أحاديث ضعيفة بل منكرة، ونقل عن الحافظ المزي أن غالب ما تفرد به الضعيف .

وقد اعتبر هذا الكتاب رابع السنن، ومتمم الكتب الستة التي هي المراجع الأصول للسنة النبوية، وكان المتقدمون يعدونها خمسة، ليس فيها كتاب ابن ماجه، ثم جعل بعضهم الموطأ سادسها، ولما رأى بعض الحفاظ كتابه كتابا مفيدا قوي النفع في الفقه ورأى من كثرة زوائده أدرجه في الأصول وجعلوه آخرها منزلة ؛ وذلك لأنه تفرد بأحاديث عن رجال متهمين بالكذب

ومما تقدم نعلم أن إطلاق الصحيح على أحد كتب السنن الأربعة أو عليها مجتمعة مع الصحيحين فيه تساهل، لأن أحاديث الأربعة ليست كلها صحيحة، نعم أكثرها صحيح أو حسن، وربما كان ذلك سبب إطلاق الصحاح عليها من باب التغليب.

عدد أحاديثه

قال محقق الكتاب الأستاذ محمد فؤاد عبد الباقي: جملة أحاديث سنن ابن ماجة (4341) حديثا.

من هذه الأحاديث (3002) حديثا أخرجها أصحاب الكتب الخمسة كلهم أو بعضهم، وباقي الأحاديث وعددها (1339) هي الزوائد على ما جاء في الكتب الخمسة، وهي كالآتي :

1- أحاديث رجالها ثقات، صحيحة الإسناد (428) حديثا

2- أحاديث حسنة الإسناد "199 " حديثا.

3- أحاديث ضعيفة الإسناد " 613 " حديثا.

4- أحاديث واهية الإسناد أو منكرة أو مكذوبة " 99 " حديثا .

من شروح سنن ابن ماجة

(1) الديباجة بشرح سنن ابن ماجة للشيخ كمال الدين محمد بن موسى الدميري الشافعي المتوفى سنة (808هـ)، وجاء هذا الشرح في خمس مجلدات لكنه مات قبل تحريره.

(2) مصباح الزجاجة على سننابن ماجة للحافظ جلال الدين السيوطي المتوفى سنة 911هـ وقد شرح قطعة منه في خمس مجلدات .

(3) ما تمس إليه الحاجة على سنن ابن ماجة للعلامة ابن الملقن الشافعي شرح فيه زوائد ابن ماجه على الكتب الخمسة، وقد ضبط فيه مشكله من الأسماء والكنى وما يحتاج إليه من الغرائب وجاء شرحه في ثمان مجلدات .

(4) شرح سنن ابن ماجه للحافظ علاء الدين مغلطاى بن قليج بن عبد الله الحنفي التركي المصري المتوفى سنة (762هـ)، لكنه لم يتمه .

(5)

خصائص سنن ابن ماجه وشروحه

اشتهر الكتاب بدقة تبويبه وكثرتها، فهو يشتمل على مقدمة وسبعة وثلاثين كتابا، وألف وخمسمائة باب، تضم أربعة آلاف وثلاثمائة وواحدا وأربعين حديثا، ومن هذه الأحاديث 3002 حديث اشترك معه في تخريجها أصحاب الكتب الخمسة، وانفرد هو بتخريج 1329 حديثا، وهي الزوائد على ما جاء في الكتب الخمسة، من بينها 428 حديثا صحيح الإسناد و119 حديثا حسن الإسناد، وهذا ما أشار إليه ابن حجر بقوله: "إنه انفرد بأحاديث كثيرة صحيحة".

وقد لقي الكتاب عناية من كبار الحفاظ والمحدثين فأولوه عناية بالشرح، ومن هذا الشروح

- شرح سنن ابن ماجه، للحافظ علاء الدين مغلطاي، المتوفى سنة (762هـ - 1360م)

- ما تمس إليه الحاجة على سنن ابن ماجه، لسراج الدين عمر بن علي بن الملقن، المتوفى سنة (804هـ - 1401م)، واقتصر فيه على شرح الأحاديث التي انفرد بروايتها ابن ماجه، ولم تدرج في كتب الصحاح الخمسة.

- الديباجة في شرح سنن ابن ماجه، للشيخ كمال الدين محمد بن مرسي الدبيري، المتوفى سنة (808هـ - 1405م).

- مصباح الزجاجة في شرح سنن ابن ماجه، للجلال الدين السيوطي، المتوفى سنة (911هـ - 1505م)

- شرح سنن ابن ماجه، للمحدث محمد بن عبد الهادي السندي، المتوفى سنة (1138هـ - 1725م)

وقد طبع الكتاب مبكرا، فكان من أوائل الكتب التي أخرجتها المطابع العربية، فنشر في الهند بدلهي سنة (1264هـ - 1847م)، وعليه حاشيتان، إحداهما: مصباح الزجاجة للسيوطي، والأخرى: إنجاح الحاجة لمولوي عبد الغني الدهلوي، ثم نشر بالقاهرة سنة (1313هـ - 1895م) وعليه حاشية السندي، وهو شرح مختصر يعنى بضبط غريب الألفاظ وبيان الإعراب بصفة خاصة، ثم نشرت السنن وحققها تحقيقا علميا العالم الجليل محمد فؤاد عبد الباقي، ورقم كتبها وأبوابها وأحاديثها في سنة (1371هـ - 1951م)، وقد صدرت في مجلدين ومزودة بفهارس متعددة تعين الباحث على الوصول إلى الحديث في سهولة ويسر.

وفاة ابن ماجه

أمضى ابن ماجه بقية عمره في قزوين خادما للحديث معنيا بروايته، مقبلا على تلاميذه حتى توفي يوم الإثنين، ودفن يوم الثلاثاء الموافق (22 من رمضان 273هـ -20 من نوفمبر 886هـ).

عمر بن عبد العزيز

عمر بن عبد العزيز بن مروان الخليفة الصالح أو جعفر خامس الخلفاء الراشدين

نسبه ومولده وبعض الأخبار عنه ومبايعته بالخلافة

ولد عمر بجلوان وهي قرية بمصر، وأبوه أمير عليها وأمه أم عاصم بن عاصم بن عمر بن الخطاب وكان بوجه عمر بن عبد العزيز شجة فضربته دابة في جبهته-وهو غلام- فجعل أبوه يمسح الدم عنه، ويقول إن كنت أشج بني أمية أنك ليسعيد وكان عمر بن الخطاب يقول: من ولدي رجل بوجهه شجة يملأ الأرض عدلا فعرف -أبيه فيه.

جمع القرآن وهو صغير، وبعثه أبوه إلى المدينة يتأدب بها فكان يختلف إلى عبد الله بن عبد الله يسمع منه العلم.

وقال مسلمة بن عبد الملك (دخلت على عمر بن عبد العزيز أعوده في مرضه فإذا عليه قميص وسخ، فقلت لفاطمة بنت عبد الملك:ألا تغسلون له قميصه؟ قالت: و الله ماله قميص غيره.

قال أبو أمية الى غلام عمر:دخلت يوما على مولاتي فغدتني عدسا فقلت كل يوم عدس؟ قالت: يا بني هذا طعام مولاك أمير المؤمنين.

بويع بالخلافة بعهد من سليمان، في صفر سنة تسع وتسعين كما تقدم فمكث فيها سنتين وخمسة أشهر نحو خلافة الصديق رضي الله عنه، ملأ الأرض عدلا في هذه المدة، ورد المظالم وسن السنن الحسنة ولما قرأ كتاب العهد باسمه عقر أي بقي مكانه لم يتقدم أو يتأخر لفزع أصابه، وقال: و الله إن هذا المر ما سألته الله قط؟ وقدم إليه صاحب المراكب مركب الخليفة فأبى وقال:أتوني ببغلتي، قال الحكم بن عمر: شهدت عمر بن عبد العزيز حين جاءه أصحاب المراكب يسألونه العلوفة ورزق خدمتها؟ قال: ابعث بها إلى أمصار الشام يبيعونها فيمن يريد واجعل أثمانها في مال الله، تكفيني بغلتي. هذه الشهباء.

وقال عمرو بن مهاجر: كانت نفقة عمر بن عبد العزيز كل يوم درهمين وقال: يوسف بن يعقوب الكاهلي: كان عمر يلبس الفروة الكبل، وكان سراج بيته على ثلاث قصبات فوقهن طين.

بعض الأخبار عنه

وقال حسن القصاب: رأيت الذئاب ترعى مع الغنم بالبادية في خلافة عمر بن عبد العزيز فقلت: سبحان الله ذئب في غنم لا يضرها! فقال الراعي:إذا صلح الرأس فليس على الجسد رأس.

وقال مالك بن دينار: لما ولى عمر بن عبد العزيز قالت: رعاء الشاء: من هذا الصالح الذي قام على الناس خليفة؟ عدله كف الذئاب عن شاننا.

وقال موسى بن أحمد بن أبيه كنا نرى الشاء بكرمان في خلافة عمر بن عبد العزيز، فكانت الشاة والذئب ترعى في مكان واحد فبينما نمت ذات ليلة إذ عرض الذئب للشاة فقلت: ما نرى الرجل الصالح إلا قد هلك فحسبوه فوجدوه قد مات تلك الليلة.

وقالت فاطمة بنت عبد الملك زوجته: ما اعلم أنه اغتسل من جنابة ولا من احتلام منذ استخلف الله حتى قبضه.

وقال عمر بن مهاجر: اشتهى عمر بن عبد العزيز تفاحا فأهدى له رجل من أهل بيته تفاحا، فقال: ما أطيب ريحه وأحسنه! ارفعه يا غلام للذي به وأقرئ فلانا السلام وقل له إن هديتك وقعت عندنا بحيث تحب فقلت: يا أمير المؤمنين أنت عمك ورجل من أهل بيتك وقد بلغك أن النبي صلى الله عليه وسلم كان يأكل الهدية، فقال:ويحك! إن الهدية كان النبي صلى الله عليه وسلم هدية هي لنا اليوم رشوة.

وقال إبراهيم بن ميسرة: ما رأيت عمر بن عبد العزيز ضرب أحدا في خلافته إلا رجل واحد تناول من معاوية، فضربه بثلاثة أسواط .

وقال رجاء بن حيوه سهرت ليلة عند عمر،فغشي- السراج-وإلى جانبه وصيف- قلت إلا أنبهه؟ قال: لا،قلت: أفك القوم؟ قال ليس من مروءة الرجال استخدامه ضيفه، فقام إلى بطه[1] الزيت وأصلح السراج ثم رجع، وقال: قمت (وأنا عمر ورجعت وأنا عمر)

وقال يحيى الغساني: لما ولاني عمر بن عبد العزيز الموصل قدمتها فوجدت من أكثر البلاد سرقة ونقبا، فكتب إليه أعلمه حال البلاد

وأسأله آخذ الناس بالظنة وأضربهم على التهمة أو أخزهم بالبينة وما جرت عليه السنة، فكتب إلى أن آخذ الناس بالبينة وما جرت عليه السنة، فإن لم يصلحهم الحق فلا أصلحهم الله، قال يحيى: ففعلت ذلك فما خرجت من الموصل حتى كانت أصلح البلاد وأقلها سرقة ونقبا.

---

(1) بطة الزيت: إناء على شكل يوضع فيه ا لدهن.

وقال وهيب بن الورد: تجتمع بنو مروان إلى باب عمر بن عبد العزيز فقالوا لابنه عبد الملك: قل لأبيك: إن من كان قبله من الخلفاء كان يعطينا ويعرف لنا موضعنا، وإن أباك قد حرمنا ما في يديه، فدخل على أبيه فأخبره فقال لهم: إن أبي يقول لكم:إني أخاف أن عصيت ربي عذاب يوم عظيم.

وقال عبيد الله بن العيزار: خطبنا عمر بن عبد العزيز بالشام على منبر من طين فقال: أيها الناس أصلحوا أسراركم تصلح علانيتكم، واعملوا لأخرتكم تكفوا دنياكم، واعلموا أن رجلا ليس بينه وبين آدم أب حي لعرق له في الموت، والسلام عليكم.

وكان بنوا أمية يسبون علي بن أبي طالب في الخطبة، فلما ولي عمر بن عبد العزيز أبطاله، وكتب إلى نوابه بإبطاله، وقرأ ما كانت:(إن الله يأمر بالعدل والإحسان) فاستمرت قراءتها إلى يومنا هذا في الخطبة.

الفوائـــــــــد:

فائدة: قال الثعالبي في لطائف المعارف: كان عمر بن الخطاب أصلح وعثمان وعلي ومروان بن الحكم وعمر بن عبد العزيز ثم انقطع الصلح عن الخلفاء.

فائدة بن عبد العزيز: قال الشاعر في فاطمة بنت عبد الملك بن مروان زوجة عمر بن عبد العزيز بنت الخليفة والخليفة جدها أخت الخلفاء والخليفة زوجها فلم تكن امرأة تستحق هذا النسب إلى يومنا هذا.

مرضه ووفاته

قال أيوب: قيل لعمر بن عبد العزيز: لو أتيت المدينة فإن متى دفنت في موضع القبر الرابع مع رسول الله صلى الله عليه وسلم، فقال: و الله لأن يعذبني الله بكل عذاب إلا النار أحب إلي من أن يعلم الله مني أني أراني لذلك الموضع أهلا.

وقال وليد بن هشام: قيل لعمر في مرضه:ألا تتداوى فقال: لقد علمت الساعة التي سقيت فيها، ولو كان شفائي أن أمسح شحمة أذني أو أوتي بطبيب فأرفعه ما فعلت.

ولما احتضر عمر بن عبد العزيز، قال: أخرجوا عني، فقعد مسلمة وفاطمة على الباب، فسمعوه يقول مرحبا بهذه الوجوه، ليست بوجوه إنس ولا جان ثم قال:(تلك الدار الآخرة). ثم هدأ الصوت، فدخلوا فوجدوه قد قبض رضي الله عنه.

وقال يوسف بن ماهك: بينما نحن نسوي التراب على قبر عمر بن عبد العزيز إذ سقط علينا كتاب رق من السماء فيه"بيم الله الرحمن الرحيم ما أمان من الله لعمر بن عبد العزيز من النار".

مات في أيامه من الأعلام

أبو أمامة سعد بن سهل بن حنيف، وخارجة بن زيد بن ثابت، وسالم بن أبي الجعد، وأبو عثمان الهذي وأبو الضحى، وشهر بن حوشب الشامي، وحنش بن عبد الله الضعاني، ومسلم بن يسار البصري، وعيسى ـ بن طلحة بن عبد الله القرشي التميمي أحد أشراف قريش وعقلائها وعلمائها.

العز بن عبد السلام

لم يخل عصر من عصور الإسلام من العلماء الدعاة الذين يأخذون بيد الأمة في ظلام الليل البهيم عند اشتداد الخطب واضطراب الأمور، ويقومون بواجبهم المقدس في أداء الأمانة ونشرـ العلم وتقويم الاعوجاج، ومواجهة الظلم، وتصويب الخطأ، وقام العلماء الأفذاذ بهذه السنة الحميدة، استشعارا للمسؤولية، وتقديرا للأمانة، وإدراكا لعظم دورهم باعتبارهم طليعة الأمة، ولسان حالها، وروادها، والرائد لا يكذب أهله.

والعز بن عبد السلام، واحد من هؤلاء الرواد الصادقين، لم تشغلهم مؤلفاتهم ووظائفهم عن الجهر بكلمة الحق، وتبصير الناس، ومحاربة البدع، ونصح الحكام، وخوض ميادين الجهاد، حتى طغى هذا النشاط على جهدهم العلمي وهم المبرزون في علومه، واقترنت أسماؤهم بمواقفهم لا بمؤلفاتهم، وحمل التاريخ سيرتهم العطرة تسوق إلى الناس جلال الحق وعظمة الموقف، وابتغاء رضي الله، دون نظر إلى سيخط حاكم او تملق محكوم، فهو ينطق بما يعتقد أنه الصواب والحق، غير ملتفت إلى غضب هذا أو رضى ذاك.

المولد والنشأة

في دمشق كان مولد عبد العزيز بن عبد السلام المعروف بالعز سنة (577هـ-1181م). وبها نشأ وتلقى تعليمه، وكانت دمشق منذ العصر الأموي حاضرة من حواضر العلم تزخر بالعلماء وتموج فيها الحركة العلمية، ويقصدها العلماء من الشرق والغرب.

ولم يطلب العز العلم صغيرا مثل أقرانه، وإنما ابتدأ العلم في سن متأخرة، وانتظم في التزام حلقات الدرس اكب على العلم بشغف ونهم وهمة عالية، فحصل في سنوات قليلة ما يعجز أقرانه عن تحصيله في سنوات طويلة، ورزقه الله الفهم العميق والذكاء الخارق فأعانه ذلك على إتقان الفقه والأصول، ودراسة التفسير وعلوم القرآن وتلقي الحديث وعلومه.وتحصيل اللغة والدب والنحو والبلاغة.

247

وأشهر شيوخ العز ما ذكرهم السبكي في طبقات الشافعية بقوله: تفقه على الشيخ فخر الدين بن عساكر، وقرأ الأصول على الشيخ سيف الدين الآمدي وغيره. وسمع الحديث من الحافظ أبي محمد القاسم بن عساكر.

الوظائف

اتجه العز إلى التدريس وإلقاء الدروس في مساجد دمشق وفي بيته، وفي المدارس التي كانت تتعهدها الدولة مثل: المدرسة الشبلية، والمدرسة الغزالية بدمشق، وكان في الشيخ حب للدعابة وميل إلى إيراد الملح والنوادر يلطف بها درسه وينشط تلاميذه الذي أعجبوا بطريقته، وبعلمه السيال وأفكاره المتدفقة وأسلوبه البارع، وسرعان ما طار صيت العز وطبقت شهرته الآفاق، وقصده الطلبة من كل مكان، ولما هاجر إلى مصر عمل بالمدرسة الصالحية، وانصرف إلى إلقاء الدروس في المساجد، والتف الناس حوله يجدون فيه عالما شجاعا ومدرسا بارعا.

الخطابة في الجامع الأموي

ولم يكن التدريس فقط ميدانه المحبب، وساحته التي يرمي بأفكاره فيها، ويلتقي بالصفوة من تلاميذه، يمدهم بقبس علمه وصفاء روحه، وإخلاص نفسه، ويقدم الصورة والمثال لما ينبغي أن يكون عليه العالم القدوة من الالتزام والانضباط- وإنما أضاف إلى ذلك مجالا أرحب بتوليه الخطابة في الجامع الأموي بدمشق سنة (637هـ-1239م)، وكان خطيبا بارعا، يملك أفئدة السامعين بصوته المؤثر، وكلامه المتدفق، وإخلاصه العميق، ولم يكن يؤثر استخدام السجع المفرط كما كان يفعل أقرانه، ولا يدق مثلهم بالسيف الخشبي على أعواد المنابر، ولا يرتدي السواد، وغنما كان فيه سلاسة ويسر، ويبتعد عن التكلف في الكلام، ويصيب بحديثه الطيب شغاف القلوب، فيعمل فيها مالا تعمله عشرات الدروس والمواعظ الخالية من الروح الفقيرة من العاطفة.وشاء الله أن يخسر المسلمون في دمشق خطب الشيخ الجامعة، فلم يستمر في الخطابة سوى سنة تقريبا،

وفقد المنصب بسبب شجاعته وقرعه بالنكير على صنيع الصالح إسماعيل حاكم دمشق، بعد أن وضع يده في يد الصليبين، وتحالف معهم ضد ابن أخيه الصالح أيوب حاكم مصر- وكان ثمن هذا الحلف أن سلم لهم صيدا وشقيف وصفد، ولم يكتف الصالح إسماعيل بتصرفه الشائن وإنما سمح لهم بدخول دمشق لشراء السلاح لقتال المسلمين في مصر.

ولم يكن الشيخ ليسكت عن خطأ أو يسمح بتجاوز في حق الأمة، او تفريط في ثوابتها، فأفتى بحرمة بيع السلاح للفرنجة بعد أن ثبت أنه يستخدم في محاربة المسلمين، ثم أعقب ذلك بخطبة مدوية في الجامع الأموي قبح فيها الخيانة، وغياب النجدة والمروءة، وذم ما فعله السلطان وقطع الدعاء له بالخطبة.

وما كان من الصالح إسماعيل إلا أن أقدم على عزل الشيخ الجليل عن الخطابة والإفتاء، وأمر باعتقاله ثم فك حبسه بعد مدة خوفا من غضبة الناس وألزمه بيته، ومنعه من الإفتاء.

في القاهـــــرة

أيقن الشيخ صعوبة الحركة مع حاكم يفرط في الحقوق، ويقدم على الخيانة بنفس راضية، فقرر الهجرة إلى بلد يمارس فيها دعوته، ويدعو إلى الله على بصيرة، عالي الجبين، مرفوع الهامة، فولى شطره إلى القاهرة، ورفض العودة إلى دمشق بعد أن طلب منه بعض دعاة الصلح:" يا مسكين ما أرضاه أن يقبل يدي، فضلا ان أقبل يده، يا قوم أنتم في واد، وأنا في واد، والحمد لله الذي عافاني مما ابتلاكم به".

وصل الشيخ إلى القاهرة سنة (639هـ-1241م) واستقبله الصالح أيوب بما يليق به من الإكرام والتبجيل، وولاه الخطابة في جامع عمر بن العاص، وعينه في منصب قاضي القضاة والإشراف على عمارة المساجد المهجورة بمصر والقاهرة، وهي الأعمال التي تناط الآن بوزارة الأوقاف، لكنها كانت تستند في ذلك الوقت إلى القضاة، لأمانتهم ومكانتهم الدينية والاجتماعية.

بائع الأمراء.

قبل الشيخ الجليل منصب قاضي القضاة ليصلح ما كان معوجا، ويعيد حقا كان غائبا، وينصف مظلوما، ويمنع انحرافا وبيلا، فلم يكن يسعى إلى جاه وشهرة، وفي أثناء قيامه بعمله اكتشف أن القادة الأمراءالذين يعتمد عليهم الملك ا لصالح أيوب لا يزالون أرقاء لم تذهب عنهم صفة العبودية، والمعروف ان الملك الصالح أكثر من شراء المماليك وأسكنهم جزيرة الروضة واعتمد عليهم في إقامة دولته وفي حروبه، وهؤلاء المماليك هم الذين قضوا على الدولة الأيوبية في مصر وأقاموا دولتهم التي عرفت بدولة المماليك.وما دام هؤلاء الأمراء أرقاء فلا تثبت ولايتهم ونفاذ تصرفاتهم العامة والخاصة ما لم يحرروا فلأبلغهم بذلك، ثم أوقف تصرفاتهم في البيع والراء والنكاح وغير ذلك مما يثب للأحرار من أهلية التصرف، فتعطلت مصالحهم، وكان من بين هؤلاء الأمراء نائب السلطان .

وحاول هؤلاء الأمراء مساومة الشيخ فلم يفلحوا وأصر على بيعهم لصالح بيت المال، ثم يتم عتقهم ليصبحوا أحرارا تنفذ تصرفاتهم، قائلا لهم: نعقد لكم مجلسا، وينادى عليكم لبيت مال المسلمين، ويحصل عتقكم بطريق شرعي، وما كان ذلك ليرضيهم فرفضوا ورفعوا الأمر إلى السلطان الصالح أيوب، فراجع الشيخ في قراره فأبى. وتلفظ السلطان بكلمة ندت منه أغضبت الشيخ وفهم منها ان هذا الأمر لا يعنيه ولا يتعلق بسلطته، فانسحب الشيخ وعزل نفسه عن القضاء. فما قيمة أحكامه إذا لم تنفذ، وردها صاحب الجاه والسلطان.

وما أن انتشر خبر ما حدث، حتى خرجت الأمة وراء الشيخ المعز الذي غادر القاهرة وأدرك السلطان خطورة فعلته، فركب في طلب الشيخ واسترضاه وطيب خاطره واستمال قلبه، وطلب منه الرجوع معه، فوافق العز على ان يتم بيع الأمراء بالمناداة عليهم.

وكم كان الشيخ مهيبا جليلا وهو واقف ينادي على أمراء الدولة واحدا بعد واحد، ويغالي في ثمنهم حتى إذا ارتفع السعر إلى أقصى غايته وعجز المشترون قام السلطان الصالح أيوب بدفه الثمن من ماله الخاص إلى الشيخ الشجاع الذي أودع ثمنهم ببيت مال المسلمين، وكانت هذه الوقعة الطريفة سببا في إطلاق اسم بائع الملوك على الشيخ المهيب.

مع الظاهر بيبرس

وتكرر هذا الأمر منه عند بيعة الظاهر بيبرس حين استدعى الأمراء والعلماء لبيعته، وكان من بينهم الشيخ العز، الذي فاجأ الظاهر بيبرس والحاضرون بقوله: يا ركن الدين أنا أعرفك مملوك البندقدار-أي لا تصح بيعته،لأنه ليس أهلا للتصرف-فما كان من الظاهر بيبرس إلا أن أحضر ما يثبت أن البندقدار قد وهبه للملك الصالح أيوب الذي اعتقه، وهنا تقدم الشيخ فبايع بيبرس على الملك.

وكان الظاهر بيبرس على شدته وهيبته يعظم الشيخ العز ويحترمه، ويعرف مقداره، ويقف عند أقواله وفتاواه، ويعبر السيوطي عن ذلك بقوله: وكان بمصر منقمعا، تحت كلمة الشيخ عز الدين بن عبد السلام، لا يستطيع ان يخرج عن أمره حتى إنه يقال لما مات الشيخ: ما استقر ملكي إلا الآن.

مؤلفاته وجهوده العلمية

تعددت مساهمات العز بن عبد السلام في الإفتاء والخطابة والقضاء والتدريس والتأليف، وله في إسهام قدم راسخة ويد بيضاء، وانتهت إليه في عصره رياسة الشافعية، وبلغت مؤلفاته ثلاثين مؤلفا، وهي دليل نبوغ فذ وقدرة عالية على أن يجمع بين التأليف

وأعماله الأخرى التي تستنفذ الجهد وتفني الأعمار فيها، لكنه فضل الـلـه يؤتيه من يشاء، فاجتمع له من الفضل ما لم يجتمع إلا للأفذاذ النابغين من علماء الأمة.

وشملت مؤلفاته التفسير وعلوم القرآن والحديث والسيرة النبوية، وعلم التوحيد، والفقه وأصوله والفتوى. ومن أشهر كتبه: قواعد الحكام في مصالح الأنام، والغاية في اختصار النهاية في الفقه الشافعي، ومختصر صحيح مسلم، وبداية السول في تفضيل الرسول والإشارة إلى الإيجاز في بعض أنواع المجاز،وتفسير القرآن العظيم، ومقاصد الصلاة، ومقاصد الصوم.

وفاتـــــه

طال العمر بالعز بن عبد السلام، فبلغ ثلاثة وثمانين عاما قضى- معظمها في جهاد دائم بالكلمة الحرة والقلم الشجاع، والرأي الثاقب، وحمل السلاح ضد الفرنجة، للمحافظة على حقوق الأمة حتى لقي ربه في (10 من جمادى الأولى660هـ-9 من إبريل 1066م).

صلاح الدين الأيوبـــي

فارس نبيل وبطل شجاع

عرف في كتب التاريخ في الشرق والغرب بأنه فارس نبيل وبطل شجاع وقائد من أفضل من عرفتهم البشرية وشهد بأخلاقه أعداؤه من الصليبين قبل أصدقائه وكاتبوا سيرته،إنه نموذج فذ لشخصية عملاقة من صنع الإسلام، إنه البطل صلاح الدين الأيوبي محرر القدس من الصليبين وبطل معركة حطين.

فإلى سيرته ومواقف من حياته كما يرويها صاحب وفيات الأعيان أحمد بن خلكان والقاضي بهاء الدين بن شداد صاحب كتاب "سيرة صلاح الدين" وبن الأثير في كتابه "الكامل".

نسبه ونشأته

هو أبو المظفر يوسف بن أيوب بن شادي الملقب بالملك الناصر صلاح الدين.

أتفق أهل التاريخ على أن أباه وأهله من(دوين) وهي بلدة في آخر أذربيجان وأنهم أكراد رواديه، والروادية بطن من الهذبانية، وهي قبيلة كبيرة من الأكراد.

يقول أحمد بن خلكان: قال لي رجل فقيه عارف بما يقول وهو من أهل دوين إن على باب دوين قرية يقال لها (أجدانقان) وجميع أهلها أكراد رواديه وكان شاذي-جد صلاح الدين -قد أخذ وليده أسد الدين شيركوه ونجم الدين أيوب وخرج بهما إلى بغداد ومن هناك نزلوا تكريت ومات شاذي بها وعلى قبره قبة داخل البلد.

ولد صلاح الدين سنة 532هـ بقلعة تكريت لما كان أبوه وعمه بها والظاهر أنهم ما أقاموا بها بعد ولادة صلاح الدين إلا مدة يسيرة، ولكنهم خرجوا من تكريت في بقية سنة 532هـ التي ولد فيها صلاح الدين أو في سنة ثلاث وثلاثين لأنهما أقاما عند عماد الدين زنكي بالموصل ثم لما حاصر دمشق وبعدها بعلبك وأخذها رتب فيها نجم الدين أيوب وذلك في أوائل سنة أربع وثلاثين.

يقول بن خلكان: أخبرني بعض أهل بيتهم وقد سألته هل تعرف متى خرجوا من تكريت فقال سمعت جماعة من أهلنا يقولون أنهم أخرجوا منها في الليلة التي ولد فيها صلاح الدين فتشاءموا به وتطيروا منه فقال بعضهم لعل فيه الخبرة وما تعلمون فكان كما قال و الله أعلم.

ولم يزل صلاح الدين تحت كنف أبيه حتى ترعرع ولما ملك نور الدين محمود بن عماد الدين زنكي دمشق لازم نجم الدين أيوب خدمته وكذلك ولده صلاح الدين وكانت مخايل السعادة عليه لائحة والنجابة تقدمه من حالة إلى حالة ونور الدين يرى له ويؤثره ومنه تعلم صلاح الدين طرائق الخير وفعل المعروف والاجتهاد في أمور الجهاد.

صلاح الدين في مصر

هرب الوزير الفاطمي شاور من مصر من الوزير ضرغام بن عامر بن سوار الملقب فارس المسلمين اللخمي المنذري لما استولى على الدولة المصرية وقهره وأخذ مكانه في الوزارة كعادتهم في ذلك وقتل ولده الأكبر طي بن شاور فتوجه شاور إلى الشام مستغيثا بالملك العادل نور الدين زنكي وذلك في شهر رمضان 558هـ ودخل دمشق في الثالث والعشرين من ذي القعدة من السنة نفسها فوجه نور الدين معه الأمير أسد الدين شيركوه بن شاذي في جماعة من عسكرة كان صلاح الدين في جملتهم في خدمة عمه وهو كاره للسفر معهم وكان لنور الدين في إرسال هذا الجيش هدفان:

أحدهما: قضاء حق شاور لكونه قصده ودخل عليه مستصرخا.

والثاني: أنه أراد استعلام أحوال مصر فإنه كان يبلغه أنها ضعيفة من جهة الجند وأحوالها في غاية الاحتلال فقصد الكشف عن حقيقة ذلك.

وكان كثير الاعتماد على شيركوه لشجاعته ومعرفته وأمانته فانتدبه لذلك وجعل أسد الدين شيركوه ابن أخيه صلاح الدين مقدم عسكره وشاور معهم فخرجوا من دمشق في جمادى الأولى سنة 559هـ فدخلوا مصر واستولوا على الأمر في رجب من السنة نفسها.

ولما وصل أسد الدين وشاور إلى الديار المصرية واستولوا عليها وقتلوا الضرغام وحصل لشاور مقصودة وعاد إلى منصبه وتمهدت قواعده واستمرت أموره غدر بأسد الدين شيركوه واستنجد بالإفرنج عليه فحاصروه في بلبيس، وكان أسد الدين قد شاهد البلاد وعرف أحوالها وأنها مملكة بغير رجال تمشي الأمور فيها بمجرد الإيهام والمحال فطمع فيها وعاد إلى الشام، وأقام أسد الدين بالشام مدة مفكرا في تدبير عودته إلى مصر محدثا نفسه بالملك لها مقررا قواعد ذلك مع نور الدين إلى سنة 562هـ.

وبلغ نور الدين وأسد الدين مكانته الوزير الخائن شاور للفرنج وما تقرر بينهم فخافا على مصر إن يملكوها ويملكوا بطريقها جميع البلاد فتجهز أسد الدين وأنفذ معه نور الدين العساكر وصلاح الدين في خدمة عمه أسد الدين، وكان وصول أسد الدين إلى البلاد مقارنا لوصول الإفرنج إليها واتفق شاور والمصريون بأسرهم والإفرنج على أسد الدين وجرت حروب كثيرة.

وتوجه صلاح الدين إلى الإسكندرية فاحتمى بها وحاصره الوزير شاور في جمادى الآخرة من سنة 562هـ ثم عاد أسد الدين من جهة الصعيد إلى بلبي وتم الصلح بينه وبين المصريين وسيروا له صلاح الدين فساروا إلى الشام.

ثم إن أسد الدين عاد إلى مصر مرة ثالثة وكان سبب ذلك أن الإفرنج جمعوا فارسهم وراجلهم وخرجوا يريدون مصر ناكثين العهود مع المصريين وأسد الدين طمعا في البلاد فلما بلغ ذلك أسد الدين ونور الدين لم يسعفهما الصبر فسارعا إلى مصر- أما نور الدين فبالمال والرجال ولم يمكنه المسير بنفسه خوفا على البلاد من الإفرنج، وأما أسد الدين فبنفسه وماله وإخوته وأهله ورجاله.

يقول بن شداد:لقد قال لي السلطان صلاح الدين قدسي الله روحه كنت أكره الناس للخروج في هذه الدفعة وما خرجت مع عمي باختياري وهذا معنى قوله تعالى: "**وعسى أن تكرهوا شيئا وهو خير لكم**" [البقرة:216]

وكان شاور لما أحس بخروج الإفرنج إلى مصر- سير إلى أسد الدين يستصرخه ويستنجده فخرج مسرعا وكان وصوله إلى مصر في شهر ربيع الأول سنة 564هـ ولما علم الإفرنج بوصول أسد الدين إلى مصر على اتفاق بينه وبين أهلها رحلوا راجين على أعقابهم ناكصين وأقام أسد الله بها يتردد إليه شاور في الحيان وكان وعدهم بمال في مقابل ما خسروه من النفقة فلم يوصل إليهم شيئا وعلم أسد الدين أن شاور يلعب به تارة وبالإفرنج أخرى. وتحقق انه - سبيل إلى الاستيلاء على البلاد مع بقاء شاور فاجمع رأيه

على القبض عليه إذا خرج إليه، فقتله وأصبح أسد اليدين وزيرا وذلك في سابع عشر ربيع الأول سنة 564هـ ودام أمرا وناهيا وصلاح الدين يباشر الأمور مقررا لها لمكان كفايته ودرايته وحسن رأيه وسياسته إلى الثاني والعشرين من جمادى الآخرة من السنة نفسها فمات أسد الدين.

وذكر المؤرخون أن أسد الدين لما مات استقرت الأمور بعده للسلطان صلاح الدين يوسف بن أيوب فبذل الأموال وملك قلوب الرجال وهانت عنده الدنيا فملكها وشكر نعمة الله تعالى عليه، وأعرض عن أسباب اللهو وتقمص بقميص الجد والاجتهاد، استعدادا لمواجهات مستمرة مع الصليبين من جهة ومع خزعبلات الدولة الفاطمية من جهة أخرى.

هجوم الإفرنج على مصر

ولما علم الإفرنج استقرار المر بمصر لصلاح الدين علموا أنه يملك بلادهم ويخرب ديارهم ويقلع أثارهم لما حدث له من القوة والملك واجتمع الإفرنج والروم جميعا وقصدوا الديار المصرية فقصدوا دمياط ومعهم آلات الحصار وما يحتاجون إليه من العدد، ولما رأى نور الدين ظهور الإفرنج ونزولهم على دمياط قصد شغلهم عنها فنزل على الكرك محاصرا لها، فقصده فرنجة الساحل فرحل عنها وقصد لقاءهم فلم يقفوا له.

تأسيس الدولة الأيوبية

واستقرت الأمور لصالح الدين ونقل أسرته ووالده نجم الدين أيوب إليها لي\تم له السرور وتكون قصته مشابهة لقصة يوسف الصديق عليه السلام، ولم يزل صلاح الدين وزيرا حتى مات العاضد آخر الخلفاء الفاطميين 565هـ وبذلك انتهت الدولة الفاطمية وبدأت دولة بني أيوب (الدولة الأيوبية).

ولقب صلاح الدين بالملك الناصر وعاد إلى دار أسد فأقام بها، وثبت قدم صلاح الدين ورسخ ملكه.

وأرسل صلاح الدين يطلب من نور الدين ان يرسل إليه إخوته فلم يجبه إلى ذلك وقال أخاف أن يخالف أحد منهم عليك فتفسد البلاد، ثم إن الإفرنج اجتمعوا ليسيروا إلى مصر فسير نور الدين العساكر وفيهم أخوة صلاح الدين منهم شمس الدولة نوران شاه بن أيوب، وهو أكبر من صلاح الدين.

وذكر ابن الأثير ما حدث من الوحشية بين نور الدين وصلاح الدين باطنا فقال: وفي سنة 567هـ حدث ما أوجب نفرة نور الدين عن صلاح الدين وكان الحادث أن نور

الدين أرسل إلى صلاح الدين بأمره يجمع العساكر المصرية والمسير بها إلى بلد الإفرنج والنزول على الكرك ومحاصرته ليجمع هو أيضا عساكره ويسير إليه ويجتمعا هناك على حرب الإفرنج والاستيلاء على بلادهم فبرز صلاح الدين من القاهرة في العشرين من المحرم وكتب على نور الدين يعرفه أن رحيله لا يتأخر وكان نور الدين قد جمع عساكره وتجهز وأقام ينتظر ورود الخبر من صلاح الدين برحيله ليرحل هو فلما أتاه الخبر بذلك رحل من دمشق عازما على قصد الكرك فوصل إليه وأقام ينتظر وصول صلاح الدين إليه فأرسل كتابه يعتذر فيه عن الوصول باحتلال البلاد المصرية لأمور بلغته عن بعض شيعة العلويين وأنهم عازمون على الوثوب بها وأنه يخاف عليها مع البعد عنها فعاد إليها فلم يقبل نور الدين عذره، وكان سبب تقاعده أن أصحابه وخواصه خوفوه من الاجتماع بنور الدين فحيث لم يمتثل أمر نور الدين شق ذلك عليه وعظم عنده وعزم على الدخول إلى مصر وإخراج صلاح الدين عنها.

ووصل الخبر إلى صلاح الدين فجمع أهله وفيهم والده نجم الدين أيوب وخاله شهاب الدين الحارمي ومعهم سائر الأمراء وأعلمهم ما بلغه عن عزم نور الدين على قصده وأخذ مصر منه واستشارهم فلم يجبه أحد منهم بشيء فقام تقي الدين عمر ابن أخي صلاح الدين وقال:إذا جاء قاتلناه وصددناه عن البلاد ووافقه غيره من أهله فشتمهم نجم الدين أيوب وأنكر ذلك واستعظمه وكان ذا رأي ومكر وعقل وقال لتقي الدين اقعد وسبه وقال لصلاح الدين أنا أبوك وهذا شهاب الدين خالك أتظن أن في هؤلاء كلهم من يحبك ويريد لك الخير مثلنا فقال: لا فقال و الله لو رأيت أنا وهذا خالك شهاب الدين نور الدين لم يمكنا إلا أن نترجل له ونقبل الأرض بين يديه ولو أمرنا أن نضرب عنقك بالسيف لفعلنا فإذا كنا نحن هكذا كيف يكون غيرنا وكل من تراه من الأمراء والعساكر لو رأى نور الدين وحده لم يتجاسر على الثبات على سرجه ولا وسعه إلا النزول وتقبيل الأرض بين يديه وهذه البلاد له وقد أقامك فيها وإن أراد عزلك فأي حاجة له إلى المجيء بأمرك بكتاب مع نجاب حتى يقصد خدمته ويولي بلاده من يريد وقال للجماعة كلهم قوموا عنا ونحن مماليك نور الدين وعبيده يفعل بنا ما يريد فتفرقوا على هذا وكتب أكثرهم إلى نور الدين بالخبر.

ولما خلا أيوب بابنه صلاح الدين قال له أنت جاهل قليل المعرفة تجمع هذا الجمع الكثير وتطلعهم على ما في نفسك فإذا سمع نور الدين إنك عازم على منعه عن البلاد جعلك أهم الأمور إليه وأولادها بالقصد ولو قصدك لم تر معك أحدا من هذا العسكر

وكانوا أسلموك إليه وأما الآن بعد هذا المجلس فسيكتبون إليه ويعرفونه قولي وتكتب أنت وترسل في المعنى وتقول أي حاجة إلى قصدي بحبي نجاب.

يأخذني بحبل يضعه في عنقي فهو إذا سمع هذا عدل عن قصدك واستعمل ما هو أهم عنده والأيام تندرج و الله في كل وقت في شأن و الله لو أراد نور الدين قصبة من قصب سكرنا لقاتلته أنا عليها حتى أمنعه أو أقتل ففعل صلاح الدين ما أشار به والده فلما رأى نور الدين الأمر هكذا عدل عن قصده وكان الأمر كما قال نجم الدين أيوب وتوفي نور الدين ولم يقصده وهذا كان من أحسن الآراء وأجودها.

توسيع الدولة الأيوبية

قال ابن شداد: لم يزل صلاح الدين على قدم بسط العدل ونشر الإحسان وإفاضة الإنعام على الناس إلى سنة 568هـ فعند ذلك خرج بالعسكر يريد بلاد الكرك والشوبك وإنما بـدأ بهـا لأنها كانت أقرب إليه وكانت في الطريق تمنع من يقصد الديار المصرية وكان لا يمكن أن تعبر قافلة حتى يخرج هو بنفسه يعبرها فأراد توسيع الطريق وتسهيلها فحاصرها في هذه السنة وجرى بينه وبين الإفرنج وقعات وعاد ولم يظفر منها شيء ولما عاد بلغه خبر وفاة والده نجـم الدين أيوب قبل وصوله إليه.

ولما كانت سنة 569هـ رأى قوة عسكره وكثرة عدده وكان بلغه أن باليمن إنسانا اسـتولى عليها وملك حصونها يسمى عبد النبي بن مهدي فسير أخاه نوران شاه فقتله وأخذ البلاد منه وبلغ صلاح الدين أن إنسانا يقال له الكنز جمع بأسوان خلقا عظيما من السـودان وزعـم أنـه يعيد الدولة المصرية وكان أهل مصر يؤثرون عودهم فانضافوا إلى الكثير، فجهـز صلاح الـدين إليه جيشا كثيفا وجعل مقدمة أخاه الملك العادل وساروا فالتقوا وهزموهم وذلـك في السـابع من صفر سنة 570هـ.

وكان نور الدين رحمه الله قد خلف ولده الملك الصالح إسماعيل وكان بدمشق عند وفاة أبيه ثم إن صلاح الدين بعد وفاة نور الدين علم أن ولده الملك الصالح صبي لا يستقل بـالأمر ولا ينهض بأعباء الملك واختلفت الأحوال بالشام وكاتب شمس الدين ابن المقدم صلاح الـدين فتجهز من مصر في جيش كثيف وترك بها من تحفظها وقصد دمشق مظهرا أنه يتـولى مصالح الملك الصالح فدخلها في سنة 570هـ وتسلم قلعتها وكان أول دخولـه دار أبيـه، وهـي الـدار المعروفة بالشريف العقيقي، واجتمع الناس إليه وفرحوا به وأنفق في ذلك اليوم مـالا جليلا وأظهر السرور بالدمشقيين وصعد القلعة وسار إلى حلب

فنازل حمص وأخذ مدينتها في جمادى الأولى من السنة نفسها ولم يشتغل بقلعتها وتوجه إلى حلب ونازلها في يوم الجمعة آخر جمادى الأولى من السنة وهي المعركة الأولى.

ولما أحس سيف الدين غازي بن قطب الدين مودود بن عماد الدين زنكي صاحب الموصل بما جرى علم أن صلاح الدين قد استفحل أمره وعظم شأنه وخاف إن غفل عنه استحوذ على البلاد واستقرت قدمه في الملك وتعدى الأمر إليه فأنفذ عسكرا وافرا وجيشا عظيما وقدم عليه أخاه عمر الدين مسعود بن قطب الدين مودود وساروا يريدون لقاؤه ليردوه عن البلاد فلما بلغ صلاح الدين ذلك رحل عن حلب في مستهل رجب من السنة عائدا إلى حماة ورجع إلى حمص فأخذ قلعتها ووصل عز الدين مسعود إلى حلب وأخذ معه عسكر ابن عمه الملك الصالح بن نور الدين صاحب حلب يومئذ وخرجوا في جمع عظيم فلما عرف صلاح الدين بمسيرهم سار حتى وافاهم على قرون حماة وراسلهم وراسلوه واجتهد أن يصالحوه فما صالحوه ورأوا أن ضرب المصاف معه ربما نالوا به غرضهم والقضاء يجر إلى أمور وهم بها لا يشعرون فتلاقوا فقضى الله تعالى أن هزموا بين يديه وأسر جماعة منهم فمن عليهم وذلك في تاسع شهر رمضان من سنة 570هـ عند قرون حماة ثم سار عقيب هزيمتهم ونزل على حلب وهي الدفعة الثانية فصالحوه على أخذ المعرة وكفر طاب وبارين ولما جرت هذه المعركة كان سيف الدين غازي يحاصر أخاه عماد الدين زنكي صاحب سنجار وعزم على أخذها منه لأنه كان قد انتمى إلى صلاح الدين وكان قد قارب أخذها فلما بلغه الخبر وأن عسكره انكسر خاف أن يبلغ أخاه عماد الدين الخبر فيشتد أمره ويقوى جأشه فراسله وصالحه ثم سار من وقته إلى نصيبين واهتم بجمع العساكر والإنفاق فيها وسار إلى البيرة وعبر الفرات وخيم على الجانب الشامي وأرسل ابن عمه الصالح نور الدين صاحب حلب حتى تستقر له قاعدة يصل عليها ثم إنه وصل إلى حلب وخرج الملك الصالح إلى لقاءه أقام على حلب مدة.

المواجهة مع الإفرنجة

في سنة 572هـ استقرت الأمور بمصر والشام للدولة الأيوبية، وكان اخو صلاح الدين شمس الدين نوران شاه قد وصل إليه من اليمن فاستخلفه بدمشق ثم تأهب للغزاة من الإفرنجة، فخرج يطلب الساحل حتى وافى الإفرنج على الرملة وذلك في أوائل جمادى الأولى سنة 573هـ وكانت الهزيمة الأولى على المسلمين في ذلك اليوم فلما انهزموا لم يكن لهم حصن قريب يأوون إليه فطلبوا جهة ا لديار المصرية وضلوا في الطريق وتبددوا وأسر

منهم جماعة منهم الفقيه عيسى الهكاري وكان ذلك وهنا عظيما جبره الله تعالى بمعركة حطين المشهورة.

أقام صلاح الدين بمصر حتى لم شعثه وشعث أصحابه من أثر هزيمة الرملة ثم بلغه تخبط الشام فعزم على العود إليه واهتم بالغزاة فوصله رسول"قليج أرسلان" صاحب الروم يلتمس الصلح وبتضرر من الأرمن فعزم على قصد بلاد ابن لاون-وهي بلاد سيس الفاصلة بين حلب والروم من جهة الساحل-لينصر قليج أرسلان عليه فتوجه إليه واستدعى عسكر حلب لأنه كان في الصلح أنه متى استدعاه حضر إليه ودخل بلد ابن لاون وأخذ في طريقه حصنا وأخربه ورغبوا إليه في الصلح فصالحهم ورجع عنهم ثم سأله قليج أرسلان في صلح الشرقيين بأسرهم فأجاب إلى ذلك وحلف صلاح الدين في عاشر جمادى الأولى سنة ست وسبعين وخمسمائة ودخل في الصلح قليج أرسلان والمواصلة وعاد بعد تمام الصلح إلى دمشق ثم منها إلى مصر.

معركة حطين

كانت معركة حطين المباركة على المسلمين في يوم السبت 14 ربيع الآخر سنة 583هـ في وسط نهار الجمعة وكان صلاح الدين كثيرا ما يقصد لقاء العدو في يوم الجمعة عند الصلاة تبركا بدعاء المسلمين والخطباء على المنابر فسار في ذلك الوقت بمن اجتمع له من العساكر الإسلامية وكانت تجاوز العد والحصر على تعبئة حسنه وهيئة جميلة وكان قد بلغه عن العدو انه اجتمع في عدة كثيرة بمرج صفورية بعكا عندما بلغهم اجتماع الجيوش الإسلامية فسار ونزل على بحيرة طبرية ثم رحل ونزل على طبرية على سطح الجبل ينتظر هجوم الصليبين عليه إذا بلغهم نزوله .

بالموضع المذكور فلم يتحركوا ولا خرجوا من منزلهم وكان نزولهم يوم الأربعاء 21 ربيع الآخر فلما رآهم لا يتحركون نزل على طبرية وهاجمها وأخذها في ساعة واحدة وبقيت القلعة محتمية بمن فيها ولما بلغ العدو ما جرى على طبرية قلقوا لذلك ورحلوا نحوها فبلغ السلطان ذلك فترك على طبرية من يحاصر قلعتها ولحق بالعسكر فالتقى بالعدو على سطح جبل طبرية الغربي منها وذلك في يوم الخميس 22 ربيع الآخر وحال الليل بين المعسكرين قياما على مصاف إلى بكرة يوم الجمعة فركب الجيشان وتصادما والتحم القتال واشتد الأمر وذلك بأرض قرية تعرف بلوبيا وضاق الخناق بالعدو وهم سائرون كأنهم يساقون إلى الموت وهم ينظرون وقد أيقنوا بالويل والثبور وأحست نفوسهم أنهم في غد يومهم ذلك من زوار القبور ولم تزل الحرب تضطرم والفارس مع

قرنه يصطدم ولم يبق إلا الظفر ووقع الوبال على من كفر فحال بينهم الليل بظلامه وبات كل واحد من الفريقين في سلاحه إلى صبيحة يوم السبت فطلب كل من الفريقين مقامه وتحقق المسلمون أن من ورائهم الأردن ومن بين أيديهم بلاد العدو وأنهم لا ينجيهم إلا الاجتهاد في الجهاد فحملت جيوش المسلمين من جميع الجوانب وحمل القلب وصاحوا صيحة رجل واحد فألقى الله الرعب في قلوب الكافرين وكان حقا نصر المؤمنين ولما أحس القوم بالخذلان هرب منهم في أوائل المر جهة صور وتبعه جماعة من المسلمين فنجا منهم وكفى الله شره وأحاط المسلمون بالصليبين من كل جانب وأطلقوا عليهم السهام وحكموا فيهم السيوف وسقوهم كأس الحمام وانهزمت طائفة منهم فتبعها أبطال المسلمين فلم ينج منها أحد واعتصمت طائفة منهم بتل يقال له تل حطين، وهي قرية عندها قبر النبي شعيب عليه السلام فضايقهم المسلمون وأشعلوا حولهم النيران واشتد بهم العطش وضاق بهم المر حتى كانوا يستسلمون للأمر خوفا من القتل لما مر بهم فأسر مقدموهم وقتل الباقون.

وكان ممن سلم من مقدميهم الملك جفري وأخوه البرنس أرناط صاحب الكرك والشوبك وابن الهنفري وابن صاحبة طبرية ومقدم الديوية وصاحب جبيل ومقدم الأسبتار.

قال ابن شداد: ولقد حكى لي من أثق به أنه رأى بحوران شخصا واحدا معه نيف وثلاثون أسيرا قد ربطهم بوتد خيمة لما وقع عليهم من الخذلان.

وأما أرناط فإن صلاح الدين كان قد نذر أنه إن ظفر به قتله وذلك لأنه كان قد عبر به عند الشوبك قوم من مصر في حال الصلح فغدر بهم وقتلهم فناشدوه الصلح الذي بينه وبين المسلمين فقال ما يتضمن الاستخفاف بالنبي صلى الله عليه وسلم وبلغ السلطان فحملته حميته ودينه على أن يهدر دمه.

من مواقف صلاح الدين

لما فتح الله تعالى بنصره في حطين جلس صلاح الدين في دهليز الخيمة لأنها لم تكن نصبت بعد وعرضت عليه الأسرى وسار الناس يتقربون إليه بمن في أيديهم منهم وهو فرح بما فتح الله تعالى على يده للمسلمين ونصبت له الخيمة فجلس فيها شاكرا لله تعالى على ما أنعم به عليه واستحضر الملك جفري وأخاه وأرناط وناول السلطان جفري شربة من جلاب وثلج فشرب منها وكان على أشد حال من العطش ثم ناولها لأرناط وقال السلطان للترجمان قل للملك أنت الذي سقيته وإلا أنا فما سقيته وكان من جميل عادة العرب وكريم أخلاقهم أن الأسير إذا أكل أو شرب من مال من أسره أمن فقصد

السلطان بقوله ذلك ثم أمر بمسيرهم إلى موضع عينه لهم فمضوا بهم إليه فأكلوا شيئا ثم عادوا بهم ولم يبق عنده سوى بعض الخدم وأستحضرهم وأقعد الملك في دهليز الخيمة.

واحضر صلاح الدين أرناط وأوقفه بين يديه وقال له: ها أنا أنتصر لمحمد منك ثم عرض عليه الإسلام فلم يفعل فسل سيفه فضربه بها فحل كتفه وتمم قتله من حضر وأخرجت جثته ورميت على باب الخيمة، فلما رآه الملك على تلك الحال لم يشك في أنه يلحقه به فاستحضره وطيب قلبه وقال له لم تجر عادة الملوك أن يقتلوا الملوك وأما هذا فإنه تجاوز الحد وتجرأ على الأنبياء صلوات الله عليهم وبات الناس في تلك الليلة على أتم سرور ترتفع أصواتهم بحمد الله وشكره وتهليله وتكبيره حتى طلع الفجر ثم نزل السلطان على طبرية يوم الأحد الخامس والعشرين من شهر ربيع الآخر وتسلم قلعتها في ذلك النهار وأقام عليها إلى يوم الثلاثاء .

تحرير عكا وما حولها

ورحل صلاح الدين طالبا عكا فكان نزلوه عليها يوم الأربعاء وقاتل الصليبين بها بكرة يوم الخميس مستهل جمادى الأولى سنة 583هـ فأخذها واستنقذ من كان فيها من أسرى المسلمين وكانوا أكثر من أربعة ألاف نفس واستولى على ما فيها من الأموال والذخائر والبضائع لأنها كانت مظنة التجار وتفرقت العساكر في بلاد الساحل يأخذون الحصون والقلاع والأماكن المنيعة فأخذوا نابلس وحيفا وقسارية وصفورية والناصرة وكان ذلك لخلوها من الرجال لأن اقتل والأسر أفنى كثيرا منهم ولما استقرت قواعد عكا وقسم أموالها وأسراها سار بطلب تبنين فنزل عليها يوم الأحد حادي عشر جمادى الأولى وهي قلعة منيعة فنصب عليها المجانيق وضيق بالزحف خناق من فيها، قاتلوا قتالا شديدا ونصره الله سبحانه عليهم فتسلمها منهم يوم الأحد ثامن عشرة عنوة وأسر من بقي فيها بعد القتل ثم رحل عنها إلى صيدا فنزل عليها وتسلمها في غد يوم نزوله عليها وهو يوم الأربعاء العشرون من جمادى الأولى وأقام عليها ريثما قرر قواعدها وسار حتى أتى بيروت فنازلها ليلة الخميس الثاني والعشرين من جمادى الأولى وركب عليها المجانيق وداوم الزحف والقتال حتى أخذها في يوم الخميس التاسع والعشرين من الشهر المذكور وتسلم أصحابه جبيل وهو على بيروت، ولما فرغ من هذا الجانب رأى أن قصده عسقلان أولى لأنها أيسر من صور فأتى عسقلان ونزل عليها يوم الأحد السادس عشر من جمادى الآخرة من السنة وتسلم في طرقه إليها مواضع كثيرة كالرملة والداروم وأقام في عسقلان المجانيق وقاتلها قتالا شديدا وتسلمها في يوم السبت نهاية جمادى الآخرة من السنة وأقام عليها إلى أن تسلم أصحابه غزة وبيت جبريل والنطرون بغير قتال وكان بين فتح عسقلان

وأخذ الإفرنج لها من المسلمين خمس وثلاثون سنة فإنهم كانوا أخذوها من المسلمين في السابع والعشرين من جمادى الآخرة سنة 548هـ.

تحرير القدس

قال ابن شداد: لما تسلم صلاح الدين عسقلان والأماكن المحيطة بالقدس شمر عن ساق الجد والاجتهاد في قصد القدس المبارك واجتمعت إليه العساكر التي كانت متفرقة في الساحل فسار نحوه معتمدا على الله تعالى مفوضا أمره منتهزا الفرصة في فتح باب الخير الذي حث على انتهازه بقوله من فتح له باب خير فلينتهزه فإنه لا يعلم متى يغلق دونه وكان نزوله عليه في يوم الحد الخامس عشر من رجب سنة 583هـ وكان نزوله بالجانب الغربي وكان معه من كان مشحونا بالمقاتلة من الخيالة والرجالة وحزر أهل الخبرة ممن كان معه فيه من المقاتلة فكانوا يزيدون على ستين ألفا خارجا عن النساء والصبيان ثم انتقل لمصلحة رآها إلى الجانب الشمالي في يوم الجمعة العشرين من رجب ونصب المناجيق وضايق البلد بالزحف والقتال حتى أخذ النقب في السور مما يلي وادي جهنم ولما رأى أعداء الله الصليبين ما نزل من المر الذي لا مدفع له عنهم وظهرت لهم إمارات فتح المدينة وظهور المسلمين عليهم وكان قد اشتد روعهم لما جرى على أبطالهم وحماتهم من القتل والأسر وعلى حصونهم من التخريب والهدم وتحققوا أنهم صائرون إلى ما أولئك إليه فاستكانوا واخلدوا إلى طلب الأمان واستقرت الأمور بالمراسلة من الطائفتين وكان تسلمه في يوم الجمعة السابع والعشرين من رجب وليلته كانت ليلة المعراج المنصوص عليها في القرآن الكريم فانظر إلى هذا الاتفاق العجيب كيف يسر الله تعالى عوده إلى المسلمين في مثل زمان الإسراء بنبيهم وهذه علامة قبول هذه الطاعة من الله تعالى وكان فتحه عظيما شهده من أهل العلم خلق ومن أرباب الخرق والزهد عالم وذلك ان الناس لما بلغهم ما يسره الله تعالى على يده من فتوح الساحل وقصده القدس قصده العلماء من مصر والشام بحيث لم يتخلف أحد منهم وارتفعت الأصوات بالضجيج بالدعاء والتهليل والتكبير وصليت فيه الجمعة يوم فتحه وخطب القاضي محيى الدين محمد بن علي المعروف بابن الزكي.

وقد كتب عماد الدين الأصبهاني رسالة في فتح القدس، وجمع كتبا سماه الفتح القسي في فتح القدسي وهو في مجلدين ذكر فيه جميع ما جرى في هذه الواقعة.

وكان قد حضر الشريد أبو محمد عبد الرحمن بن بدر بن الحسن بن مفرج النابلسي الشاعر المشهور هذا الفتح فأنشد السلطان صلاح الدين قصيدته التي أولها:

هذا الذي كانت الآمال ننتظر **** فيوف لله أقوام بما نذروا

وهي طويلة تزيد على مائة بيت بمدحه ويهنيه بالفتح.

يقول بهاء الدين بن شداد في السيرة الصلاحية: نكس الصليب الذي كان على قبة الصخرة وكان شكلا عظيما ونصر اللـه الإسلام على يده نصـرا عزيـزا، وكان الإفـرنج قـد اسـتولوا على القدس سنة 492هـ ولم يزل بأيديهم حتى استنقذه منهم صلاح الدين، وكانت قاعدة الصلح أنهم قطعوا على أنفسهم عن كل رجل عشرين دينارا وعن كل امرأة خمسـة دنانير صـورية وعن كل طفل صغير ذكر أو أنثى دينارا واحدا فمن أحضر قطيعته نجا بنفسه وإلا أخذ أسـيرا وأفرج عمن كان بالقدس مـن أسرى المسلمين وكانوا خلقـا عظيما وأقام بـه بجمـع الأمـوال ويفرقها على الأمراء والرجـال ويحبـو بها الفقهاء والعلماء والزهاد الوافدين عليـه وتقـدم بإيصال من قام بقطيعته إلى مأمنه وهي مدينة صور ولم يرحل عنه ومعه من المال الذي جبى له شيء وكان يقارب مائتي ألف دينار وعشرين ألفا وكان رحيله عنـه يـوم الجمعة الخامس والعشرين من شعبان من سنة 583هـ

حصار صور

يقول ابن شداد: لما فتح صلاح الدين القدس حسن عنده قصد صـور وعلـم أنـه إن أخـر أمرها ربما عسر عليه فسار نحوها حتى أتى عكا فنزل عليها ونظر في أمورها ثم رحـل عنهـا متوجها إلى صور في يوم الجمعة خامس شهر رمضان من السنة (583) فنزل قريبـا منهـا وسـير لإحضار آلات القتال ولما تكاملت عنده نزل عليها في ثاني عشر الشهر المذكور وقاتلها وضايقها قتالا عظيما واستدعى أسطول مصر فكان يقاتلها في البر والبحـر ثم يسـير مـن حاضـر هـونين فسلمت في الثالث والعشرين من شوال من السنة، ثم خـرج أسطول صـور في الليل فهاجم أسطول المسلمين وأخذوا المقدم والرئيس وخمس قطع للمسلمين وقتلوا خلقا كثيرا مـن رجـال المسلمين وذلك في السابع والعشرين من الشهر المـذكور وعظـم ذلك عـلى السـلطان وضـاق صدره وكان الشتاء قد هجم وتراكمت الأمطار وأمتنع الناس من القتال لكثرة الأمطار فجمـع الأمراء واستشارهم فيما يفعل فأشاروا عليه بالرحيل لتستريح الرجال ويجتمعوا للقتال فرحـل عنها وحملوا من آلات الحصار ما أمكن وأحرقوا الباقي الذي عجزوا عـن حملـه لكـثرة الوحـل والمطر وكان رحيله يوم الحد ثاني ذي القعدة من السنة وتفرقت العساكر وأعطى كل طائفـة منها دستورا وسار كل قوم إلى بلادهم وأقام هو مـع جماعـة مـن خواصـه بمدينـة عكا إلى أن دخلت سنة 584هـ

ثم نزل على كوكب في أوائل المحرم من السنة ولم يبق معه من العسكر إلا القليل وكان حصنا حصينا وفيه الرجال والأقوات فعلم أنه لا يؤخذ إلا بقتال شديد فرجع إلى دمشق، وأقام بدمشق خمسة أيام، ثم بلغه أن الإفرنج قصدوا جبيل واعتلوها فخرج مسرعا وكان قد سير يستدعي العساكر من جميع المواضع وسار يطلب جبيل فلما عرف الإفرنج بخروجه كفوا عن ذلك.

بقية فتوح الشام

قال ابن شداد في السيرة: لما كان يوم الجمعة رابع جمادى الأولى من سنة 584هـ دخل السلطان بلاد العدو على تعبية حسنه ورتب الأطلاب وسارت الميمنة أولا ومقدمها عماد الدين زنكي والقلب في الوسط والميسرة في الأخير ومقدمها مظفر الدين ابن زين الدين فوصل إلى انطرسوس ضاحي نهار الأحد سادس جمادى الأولى فوقف قبالتها ينظر إليها لأن قصده كان جبلة فاستهان بأمرها وعزم على قتالها فسير من رد الميمنة وأمرها بالنزول على جانب البحر والميسرة على الجانب الآخر ونزل هو موضعه والعساكر محدقة بها من البحر إلى البحر وهي مدينة راكبة على البحر ولها برجان كالقلعتين فركبوا وقاربوا البلد وزحفوا واشتد القتال وباغتوها فما استتم نصب الخيام حتى صعد المسلمون سورها وأخذوها بالسيف وغنم المسلمون جميع من بها وما بها وأحرق البلد وأقام عليها إلى رابع عشر جمادى الأولى وسلم أحد البرجين إلى مظفر الدين فما زال يحاربه حتى أخرجه واجتمع به ولده الملك الظاهر لأنه كان قد طلبه فجاءه في عسكر عظيم، ثم سار يريد جبلة وكان وصوله إليها في ثاني عشر جمادى الأولى وما استتم نزول العسكر عليها حتى أخذ البلد وكان فيه مسلمون مقيمون وقاض يحكم بينهم وقوتلت القلعة قتالا شديدا ثم سلمت بالأمان في يوم السبت تاسع عشر جمادى الأولى من السنة وأقام عليها إلى الثالث والعشرين منه، ثم سار عنها إلى اللاذقية وكان نزوله عليها يوم الخميس الرابع والعشرين من جمادى الأولى وهو بلد مليح خفيف على القلب غير مصور وله ميناء مشهور وله قلعتان متصلتان على تل مشرف على البلد واشتد القتال إلى آخر النهار فأخذ البلد دون القلعتين وغنم الناس منه غنيمة عظيمة لأنه كان بلد التجار وجدوا في أمر القلعتين بالقتال والنقوب حتى بلغ طول النقب ستين ذراعا وعرضه أربعة أذرع فلما رأى أهل القلعتين الغلبة لاذوا بطلب الأمان وذلك في عشية يوم الجمعة الخامس والعشرين من الشهر والتمسوا الصلح على سلامة نفوسهم وزراريهم ونسائهم وأموالهم ما خلا الذخائر والسلاح وآلات الحرب فأجابهم إلى ذلك ورفع العلم الإسلامي عليها يوم السبت وأقام عليها إلى يوم الحد السابع والعشرين من جمادى الأولى فرحل عنها إلى

صهيون فنزل عليها يوم الثلاثاء التاسع والعشرين من الشهر واجتهد في القتال فأخذ البلد يوم الجمعة ثاني جمادى الآخرة ثم تقدموا إلى القلعة وصدقوا القتال فلما عاينوا الهلاك طلبوا الأمان فأجابهم إليه بحيث يؤخذ من الرجل عشرة دنانير ومن المرأة خمسة دنانير ومن كل صغير ديناران الذكر والأنثى سواء وأقام السلطان بهذه الجهة حتى أخذ عدة قلاع منها بلاطنس وغيرها من الحصون المتبقية المتعلقة بصهيون، ثم رحل عنها وأتى بكأس وهي قلعة حصينة على العاصي ولها نهر يخرج من تحتها وكان النزول عليها يوم الثلاثاء سادس جمادى الآخرة وقاتلوها قتالا شديدا إلى يوم الجمعة تاسع الشهر ثم يسر الله فتحها عنوة فقتل أكثر من بها وأسر الباقون وغنم المسلمون جميع ما كان فيها ولها قليعة تسمى الشغر وهي في غاية المتعة يعبر إليها منها بجسر وليس عليها طريق فسلطت المناجيق عليها من جميع الجوانب ورأوا أنهم لا ناصر لهم فطلبوا الأمان وذلك يوم الثلاثاء ثالث عشر الشهر ثم سالوا المهلة ثلاثة أيام فأمهلوا وكان تمام فتحها وصعود العلم السلطاني على قلعتها يوم الجمعة سادس عشر الشهر.

ثم سار إلى برزية وهي من الحصون المنيعة في غاية القوة يضرب بها المثل في بلاد الإفرنج تحيط بها أودية من جميع جوانبها وعلوها خمسمائة ونيف وسبعون ذراعا وكان نزوله عليها يوم السبت الرابع والعشرين من الشهر ثم أخذها عنوة يوم الثلاثاء السابع والعشرين منه.

ثم سار إلى دربساك فنزل عليها يوم الجمعة ثامن رجب وهي قلعة منيعة وقاتلها قتالا شديدا ورقي العلم الإسلامي عليها يوم الجمعة الثاني والعشرين من رجب وأعطاها الأمير علم الدين سليمان بن جندر وسار عنها بكرة يوم السبت الثالث والعشرين من الشهر.

ونزل على بغراس وهي قلعة حصينة بالقرب من أنطاكية وقاتلها مقاتلة شديدة وصعد العلم الإسلامي عليها في ثاني شعبان وراسله أهل أنطاكية في طلب الصلح فصالحهم لشدة ضجر العسكر من البيكار وكان الصلح معهم لا غير على أن يطلقوا كل أسير عندهم والصلح إلى سبعة أشهر فإن جاءهم من ينصرهم وسلموا البلد.

ثم رحل السلطان فسأله ولده الملك الظاهر صاحب حلب أن يختار به فأجابه إلى ذلك فوصل حلب في حادي عشر شعبان أقام بالقلعة ثلاثة أيام وولده يقوم بالضيافة حق القيام.

وسار من حلب فاعترضه تقي الدين عم ابن أخيه واصعده إلى قلعة حماة وصنع له طعاما وأحضر له سماعا من جنس ما تعمل الصوفية وبات فيها ليلة واحدة وأعطاه جبلة واللاذقية، وسار على طريق بعلبك ودخل دمشق قبل شهر رمضان بأيام يسيرة، ثم سار

في أوائل شهر رمضان يريد صفد فنزل عليها ولم يزل القتال حتى تسلمها بالأمان في رابع عشر شوال.

ثم سار إلى كوكب وقاتلوها مقاتلة شديدة والأمطار متواترة والوحول متضاعفة والرياح عاصفة والعدو متسلط يعلو مكانه فلما تيقنوا أنهم مأخذين طلبوا الأمان فأجابهم إليه وتسلمها منهم في منتصف ذي القعدة من السنة.

الصليبيون في عكا

بلغ صلاح الدين أن الإفرنج قصدوا عكا ونزلوا عليها يوم الاثنين ثالث عشر رجب سنة 585هـ فأتى عكا ودخلها بغتة لتقوى قلوب من بها واستدعى العساكر من كل ناحية فجاءته وكان العدو بمقدار ألفي فارس وثلاثين ألف راجل ثم تكاثر الإفرنج واستفحل أمرهم وأحاطوا بعكا ومنعوا من يدخل إليها ويخرج وذلك يوم الخميس فضاق صدر السلطان لذلك ثم اجتهد في فتح الطريق إليها لتستمر السابلة بالميرة والنجدة وشاور الأمراء فاتفقوا على مضايقة العدو لينفتح الطريق ففعلوا ذلك وانفتح الطريق وسلكه المسلمون ودخل السلطان عكا فأشرف على أمورها ثم جرى بين الفريقين مناوشات في عدة أيام وتأخر الناس إلى تل العياضية وهو مشرف على عكا وفي هذه المنزلة توفي الأمير حسام الدين طمان وذلك ليلة نصف شعبان من سنة خمس وثمانين وخمسمائة وكان من الشجعان.

قال ابن شداد: سمعت السلطان ينشد وقد قيل له إن الوخم قد عظم بمرج عكا وإن الموت قد فشا في الطائفتين.

اقتلاني ومالكا واقتلا مالكا معي

يريد بذلك أنه قد رضي أن يتلف إذا أتلف الله أعداءه، وهذا البيت له سبب يحتاج إلى شرح وذلك أن مالك بن الحارث المعروف بالأشتر النخعي كان من الشجعان والأبطال المشهورين وهو من خواص أصحاب علي بن أبي طالب رضي الله عنه تماسك في يوم معركة الجمل المشهورة هو وعبد الله بن الزبير بن العوام وكان أيضا من الأبطال وابن الزبير يومئذ مع خالته عائشة أم المؤمنين وطلحة والزبير رضي الله عنهم أجمعين وكانوا يحاربون عليا رضي الله عنه فلما تماسكا صار كل واحد منهما إذا قوي على صاحبه جعله تحته وركب صدره وفعلا ذلك مرارا وابن الزبير ينشد:

اقتلاني ومالكا واقتلا مالكا معي

يريد الأشتر النخعي

قال ابن شداد ثم إن الإفرنج جاءهم الإمداد من داخل البحر واستظهروا على الجيوش الإسلامية بعكا وكان فيهم الأمير سيف الدين علي بن أحمد المعروف بالمشطوب الهكاري والأمير بهاء الدين قراقوش الخادم الصلاحي وضايقوهم أشد مضايقة إلى أن غلبوا عن حفظ البلد فلما كان يوم الجمعة سابع عشر جمادى الآخرة سنة 587هـ خرج من عكا رجل عوام ومعه كتب من المسلمين يذكرون حالهم وما هم فيه وأنهم قد تيقنوا الهلاك ومتى أخذوا البلد عنوة ضربت رقابهم وأنهم صالحوا على أن يسلموا البلد وجميع ما فيه من آلالات والعدة والأسلحة والمراكب ومائتي ألف دينار وخمسمائة أسير مجاهيل ومائة أسير معينين من جهتهم وصليب الصلبوت على أن يخرجوا بأنفسهم سالمين وما معهم من الأموال والأقمشة المختصة بهم وزراريهم ونسائهم وضمنوا للمركيس لأنه كان الواسطة في هذا الأمر أربعة آلاف دينار ولما وقف السلطان على الكتب المشار إليها أنكر ذلك إنكارا عظيما وعظم عليه هذا الأمر وجمع أهل الرأي من أكابر دولته وشاورهم فيما يصنع واضطرت آراؤه وتقسم فكره وتشوش حاله وعزم على أن يكتب في تلك الليلة مع العوام وينكر عليهم المصالحة على هذا الوجه وهو يتردد في هذا فلم يشعر إلا وقد ارتفعت أعلام العدو وصلبانه وناره وشعاره على سور البلد وذلك في ظهيرة يوم الجمعة سابع عشر جمادى الآخرة من السنة وصاح الإفرنج صيحة عظيمة واحدة وعظمت المصيبة على المسلمين واشتد حزنهم ووقع فيهم الصياح والعويل والبكاء والنحيب.

ثم ذكر ابن شداد بعد هذا أن الإفرنج خرجوا من عكا قاصدين عسقلان ليأخذوها وساروا على الساحل والسلطان وعساكره في قبالتهم إلى أن وصلوا إلى أرسوق فكان بينهما قتال عظيم ونال المسلمين منه وهن شديد ثم ساروا على تلك الهيئة تتمة عشر منازل من مسيرهم من عكا فأتى السلطان الرملة واتاه من اخبره بأن القوم على عزم عمارة يافا وتقويتها بالرجال والعدد والآلات فاحضر السلطان أرباب مشورته وشاورهم في أمر عسقلان وهل الصواب خرابها أم بقاؤها فاتفقت آراؤهم أن يبقى الملك العادل في قبالة العدو ويتوجه هو بنفسه ويخربها خوفا من ان يصل العدو إليها ويستولي ليها وهي عامرة ويأخذ بها القدس وتنقطع بها طريق مصر وامتنع العسكر من الدخول وخافوا مما جرى على المسلمين بعكا ورأوا أن حفظ القدس أولى فتعين خرابها من عدة جهات وكان هذا الاجتماع يوم الثلاثاء سابع عشر شعبان سنة سبع وثمانين وخمسمائة فسار إليها فجر الأربعاء ثامن عشر الشهر .

قال ابن شداد: وتحدث معي في معنى خرابها بعد أن تحدث مع ولده الملك الأفضل في أمرها أيضا ثم قال لأن أفقد ولدي جميعهم أحب ألي من أن أهدم منها حجرا ولكن إذا قضى الله تعالى ذلك وكان فيه مصلحة للمسلمين فما الحيلة في ذلك قال ولما اتفق الرأي على خرابها أوقع الله تعالى في نفسه ذلك وأن المصلحة فيه لعجز المسلمين عن حفظها وشرع في خرابها فجر يوم الخميس التاسع عشر من شعبان من السنة وقسم السور على ا لناس وجعل لكل أمير وطائفة من العسكر بدنة معلومة وبرجا معينا يخربونه ودخل الناس البلد ووقع فيهم الضجيج والبكاء وكان بلدا خفيفا على القلب محكم الأسوار عظيم البناء مرغوبا في سكنه فلحق الناس على خرابه حزن عظيم وعظم عويل أهل البلد عليه لفراق أوطانهم وشرعوا في بيع مالا يقدرون على حمله فباعوا ما يساوي عشرة دراهم بدرهم واحد وباعوا اثني عشر طير دجاج بدرهم واحد واختبط البلد وخرج الناس بأهلهم وأولادهم إلى المخيم وتشتتوا فذهب قوم منهم إلى مصر وقوم إلى الشام وجرت عليهم أمور عظيمة واجتهد السلطان وأولاده في خراب البلد كي لا يسمع العدو فيسرع إليه ولا يمكن من خرابه وبات الناس على أصعب حال وأشد تعب مما قاسوه في خرابها وفي تلك الليلة وصل من جانب الملك العادل من أخبر أن الإفرنج تحدثوا معه في الصلح وطلبوا جميع البلاد الساحلية فرأى السلطان أن ذلك مصلحة لما علم من نفس الناس من الضجر من القتال وكثرة ما عليهم من الديون وكتب إليه يأذن له في ذلك وفوض الأمر إلى رأيه وأصبح يوم الجمعة العشرين من شع\بان وهو مصر على الخراب واستعمل الناس عليه وحثهم على العجلة فيه وأباحهم ما في الهري الذي كان مدخرا للميرة خوفا من هجوم الإفرنج والعجز عن نقله وأمر بإحراق البلد فأضرمت النيران في بيوته وكان سورها عظيما ولم يزل الخراب يعمل في البلد إلى نهاية شعبان من السنة وأصبح يوم الاثنين مستهل شهر رمضان أمر ولده الملك الأفضل أن يباشر ذلك بنفسه وخواصه ولقد رأيته يحمل الخشب بنفسه لأجل الإحراق. وفي يوم الأربعاء ثالث شهر رمضان أتى الرملة ثم خرج إلى "اللد" وأشرف عليها وأمر بخرابها وخراب قلعة الرملة ففعل ذلك وفي يوم السبت ثالث عشر شهر رمضان تأخر السلطان بالعسكر إلى جهة الجبل ليتمكن الناس ممن تسيير دوابهم لإحضار ما يحتاجون إليه ودار السلطان حول النطرون وهي قلعة منيعة فأمر بتخريبها وشرع الناس في ذلك.

الصلح مع الصليبين

ثم ذكر ابن شداد بعد هذا أن الانكتار وهو من أكابر ملوك الإفرنج سير رسوله إلى الملك العادل يطلب الاجتماع به فأجابه إلى ذلك واجتمعا يوم الجمعة ثامن عشر شوال من السنة وتحادثا معظم ذلك النهار وانفصلا عن مودة أكيدة والتمس الانكتار من العادل أن يسأل السلطان أن يجتمع به فذكر العادل للسلطان فاستشار أكابر دولته في ذلك ووقع الاتفاق على أنه إذا جرى الصلح بينما يكون الاجتماع بعد ذلك ثم وصل رسول الانكتار وقال إن الملك يقول إني أحب صداقتك ومودتك وأنت تذكر أنك أعطيت هذه البلاد الساحلية لأخيك فأريد أن تكون حكما بيني وبينه وتقسم البلاد بيني وبينه ولا بد ان يكون لنا علقة بالقدس وأطال الحديث في ذلك فأجابه السلطان بوعد جميل وأذن له في العود في الحال وتأثر لذلك تأثرا عظيما قال ابن شداد وبعد انفصال الرسول قال لي السلطان متى صالحناهم لم تؤمن عائلتهم ولو حدث بي حادث الموت ما كانت تجتمع هذه العساكر وتقوى الإفرنج والمصلحة أن لا تزول عن الجهاد حتى نخرجهم من الساحل أو يأتينا الموت هذا كأن رأيه وإنما غلب على الصلح.

قال ابن شداد: ثم ترددت الرسل بينهم في الصلح وتم الصلح بينهم يوم الأربعاء الثاني والعشرين من شعبان سنة 588هـ ونادى المنادي بانتظام الصلح وأن البلاد الإسلامية والنصرانية واحدة في الأمن والمسالمة فمن شاء من كل طائفة يتردد إلى بلاد الطائفة الأخرى من غير خوف ولا محذور وكان يوما مشهودا نال الطائفتين فيه من المسرة مالا يعلمه إلا الله تعالى وقد علم الله تعالى أن الصلح لم يكن عن مرضاته وإيثاره ولكنه رأى المصلحة في الصلح لسأمه العسكر ومظاهرتهم بالمخالفة وكان مصلحة في علم الله تعالى فإنه اتفقت وفاته بعد الصلح فلو اتفق ذلك في أنباء وقعاته كان الإسلام على خطر.

ثم أعطى للعساكر الواردة عليه من البلاد البعيدة برسم النجدة دستورا فساروا عنه وعزم على الحج لما فرغ باله من هذه الجهة وتردد المسلمون إلى بلادهم وجاءوا هم إلى بلاد المسلمين وحملت البضائع والمتاجر إلى البلاد وحضر منهم خلق كثير لزيارة القدس.

أواخر أيامه

بعد الصلح سنة 588هـ توجه السلطان إلى القدس ليتفقد أحوالها وتوجه أخوه الملك العادل إلى ا لكرك وابنه الملك الظاهر إلى حلب وابنه الأفضل إلى دمشق وأقام السلطان بالقدس يقطع الناس ويعطيهم دستورا ويتأهب للمسير إلى الديار المصرية وانقطع شوقه عن الحج ولم يزل كذلك إلى أن صح عنده مسير مركب الانكتار متوجها إلى بلاده في

مستهل شوال فعند ذلك قوى عزمه أن يدخل الساحل جريدة يتفقد القلاع البحرية إلى بانياس ويدخل دمشق ويقيم بها أياما قلائل ويعود إلى القدس ومنه إلى الديار المصرية.

قال ابن شداد: وأمرني صلاح الدين بالمقام في القدس إلى حين عودة لعمارة مارستان أنشأه به وتكميل المدرسة التي أنشأها فيه وسار منه ضاحي نهار الخميس السادس من شوال سنة ثمان وثمانين وخمسمائة ولما فرغ من افتقاد أحوال القلاع وإزاحة خللها دخل دمشق بكرة الأربعاء سادس عشر شوال وفيها أولاده الملك الأفضل والملك الظاهر والملك الظافر مظفر الدين الخضر المعروف بالمشعر وأولاده الصغار وكان يحب البلد ويؤثر الإقامة فيه على سائر البلاد وجلس للناس في بكرة الخميس السابع والعشرين منه وحضروا عندهم وبلوا شوقهم منه وأنشده الشعراء ولم يتخلف أحد عنه من الخواص والعوام وأقام بنشر جناح عدله ويهطل سحاب إنعامه وفضله ويكشف مظالم الرعايا فلما كان يوم الاثنين مستهل ذي القعدة عمل الملك الأفضل دعوة للملك الظاهر لنه لما وصل إلى دمشق وبلغه حركة السلطان أقام بها ليتملى بالنظر إليه ثانيا وكأن نفسه كانت قد أحست بدنو أجله فودعه في تلك الدفعة مرارا متعددة ولما عمل الملك الأفضل الدعوة أظهر فيها من الهمم العالية ما يليق بهمته وكأنه أراد بذلك مجازاته ما خدمه به حين وصل إلى بلده وحضر الدعوة المذكورة أرباب الدنيا والآخرة وسأل السلطان الحضور فحضر خبرا لقلبه وكان يوما مشهودا على ما بلغني.

ولما تصفح الملك العادل أحوال الكرك وأصلح ما قصد إصلاحه فيه سار قاصدا إلى البلاد الفراتية فوصل إلى دمشق في يوم الأربعاء سابع عشر ذي القعدة وخرج السلطان إلى لقاءه وأقام بتصيد حوالي غباغب إلى الكسوة حتى لقيه وسارا جميعا يتصيدان وكان دخولهما إلى دمشق آخر نهار يوم الأحد حادي عشر ذي الحجة سنة ثمان وثمانين وأقام السلطان بدمشق يتصيد هو وأخوه وأولاده ويتفرجون في أراضي دمشق ومواطن الصبا وكأنه وجد راحة مما كان به من ملازمة التعب والنصب وسهر الليالي وكان ذلك كالوداع لأولاده ومراتع نزهه ونسي عزمه إلى مصر وعرضت له أمور أخر وعزمات غير ما تقدم.

وفاة صلاح الدين

قال ابن شداد: وصلني كتبا صلاح الدين إلى القدس يستدعيني لخدمته وكان شتاء شديدا ووحلا عظيما فخرجت من القدس في يوم الجمعة الثالث والعشرين من المحرم سنة 589هـ وكان الوصول إلى دمشق في يوم الثلاثاء ثاني عشر صفر من السنة وركب السلطان لملتقى الحاج يوم الجمعة خامس عشر صفر وكان ذلك آخر ركوبة، ولما كان ليلة

السبت وجد كسلا عظيما وما تنصف الليل حتى عشيته حمى صفراوية وكانت في باطنه أكثر منها في ظاهره وأصبح يوم السبت متكاسلا عليه أثر الحمى ولم يظهر ذلك للناس لكن حين حضرت عنده أنا والقاضي الفاضل ودخل ولده الملك الأفضل وطال جلوسنا عنده وأخذ يشكو قلقه في الليل وطاب له الحديث إلى قريب الظهر ثم انصرفنا وقلوبنا عنده فتقدم إلينا بالحضور على الطعام في خدمة ولده الملك الأفضل ولم تكن للقاضي الفاضل في ذلك عادة فانصرف ودخلت إلى الإيوان القبلي وقد مد السماط وابنه الملك الأفضل قد جلس في موضعه فانصرفت ومما كانت لي قوة في الجلوس استيحاشا له وبكى اليوم جماعة تفاؤلا لجلوس ولده في موضعه ثم أخذ المرض يتزيد من حينئذ ونحن نلازم التردد طرفي النهار وندخل إليه أنا والقاضي الفاضل في النهار مرارا وكان مرضه في رأسه وكان من إمارات انتهاء العمر غيبة طبيبه الذي كان قد عرف مزاجه سفرا وحضرا ورأى الأطباء فصده فصدوه فاشتد مرضه وقلت ر طوبات بدنه وكان يغلب عليه اليبس ولم يزل المرض يتزايد حتى انتهى إلى غاية الضعف واشتد مرضه في السادس والسابع والثامن ولم يزل يتزايد ويغيب ذهنه ولما كان التاسع حدثت له غشية وامتنع من تناول المشروب واشتد الخوف في البلد وخاف الناس ونقلوا أقمشتهم من الأسواق وعلا الناس من الكآبة ما لا تمكن حكايته ولما كان العاشر من مرضه حقن دفعتين وحصل من الحقن بعض الراحة وفرح الناس بذلك ثم اشتد مرضه وآيس منه الأطباء ثم شرع الملك الأفضل في تحليف الناس، ثم إنه توفي بعد صلاة الصبح من يوم الأربعاء السابع والعشرين من صفر سنة 589هـ وكان يوم موته يوما لم يصب الإسلام والمسلمون بمثله منذ فقد الخلفاء الراشدون رضي الله عنهم وغشي- القلعة والملك والدنيا وحشة لا يعلمها إلا الله تعالى وبالله لقد كنت أسمع من الناس أنهم يتمنون فداء من يعز عليهم بنفوسهم وكنت أتوهم أن هذا الحديث على ضرب من التجاوز والترخص إلى ذلك اليوم فإني علمت من نفسي ومن غيري انه لو قيل الفداء لفدي بالأنفس.

ثم جلس ولده الملك الأفضل للعزاء وغسله، وأخرج بعد صلاة الظهر رحمه الله في تابوت مسجى بثوب فوط فارتفعت الأصوات عند مشاهدته وعظم الضجيج وأخذ الناس في البكاء والعويل وصلوا عليه أرسالا ثم أعيد إلى الدار التي في البستان وهي التي كان متمارضا بها ودفن في الضفة الغربية منها وكان نزوله في حفرته قريبا من صلاة العصر.

وأنشد بن شداد في آخر السيرة بيت أبي تمام الطائي وهو:

ثم انقضت تلك السنون وأهلها فكأنها وكأنهم أحلام

رحمة الله تعالى وقدس روحه فلق كان من محاسن الدنيا وغرائبها، وذكر ابن شداد: أنه مات ولم يخلف في خزانته من الذهب والفضة إلا سبعة وأربعين درهما ناصرية وجرما واحدا ذهبا صوريا ولم يخلف ملكا لا دارا ولا عقارا ولا بستانا ولا قرية ولا مزرعة.

وفي ساعة موته كتب القاضي الفاضل إلى ولده الملك الظاهر صاحب حلب بطاقة مضمونها[لقد كان لكم في رسول الله أسوة حسنة] [إن زلزلة الساعة شيء عظيم] كتبت إلى مولانا السلطان الملك الظاهر أحسن الله عزاءه وخير مصابه وجعل فيه الخلف في الساعة المذكورة وقد زلزل المسلمون زلزالا شديدا وقد حفرت الدموع المحاجر وبلغت القلوب الحناجر وقد ودعت أباك ومخدومي وداعا لا تلاقي بعده وقد قبلت وجهه عني وعنك وأسلمته إلى الله تعالى مغلوب الحيلة ضعيف القوة راضيا عن الله ولا حول ولا قوة إلا بالله وبالباب من الجنود المجندة والأسلحة المعدة ما لم يدفع البلاء ولا ملك يرد القضاء وتدمع العين ويخشع القلب ولا نقول إلا ما يرضي الرب وإنا عليك لمحزننا يوسف وأما الوصايا فما تحتاج إليها والآراء فقد شغلني المصاب عنها وأما لائح الأمر فإنه إن وقع اتفاق فما عدمتم إلا شخصة الكريم وإن كان غيره فالمصائب المستقبلة أهونها موته وهو الهول العظيم والسلام.

جلال الدين السيوطي

ولد السيوطي مساء يوم الأحد من شهر رجب 849هـ-سبتمر1445م بالقاهرة، واسمه عبد الرحمن بن أبي بكر بن محمد الخضيري الأسيوطي، وكان سليل أسرة اشتهرت بالعلم والتدين، وكان أبوه من العلماء الصالحين ذوي المكانة العلمية الرفيعة التي جعلت بعض أبناء العلماء والوجهاء يتلقون العلم على يديه.

وقد توفي والد السيوطي ولابنه من العمر ست سنوات، فنشأ الطفل يتيما، واتجه إلى حفظ القرآن الكريم، فأتم حفظه وهو دون الثامنة، ثم حفظ بعض الكتب في تلك السن المبكرة مثل العمدة، ومنهاج الفقه والأصول، وألفية ابن مالك، فاتسعت مداركه وزادت معارفه، وكان السيوطي محل العناية والرعاية من عدد من العلماء من رفاق أبيه، وتولى بعضهم أمر الوصاية عليه، ومنهم" الكمال بن الهمام الحنفي" أحد كبار فقهاء عصره، وتأثر به الفتى تأثرا كبيرا خاصة في ابتعاده عن السلاطين وأرباب الدولة.

شيوخــه

عاش السيوطي في عصر كثر فيه العلماء الأعلام الذين نبغوا في علوم الدين على تعدد ميادينها، وتوفروا على علوم اللغة بمختلف فروعها، وأسهموا في ميدان الإبداع الأدبي،

فتأثر السيوطي بهذه النخبة الممتازة من كبار العلماء، فابتدأ في طلب العلم سنة 864هـ-1459م ودرس الفقه والنحو والفرائض، ولم يمض عامان حتى أجيز بتدريس العربية، وألف في تلك السنة أول كتبه وهو في سن السابعة عشرة، فألف "شرح الاستعاذة والبسملة" فأثنى عليه شيخه"علم الدين البلقيني".

وكان منهج السيوطي في الجلوس إلى المشايخ هو انه يختار شيخا واحدا يجلس إليه، فإذا ما توفي انتقل إلى غيره، وكان عمدة شيوخه"محيي الدين الكافيجي" الذي لازمه السيوطي أربعة عشر عاما كاملة وأخذ منه أغلب علمه،وأطلق عليه لقب "أستاذ الوجود"، ومن شيوخه "شرف الدين المناوي" وأخذ عنه القرآن والفقه، و"تقي الدين الشبلي"وأخذ عنه الحديث أربع سنين فلما مات لزم "الكافيجي" أربعة عشر عاما وأخذ عنه التفسير والأصول والعربية والمعاني،وأخذ العلم-أيضا- عن شيخ الحنفية"الأفصرائي"و"العز الحنبلي" و"المرزباني"و"جلال الدين المحلي"و"تقي الدين الشمني"وغيرهم كثير، حيث أخذ علم الحديث فقط عن (150) شيخا من النابهين في هذا العلم.

ولم يقتصر تلقي السيوطي على الشيوخ من العلماء الرجال، بل كان له من الشيوخ من النساء اللاتي بلغن الغاية في العلم، منهن"آسية بنت جار الله بن صالح"، و"كمالية بنت محمد الهاشمية"و"أم هانئ بنت أبي الحسن الهوريني"،و"أم الفضل بنت محمد المقدسي" وغيرهن كثير.

رحلاته

كانت الرحلات وما تزال طريقا للتعلم، إلا أنها كانت فيما مضى من ألزم الطرق للعالم الذي يريد أن يتبحر في علمه، وكان السيوطي ممن سافر في رحلات علمية ليلتقي بكبار العلماء، فسافر إلى عدد من الأقاليم في مصر كالفيوم ودمياط والمحلة وغيرها، وسافر إلى الشام واليمن والهند والمغرب والتكرور(تشاد حاليا) ورحل إلى الحجاز وجاور بها سنة كاملة، وشرب من ماء زمزم ليصل في الفقه إلى رتبة سراج الدين البلقيني، وفي الحديث إلى رتبة الحافظ ابن حجر العسقلاني.

ولما اكتملت أدوات السيوطي جلس للإفتاء سنة 871هـ-1466م وأملى الحديث في العام التالي، وكان واسع العلم غزير المعرفة، يقول عن نفسه:"رزقت التبحر في سبعة علوم: التفسير والحديث والفقه والنحو والمعاني والبيان والبديع"، بالإضافة إلى أصول الفقه والجدل، والقراءات التي تعلمها بنفسه، والطب، غير أنه لم يقترب من علمي الحساب والمنطق.

ويقول:" وقد كملت عندي الآن آلات الاجتهاد بحمد الله تعالى، أقول ذلك تحدثا بنعمة الله تعالى لا فخرا..... وأي شيء في الدنيا حتى يطلب تحصيلها في الفخر؟!!".

وكانت الحلقات العلمية التي يعقدها السيوطي يقبل عليها الطلاب، فقد عين في أول الأمر مدرسا للفقه بالشيخونية، وهي المدرسة التي كان يلقي فيها أبوه دروسه من قبل، ثم جلس لإملاء الحديث والإفتاء بجامع ابن طولون، ثم تولى مشيخة الخانقاه البيبرسية التي كانت تمتلئ برجال الصوفية.

وقد نشب خلاف بين السيوطي وهؤلاء المتصوفة، وكاد هؤلاء المتصوفة يقتلون الرجل، حينئذ قرر أن يترك الخانقاه البيبرسية،، ويعتزل الناس ومجتمعاتهم ويتفرغ للتأليف والعبادة.

اعتزال السيوطي الحياة العامة

قضى السيوطي فترة غير قصيرة في خصومات مع عدد من علماء عصره، كان ميدانها الحملات الشرسة في النقد اللاذع في الترجمة المتبادلة، ومن خصومه: البرهان الكركي، وأحمد بن محمد القسطلاني، والشمس الجوجري، غير أن أشد خصوماته وأعنفها كانت منع شمس الدين السخاوي، الذي اتهم السيوطي بسرقة بعض مؤلفاته، واغتصاب الكتب القديمة التي لا عهد للناس بها ونسبتها إلى نفسه.

ولم يقف السيوطي مكتوف الأيدي في هذه الحملات، بل دافع عن نفسه بحماسة بالغة وكان من عادته أن يدعم موقفه وقراره بوثيقة ذات طابع أدبي، فألف رسالة في الرد على السخاوي، اسمها "مقامة الكاوي في الرد على السخاوي" نسب إليه فيها تزوير التاريخ، وأكل لحوم العلماء والقضاة ومشايخ الإسلام.

وكان لهذه العلاقة المضطربة بينه وبين بعض علماء عصره، وما تعرض له من اعتداء في الخانقاه البيبرسية أثر في اعتزال الإفتاء والتدريس والحياة العامة ولزوم بيته في روضة المقياس على النيل، وهو في الأربعين من عمره، وألف بمناسبة اعتزاله رسالة أسماها" المقامة اللؤلؤية"، ورسالة التنفيس في الاعتذار عن ترك الإفتاء والتدريس".

وقد تنبه بعض خصوم السيوطي إلى خطئهم فيما صوبوه إلى هذا العالم الجليل من سهام في النقد والتجريح وخصومات ظالمة، فأعلنوا عن خطئهم، وفي مقدمته الشيخ القسطلاني الذي أراد أن يسترضي هذا العالم الجليل الذي لزم بيته وعزف عن لقاء الناس، فتوجه إليه حافيا معتذرا، غير أن هذا الأمر لم يجعل السيوطي يقطع عزلته ويعود إلى الناس، ولكنه استمر في تفرغه للعبادة والتأليف.

اعتزال السلاطين

عاصر السيوطي (13) سلطانا مملوكيا، وكانت علاقته بهم متحفظة، وطابعها العام المقاطعة وإن كان ثمة لقاء بينه وبينهم، وضع نفسه في مكانته التي يستحقها، وسلك معهم سلوك العلماء الأتقياء، فإذا لم يقع سلوكه منهم وقع موقع الرضا قاطعهم وتجاهلهم، فقد ذهب يوما للقاء السلطان الأشرف قايتباي وعلى رأسه الطيلسان[عمامة طويلة] فعاتبه البعض، فأنشأ رسالة في تبرير سلوكه أطلق عليها"الأحاديث الحسان في فضل الطيلسان".

وفي سلطنة طومان باي الأول حاول هذا السلطان الفتك بالسيوطي، لكن هذا العالم هجر بيته في جزيرة الروضة واختفى فترة حتى عزل هذا السلطان.

وكان بعض الأمراء يأتون لزيارته، ويقدمون له الأموال والهدايا النفيسة، فيردها ولا يقبل من احد شيئا، ورفض مرات عديدة دعوة السلطان لمقابلته، وألف في ذلك كتابا أسماه"ما وراء الأساطين في عد التردد على السلاطين".

ريادة ثقافية في عصر العلماء

كان السيوطي من أبرز معالم الحركة العلمية والدينية والأدبية في النصف الثاني من القرن التاسع الهجري، حيث ملأ نشاطه العلمي في التأليف مختلف الفروع في ذلك الزمان من تفسير وحديث وفقه وتاريخ ونحو ولغة وأدب وغيرها، فقد كان موسوعي الثقافة والإطلاع.

وقد أعانه على كثرة تأليفه انقطاعه التام للعمل وهو في سن الأربعين حتى وفاته، وثراء مكتبته وغزارة علمه وكثرة شيوخه ورحلاته، وسرعة كتابته، فقد اتسع عمره التأليفي (45)سنة، حيث بدأ التأليف وهو في سن السابعة عشرة من عمره، وانقطع له (22) عاما متواصلة، ولو وزع عمره على الأوراق التي كتبها لأصاب اليوم الواحد (40) ورقة، على أن القسم الأكبر من تأليفه كان جمعا وتلخيصا وتذييلا على مؤلفات غيره، أما نصيبه من الإبداع الذاتي فجد قليل.

وقد تمنى السيوطي أن يكون إمام المائة التاسعة من الهجرة لعلمه الغزير، فيقول: "إني ترجيت من نعم الله وفضله أن أكون المبعوث على هذه المائة، لانفرادي عليها بالتبحر في أنواع العلوم".

وزادت مؤلفات السيوطي على ثلاث مائة كتاب ورسالة، عد له بروكلمان (415) مؤلفا، وأحصى له"حاجي خليفة" في كتابه "كشف الظنون" حوالي (576) مؤلفا، ووصل بها البعض كابن إياس إلى (600) مؤلف.

ومن مؤلفاته في علوم القرآن والتفسير": "الإتقان في علوم التفسير"، و"متشابه القرآن"،والإكليل في استنباط التنزيل"،و"مفاتح الغيب في التفسير"،و"طبقات المفسرين"، و"الألفية في القراءات العشر".

أما الحديث وعلومه، فكان السيوطي يحفظ مائتي ألف حديث كما روى عن نفسه، وكان مغرما بجمع الحديث واستقصائه لذلك ألف عشرات الكتب في هذا المجال، يشتمل الواحد منها على بضعة أجزاء، وفي أحيان لا يزيد عن بضع صفحات... ومن كتبه:"إسعاف المبطأ في رجال الموطأ"، و"تنوير الحوالك في شرح موطأ الإمام مالك"، و"جمع الجوامع"، و"الدرر المنتثرة في الأحاديث المشتهرة"، و"المنتقى من شعب الإيمان للبيهقي"، و"أسماء المدلسين"، و"أداب الفتيا"، و"طبقات الحفاظ".

وفي الفقه ألف الأشباه والنظائر في فقه الإمام الشافعي، و"الحاوي في الفتاوي"، و"الجامع في الفرائض"، و"تشنيف الأسماع بمسائل الإجماع".

وفي اللغة وعلومها كان له فيها أكثر من مائة كتاب ورسالة منها:"المزهر في اللغة"، و"الأشباه والنظائر في اللغة"، و"الاقتراح في النحو"، و"التوشيح على التوضيح"، و"المهذب فيما ورد في القرآن من المعرب"، و"البهجة المرضية في شرح ألفية ابن مالك".

وفي ميدان البديع كان له: "عقود الجمان في علم المعاني والبيان"، و"الجمع والتفريق في شرح النظم البديع"، و"فتح الجليل للعبد الذليل".

وفي التاريخ والطبقات ألف أكثر من(55) كتابا ورسالة يأتي في مقدمتها:"حسن المحاضرة في أخبار مصر والقاهرة"و"تاريخ الخلفاء"، و"الشماريخ في علم التاريخ"،و"تاريخ الملك الأشرف قايتباي"، و"عين الإصابة في معرفة الصحابة"، و"بغية الوعاة في طبقات النحاة"، و"نظم العقيان في أعيان العيان"، و"در السحابة فيمن دخل مصر من الصحابة"، و"طبقات الأصوليين".

ومن مؤلفاته الأخرى الطريفة: "منهل اللطايف في الكنافة والقطايف"، و"الرحمة في الطب والحكمة"، و"الفارق بين المؤلف والسارق"، و"الفتاش على القشاش"، و"الرد على من أخلد إلى الأرض وجهل أن الاجتهاد في كل عصر فرض".

وقد شاءت إرادة الله ان تحتفظ المكتبة العربية والإسلامية بأغلب تراث الإمام السيوطي، وأن تطبع غالبية كتبه القيمة وينهل من علمه الكثيرون.

تلاميـذه

وتلاميذ السيوطي من الكثرة والنجابة بمكـان، وأبـرزهم شـمس الـدين الـداودي، "صـاحب كتاب "طبقات المفسرين"، وشمس الدين بن طولون"، و"شمس الدين الشامي"، محدث الديار المصرية، والمؤرخ الكبير"ابن إياس" صاحب كتاب "بدائع الزهور".

وفاتـــه

توفي الإمام السيوطي في منزله بروضـة المقيـاس عـلى النيـل بالقـاهرة في 19جـمادى الأولى 911هـ-20أكتوبر 1505م ودفن بجوار والده.

الطـبــري

هو محمد بن جرير الطبري

كان أكثر علماء عصره همة في طلب العلم وتحصيله وفي تأليف أمهات الكتـب حتـى روي أنه كان يكتب أربعين صفحة في كل يوم، إنه الإمـام محمـد بـن جريـر الطـبري صـاحب أكـبر كتابين في التفسير والتاريخ، قال عنه أحمد بن خلكان صاحب وفيات الأعيـان:"العلـم المجتهـد عالم العصر صاحب التصانيف البديعة كان ثقة صادقا حافظا رأسا في التفسـير إمامـا في الفقـه والإجماع والاختلاف علامة في التاريخ وأيام الناس عارفـا بـالقراءات وباللغـة وغـير ذلـك" فـإلى صفحات من سيرته ومواقف من حياته.

حياته العلمية

بدأ الطبري طلب العلم بعد سنة 240هـ وأكثر الترحـال ولقـي نـبلاء الرجـال، قـرأ القـرآن ببيروت على العباس بن الوليد ثم ارتحل منها إلى المدينة المنورة ثم إلى مصر والري وخراسـان، واستقر في أواخر أمره ببغداد.

سمع الطبري من العديدين من مشايخ عصره وله رحلات إلى العديـد مـن عواصـم العـالم الإسلامي التي ازدهرت بعلمائها وعلومها ومنها مصر.

مؤلفات الطبري

كان الطبري من أكـثر علـماء عصره نشـاطا في التـأليف، أشـهر مؤلفاتـه تفسـيره المعـروف بتفسير الطبري، وكتاب " تاريخ الأمـم والملـوك " روي عنـه أنـه قـال: اسـتخرت اللـه وسـألته العون على ما نويته من تصنيف التفسير قبل أن أعمله ثلاث سنين فأعانني.

قال الحاكم وسمعت أبا بكر بن بالويه يقول قال لي أبو بكر بن خزيمة بلغني أنـك كتبـت التفسير عن محمد بن جرير قلت بلى كتبته عنه إملاء قال كله قلت نعم قال في أي سنة قلت من سنة ثلاث وثمانين ومائتين إلى سنة تسعين ومائتين قال فاستعاره مني أبو

بكر ثم رده بعد سنين ثم قال لقد نظرت فيه من أوله إلى آخره وما أعلم على أديم الأرض أعلم من محمد بن جرير.

قال أبو محمد الفرغاني تم من كتب محمد بن جرير كتاب التفسير الذي لو ادعى عالم أن يصنف منه عشرة كتب كل كتاب يحتوي على علم مفرد مستقصى لفعل وتم من كتبه كتاب التاريخ إلى عصره وتم أيضا كتاب تاريخ الرجال من الصحابة والتابعين وإلى شيوخه الذين لقيهم وتم له كتاب لطيف القول في أحكام شرائع الإسلام وهو مذهبه الذي اختاره وجوده واحتج له وهو ثلاثة وثمانون كتابا وتم له كتاب القراءات والتنزيل والعدد وتم له كتاب اختلاف علماء الأمصار وتم له كتاب الخفيف في أحكام شرائع الإسلام وهو مختصر لطيف وتم له كتاب التبصير وهو رسالة إلى أهل طبرستان يشرح فيها ما تقلده من أصول الدين وابتدأ بتصنيف كتاب تهذيب الآثار وبما أسنده الصديق مما صح عنده سنده وتكلم على كل حديث منه بعلله وطرقه ثم فقهه واختلاف العلماء وحججهم وما فيه من المعاني والغريب والرد على الملحدين فتم منه مسند العشرة وأهل البيت والموالي وبعض مسند ابن عباس فمات قبل تمامه، قلت هذا لو تم لكان يجيء في مائة مجلد، قال وابتدأ بكتابه البسيط فخرج منه كتاب الطهارة فجاء في نحو من ألف وخمسمائة ورقة لأنه ذكر في كل باب منه اختلاف الصحابة والتابعين وحجة كل قول وخرج منه أيضا أكثر كتاب الصلاة وخرج منه آداب الحكام وكتاب المحاضر والسجلات وكتاب ترتيب العلماء وهو من كتبه النفيسة ابتدأه بآداب النفوس وأقوال الصوفية ولم يتمه وكتاب المناسك وكتاب شرح السنة وهو لطيف بين فيه مذهبه واعتقاده وكتابه المسند المخرج يأتي فيه على جميع ما رواه الصحابي من صحيح وسقيم ولم يتمه ولما بلغه أن أبا بكر بن أبي داود تكلم في حديث غدير خم عمل كتاب الفضائل فبدأ بفضل أبي بكر ثم عمر وتكلم على تصحيح حديث غدير خم واحتج لتصحيحه ولم يتم الكتاب.

وقال بعض العلماء: لو سافر رجل إلى الصين حتى يحصل تفسير محمد بن جرير لم يكن كثيرا، هو من عجائب كتبه ابتداء .

أسلوبه في التأليف

يقول أحمد بن خلكان لأبي جعفر في تأليفه عبارة وبلاغة فمما قاله في كتاب الآداب النفيسة والأخلاق الحميدة القول في البيان عن الحال الذي يجب على العبد مراعاة حاله فيما يصدر من عمله لله عن نفسه قال إنه لا حالة من أحوال المؤمن يغفل عدوه الموكل به عن دعائه إلى سبيله والقعود له رصدا بطرق ربه المستقيمة صادا له عنها كما قال لربه عز

ذكره إذ جعله من المنظرين قال فبما أغويتني لأقعدن لهم صراطك المستقيم (16) ثم لآتينهم من بين أيديهم ومن خلفهم وعن أيمانهم وعن شمائلهم ولا تجد أكثرهم شاكرين (17) "[1] طمعا منه في تصديق ظنه عليه إذ قال لربه لئن أخرتن إلى يوم القيامة لأحتنكن ذريته إلا قليلا (62) [2] فحق على كل ذي حجى أن يجهد نفسه في تكذيب ظنه وتخييبه منه أمله وسعيه فيما أرغمه ولا شيء من فعل العبد أبلغ في مكروهه من طاعته ربه وعصيانه أمره ولا شيء أسر إليه من عصيانه ربه واتباعه أمره فكلام أبي جعفر من هذا النمط وهو كثير مفيد.

وروي عن أبي سعيد الدينوري مستملي ابن جرير أخبرنا أبو جعفر محمد بن جرير الطبري بعقيدته فمن ذلك وحسب امرئ أن يعلم أن ربه هو الذي على العرش استوى فمن تجاوز ذلك فقد خاب وخسر وهذا تفسير هذا الإمام مشحون في آيات الصفات بأقوال السلف على الإثبات لها لا على النفي والتأويل وأنها لا تشبه صفات المخلوقين أبدا.

ثناء العلماء عليه

قال أبو سعيد بن يونس: محمد بن جرير من أهل آمل كتب بمصر ورجع إلى بغداد وصنف تصانيف حسنة تدل على سعة علمه.

وقال الخطيب البغدادي: محمد بن جرير بن يزيد بن كثير بن غالب كان أحد أئمة العلماء يحكم بقوله ويرجع إلى رأيه لمعرفته وفضله وكان قد جمع من العلوم ما لم يشاركه فيه أحد من أهل عصره فكان حافظا لكتاب الله عارفا بالقراءات بصيرا بالمعاني فقيها في أحكام القرآن عالما بالسنن وطرقها صحيحها وسقيمها وناسخها ومنسوخها عارفا بأقوال الصحابة والتابعين عارفا بأيام الناس وأخبارهم. وكان من أفراد الدهر علما وذكاء وكثرة تصانيف قل أن ترى العيون مثله.

مواقف من حياته

قيل إن المكتفي أراد أن يحبس وقفا تجتمع عليه أقاويل العلماء فأحضر له ابن جرير فأملى عليهم كتابا لذلك فأخرجت له جائزة فامتنع من قبولها فقيل له لا بد من قضاء

(1) الأعراف: (16-17).
(2) الإسراء: (61).

حاجة قال اسأل أمير المؤمنين أن يمنع السؤال يوم الجمعة ففعل ذلك وكذا التمس منه الوزير أن يعمل له كتابا في الفقه فألف له كتاب الخفيف فوجه إليه بألف دينار فردها.

وروي عن محمد بن أحمد الصحاف السجستاني سمعت أبا العباس البكري يقول جمعت الرحلة بين ابن جرير وابن خزيمة ومحمد بن نصر المروزي ومحمد بن هارون الروياني بمصر فأرملوا ولم يبق عندهم ما يقوتهم وأضر بهم الجوع فاجتمعوا ليلة في منزل كانوا يأوون إليه فاتفق رأيهم على أن يستهموا ويضربوا القرعة فمن خرجت عليه القرعة سأل لأصحابه الطعام فخرجت القرعة على ابن خزيمة فقال لأصحابه أمهلوني حتى أصلي صلاة الخيرة قال فاندفع في الصلاة فإذا هم بالشموع ورجل من قبل والي مصر يدق الباب ففتحوا فقال أيكم محمد بن نصر فقيل هو ذا فأخرج صرة فيها خمسون دينارا فدفعها إليه ثم قال وأيكم محمد ابن جرير فأعطاه خمسين دينارا وكذلك للروياني وابن خزيمة ثم قال إن الأمير كان قائلا بالأمس فرأى في المنام أن المحامد جياع قد طووا كشحهم فأنفذ إليكم هذه الصرر وأقسم عليكم إذا نفذت فابعثوا إلي أحدكم.

وقال أبو محمد الفرغاني في ذيل تاريخه على تاريخ الطبري قال حدثني أبو علي هارون بن عبد العزيز أن أبا جعفر لما دخل بغداد وكانت معه بضاعة يتقوت منها فسرقت فأفضى به الحال إلى بيع ثيابه وكمي قميصه فقال له بعض أصدقائه تنشط لتأديب بعض ولد الوزير أبي الحسن عبيد الله بن يحيى بن خاقان قال نعم فمضى الرجل فأحكم له أمره وعاد فأوصله إلى الوزير بعد أن أعاره ما يلبسه فقربه الوزير ورفع مجلسه وأجرى عليه عشرة دنانير في الشهر فاشترط عليه أوقات طلبه للعلم والصلوات والراحة وسأل استلافه رزق شهر ففعل وأدخل في حجرة التأديب وخرج إليه الصبي وهو أبو يحيى فلما كتبه أخذ الخادم اللوح ودخلوا مستبشرين فلم تبق جارية إلا أهدت إليه صينية فيها دراهم ودنانير فرد الجميع وقال قد شرطت على شيء فلا آخذ سواه فدرى الوزير ذلك فأدخله إليه وسأله فقال هؤلاء عبيد وهم لا ملكون فعظم ذلك في نفسه.

وكان ربما أهدى إليه بعض أصدقائه الشيء فيقبله ويكافئه أضعافا لعظم مروءته. وكان ممن لا تأخذه في الله لومة لائم مع عظيم ما يلحقه من الأذى والشناعات من جاهل وحاسد وملحد فأما أهل الدين والعلم فغير منكرين علمه وزهده في الدنيا ورفضه لها وقناعته رحمه الله بما كان يرد عليه من حصة من ضيعة خلفها له أبوه بطبرستان يسيرة، وكان ينشد لنفسه:

إذا أعسرت لم يعلم رفيقي وأستغني فيستغني صديقي

حيائـي حافظ لي ماء وجهي ورفقي في مطالبتـي رفيقي
ولو أني سمحت بماء وجهي لكنت إلى العلى سهل الطريق
وله خلقـان لا أرضى فعالهما بطـر الغنى ومذلـة الفقـر
فإذا غنيت فلا تكـن بطرا وإذا افتقرت فتـه على الدهــر

قال أبو القاسم بن عقيل الوراق: إن أبا جعفر الطبري قال لأصحابه هل تنشطون لتـاريخ العالم من آدم إلى وقتنا قالوا كم قدره فـذكر نحـو ثلاثـين ألـف ورقـة فقـالوا هـذا مـما تفنـى الأعمار قبل تمامه فقال إنا لله ماتت الهمم فاختصر ذلك في نحو ثلاثة آلاف ورقـة ولما أن أراد أن يملي التفسير قال لهم نحوا من ذلك ثم أملاه على نحو من قدر التاريخ.

وكان الطبري لا يقبل المناصب خوفا أن تشغله عن العلم من ناحية ولأن من عادة العلماء البعد عن السلطان من ناحية أخري، فقد روى المراغي قال لما تقلد الخاقـاني الـوزارة وجـه إلى أبي جعفر الطبري بمال كثير فامتنع من قبوله فعرض عليه القضاء فامتنع فعـرض عليـه المظالم فأبى فعاتبه أصحابه وقالوا لك في هذا ثواب وتحيي سنة قد درست وطمعـوا في قبولـه المظالم فذهبوا إليه ليركب معهم لقبول ذلك فانتهرهم وقـال قـد كنـت أظـن أني لـو رغبـت في ذلـك لنهيتموني عنه قال فانصرفنا خجلين.

رثاء الطبري

روي عن أبي الحسن هبة اللـه بـن الحسـن الأديـب لابـن دريـد يـرثي الطـبري في قصـيدة طويلة جاء فيها:

لـن تستطيع لأمـر اللـه تعقيـبا … فاستنجد الصبر أو فاستشـعر الحوبـا
وافـزع إلى كنـف التسليم وارض بمـا … قضى المهـيمن مكروهـا ومحبوبـا
إن الـرزية لا وفـر تزعزعـه … أيـدي الحـوادث تشتيتـا وتشذيبـا
ولا تفـرق ألاف يفـوت بهـم … بـين يغـادر حبـل الوصـل مقضـوبا
لكـن فقـدان مـن أضحى بمصرعه … نور الهـدى وبهـاء العلـم مسلوبـا
إن المنيـة لم تتلـف بـه رجـلا … بـل أتلفـت علمـا للديـن منصوبـا
أهـدى الـردى للثـرى إذ نـال مهجتـه … نجما على مـن يعـادي الحـق مصبوبا
كـان الزمـان بـه تصفـو مشـاربه … فـالآن أصبح بالتكسـير مقطوبـا
كـلا وأيامـه الغـر التـي جـعلت … للعـلم نـورا وللتقـوى محاريبـا
لا ينسري الـدهر عـن شبـه لـه أبـدا … مـا استوقف الحـج بالأنصـاب

إذا انتضى الرأي في إيضاح مشكلة أعاد منهجها المطموس ملحوبا
لا يولج اللغو والعوراء مسمعه ولا يقارف ما يغشيه تأنيبا
تجلو مواعظه رين القلوب كما يجلو ضياء سنا الصبح الغياهيبا
لا يأمن العجز والتقصير مادحه ولا يخاف على الإطناب تكذيبا
ودت بقاع بلاد الله لو جعلت قبرا له لحباها جسمه طيبا
كانت حياتك للدنيا وساكنها نورا فأصبح عنها النور محجوبا
لو تعلم الأرض من وارت لقد خشعت أقطارها لك إجلالا وترحيبا
إن يندبوك فقد ثلت عروشهم وأصبح العلم مرثيا ومندوبا
ومن أعاجيب ما جاء الزمان به وقد يبين لنا الدهر الأعاجيبا
أن قد طوتك غموض الأرض في وكنت تملأ منها السهل واللوبا

وقال أبو سعيد بن الأعرابي:

حدث مفظع وخطب جليل دق عن مثله اصطبار الصبور
قام ناعي العلوم أجمع لما قام ناعي محمد بن جرير

وفاته

قال أبو محمد الفرغاني حدثني أبو بكر الدينوري قال لما كان وقت صلاة الظهر من يوم الاثنين الذي توفي في آخره ابن جرير طلب ماء ليجدد وضوءه فقيل له تؤخر الظهر تجمع بينها وبين العصر فأبى وصلى الظهر مفردة والعصر في وقتها أتم صلاة وأحسنها، وحضر وقت موته جماعة منهم أبو بكر بن كامل فقيل له قبل خروج روحه يا أبا جعفر أنت الحجة فيما بيننا وبين الله فيما ندين به فهل من شيء توصينا به من أمر ديننا وبينة لنا نرجو بها السلامة في معادنا فقال الذي أدين الله به وأوصيكم هو ما ثبت في كتبي فاعملوا به وعليه وكلاما هذا معناه وأكثر من التشهد وذكر الله عز وجل ومسح يده على وجهه وغمض بصره بيده وبسطها وقد فارقت روحه الدنيا.

قال أحمد بن كامل توفي ابن جرير عشية الأحد ليومين بقيا من شوال سنة عشر وثلاث مئة ودفن في داره برحبة يعقوب يعني ببغداد قال ولم يغير شيبة وكان السواد فيه كثيرا وكان أسمر أقرب إلى الأدمة (السواد) أعين نحيف الجسم طويلا فصيحا وشيعه من لا يحصيهم إلا الله تعالى.

أبو الفداء ابن كثيــــر

حياتـــه

ولد الحافظ ابن كثير في مفتتح القرن الثامن الهجري، قـال في البدايـة وهـو يذكر أحـداث سنة 701 ((وفيها ولد كاتبه إسماعيل بن عمر بن كثير القرشي البصري الشـافعي، عفـا اللـه عنه)) وكان مولده في((مجيدل القرية)).التابعة لبصرى الشام وهي قريـة والدتـه مـريم بنـت فرج بنت علي، وكان والده قد أسند إليه الخطابة بها. ((فأقام بها مدة طويلـة في خـير وكفايـة وتلاوة كثيرة)) وقد حدثنا ابن كثير عن نسبه وبعض أخباره وهو يذكر وفاة والده سـنة (703) فقال: ((وفيها توفي الوالد وهو الخطيب شهاب الدين أبو حفص عمر بن كثير بن ضو بن ذرع القرشي من بني حصلة وهم ينتمون إلى الشرف وبأيـديهم نسـب، وقـف عـلى بعضـها شـيخنا المزي فأعجبه ذلك وابتهج له، فصار يكتب في نسبي بسبب ذلك ((القرشي)). ثـم يـذكر أن الأسرة انتقلت بعد ذلك على دمشق صحبة شقيقه عبد الوهاب سـنة (707هـ) يقول ابـن كثير((وقد كان لنا شقيقا، وبنا رفيقا شفوقا، وقد تأخرت وفاته إلى سـنة خمسـين، فاشتغلت على يديه في العلم فيسر الله تعالى منه ما يسر، وسهل منه ما تعسر)).

وفي دمشق لقي ابن كثير عالما من الشيوخ، وكانت دمشق آنذاك مركـزا أصيلا مـن مراكـز العلم في العالم الإسلامي، كانت تحفل بدور القرآن ومعاهد العلم من المدارس والمساجد، ولقد أفاد ابن كثير من لقاء أعلام عصره وكان أعظم شيوخه أثرا في حياته واتجاهـه شـيخه الحـافظ أبا الحجاج المزي الذي أصهر إليهن وتزوج ابنته زينب، وكان لصحبته له وقربه منه أثرا واضحا في مؤلفاته هذا ولم يمض وقت حتى صار عالما من أعلام دمشق، وأقبل عليه الطلبـة ثـم تـولى كما قال النعيمي مشيخة أم الصالح بعد موت شيخه الذهبي (748هـ) ومشيخة دار الحديث الأشرفية بعد وفاة شيخها تقي الدين السبكي (683-756هـ) وكان ذلك لمدة يسيرة، ثم أخذت منه.وهذا ولابن كثير أربعة مـن الولـد: عمـر (ت783) وأحمـد (ت765-801) ومحمـد (759-103هـ)، وعبد الوهاب (ت767-840).

أما عن عقيدته فقد ذكروا انه كان صحيح الـدين، سـلفي العقيدة، ولعـل ذلـك مـن آثـار صحبته المتقدمة لشيخه أبي العباس أحمد بـن تيميـة، وملازمتـه لشـيخه وصـهره أبي الحجـاج المزي، ويفيد هذين الشيخين حتى عرف بذلك. على أنه قد جرى بينه وبين برهان الـدين ابـن الشيخ شمس الدين المعروف بابن القيم(719-767هـ) ما حكاه النعيمي بقوله:

((وكانت له أجوبة مسكته،وقد وقع بينه وبين ابن كثير في بعض المحافل، فقال ابن كثير ((أنت تكرهني لأنني أشعري:فقال له: لو كان في رأسك إلى قدمك شر ما صدقك الناس إنك أشعري))

وقد وافاه الأجل -رحمه الله- في شعبان سنة 774هـ ودفن بمقبرة الصوفية عند شيخه ابن تيمية رحمه الله رحمة واسعة.

الإمام أبو حامد الغزالي

نشأته

درس الفقه في طوس ولازم إمام الحرمين أبو المعالي الجويني في نيسابور، اشتغل بالتدريس في المدرسة النظامية ببغداد بتكليف من نظام الملك، دخل بغداد في سنة أربع وثمانين ودرس بها وحضره الأئمة الكبار كابن عقيل وأبي الخطاب وتعجبوا من كلامه واعتقدوه فائدة ونقلوا كلامه في مصنفاتهم ثم إنه ترك التدريس والرئاسة ولبس الخام الغليظ ولازم الصوم وكان لا يأكل إلا من أجرة النسخ وحج وعاد ثم رحل إلى الشام وأقام ببيت المقدس ودمشق مدة يطوف المشاهد ثم بدأ في تصنيف كتاب الأحياء في القدس ثم أتمه بدمشق إلا أنه وضعه على مذهب الصوفية وترك فيه قانون الفقه، ثم إن أبا حامد عاد إلى وطنه مشتغلا بتعبده فلما صار الوزارة إلى فخر الملك أحضره وسمع كلامه وألزمه بالخروج إلى نيسابور فخرج ودرس ثم عاد إلى وطنه واتخذ في جواره مدرسة ورباطا للصوفية وبنى دارا حسنة وغرس فيها بستانا وتشاغل بالقرآن وسمع الصحاح. توفي أبو حامد يوم الاثنين 14 جمادى الآخرة 505هـ ديسمبر1111 في مدينة طوس ورسالته قبيل الموت بعض أصحابه: أوص فقال: عليك بالإخلاص فلم يزل يكررها حتى مات.

الأخلاق عند الغزالي

يعد أبو حامد الغزالي من كبار المفكرين المسلمين بعلمه ومن كبار المفكرين بمجال علم الأخلاق بخاصة، وقد جمع أرائه الأخلاقية بين طريقة الفلاسفة في بناء الأخلاق على حقيقة الإنسان والشريعة الإسلامية التي جاءت لتتم مكارم الخلاق كما ورد في حديث الرسول صلى الله عليه وسلم. كما بين الطرق العملية لتربية الأبناء وإصلاح الأخلاق الذميمة وتخليص الإنسان منها، فكان بذلك مفكرا ومربيا ومصلحا اجتماعيا في آن معا. يرى الغزالي أن الأخلاق ترجع إلى النفس لا إلى الجسد، فالخلق عنده هيئة ثابتة. ففي النفس تدفع الإنسان للقيام بالأفعال الأخلاقية بسهولة ويسر دون الحاجة إلى التفكير الطويل.

السعادة عند الغزالي

هي تحصيل أنواع الخيرات المختلفة وهي:-

خيرات خاصة بالبدن، مصل الصحة والقوة وجمال الجسم وطول العمر.

خيرات خاصة بالنفس، وهي فضائل النفس"الحكمة والعلم والشجاعة والعفة".

خيرات خارجية، وهي الوسائل وكل ما يعين الإنسان في حياته، مثل المال والمسكن ووسائل النقل والأهل والأصدقاء.

خيرات التوفيق الإلهي مثل الرشد والهداية والسداد والتأييد.

التربية الأخلاقية عند الغزالي

يرى الغزالي ان الأخلاق الفاضلة لا تولد مع الإنسان، وإنما يكتسبها عن طريق التربية والتعليم من البيئة التي يعيش فيها، والتربية الأخلاقية السليمة في نظر الغزالي بتعويد الطفل على فضائل الأخلاق وممارستها مع الحرص على تجنيبه مخالطة قرناء السوء حتى لا يكتسب منهم الرذائل، وفي سن النضج العقلي تشرح له الفضائل شرحا علميا يبين سبب عدها فضائل وكذلك الرذائل وسبب عدها رذائل حتى يصبح سلوكه مبينا على علم ومعرفة واعية.

من أشهر كتب الغزالي

1- إحياء علوم الدين

2– المنقذ من الظلال

3- مقاصد الفلاسفة

4– تهافت الفلاسفة

5- معيار العلم(مقدمة تهافت الفلاسفة)

6- محك النظر(منطق)

7- ميزان العمل

8- الاقتصاد في الاعتقاد

9- المستصفى في علم أصول الفقه

10- الوسيط في المذهب

11- الوجيز في فقه الإمام الشافعي

12- فضائح الباطنية

13- القسطاس المستقيم

14- فيصل التفرقة بين الإسلام والزندقة

15- التبر المسبوك في نصحية الملوك

16- أيها الولد المحب

كيمياء السعادة (بالفارسية مثل كتاب الإحياء)

شفاء الغليل في بيان الشبه والمخيل ومسالك التعليل المنخول في علم الأصول.

تطور تجربته الروحية

إن وسائل المعرفة هي التقليد، الحواس والعقل ولقد انتقد الغزالي الوسائل جميعا وقال انه لا يوجد لها دليل وبرهان فأصبح في مرحلة شك فبحث عن أصناف الباحثين عن

الحقيقة وانحصرت الفرق الطالبة للحق في عهد الغزالي في أربع :فرقة المتكلمين، فرقة الباطنية، فرقة الفلاسفة، فرقة الصوفية، وانتقدهم جميعا حتى وجد ان الصوفية هي الحقيقة التي وجد بها ضالته لأنه في مرحلة شك ولم يصل إلى مرحلة اليقين إلى ان قذف اللـه نورا في صدره فانضم إلى الصوفية، كان شك الغزالي صاحب فضل عليه فهو الذي دفعه إلى البحـث وطلب الحقيقة وتملس الإيمان فدرس كل العلوم الدينية والفلسفية والمذهبية الموجودة في عصره(مثل الباطنية) وكان يفهم ما يسمع ويناقش ما لا يفهم ويتطلب الحجة والدليل ويحاور ويجادل، يجدر بنا أن نذكر أن الغزالي قد شك ليبلغ اليقين أصناف الطالبين للحق عند الغزالي أربع:-

أولا المتكلمين ولقد انتقدهم

المتكلمون وهم يدعون أنهم أهل الرأي والنظر، ولقد قال الغزالي عن علم الكلام أنه حفظ العقيدة من الشكوك التي تثار حولها والطعون التي توجه إليها،(على إنسان نشأ مسلما، وأخذ عقيدته من الكتاب والسنة)أما أن يخلق علم الكلام عقيدة الإسلام في إنسان نشأ خاليا عنها غير مؤمن بها، فهذا ما لم يحاوله علم الكلام، وما لم يكن في مهمته، وقد قضت عليه مهمته تلك أن يأخذ مقدماته مـن هـؤلاء الطاعنين المشككين ليؤاخـذهم بلـوازم مسلماتهم، وهـي مقدمات واهية ضعيفة قال: [وكان أكثر خوضهم (يقصد علما الكلام) في استخراج مناقضات الخصوم ومؤاخذتهم بلوازم مسلماتهم] هذا هو مقصود علم الكلام، أما مقصود الغزالي فهو إدراك الحقيقة الدينية إدراكا يؤيده العقل، حتى تكون في درجة العلم الرياضي، دقة ووضوحا، وشتان بين المقصدين .لهذا يقول الغزالي مشيرا إلى علم الكلام، [وهذا قليل النفع في حق من لا يسلم سوى الضروريات شيئا أصلا، فلم يكن الكلام في حقي كافيا، ولا لدائي الذي كنت أشكوه شافيا.... لم يجد الغزالي ضالته المنشودة في علم الكلام، ورآه غير واف بمقصده،إذن لم يكن علم الكلام مقنعا للغزالي فظل يبحث عن الحقيقة انتقل إلى الصنف الثاني مـن طالبين الحقيقـة وهم الفلاسفة.

ثانيا: الفلاسفة ولقد انتقدهم

والفلاسفة هم اؤلئك القوم الذي يلجئون إلى العقل في مسالكهم العلمية، تناول الغزالي بحوثهم التي تعرضوا فيها لموضوعات العقيدة، على أن يجد لديهم مـن فنـون المحاولات العقلية ما يقطع بصحة ما ذهبوا إليه بشأنها، فوجدهم قد اختلفوا فيها اختلافا كبيرا. وسرعان ما أدرك الغزالي أن مزاولة العقل لهذه المهمة إقحام له فيما لا طاقة له به،

وان أسلوب العقل في تفهم الأمور الرياضية، ولا يمكن ان تخضع له المسائل الإلهية (يعني عند الفلاسفة) قاطعة كبراهين الهندسيات". وما دامت براهين الإلهيات عند الفلاسفة لا تنتهي في الوضوح إلى الحد الرياضي الذي يشترطه الغزالي فلا بد له من أن ينفض يده منها. وقد ألف الغزالي في نقدهم وتفنيد آرائهم. وأغلب الظن أن كتاب "التهافت". ألف في هذه الفترة. كذلك لم يجد الغزالي ضالته في الفلسفة، ورآها غير جديرة بما يمنحها الناس من ثقة. إذن انتقد الفلاسفة ولم يجد ضالته عندهم فاتجه إلى ثالث فرقة من أصناف الباحثين عن الحق وهي الباطنية أو التعليمية.

ثالثا:الباطنية ولقد انتقدهم

في عهد الخليفة العباسي المتسظهر برزت فرقة تسمى الباطنية وكانت ترى أنه يجب تأويل القرآن والبحث في باطنه وعدم قبول ظاهره فقد كانوا يؤمنون بالمعاني الباطنة وأن لهذه الفرقة أفكار ضالة وملحدة حتى أنها كانت تهدف إلى التشكيك في أركان الشريعة فمثلا يقولون ما الهدف من رمي الحجارة وما الداعي للسعي بين الصفا والمروة؟ إذن كانت فرقة ملحدة تكفيرية خطيرة أحس الخليفة العباسي بخطرها فطلب من الإمام الغزالي أن يؤلف كتاب يقوم فيه بالرد عليهم. فتمعن الغزالي بأفكارهم وتعمق بها وكتب كتاب فضائح الباطنية الذي خصص به جزء امتدح فيه خلافة المستظهر حتى أن البعض يسمي كتابه المستظهري وهنا نجد ارتباط الغزالي على لسانك لكثرة اعتياده، ثم يصير مواظبا عليه، إلى أن لا يبقى في قلبك إلا معنى اللفظ، ولا يخطر ببالك حروف اللفظ وهيئات الكلمة، بل يبقى المعنى المجرد حاضرا في قلبك على اللزوم والدوام، ولك اختيار إلى هذا الحد فقط، ولا اختيار بعده لك. إلا في الاستدامة لدفع الوساوس الصارفة، ثم ينقطع اختيارك فلا يبقى لك إلا الانتظار لما يظهر من فتوح ظهر مثله للأولياء، وهو بعض ما يظهر للأنباء... ومنازل أولياء الله فيه لا تحصى ..فهذا منهج الصوفية، وقد رد المر فيه إلى تطهير محض من جانبك وتصفية وجلاء، ثم استعداد وانتظار فقط] وإيضاح ذلك أن القلب إذا طهر من أدران المعاصي، وصقل بالطاعات، أشرقت صفحته، فانعكس عليها من اللوح المحفوظ ما شاء الله ان يكون، وهذا هو العلم المعروف بالعلم اللدني أخذا من قوله تعالى" وآتيناه من لدنا علما" وفسروا الرزق في قوله تعالى:"ومن يتق الله يجعل له مخرجا ويرزقه من حيث لا يحتسب" بالعلم من غير تعلم، طبق الغزالي هذا المنهج على نفسه حتى طهرت وصقل قلبه، كما يحدثنا هو [وانكشف لي أثناء هذه الخلوات أمور، لا يمكن إحصاؤها واستقصاؤها، والقدر الذي أذكره لينتفع به، أني علمت يقينا أن الصوفية هم السالكون لطريق الله تعالى خاصة، وأن سيرتهم أحسن

السير، وطريقهم أصوب الطرق، وأخلاقهم أزكى الخلاق، بل لو جمع عقل العقلاء، وحكمة الحكماء، وعلم الواقفين على أسرار الشرع من العلماء، ليغيروا شيئا من سيرهم وأخلاقهم ويبدلوه بما هو خير منه، لم يجدوا إليه سبيلا، فإن جميع حركاتهم وسكناتهم، في ظاهرهم وباطنهم، مقتبسة من نور مشكاة النبوة، وليس وراء نور النبوة على وجه الأرض يستضاء به... وأنهم في يقظتهم يشاهدون الملائكة وأرواح الأنبياء، ويسمعون منهم أصواتا، ويقتبسون منهم فوائد] إذن عرف الغزالي ما كانت تتوق إليه نفسه من المعارف، وأدركها إدراكا يأمن معه الخطأ، وبذلك يكون الغزالي قد تخلص من الشك الذي يدور حول معرفة الفرقة الناجية بعد ان تخلص من الشك الذي يدور حول موازين الحقيقة. وأخيرا وجد الغزالي ما كان يفتش عنه، في نهاية مطافه، وجده عند المتصوفة وجد يقينه المنشود.بالسياسة أيضا. عموما فلقد انتقد الغزالي الباطنية في كتابه وتأثر بكتب من سبقوه في نقد هذه الفرقة وعموما فقد استخدم الغزالي التأويل في انتقاده لهم وخاف ان يشك الناس انه منهم فنفى ذلك وقال أنه يجمع بين التنزيل والتأويل وهنا تظهر عبقرية الغزالي عموما لا نستطيع أن نقول أنه تأثر بالباطنية واتبعهم ولكنه كان هنا في مرحلة شك وهي مرحلة من مراحل سعيه نحو الحصن الذي لجأ إليه أخيرا وهو حصن التصوف. يقول الباطنية: [إن العقل لا يؤمن عليه الغلط، فلا يصح أخذ حقائق الدين عنه]. وإلى هذا الحكم انتهى الغزالي عند امتحانه للفلاسفة، فهم إذن في هذه النقطة متفقون. عماذا إذن يأخذون قضايا الدين في ثوبها اليقيني؟! يأخذونها عن الإمام المعصوم الذي يتلقى عن الله بواسطة النبي. أحبب بهذا الإمام وبما يأتي عن طريقه، ولكن أين ذلك الإمام، فتش عنه الغزالي طويلا فلم يجده، وتبين أنهم فيه مخدوعون، وان هذا الإمام لا حقيقة له في الأعيان، فعاد أدراجه وكر راجعا، بعد ما ألف كتبا ضدهم أوجعهم فيها نقدا وتفنيدا كما يقول هو. وأيضا لم يجد الغزالي ضالته عند الباطنية، ورآهم غارقين في حيرة بقيت رابعة الفرق، بقي المتصوفة.

رابعا:الصوفية ولقد وجد ضالته معهم

المتصوفة يقولون بالكشف والمعاينة، والاتصال بعالم الملكوت، والأخذ عنه مباشرة، والإطلاع على اللوح المحفوظ وما يحتويه من أسرار، ولكن ما الطريق إلى الكشف والمعاينة؟، أجابوه بأنها علم وعمل، مضى الغزالي يستوضحهم ويطبق على نفسه حتى أدت به الحال إلى أن [ترك هذا الجاه العريض والشأن المنظوم الخالي من التكدير والتنغيص وأمن المسلم الصافي عن منازعة الخصوم] وخرج هائما على وجهه في الصحاري والقفار، ذاهبا مرة إلى الشام، وأخرى إلى الحجاز، وثالثة إلى مصر، كل ذلك فرارا بنفسه من الناس، وجريا وراء الخلوة، تطبيقا لما أشار عليه الصوفية، الذين يرون ان

أساس طريقتهم. [قطع علائق القلب عن الدنيا، بالتجافي عن دار الغرور، والإنابة إلى دار الخلود، والإقبال بكامل الهمة على الله تعالى، ذلك لا يتم إلا بالإعراض عن الجاه والمال، والهرب من الشواغل والعلائق، بل يصير قلبه إلى حالة يستوي فيها وجود كل شيء وعدمه] ومن تمام طريقهم أيضا كما يقول الغزالي:"ان تخلو بنفسك في زاوية، تقتصر، من العبادة على الفرائض والرواتب وتجلس فارغ القلب، مجموع الهم، مقبلا بذكرك على الله، وذلك في أول الأمر بأن تواظب باللسان على ذكر الله تعالى، فلا تزال تقول: الله الله، مع حضور القلب وإدراكه، إلى أن تنتهي إلى حالة لو تركت تحريكك اللسان لرأيت كأن الكلمة جارية

تفلسف الغزالي في كتابه تهافت الفلاسفة

الذي انتقد فيه الغزالي الفلسفة نقدا شديدا، حتى كانت الغاية من الكتاب هي انتزاع الثقة من الفلسفة ولقد استعرض الغزالي في كتابه مناهج الفلاسفة وأدلتهم، واستخدام العقل وحده للكشف عن قصورها وعجزها وضعفها عملا داخل صميم الفلسفة إنه عمل يمكن تصويره بأنه بحث في طاقة العقل وهل يمكن أن يكون عملا كهذا بعيدا عن مجال الفلسفة؟ ومن مقلات أرسطو [من ينكر الميتافيزيقا، يتفلسف ميتافيزيقيا] [فلنتفلسف إذا اقتضى المرء أن نتفلسف، فإن لم يقتض الأمر التفلسف وجب أن نتفلسف لنثبت أن التفلسف لا ضرورة له] وقال بعض الفلاسفة الميتافيزيقيين لخصومهم من الفلاسفة الوضعيين: [إنهم الفلاسفة الذين يفاخرون بأنهم ليسوا بفلاسفة، إن موقفهم من إنكار الفلسفة موقف فلسفي لا محالة] وعلى هذا القياس يكون الغزالي قد تفلسف وهو يهدم الفلسفة، فالتهافت إذن إن لم يكن فلسفي الغاية فهو فلسفي الموضوع.

ابن تيمية [1]

أولا: اسمه ونسبه ومولده :-

- هو الإمام تقي الدين، أحمد بن عبد الحليم بن عبد السلام بن عبد الله بن محمد أبي القاسم، بن الخضر، بن محمد بن الخضر، بن علي بن عبد الله ابن تيمية الحراني، ثم الدمشقي الحنبلي. وكنيته: أبو العباس .

و" تيمية ": لقب لجده الأعلى، ثم أصبحت علما للحفيد " رحمه الله تعالى" .

---

(1) هذه الشخصية مقتبسة بالكامل من كتاب أستاذي الفاضل (سامي حريز) بعنوان: ابن تيمية مفسرا ومقدمته في أصول التفسير - عرض ودراسة-، من صفحة (19-36). وقد تم الحصول على الإذن الخطي والشفهي منه.

● ولد يوم الاثنين، العاشر من شهر ربيع الأول بـ " حران "[1]، سنة 661هـ

● ثانيا: نشأته وطلبه للعلم ووفاته :-

نشأ الإمام " ابن تيمية " في بيت علم وفقه ودين، فأبواه وأجداده واخوانه وكثير من أعمامه كانوا من العلماء والمشاهير .

وعاش ابن تيمية مع والديه بحران إلى أن بلغ عمره سبع سنوات تقريبا، عندها اضطر إلى الهجرة مع والديه إلى دمشق بعد أن زحف التتار إلى " حران ".

وقد تربى ابن تيمية بين أبيه " عبد الحليم " وجده " عبد السلام "، فأبوه: محقق جليل، كثير الفنون، وله يد طولى في الفرائض والحساب والوعظ والإرشاد. وجده: كان إماما حجة بارعا في الفقه والحديث والتفسير، وله معرفة تامة في الأصول، لذا فنشأة ابن تيمية علمية منذ الصغر، حيث بدأ تحصيله وطلبه للعلم منذ نعومة أظافره، فحفظ القرآن وهو صغير ودرس الحديث والفقه والأصول والتفسير، وعرف بالذكاء وقوة الحفظ والنجابة منذ صغره.

وقد تعرض الإمام ابن تيمية إلى الأذى والمحن خلال فترة حياته، وما ذلك إلا لمحاربته البدع والخرافات التي كان يسلكها المتصوفة، ومحاربته الفرق المخالفة لطريق السلف الصالح، واختياره بعض الآراء والأفكار التي تخالف ما عليه جمهور الناس في عصره، ولقد أوذي وسجن عدة مرات .

وأقام بمصر يلقي الدورس، يجتمع عنده الناس للاستفادة من علمه، ثم توجه إلى دمشق واستقر فيها، وأخذ ينشر العلم ويصنف الكتب ويفتي الناس.

هذا وقد توفي " رحمه الله " وهو مسجون بسجن القلعة بدمشق، ليلة الاثنين، في العشرين من شهر ذي القعدة، سنة ثمان وعشرين وسبعمائه (728) هجريا [2] .

---

(1) حران: بلدة قديمة كانت موطن الصابئة، وتقع شمالي شرق تركيا، وهي الآن بلدة عامرة بعد الخراب الذي أصابها عند احتلال التتار لها أيام رحيل آل تيمية وغيرهم عنها. انظر هامش كتاب الحافظ عمر البزار: الأعلام العلية في مناقب ابن تيمية. تحقيق: زهير الشاويش. ص16.

(2) انظر مصادر الترجمة :-

- الحافظ عمر البزار: الأعلام العلية في مناقب ابن تيمية. تحقيق: زهير الشاويش. ص16.
- الحافظ أبي الفداء إسماعيل بن عمر بن كثير: البداية والنهاية. ج (14)، ص 135 - 139 .
- الحافظ شمس الدين الداوودي: طبقات المفسرين. ص45.

ثالثا: من أو قوال العلماء فيه، نذكر ثلاثة أقوال [1] :-

1- قال فيه الحافظ الذهبي: " وهو أكبر من أن ينبه على سيرته مثلي، فلو حلفت بين الركن والمقام لحلفت أني ما رأيت بعيني مثله، ولا و الله هو ما رأى مثل نفسه في العلم ".

2- وقال فيه الحافظ الزملكاني: " كان إذا سئل عن فن من العلم ظن الرائي والسامع أنه لا يعرف غير ذلك الفن، وحكم أن أحدا لا يعرف مثله، وكان الفقهاء من سائر الطوائف إذا جلسوا معه استفادوا في مذاهبهم منه ما لم يكونوا عرفوه قبل ذلك ".

3- وقال فيه شيخ النحاة أبو حيان لما اجتمع به :" ما رأت عيناي مثل ابن تيمية ".

نبذة عن عصره [2] :-

* الحالة السياسية :-

عاش الإمام ابن تيمية فيما بين أوائل النصف الثاني من القران السابع الهجري (661هـ) وبداية الربع الثاني من القرن الثامن الهجري (728هـ) .

واتسم هذا العصر بالاضطراب، سياسيا وعسكريا واقتصاديا، فبالإضافة إلى الحملات الصليبية التي اجتاحت العالم الإسلامي وأدت إلى اضطرابه وتفككه ؛ كانت هناك بلية أخرى ابتلي بها العالم الإسلامي وهي " غزو التتار "، وكان بدء خروجهم وهجومهم على المسلمين بقيادة " جنكيز خان " التتري، حيث خرجوا من بلاد الصين، وعبر نهر جيحون في سنة عشر وستمائة للهجرة، وهي السنة التي اجتاح فيها الصليبيون " دمياط".

لقد كان للإمام ابن تيمية مشاركات في حرب هؤلاء التتار، الذين اضطروا أسرته إلى الهجرة من وطنها في (حران) إلى دمشق، فكان يعقد المجالس في المسجد لحض الناس على الجهاد وبذل النفقة في سبيل الله تعالى .

وقد خاض بعض الغزوات وباشر القتال بنفسه، وكان يقوي من معه من المسلمين بتشجيعهم وتبشيرهم بالنصر، ومن هذه الغزوات التي خاضها: وقعة " شقحب " .

---

(1) انظر كتاب ناصر الدين الدمشقي: الرد الوافر على من زعم بأن من سمى ابن تيمية شيخ الإسلام كافر. تحقيق: زهير الشاويش. ص57، ص105، ص 114.

(2) هذا المطلب ثم تلخيصه واختصاره مع شيء من التصرف من كتاب: تفسير آيات أشكلت على كثير من العلماء لابن تيمية. دراسة وتحقيق: عبد العزيز الخليفة. (المجلد الأول).

وهكذا نجد أن حياة المسلمين السياسية في ذلك العصر كانت مليئة بالمصائب والشدائد الجسام.

الحالة الاجتماعية :-

لقد كانت الحالة الاجتماعية في عصر ابن تيمية غير مستقرة، فالغارات الصليبية والترية على العالم الإسلامي أدت إلى اضطراب الأمن، وبث الفزع والرعب في قلوب الناس. أضف إلى ذلك: تنازع أمراء المسلمين فيما بينهم، وبالجملة فقد كانت حياة المسلمين الاجتماعية في ذلك العصر فاسدة، تحتاج إلى إصلاح يعيد الأمور إلى نصابها .

ولقد بذل الإمام ابن تيمية قصارى جهده، في سبيل إصلاح هذه الحالة السيئة التي يعيشها المجتمع في عصره، مستمدا منهجه الإصلاحي من الكتاب والسنة وما كان عليه سلف الأمة.

الحالة العلمية :-

شهد العصر الذي عاش فيه ابن تيمية نهضة علمية كبيرة - رغم ما أحاط به من أحداث ومصائب - فقد وجد في أواسط القرن السابع الهجري، وأوائل القرن الثامن علماء لهم مكانتهم العلمية والدينية، وأصبحوا مرجعا لمن أتى بعدهم بما ألفوه من كتب في مختلف الفنون، مثل: أبي الحجاج المزي(1)، ومحيي الدين النووي(2) ، وابن دقيق العيد(3)، ومع وجود هؤلاء العلماء الأفذاذ فقد سيطر الجمود والتقليد على الحركة العلمية، فكان قصارى جهد العالم الاكتفاء بما ورد، أو ما وجد في مؤلفات السابقين دون بحث أو مناقشة.

ففي العقيدة: كان المذهب السائد هو " المذهب الأشعري " وكان منتشرا انتشارا كبيرا بسبب أن السلطان " صلاح الدين الأيوبي " كان على المذهب الأشعري، وكان يلزم الناس به، وسار على نهجه ملوك بني أيوب، ثم مماليكهم الأتراك من بعد .

---

(1) هو يوسف بن عبد الرحمن بن يوسف أبو الحجاج المزي، شيخ المحدثين، عمدة الحفاظ، أعجوبة الزمان. من مصنفاته: تهذيب الكمال في أسماء الرجال، وتحفة الأشراف بمعرفة الأطراف ...، توفي سنة 742هـ.

(2) هو يحي بن شرف النووي المحدث، كبير الفقهاء في زمانه. من مؤلفاته: التبيان في آداب حملة القرآن، وشرح صحيح مسلم ....، توفي سنة 676هـ.

(3) هو محمد بن علي بن وهب بن دقيور العيد، برع في علم الحديث. من مؤلفاته: الإلمام في الحديث، وشرح عمدة الأحكام للحافظ عبد الغني. توفي سنة 703هـ وقيل غير ذلك.

وفي الفروع الفقهية: كان التقليد المذهبي سائدا، ومن الصعب الخروج عنه، أو إبداء الرأي والاجتهاد فيما يخالف مذهبا من المذاهب الأربعة، وهي [الحنفي والمالكي والحنبلي والشافعي].

وفي مجال الدراسات القرآنية: برز في عصر ابن تيمية علماء لهم مكانتهم العلمية بما ألفوه في هذا المجال، فمن هؤلاء: أبو عبد الله القرطبي [1]، وأبو حيان الأندلسي [2] والسمين الحلبي [3]، وابن كثير [4]، وغيرهم .

وهكذا نشأ الإمام ابن تيمية في هذا الجو العلمي، فما كان له أثره على حياته العلمية، ونلحظ هذا من خلال كتبه ورسائله التي أجاد فيها وأفاد .

نبذة عن آثاره :-

حرص الإمام ابن تيمية على طلب العلم منذ صغره، وقد آتاه الله سرعة في الحفظ وقوة في الفهم، ومن عليه بعقل متفتح وبخاطر فياض، وبقلم سيال وبحب للكتابة والتأليف. وقد تنوعت علومه وفنونه حتى برع في كل فن، ولا سيما في المجالات الشرعية :[كالتفسير، والحديث، والفقه، والعقيدة] وغيرها. وقد ذكر العلماء أن مصنفات الإمام ابن تيمية كثيرة جدا، ومن الصعوبة حصرها، وما زال المسلمون ينتفعون بالموجود منها وينهلون من معينها الصافي، وإن المكتبة الإسلامية العريقة تفخر بمؤلفاته ورسائله، ومن أهمها ما يلي [5] :-

---

(1) هو محمد بن أحمد بن أبي بكر الأنصاري المالكي، أبو عبد الله القرطبي، مصنف التفسير المشهور الذي سارت به الركبان " الجامع لأحكام القرآن " وهو من أجل التفاسير وأعظمها نفعا. وله مصنفات عديدة في غير التفسير. توفي سنة 671هـ

(2) هو محمد بن يوسف بن علي بن حيان الأندلسي الغرناطي، النحوي، اللغوي، المفسر، الأديب، ولد سنة 654هـ وتوفي سنة 754 هـ من مؤلفاته: (البحر المحيط) في التفسير، وكتاب " اتحاف الأديب بما في القرآن من الغريب ".

(3) هو أحمد بن يوسف بن محمد الحلبي، المعروف بالسمين، المقرئ، النحوي، الشافعي، من مصنفاته :" تفسير القرآن"، " إعراب القرآن " سماه " الدر المنثور "، و" أحكام القرآن "... توفي سنة 756 هـ.

(4) هو إسماعيل بن عمر بن كثير، أحد تلاميذ الإمام ابن تيمية، (ستأتي ترجمته عند الحديث عن تلاميذ ابن تيمية) إن شاء الله تعالى.

(5) انظر حول هذا الموضوع :-

● محمد أبو زهرة: ابن تيمية - حياته وعصره، آراؤه وفقهه - .ص510 - ص522

● بكر بن عبد الله أبو زيد: المداخل إلى آثار شيخ الإسلام .[ص47- ص51]، [ص59- ص68]

1. اقتضاء الصراط المستقيم لمخالفة أصحاب الجحيم، طبع في مجلدين بتحقيق د. ناصر العقل، ونشرته شركة العبيكان للطباعة والنشر في الرياض .

2. الإيمان، طبع بالمكتب الإسلامي في بيروت .

3. التدمرية، طبع في مجلد واحد بتحقيق محمد السعودي، ونشرته شركة العبيكان في الرياض.

4. تفسير سورة الإخلاص" الصمد " طبع بتحقيق د. عبد العلي حامد بالدار السلفية في الهند، ط1، سنة 1406 هـ .

5. تفسير سورة النور، طبع بتحقيق د. عبد العلي حامد بالدار السلفية في الهند، ط1، سنة 1408 هـ .

6. تفسير المعوذتين " الفلق والناس "، وهو مطبوع.

7. درء تعارض العقل والنقل، طبع في أحد عشر مجلدا بتحقيق د. محمد رشاد سالم. ونشرته جامعة الإمام محمد بن سعود الإسلامية .

8. الرد على المنطقيين، طبع بدار المعرفة في بيروت، وصدر بمقدمة للعلامة سليمان الندوي.

9. العبودية، طبع بالمكتب الإسلامي في بيروت .

10. مقدمة في أصول التفسير، طبعت بتحقيق إبراهيم بن محمد، بدار الصحابة للتراث بطنطا، سنة 1409 هـ وقام بتحقيقها أيضا د. عدنان زرزور. وهي التي أقوم بعرضها ودراستها في هذا الكتاب .

11. منهاج السنة النبوية في نقض كلام الشيعة والقدرية، طبع في تسع مجلدات بتحقيق د. محمد رشاد سالم، ونشرته مكتبة ابن تيمية في القاهرة .

12. تفسير آيات أشكلت على كثير من العلماء حتى لا يوجد في طائفة من كتب التفسير منها القول الصواب بل لا يوجد فيها إلا ما هو خطأ .

● بحوث الندوة العالمية عن شيخ الإسلام ابن تيمية وأعماله الخالدة. المنعقدة في 1و2/ 1408/4هـ في الجامعة السلفية ببنارس " الهند ". إشراف: د. مقتدى الأزهري. وإعداد: د. عبد الرحمن الفربوائي. (انظر بحث: تعريف موجز عن شيخ الإسلام ابن تيمية ومآثره العلمية). ص61 – ص73.

● ابن تيمية: تفسير آيات أشكلت. تحقيق / عبد العزيز محمد الخليفة. من ص62 إلى ص64.

وقد تعرض ابن تيمية في هذا الكتاب إلى عدد من الآيات التي رأى أنها أشكلت على كثير من المفسرين، فأزال هذا الإشكال عن تلك الآيات ببيان بعض ما تهدف إليه، وبعض ما تدل عليه، وذلك بأسلوب علمي دقيق [1] .

13. وكذلك هناك من آثاره: فضائل القرآن، وأقسام القرآن، وأمثال القرآن، وكتاب الإيمان، والاستقامة، والفرقان، وكتاب تنبيه الرجل العاقل على تمويه الجدل الباطل، والجواب الصحيح لمن بدل دين المسيح .

ومما ينبه عليه أن العلماء المتأخرين اهتموا برسائله وأقواله وفتاويه. وجمعوها في مؤلفات مستقلة، ومن أهمها ما يلي :-

- مجموع فتاوى شيخ الإسلام ابن يتمية .

جمعها عبد الرحمن بن محمد بن قاسم، وطبعت في سبعة وثلاثين مجلدا بإدارة المساحة العسكرية في القاهرة .

دقائق التفسير الجامع لتفسير الإمام ابن تيمية .

جمعه وحققه د. محمد السيد الجلیند، وطبع في ستة أجزاء بمؤسسة علوم القرآن في دمشق وبيروت، ط2، سنة 1404 هـ .

- التفسير الكبير .

جمعه وحققه د. عبد الرحمن عميرة، طبع في سبعة أجزاء بدار الكتب العلمية في بيروت، ط1، سنة 1408 هـ .

وكذلك من رسائله القيمة: الحموية، والواسطية، والكيلانية، والبغدادية، والأزهرية، والإكليل، ورسالة مراتب الإرادة، ورسالة القضاء والقدر .

وقد اختصت كتب ابن تيمية ورسائله بصفات تجدها بارزة فيها، وأوضح تلك الخواص ما يلي :-

(1) وضع الألفاظ في مواضعها من حيث السبك العربي الجيد من غير أن يكون ذلك على حساب المعنى .

(2) فيضان الكتابة بالحيوية لارتباطها بالحياة، ونفسه التواقة إلى الإصلاح ؛ فيتلمس فيما يكتب واقع الناس

---

(1) تم تحقيق هذا الكتاب من قبل الباحث: عبد العزيز محمد الخليفة، نال بتحقيقة درجة الماجستير في القرآن وعلومه من كلية أصول الدين التابعة لجامعة الإمام محمد بن سعود الإسلامية في الرياض بتاريخ 1415/1/11هـ.

(3) قـوة الاسـتدلال والإكثـار مـن الاستشـهاد بـالقرآن الكـريم والأحاديـث النبويـة والآثـار السلفية، من أقوال الصحابة والتابعين وتابعيهم، حتى كأنك تقرأ علم السلف قد نقلـه إليك .

(4) مخاطبة العقل دون الثقة به ثقة مطلقة، وعمق التأملات الفكرية عمقـا كبـيرا. وتجـده في محاربته للفلاسفة والمناطقة بأنه يلبس لباسهم ويجادلهم بمنهج فلسفي .

(5) النقد البناء ؛ وذلك بفحص كل ما يقرأ فحصا سليما، وإدراك محاسنه وعيوبه .

شيوخه وتلاميذه :-

أولا: شيوخ ابن تيمية :-

تلقى الإمام ابن تيمية العلم من عدد كبير شيوخ عصره يفوق المـائتي شـيخ كـما أشـار إلى ذلك تلميذه ابن عبد الهادي.

ومن أبرز هؤلاء الشيوخ التالية أسماؤهم [1] :-

1. أحمد بن عبد الدائم بن نعمة المقدسي، أبو العباس، زين الدين، المولود سنة 575 هـ مـن شيوخ الحنابلة، توفي سنة 668 هـ وقد استفاد منه ابن تيمية في الحديث .
2. عبد الرحمن بن محمد بن أحمد بن قدامة المقدسي، الجماعيلي الأصل، الصـالحي، المولـود سنة 597 هـ وتوفي سنة 682 هـ وكان شيخا لابن يتمية في الحديث والفقه والأصول.
3. شرف الدين أبو العباس، أحمد بن أحمد بن نعمة المقدسي الشافعي، المولود سنة 622 هـ برع في الفقه والأصول والعربية، ولي القضـاء نيابـة بدمشـق، وأذن في الإفتـاء لجماعـة مـن الفضلاء منهم ابن تيمية، وتوفي سنة 694هـ .

ثانيا: تلاميذ ابن تيمية :-

لقد كثر تلاميذه كثرة فاقت غيره من علماء عصره، وما ذلك إلا لأمور منها :-

1. كثرة تنقلاته بين مصر والشام مما كان له أكبر الأثر في استفادة الكثيرين منه.
2. سعة علمه واطلاعه، وفصاحة بيانه .
3. إلقاؤه للدروس العلمية العامة والخاصة .
4. احترامه لتلاميذه .

---

(1) اقتصرت هنا على ذكر ثلاثة منهم ؛ وذلك لضيق المقام، بينما ذكر محقق كتاب " تفسير آيات أشكلت ....": سبعة مـن الشيوخ، انظر ص47- ص48.

وهؤلاء التلاميذ كانوا أنجما متألقة في سماء الفكر والمعرفة والدعوة إلى الالتزام بشرع الله تعالى ...وفيما يلي بعضا من تلاميذه البارزين، أذكر منهم ستة [1]:-

1. ابن القيم الجوزية: وهو (شمس الدين أبو عبد الله) محمد بن أبي بكر بن أيوب بن سعد بن حريز، الزرعي ثم الدمشقي الحنبلي. الفقيه، الأصولي، المجتهد، المفسر، المتكلم، النحوي، المحدث. ولد سنة 691 هـ وتوفي سنة 751هـ وهو الذي دون مذهب شيخه في مؤلفاته ووضح آراءه، ومهدها للأجيال من بعده.

   ومن تصانيفه الكثيرة: زاد المعاد في هدي خير العباد، ومفتاح دار السعادة، وحادي الأرواح إلى بلاد الأفراح، والداء والدواء، واجتماع الجيوش الإسلامية في الرد على المعطلة والجهمية، والتبيان في أقسام القرآن، وإعلام الموقعين.

2. ابن قدامة المقدسي: وهو (شمس الدين أبو عبد الله) محمد بن أحمد بن عبد الهادي بن عبد الحميد بن يوسف بن قدامة المقدسي الجماعيلي الأصل، الصالحي الحنبلي. مقرئ، فقيه، أصولي، نحوي، محدث، حافظ، مفسر، لغوي، ولد سنة 705هـ وتوفي سنة 744هـ
   ومن مصنفاته: تنقيح التحقيق في أحاديث التعليق لابن الجوزي، والعقود الدرية في مناقب شيخ الإسلام ابن تيمية، والصارم المنكي في الرد على السبكي.

3. الحافظ الذهبي: وهو (شمس الدين أبو عبد الله) محمد بن أحمد بن عثمان بن قايماز بن عبد الله التركماني الأصل، الفارقي، ثم الدمشقي، الذهبي. الشافعي. مؤرخ الإسلام، وشيخ المحدثين، وكان آية في نقد الرجال، عمدة في الجرح والتعديل. ولد في دمشق سنة 673هـ وتوفي فيها سنة 748هـ

   ومن مؤلفاته: تاريخ الإسلام الكبير، وميزان الاعتدال في نقد الرجال، وسير أعلام النبلاء، وتذكرة الحفاظ.

4. الحافظ ابن كثير: وهو (عماد الدين أبو الفداء) إسماعيل بن الشيخ العالم الخطيب، أبي حفص عمر بن ضوء بن كثير بن ضوء القرشي، البصري، ثم الدمشقي، الشافعي.

---

(1) اقتصرت على ذكر التلميذ وسنة ولادته ووفاته، مع ذكر مؤلف أو مؤلفين من مؤلفاته.
انظر كتاب إبراهيم خليل بركة: ابن تيمية وجهوده في التفسير. ص61- ص67.[بتصرف واختصار].
وانظر كتاب: تفسير آيات أشكلت لابن تيمية: تحقيق / عبد العزيز الخليفة. ص50- ص52.

وهو ثقة المحدثين، عمدة المؤرخين، علم المفسرين. ولد سنة 701هـ وتوفي سنة 774هـ وله عدة مصنفات منها: تفسير القرآن العظيم، والتاريخ الكبير المسمى بـ "البداية والنهاية"، وجامع المسانيد .

5. حمد بن مفلح بن محمد المقدسي، الراميني، الدمشقي. توفي سنة763هـ [1]. من مصنفاته: كتاب الفروع .

6. شرف الدين أبو العباس، أحمد بن الحسن بن عبد الله بن أبي عمر محمد بن أحمد بن قدامة الحنبلي، المشهود بـ" ابن قاضي الجبل ". ولد سنة 693هـ وتوفي سنة 771هـ من مصنفاته: الفائق في فروع الفقه الحنبلي .

منهجه في التفسير :-

لقد ترك الإمام ابن تيمية أثرا واضحا فيمن بعده في شتى العلوم التي برز فيها، وبخاصة في مجال الدراسات القرآنية، وأخص الأخص في مجال تفسير القرآن الكريم.

وأوضح شيء استفاد منه العلماء في هذا المجال هو تلك " المقدمة "؛ التي احتوت على بعض القواعد الهامة المتعلقة بأصول التفسير، والتي نحن بصدد التبحر في مضمونها واستنشاق ورودها ورياحينها – إن شاء الله تعالى –، وعلى سبيل المثال – لا الحصر – فممن تأثروا بابن تيمية في مجال التفسير، أذكر اثنان من المتقدمين، واثنان من المتأخرين، وهم :-

من المتقدمين: 1- ابن القيم [2] . 2- ابن كثير [3] .
ومن المتأخرين: 1- القاسمي [4] . 2- محمد رشيد رضا [5] .

(1) لا أدري، كأن المحقق: " عبد العزيز الخلفية " في تحقيقه لكتاب " تفسير آيات أشكلت " سهى عن ذكر سنة الولادة، فولاده (ابن مفلح): كانت في سنة 780هـ الموافق 1380م، وقد ولد ونشأ في بيت المقدس، وتوفي بصالحية دمشق. وله " الآداب الشرعية الكبرى " مطبوع في ثلاثة مجلدات .
* انظر الأعلام : لخير الدين الزركلي. ج7، ص107.
(2) سبقت ترجمته في أثناء الحديث عن تلاميذ ابن تيمية .
(3) سبقت ترجمته في أثناء الحديث عن تلاميذ ابن تيمية .
(4) هو محمد جمال الدين محمد سعيد بن قاسم الحلاق، ولد سنة 1283هـ وتوفي سنة 1332هـ. ومن مؤلفاته: تفسيره الكبير " محاسن التأويل " في سبعة عشر مجلدا.
(5) هو ابن علي رضا البغدادي الأصل. من مؤلفاته :" تفسير المنار " طبع منه اثنا عشر مجلدا وعاجلته المنية قبل تمامه، ومجلة المنار أصدر منها (34) مجلدا. توفي سنة 135هـ

وقد نهج الإمام ابن تيمية في عموم تفسيره لكتاب الله تعالى ما وضعه من قواعد وأصول للتفسير، ويمكن تلخيص هذا المنهج من خلال النقاط التالية [1] :-

أولا: تفسيره القرآن بالقرآن .

ثانيا: تفسيره القرآن بالسنة، ومنهجه في إيراد الأحاديث يتخلص في الآتي :-

1- أنه أحيانا يتكلم عن الأحاديث صحة وضعفا .

2- أنه أحيانا يورد بعض الأحاديث الضعيفة ويشير إلى ضعفها .

3- أنه أحيانا يذكر من خرج الأحاديث من الأئمة، وأحيانا لا يذكر .

ثالثا: تفسيره القرآن بأقوال الصحابة والتابعين .

رابعا: استدلاله باللغة العربية والشعر واحتجاجه بهما .

خامسا: نقله عن الأئمة والإشارة إلى ذلك .

سادسا: أمانته العلمية وتحريه الدقة في النقل .

سابعا: اتباعه للدليل وعدم تعصبه للأقوال مهما كان قائلها .

ثامنا: استرساله وطول نفسه في العرض والتوضيح .

تاسعا: إحالته إلى مؤلفاته .

عاشرا: استحضاره للأقوال والأدلة عند تفسيره لآيات [2] .

الإمام ابن قيم الجوزية

هو محمد بن أبي بكر بن أيوب بن سعد حريز الزرعي(نسبة إلى زرعة: قرية من حوران بدمشق) الدمشقي، الملقب بشمس الدين والمكنى بأبي عبد الله، والمعروف بابن قيم الجوزية، والجوزية مدرسة كان أبوه قيما عليها.

مولده ونشأته

ولد في السابع من صفر سنة 691هـ بدمشق، ونشأ في أسرة مشهورة بالفضل، معروفة بالعلم، فجد في الطلب، واشتغل بالتحصيل، وقيل: قد بدأ في السماع في سن السادسة أو السابعة، وعنى بالعلوم المختلفة، والفنون المتنوعة فبرع في كثير منها وبخاصة علم التفسير

---

(1) هذه النقاط استخلصها محقق كتاب: تفسير آيات أشكلت، حسبما اتضح له من خلال تحقيقه للكتاب، اقتصرت هنا على ذكر النقاط الرئيسة فقط، انظر ص105- ص120.

(2) هذه النقاط العشرة المسجلة ستتضح لنا جلية وواضحة من خلال ذكر نماذج من تفسيره لآيات من القرآن الكريم من ناحية. ومن ناحية أخرى أثناء عرضنا ودارستنا لمقدمته في أصول التفسير.

والحديث والأصلين حتى بلغ رتبة التدريس والإفادة، وارتقى منصب الإفتاء والإمامة، فدرس بالصدرية وأم مدة بالجوزية.

شيوخه في العلم

قرأ العربية على مجد الدين أبي بكر بن محمد المرسي التونسي- ومحمد بن أبي الفتح البعلبكي الحنبلي، وأخذ الفرائض خاصة عن والده، والفقه عامة عن مجد الدين إسماعيل بن محمد الحرافي الحنبلي وتقي الدين أحمد ابن عبد الحليم أبي العباس ابن تيمية الحنبلي، وتلقى الأصول عليه وعلى صفي الدين محمد بن عبد الرحيم الهندي الشافعي، وسمع الحديث على زين الدين إبراهيم بن محمد أبي نصر- ابن الشيرازي الشافعي وصدر الدين إسماعيل بن يوسف بن مكتوم السويدي الدمشقي وأبي بكر بن أحمد بن عبد الدائم النابلي وتقي الدين سليمان بن حمزة أبي الفضل المقدسي وعيسى بن عبد الرحمن الصالحي الحنبلي المعروف بالمطعم وأم محمد فاطمة بنت إبراهيم بن محمد بن جوهر البطائحي ولما عاد الشيخ تقي الدين ابن تيمية من الديار المصرية في سنة 712 لازمه إلى أن مات الشيخ فأخذ عنه علما جما، ما سلف له من الاشتغال فصار فريدا في بابه في فنون كثيرة مع كثرة الطلب ليلا ونهارا وكثرة الابتهال.

تلاميذه

منهم ابنه عبد الله، والحافظ ابن كثير صاحب كتاب البداية والنهاية تفسير القرآن ا لعظيم، والحافظ ابن رجب الحنبلي، وابن عبد العادي، وشمس الدين محمد بن عبد القادر النابلسي.

عبادته وأخلاقه

قال الحافظ ابن كثير في البداية والنهاية: "كان حسن القراءة والخلق كثير التودد لا يحسد أحدا ولا يؤذيه ولا يستعيبه،ولا يحقد على أحد، وكنت من أصحب الناس له وأحب الناس إليه، ولا اعرف في هذا العالم في زماننا أكثر عبادة منه، وكانت له طريقة في الصلاة يطيلها جدا ويمد ركوعها وسجودها، رحمه الله، فالغالب عليه الخير والخلاق الصالحة".

منهاجه وعقيدته

كان ابن قيم الجوزية، رحمه الله، صاحب عقيدة صافية نقية، يلتمس أبوابها ومفرداتها من فقه الكتاب والسنة، وما كان عليه أصحاب النبي صلى الله عليه وسلم، عازفا عن طريقة الفلاسفة ومنهج المتكلمين ويرى الحق في إتباع النصوص والتزامها دون تأويل ولا تعطيل، ولا تشبيه ولا تمثيل، ولهذا، فقد كان حربا على الفرق الضالة والأحزاب المبتدعة، يصوب إلى

ظلمة أهوائها أنوار حججه فيكشف زيفها، ويظهر زيغها، وكان داعية إلى إيقـاظ العقـول وتحريرها من ربقة التقليد، وبعـث الهمـم عـلى طلب الحجـة، والبحـث عـن الـدليل، ودفع النفوس إلى الخروج من العصبية الذميمة والأهواء الممقوتة.

وكان منه منهجه ان لا يقدم على القرآن والسنة شـيئا، ولا يعدل بـأقوال الصحابة أقوال غيرهم، ثم يلجأ إلى القياس حيث لا يجد قرآنا ولا سنة ولا قول صاحب، ويرى القياس تطبيقا لمبدأ العدل حيث لا يجوز التفريق بين المتماثلين، ولا الجمع بـين المختلفـين في الحكـم، وعليـه فإنه يرى أن القياس الصحيح لا يمكن أن يتعارض مع النص الثابت.

ولقد عاش ابن القيم حياته كلها مجاهدا في سبيل دعوته، حريصا على رد الناس إلى عقيدة خير القرون وعبادة المبشرين بجنة الرحمان، داعيا إلى نبذ الفرقة والاختلاف ورد النـزاع إلى الـله ورسوله.

وقد أوذي بسبب دعوته وثباته على مبدأه ومخالفة فتاواه لأواء من عـاصروه وسجن مـع شيخه العظيم ابن تيمية في القلعة منفردا عنه، ولم يفرج عنه إلا بعد وفاة شيخه، رحمهـما الـله.

مؤلفاته

كان ابن القيم من أبرز العلماء الذين رزقوا حظا كبيرا في التأليف، ومن أبرز مؤلفاته:

1. كتاب زاد المعاد في هدي خير العباد.
2. كتاب حادي الأرواح إلى بلاد الأفراح.
3. كتاب الداء والدواء أو الجواب الكافي لمن سأل عن الدواء الشافي.
4. مدارج السالكين بين منازل إياك نعبد وإياك نستعين.
5. تحفة الودود بأحكام المولود.
6. الروح.
7. عدة الصابرين.
8. بدائع الفوائد.
9. طريق الهجرتين.
10. مفتاح دار السعادة.
11. الصواعق المرسلة على الجهمية والمعطلة.
12. أعلام الموقعين.

وغيرها كثير، جعلها الـله في ميزان حسناته يوم يقوم الناس لرب العالمين.

وفاتــــه

توفي، رحمه اللـه في ليلة الخميس الثالث عشر من شهر رجب وقت آذان العشـاء، وصلى عليه بعد صلاة الظهر من الغد بالجامع الأموي ودفن عند والدته بمقـابر البـاب الصـغير، وقـد كانت جنازته حافلة، رحمه اللـه، شهدها القضاة والأعيان والصالحون مـن الخاصـة والعامـة، وتزاحم الناس على حمل نعشه وكمل له من العمر ستون سنة رحمه اللـه.

سيد قطـــــــب

هو سيد قطب إبراهيم حسين الشاذلي ولد في قرية "موشـة" وهـي إحـدى قـرى محافظـة أسيوط بتاريخ 1906/10/9.

تلقى دراسته الابتدائية في قريته، في سنة 1920 سافر إلى القاهرة، والتحق بمدرسة المعلمين الأولية ونال منها شهادة الكفاءة للتعليم الأولي. ثم التحق بتجهيزية دار العلوم.

في سنة 1932 حصل على شهادة البكالوريوس في الآداب من كلية دار العلوم، وعمل مدرسا حوالي ست سنوات، ثم شغل عدة وظائف في الوزارة.

عين بعد سنتين في وزارة المعارف بوظيفة"مراقـب مسـاعد" بمكتـب وزيـر المعـارف آنـذاك إسماعيل القباني،وبسبب خلافات مع رجال الوزارة، قـدم اسـتقالته عـلى خلفيـة عـدم تبنـيهم لاقتراحاته ذات الميول الإسلامية.

وقبل مجلس ثورة يوليو الاستقالة سنة 1954، وفي نفس السنة تم اعتقال السيد قطب مـع مجموعة كبيرة من زعماء "الإخوان المسلمين"، وحكـم عليـه بالسـجن لمـدة (15) سـنة. ولكـن الرئيس العراقي عبد السلام عارف تدخل لدى الرئيس المصري جمال عبد الناصر، فـتم الإفـراج عنه بسبب تدهور حالته الصحية سنة 1964.

وفي سنة 1965 اعتقل مرة أخرى بتهمة التآمر على قلب نظام الحكم واغتيـال جـمال عبـد الناصر واستلام الإخوان المسلمين الحكم في مصر.

وقد صدر حكم الإعدام عـلى سـيد قطـب بتـاريخ 1966/8/21 وتـم تنفيـذه بسرعـة بعـد أسبوع واحد فقط(وفي 1966/8/1) وقبل أن يتدخل أحد الزعماء العرب!.

سيد قطب الصحفي

لسيد قطب علاقة وثيقة مع الصحـف والمجـلات، فقـد بـدأ بنشرـ نتاجـه وهـو لم يتجـاوز الثانيـة عشرـة مـن عمـره. وقـد نشرـ أولى مقالاتـه في صـحيفة"الـبلاغ"، و"الحيـاة الجديـدة" و"الأسبوع"، و"الأهرام"، و"الجهاد".

وكان لسيد قطب غزير الإنتاج، يكتب المقالات الأدبية والنقدية والتربوية والاجتماعية والسياسية.

ففي المجلات كتب في "الكاتب المصري" و"الكتاب" و"الوادي" و"الشؤون الاجتماعية" و"الأديب" و"الرسالة"و"الثقافة" و"دار العلوم" وغيرها. وقد أشرف على مجلتي "الفكر الجديد" و"العالم العربي"، كما أشرف على مجلة"الإخوان" التي لاحقتها السلطات وفرضت عليها الرقابة دون غيرها من الصحف وأوقفتها عن الصدور في 1954/8/5.

وبسبب نشاطه الإخواني أغلقت كثير من الصحف أبوابها بوجه إبداعه فكتب يشكو أن الصحف المصرية-إلى النادر القليل منها- هي مؤسسات دولية، لا مصرية ولا عربية، مؤسسات تساهم فيها أقلام المخابرات البريطانية والفرنسية والمصرية والعربية أخيرا.

وفي موقع آخر كتب ليعرف الجمهور الكادح الفقير أنه ليس هو الذي يمول الجريدة بقروشه......

"تعتمد هذه الصحف على إعلانات تملكها شركات رأسمالية ضخمة، وتخدم بدورها المؤسسات الرأسمالية... وتعتمد ثانيا على المصروفات السرية المؤقتة أو الدائمة التي تدفعها الوزارات لصحافتها الحزبية أو للصحف التي تريد شراءها او ضمان حيادها.... وتعتمد ثالثا على المصروفات السرية لأقلام المخابرات الدولية وبخاصة إنكلترا وأمريكا...."

سيد قطب الأديب

سيد قطب أديب له مكانته في عالم الأدب والنقد وله علاقات مع عدة أدباء منهم طه حسين واحمد حسن الزيات وتوفيق الحكيم ويحيى حقي ومحمود تيمور ونجيب محفوظ وغيرهم.

ولكن علاقته المميزة كانت مع عباس محمود العقاد. وهو أستاذ سيد قطب وأثر كثيرا على مسار تفكير سيد قطب الأدبي والنقدي والحزبي.

كان سيد قطب يكتب عن جميع كتب العقاد ويمدحه ويشير إلى عبقرية الرجل واعتره شاعر العالم أجمع. لكنه في سنة 1948 خرج نهائيا من مدرسة العقاد. وكان سيد قطب قد دفع الثمن غاليا بسبب دفاعه المستميت عن العقاد وأدبه من قبل الصحف الوفدية(بعد خروجهما من الحزب) والمسئوولين في وزارة المعارف.

سيد قطب والأحزاب

كما أشرت سابقا، انضم سيد قطب إلى حزب الوفد ثم انفصل عنه، وانضم إلى حزب السعديين- نسبة إلى سعد زغلول- لكنه مل من الأحزاب ورحالها وعلل موقفه هذا قائلا:-

"لم أعد أرى في حزب من هذه الأحزاب ما يستحق عناء الحماسة له والعمل من أجله".

سيد قطب في ظلال الفكر الحركي الإسلامي

منذ سنة 1953 انضم سيد قطب عمليا لحركة الإخوان المسلمين وكلفه الإخوان بتحرير لسان حالهم جريدة "الإخوان المسلمين" وإلقاء أحاديث ومحاضرات إسلامية، كما مثل الإخوان خارج مصر في سوريا والأردن اللتين منع من دخولهما، ثم القدس.

سيد قطب وثورة الضباط الأحرار

مما لاشك فيه أنه كان للإخوان المسلمين تنظيم قوي قبيل قيام الثورة، وأنهم لم يكونوا بمعزل عن الأمور والتطورات في مصر، وأن تنظيمهم الفكري والاجتماعي والسياسي كان أكثر نضوجا من تنظيم الضباط الأحرار، زد على ذلك أن بعض الضباط الإسلاميين كانوا شركاء حقيقيين مع الضباط الأحرار بقيادة جمال عبد الناصر، وزد عليه محاولة محمد نجيب الرئيس الأول لمصر بعد الجلاء البريطاني التقرب من الإخوان المسلمين من أجل احتواء قوتهم. لكن مطلبه هذا كلفه العزل من منصبه وفرض الإقامة الجبرية عليه، حتى جاء السادات وفك أسره المترلي.

وتروي لنا بعض المصادر الشحيحة إن ا لضباط الأحرار قبيل الثورة كانوا يتشاورون مع سيد قطب حول الثورة، وأسس نجاحها. والذي يؤكد أنه تم تعيينه من قبل قيادة الثورة مستشارا في أمور داخلية وأوكلت له مهمة تغير مناهج التعليم التي عمل بها في مصر، والتي أكل الدهر عليها وشرب.

كما أن لا أحد ينكر قيمة المقالات التي نشرها سيد قطب والتي دعا فيها الشعب المصري للخروج على سياسة القهر والرجعية المصرية.

وقد حاول سيد قطب التوفيق بين عبد الناصر والإخوان. وانحاز سيد قطب إلى الإخوان ورفض جميع المناصب التي عرضها عليه عبد الناصر مثل وزير المعارف، ومدير سلطة الإذاعة...

نهاية مفكر

تم إلقاء القبض على سيد قطب وزجه في السجن فرأى أهوال التعذيب من قبل المحققين. وكان قد قتل من جراء التعذيب عدد من أعضاء تنظيم الإخوان.

وكان سيد قطب جريئا أثناء محاكمته القصيرة، والتي منع محامون أجانب وممثلو هيئات الدفاع عن حقوق السجين من المرافعة عنه فيها، وعن باقي أعضاء التنظيم.

وفي ليلة تنفيذ الحكم، طلب منه ان يقبل بالمساومة والاعتذار، او أن يكتب سطرا واحدا يطلب فيه الرحمة من الرئيس جمال عبد الناصر فرفض. وفي نفس الوقت حاول ملك السعودية التوسط لدى عبد الناصر بالعدول عن إعدام سيد قطب ولكن عبد الناصر رفض. وقد أعدم سيد قطب في فجر يوم 1966/8/29.

سيد قطب بين فكي التاريخ

إن إعدام مفكر عربي إسلامي مثل السيد قطب الذي قدم خدماته الفكرية في الدب والدين والاجتماع والسياسية، بهذه الصورة الوحشية وغير المنصفة، يعتبر من أكبر أخطاء نظام جمال عبد الناصر. لاسيما وأن الرجل قدم خدمات جليلة لقيادة الثورة، ولو انه قبل بالأموال والمناصب، لصار عندهم قائدا وطنيا.

والذي يزيد الجرح نزيفا قيام بعض الجهات باتهام سيد قطب بالعمالة لأمريكا أو بالتخطيط لقلب نظام الحكم، مع العلم أنه رأى أن الوقت غير مناسب لقلب النظام وتحويله إلى نظام إسلامي صرف.

إن صمود هذا الرجل في سجنه ومحنته المستمرة والمتكررة وعدم قبوله بالمناصب وإيمانه برسالته يجعله إلى صفوف الرجال العظماء في هذا العصر.

مقتطفات من كتابه"معالم في الطريق"

يعتبر هذا الكتاب من أهم كتب سيد قطب. وقد كتبه في السجن على شكل رسائل جمعت وصدرت في كتاب. واخترت لكم منه هذه الأفكار الخالدة:

"لا بد من قيادة للبشرية جديدة، إن قيادة الرجل الغربي للبشرية قد أوشكت على الزوال...لأن النظام الغربي قد انتهى دوره لأنه لم يعد يملك رصيدا من القيم يسمح له بالقيادة".

وفي موقع آخر يقول عن سر نجاح الأمة الإسلامية:

"لقد اجتمع في الإسلام المتفوق، العربي والفارسي والشامي والمصري والمغربي والتركي والصيني والهندي والروماني والإغريقي والاندونيسي والإفريقي إلى آخر الأقوام

والجناس وتجمعت خصائصهم كلها لتعمل متمازجة متعاونة متناسقة في بناء المجتمع الإسلامي والحضارة الإسلامية. ولم تكن هذه الحضارة الضخمة يوما ما (عربية) إنما كانت دائما (إسلامية) ولم تكن(قومية) إنما كانت دائما(عقيدية)".

أما عن رأيه بالشيوعية العالمية فيقول:

"وأرادت الشيوعية ان تقيم تجمعا من نوزع آخر، يتخطى حواجز الجنس والقوم والأرض واللغة واللون، ولكنها لم تقمه على قاعدة إنسانية عامة، إنما أقامته على القاعدة "الطبقية" فكان هذا المجتمع الوجه الآخر للتجمع الروماني القديم. هذا تجمع على قاعدة طبقة(الأشراف) وذلك تجمع على قاعدة طبقة الصعاليك- البروليتاريا)".

وعند تصور سيد قطب للدولة ونظام حكمها يقول:-

"ومملكة الله في الأرض لا تقوم بأن يتولى الحاكمية في الأرض رجال بأعينهم-وهم رجال دين- كما كان الأمر في سلطة الكنيسة، ولا رجال ينطقون باسم الآلهة كما كان الحال فيما يعرف باسم"الثيوقراطية" أو الحكم الإلهي المقدس!! ولكنها تقوم بأن تكون شريعة الله هي الحاكمة وأن يكون مرد الأمر إلى الله وفق ما قرره من شريعة مبينة.

رأيه في الاستعمار العالمي

ومما جاء في هذا الكتاب أيضا، رأي السيد قطب في الاستعمار العالمي الذي تغلغل عميقا في الأمة الإسلامية، "ونحن نشهد نموذجا من تمويه الراية في محاولة الصليبية العالمية اليوم أن تخدعنا عن حقيقة ا لمعركة، وان تزور التاريخ، فتزعم لنا ان الحروب الصليبية كانت ستارا للاستعمار...كلا...إنما الاستعمار الذي جاء متأخرا هو الستار للروح الصليبية التي لم تعد قادرة على السفور كما كانت في القرون الوسطى ! والتي تحطمت على صخرة العقيدة بقيادة مسلمين من شتى العناصر، وفيهم صلاح الدين الكردي،ونوران شاه المملوكي، العناصر التي نسيت قوميتها وذكرت عقيدتها فانتصرت تحت راية العقيدة".

وهذا غيض من فيض. وللمزيد عن سيد قطب وأدبه وأفكاره ونضاله واستشهاده يمكن الرجوع للكتب التي ألفها، وبعضها مقالات تم جمعها وإصدارها في كتاب بعد إعدامه.

1. التصور الفني في القرآن.
2. خصائص التصور الإسلامي.
3. دراسات إسلامية.

4. السلام العالمي والإسلام.
5. في ظلال القرآن (ثمانية مجلدات).
6. كتب وشخصيات.
7. لماذا أعدموني؟.
8. المدينة المسحورة.
9. معركتنا مع اليهود.
10. مشاهد القيامة في القرآن.
11. مهمة الشاعر في الحياة.
12. النقد الأدبي أصوله ومنهجه.
13. معالم في الطريق.

أما أهم الكتب التي صدرت عنه:

1. سيد قطب او ثورة الفكر الإسلامي، محمد علي قطب.
2. سيد قطب حياته وأدبه، عبد الباقي محمد حسين.
3. سيد قطب الشهيد الحي،د.صباح عبد الفتاح الخالدي.
4. سيد قطب من القرية إلى المشنقة عادل حمودة.
5. مذابح الإخوان في سجون ناصر، جابر رزق.

سيد قطب ....الأديب والمصلح الاجتماعي

معظم ما كتب عن سيد قطب تركز حول فكره وجهاده او سجنه وتعذيبه وإعدامه، ولكنه لا يلم بحياة هذا الشهيد وجوانبها الأدبية والإصلاحية، كما انه يهمل فترة الضياع الروحي والصراع النفسي التي أعقبها انضمامه للحركة الإسلامية الإصلاحية، وتبنيه لقضية العدالة الإسلامية دون ان تعرف أن حياته سلسلة متصلة الحلقات لم تشهد تحولا مفاجئا او تغيرا غامضا!.

نشأة قروية

ولد سيد قطب مولدا خاصة لأسرة شريفة في مجتمع قروي (صعيدي) في يوم 1906/10/9م بقرية موشا بمحافظة أسيوط، وهو الابن الأول لأمه بعد أخت تكبره بثلاث سنوات وأخ من أبيه غير شقيق يكبره بجيل كامل. وكانت أمه تعامله معاملة خاصة وتزوده بالنضوج والوعي حتى يحقق لها أملها في أن يكون متعلما مثل أخواله.

كما كان أبوه راشدا عاقلا وعضوا في لجنة الحزب الوطني وعميدا لعائلته التي كانت ظاهرة الامتياز في القرية، واتصف بالوقار وحياة القلب، يضاف إلى ذلك أنه كان دينا في سلوكه.

ولما كتب سيد قطب إهداء عن أبيه في كتابه "مشاهد القيامة في القرآن" قال: "لقد طبعت في وأنا طفل صغير مخافة اليوم الآخر، ولم تعظني أو تزجرني، ولكنك كنت تعيش أمامي، واليوم الآخر ذكراه في ضميرك وعلى لسانك.... وإن صورتك المطبوعة في مخيلتي ونحن نفرغ كل مساء من طعام العشاء، فتقرأ الفاتحة وتتوجه بها إلى روح أبيك في الدار الآخرة، ونحن أطفالك الصغار نتمتم مثلك بآيات متفرقات قبل أن نجيد حفظها كاملات".

وعندما خرج إلى المدرسة ظهرت صفحة جديدة إلى جانب الثقة بالذات من أمه والمشاعر النبيلة من أبيه وكانت الإرادة القوية، ومن شواهدها حفظه القرآن الكريم كاملا بدافع من نفسه في سن العاشرة، لأنه تعود ألا يفاخره أبناء الكتاتيب بعد إشاعة بأن المدرسة لم تعد تهتم بتحفيظ القرآن.

وفي فورة الإحساس والثقة بالنفس كان لظروف النضال السياسي والاجتماعي الممهدة لثورة يوليو 1919 أثر في تشبعه بحب الوطن، كما تأثر من الثورة بالإحساس بالاستقلال وحرية الإرادة، وكانت دارهم ندوة للرأي، شارك سيد قطب فيها بقراءة جريدة الحزب الوطني، ثم انتهى به الأمر إلى كتابة الخطب والأشعار وإلقائها على الناس في المجامع والمساجد.

الاستقرار في القاهرة

ذهب سيد قطب إلى القاهرة في سن الرابعة عشرة بمشيئة الله كان له أن يقيم عند أسرة واعية وجهته إلى التعليم وهي أسرة خاله الذي يعمل بالتدريس والصحافة، وكان لدى الفتى حرص شديد على التعلم.

إلا انه في القاهرة واجه عقبات محصنة تمحيصا شديدا جعلته يخرج من الحياة برؤية محددة قضى نحبه- فيما بعد- من اجلها.

والتحق سيد قطب أولا بإحدى مدارس المعلمين الولية – مدرسة عبد العزيز - ولم يكد ينتهي من الدراسة بها حتى بلغت أحوال الأسرة درجة من السوء جعلته يتحمل المسؤولية قبل أوانه، وتحولت مهمته إلى إنقاذ الأسرة من الضياع بدلا من استعادة الثروة وإعادة المجد.

واضطر إلى العمل مدرسا ابتدائيا حتى يستعين بمرتبه في استكمال دراسته العليا من غير رعاية من أحد اللهم إلا نفسه وموروثاته القديمة، وكان هذا التغير سببا في الاحتكاك المباشر بالمجتمع الذي كان لا بد له من أسلوب تعامل يختلف عن أسلوب القرويين وتجربتهم.

فالمجتمع الجديد الذي عاش فيه انقلبت فيه موازين الحياة في المدينة السليمة، وبدت في القاهرة سوءات الاحتلال الأجنبي ومفاسد السياسية، حيث سادت عوامل التمزق الطبقي والصراع الحزبي وغدت المنفعة وما يتعبها من الرياء والنفاق والمحسوبية هي الروح التي تسري، ويصف عبد الرحمن الرافعي هذا المجتمع بأنه" مجتمع انهارت فيه الثقافة العربية أمام الثقافة الغربية التي تؤمن بالغرب حتى بلغت في بعض الحيان حد التطرف في الإيمان بالغرب وبمبادئه إيمانا مطلقا. فكيف يواجهها هذا الشاب الناشئ المحافظ الطموح؟.

كانت صلته بهذا المجتمع صلة تعليم،ثم أصبح الآن مشاركا فيه، وعليه ان يختار ما بين السكون والعزلة، وبالتالي عدم إكمال تعليمه أو الحركة والنشاط، واختار سيد قطب المواجهة مع ما ينبت معها من عناصر الإصرار والتحدي وعدم الرضا بهذا الواقع المؤلم.

ارتحال فكري

واختار سيد قطب حزب الوفد ليستأنس بقيادته في المواجهة، وكان يضم وقتذاك عباس محمود العقاد وزملاءه من كتاب الوفد، وارتفعت الصلة بينه وبين العقاد إلى درجة عالية من الإعجاب لما في أسلوب العقاد من قوة التفكير ودقة التغيير والروح الجديدة الناتجة عن الاتصال بالأدب الغربي.

ثم بلغ سيد قطب نهاية الشوط وتخرج في دار العلوم 1933 وعين موظفا -كما أمل وأملت أمه معه- غير أن مرتبه كان ستة جنيهات ولم يرجع بذلك للأسرة ما فقدته مكن مركز ومال، فهو مدرس مغمور لا يكاد يكفي مرتبه إلى جانب ما تدره عليه مقالاته الصحفية القيام بأعباء الأسرة بالكامل.

وهذه الظروف التي حرمته من نعيم أسلافه منحته موهبة أدبية إلا ان الأساتذة من الأدباء -كما يصفهم-كانوا: " لم يروا إلا أنفسهم وأشخاصهم فلم يعد لديهم وقت للمريدين والتلاميذ، ولم تكن في أرواحهم نسمة تسع المريدين والتلاميذ":

كان هذا أدى إلى اضطرابه وإحساسه بالضياع إلى درجة- وصفها الأستاذ أبو الحسن الندوي في كتابه "مذكرات سائح من الشرق" انقطعت عندها كل صلة بينه وبين نشأته

الأولى وتبخرت ثقافته الدينية الضئيلة وعقيدته الإسلامية" ولكن دون أن يندفع إلى الإلحاد، وكان دور العقاد حاسما في ذلك.

وانتقل سيد قطب إلى وزارة المعارف في مطلع الأربعينيات، ثم عمل مفتشا بالتعليم الابتدائي في عام 1944 وبعدها عاد إلى الوزارة مرة أخرى، وفي تلك الفترة كانت خطواته في النقد الأدبي قد اتسعت وتميزت وظهر له كتابان هما: "كتب وشخصيات"، و"النقد الأدبي - أصوله ومناهجه".

وبعد ميدان النقد سلك سيد قطب مسلكا آخر بعيدا: بكتابه" التصوير الفني في القرآن"، الذي لاقى مقابلة طيبة من الأوساط الأدبية والعلمية فكتب:"مشاهد القيامة في القرآن" ووعد بإخراج: القصة بين التوارة والقرآن"،و"النماذج الإنسانية في القرآن"، و"المنطق الوجداني في القرآن"، و"أساليب العرض الفني في القرآن"، ولكن لم يظهر منها شيء.

وأوقعته دراسة النص القرآني على غذاء روحي لنفسه التي لم تزل متطلعة إلى الروح، وهذا المجال الروحي شده إلى كتابة الدراسات القرآنية فكتب مقالا بعنوان"العدالة الاجتماعية بمنظر إسلامي" في عام 1944.

ولما وضعت الحرب العالمية الثانية أوزارها زادت الأوضاع السياسية والاجتماعية والاقتصادية سوءا وفسادا وكانت جماعة الإخوان المسلمين هي أوضح الجماعات حركة وانتشارا حتى وصلت لمعاقل حزب الوفد كالجامعة والوظائف والريف، وأخذت تجذب بدعوتها إلى الإصلاح وقوة مرشدها الروحية المثقفين، وأخذت صلة سيد قطب بالجماعة تأخذ شكلا ملموسا في عام 1946، ثم ازدادت حول حرب فلسطين 1948.

وفي هذا الاتجاه ألف سيد قطب كتاب "العدالة الاجتماعية في الإسلام"، وأهداه إلى الإخوان، ثم سافر إلى أمريكا وعند عودته أحسنوا استقباله، فأحسن الارتباط بهم وأكد صلته حتى أصبح عضوا في الجماعة.

الرحلة إلى أمريكا

وجد سيد قطب ضالته في الدراسات الاجتماعية والقرآنية التي اتجه إليها بعد فترة الضياع الفكري والصراع النفسي بين التيارات الغربية، ويصف قطب هذه الحالة بأنها اعترت معظم أبناء الوطن نتيجة للغزو الأوروبي المطلق.

ولكن المرور بها مكنه من رفض النظريات الاجتماعية الغربية، بل إنه رفض ان يستمد التصور الإسلامي المتكامل عن الألوهية والكون والحياة والإنسان من ابن سينا وابن رشد والفارابي وغيرهم لن فلسفتهم- في رأيه- ظلال للفلسفة الإغريقية.

فكان من المنتظر حين يوم 1948/11/3 في بعثة علمية من وزارة المعارف للتخصص في التربية وأصول المناهج ألا تبهره الحضارة الأمريكية المادية ووجدها خلوا من أي مذهب أو قيم جديدة، وفي مجلة الرسالة كتب سيد قطب مقالا في عام 1951 بعنوان: "أمريكا التي رأيت" يصف فيها هذا البلد بأنه:"شعب يبلغ في عالم العلم والعمل قمة النمو والارتقاء، بينما هو في عالم الشعور والسلوك بدائي لم يفارق مدارج البشرية الأولى، بل أقل من بدائي في بعض نواحي الشعور والسلوك".

المصطلح والأديب

امتلك سيد قطب موهبة أدبية قامت على أساس نظري وإصرار على تنميتها بالبحث الدائم والتحصيل المستمر حتى مكنته من التعبير عن ذاته وعن عقيدته يقول: "إن السر العجيب - في قوة التعبير وحيويته- ليس في بريق الكلمات وموسيقى العبارات. وإنما هو كامن في قوة الإيمان بمدلول الكلمات ما وراء المدلول، وإن في ذلك التصميم الحاسم على تحويل الكلمة المكتوبة إلى حركة حية، المعنى المفهوم إلى واقع ملموس".

وكان سيد قطب موسوعيا يكتب في مجالات عديدة إلا ان الجانب الاجتماعي استأثر بنصيب الأسد من جملة كتاباته، وشغلته المسألة الاجتماعية حتى أصبحت في نظره واجبا إسلاميا تفرضه المسؤولية الإسلامية والإنسانية، وهذا ما يفسر قلة إنتاجه في القصة التي لم يكثر فيها بسبب انشغاله بالدراسات النقدية ومن بعدها بالدراسات والبحوث الإسلامية.

وطوال مسيرته ضرب سيد قطب مثل الأديب الذي غرس فيه الطموح والاعتداد بالنفس وتسلح بقوة الإرادة والصب والعمل الدائب، كي يحقق ذاته وأمله، اتصل بالعقاد ليستفيد منه في وعي واتزان، ولم تفته الحضارة الغربية من إدراك ما فيها من خير وشر، بل منحته فرصة ليقارن بينها وبين حضارة الفكر الإسلامي، وجمع بينه وبين حزب الوفد حب مصر ومشاعر الوطنية، وجمع بينه وبين الإخوان المسلمين حب الشريعة وتحقيق العدالة الاجتماعية وبناء مجتمع إسلامي متكامل، واستطاع بكلمته الصادقة ان يؤثر في كثير من الرجال والشباب التفوا حوله رغم كل العقبات والأخطار التي أحاطت بهم. وأصبح من الأدباء القلائل الذي قدموا حياتهم في سبيل الدعوة التي آمنوا بها.

العودة والرحيل

عاد سيد قطب من أمريكا في 23 أغسطس 1950 ليعمل بمكتب وزير المعارف إلا أنه تم نقله أكثر من مرة حتى قدم استقالته في 18 أكتوبر 1952، ومنذ عودته تأكدت صلته بالإخوان إلى أن دعي في أوائل عام 1953 ليشارك في تشكيل الهيئة التأسيسية للجماعة تمهيدا لتوليه قسم الدعوة.

وخاض مع الإخوان محنتهم التي بدأت منذ عام 1954 إلى أن أعدم في عام 1966. وبدأت محنته باعتقاله - بعد حادث المنشية في عام 1954 (اتهم الإخوان بمحاولة اغتيال الرئيس المصري جمال عبد الناصر)- ضمن ألف شخص من الإخوان وحكم عليه بالسجن 15 سنة ذاق خلالها ألوانا من التعذيب والتنكيل الشديدين، ومع ذلك أخرج كتيب" هذا الدين" و"المستقبل لهذا الدين"، كما أكمل تفسيره "في ظلال القرآن".

وأفرج عنه بعفو صحي في مايو 1964 وكان من كلماته، وقت ذاك: أن إقامة النظام الإسلامي تستدعي جهودا طويلة في التربية والإعداد وأنها لا تجئ عن طريق إحداث انقلاب.

وأوشكت المحنة على الانتهاء عندما قبض على أخيه محمد قطب يوم 1965/7/30 فبعث سيد قطب برسالة احتجاج إلى المباحث العامة، فقبض عليه هو الآخر 1965/8/9، وقدم مع كثير من الإخوان للمحاكمة، وحكم عليه وعلى 7 آخرين بالإعدام، ونفذ فيه الحكم في فجر الاثنين 13/جمادى الأولى 1386هـ الموافق 29/أغسطس/1966.

من مؤلفاتـــــه

* طفل في القرية (سيرة ذاتية)

* المدينة المسحورة (قصة أسطورية)

* النقد الأدبي- أصوله ومناهجه

* التصوير الفني في القرآن

* مشاهد القيامة في القرآن

* معالم على الطريق

* المستقبل لهذا الدين

* هذا الدين

* في ظلال القرآن

* كيف وقعت مراكش تحت الحماية الفرنسية؟

* الصبح يتنفس(قصيدة)

* قيمة الفضيلة بين الفرد والجماعة

* حدثيني (قصيدة)

* الدلالة النفسية للألفاظ والتراكيب العربية
* هل نحن متحضرون
* هم الحياة (قصيدة)
* وظيفة الفن والصحافة
* العدالة الاجتماعية
* شيلوك فلسطين او قضية فلسطين
* أين أنت يا مصطفى كامل؟
* هتاف الروح (قصيدة)
* تسبيح (قصيدة)
* فلنعتمد على أنفسنا
* ضريبة الذل
* أين الطريق؟

قائمة المصادر والمراجع

1- د. أحمد محمد الصفر: العشرة المبشرون بالجنة، لماذا؟. ط1، بدون تاريخ.

2- ابن عبد ربه: العقد الفريد. ط1، بدون تاريخ.

3- إبن قتيبة: عيون الأخبار. ط1، 1982م.

4- جهاد حجاج: شهداء الصحابة والتابعين. ط1، بدون تاريخ.

5- حمزة الفقير: العشرة المبشرون بالجنة. ط1، بدون تاريخ.

6- أ. سامي "محمد هشام" حريز: إبن تيمية مفسرا ومقدمته في أصول التفسير. دار البداية: عمان. ط1، 1427هـ ــ 2006م.

7- صادق إبراهيم عرجون: خالد بن الوليد. مكتبة الكليات الأزهرية. ط2، 1967م.

8- عايدة الصلال: بطل الجاهلية والإسلام خالد بن الوليد. دار الإسراء. ط1، 1996م.

9- علي الجندي: سيف الله خالد بن الوليد. مكتبة الأنجلو المصرية، ط1، بدون تاريخ.

10- عبد الحفيظ فرغاي القرني: الحافظ جلال الدين السيوطي. سلسلة أعلام العرب 37، الهيئة المصرية العامة للكتاب، القاهرة، ط1، 1990م.

11- محمد أبو زهرة: ابن حزم، حياته وعصره وآراؤه وفقهه، ط1، بدون تاريخ.

12- د. عبد المجيد الحسيني: أئمة الحديث النبوي. ط1، بدون تاريخ.

13- المحب الطبري: الرياض النضرة في مناقب العشرة. ط1، بدون تاريخ.

14- محمد عبد الله عنان: مؤرخو مصر الإسلامية. الهيئة العامة للكتاب. سلسلة مكتبة الأسرة. ط1، بدون تاريخ.

15- مصطفى الشكعة: جلال الدين السيوطي. مطبعة الحلبي. ط1، 1401 هـ ــ 1981م.

16- الأحاديث المتعلقة الواردة في صحيح البخاري.

17- صحيح مسلم.

18- تاريخ بخاري.

19- مقدمة صحيح البخاري.

20- سلسلة كتب المذاهب الأربعة.

21- سير أعلام النبلاء.

22- بتصرف عن ما أنزل للدكتور نبيل فياض على الموقع:-

www.Islamon-online.com

تم بحمد الله

314

Printed in the United States
By Bookmasters